आधुनिक हिन्दी आलोचना

सन्दर्भ एवं दृष्टि

आधुनिक हिन्दी आलोचना
सन्दर्भ एवं दृष्टि

(पारिभाषिक शब्दावली का साक्ष्य)

डॉ. रामचन्द्र तिवारी

भूतपूर्व विभागाध्यक्ष

हिन्दी विभाग, गोरखपुर विश्वविद्यालय

गोरखपुर, उ.प्र.

लोकभारती प्रकाशन

लोकभारती प्रकाशन
पहली मंजिल, दरबारी बिल्डिंग, महात्मा गांधी मार्ग
प्रयागराज-211 001
वेबसाइट : *www.lokbhartiprakashan.com*
ईमेल : *info@lokbhartiprakashan.com*

शाखाएँ : 1-बी, नेताजी सुभाष मार्ग, दरियागंज
नई दिल्ली-110 002
अशोक राजपथ, साइंस कॉलेज के सामने
पटना-800 006
1, अनमोल सोराबजी संतुक लेन, मरीन लाइंस
मुम्बई-400002

प्रथम लोकभारती संस्करण : 2024

जे.के. आर्ट प्रेस
प्रयागराज द्वारा मुद्रित

ADHUNIK HINDI ALOCHNA
SANDARBH EVAM DRISHTI
by Dr. Ramchandra Tiwari

ISBN : 978-81-19133-23-9

मूल्य : 600

अनुक्रम

प्राक्कथन

'हिन्दी-आलोचना की पारिभाषिक शब्दावली का ऐतिहासिक विवेचन' शीर्षक से 'विश्वविद्यालय अनुदान आयोग' द्वारा स्वीकृत परियोजना के अन्तर्गत लिखित प्रस्तुत प्रबन्ध अब 'आधुनिक हिन्दी-आलोचना : सन्दर्भ एवं दृष्टि (पारिभाषिक शब्दावली का साक्ष्य) नाम से प्रकाशित हो रहा है। इसमें भारतेन्दु-युग से लेकर आज तक की हिन्दी-समीक्षा के सामाजिक सन्दर्भ और उसके प्रभाव में निर्मित और प्रयुक्त पारिभाषिक शब्दावली का ऐतिहासिक दृष्टि से विवेचना किया गया है। इस क्रम में प्रमुख समीक्षकों द्वारा प्रयुक्त पारिभाषिक शब्दावली को उनकी समीक्षा-दृष्टि के आलोक में देखने की चेष्टा की गई है। अपने पूरे अध्ययन में हमने लक्षित किया है कि भारतेन्दु-युग में एक ओर परम्परागत शास्त्रीय शब्दावली की जटिलता को शिथिल करने की कोशिश की गई दूसरी ओर नए सामाजिक सन्दर्भ के अनुकूल देश-भक्ति और सामाजिक सुधार जैसे मूल्यों को समीक्षा के केन्द्र में प्रतिष्ठित किया गया। द्विवेदी-युग में परम्परागत शास्त्रीय दृष्टि और सामाजिक-नैतिक एवं राष्ट्रीय चेतना के आधार पर विकसित उपयोगितावादी प्रगतिशील समीक्षा-दृष्टि दोनों की टकराहट की स्थिति उत्पन्न हुई। धीरे-धीरे उपयोगितावादी दृष्टि महत्त्व प्राप्त करती गई और आचार्य शुक्ल की समीक्षा में लोकमंगल की भावना मूल्यांकन के केन्द्र में प्रतिष्ठित हुई और उन्होंने उसी के आलोक में परम्परागत शास्त्रीय शब्दावली का पुनराख्यान किया तथा पाश्चात्य शब्दावली को स्वीकारा। उन्होंने परम्परागत शब्दावली को जड़ता से मुक्त करके नए सन्दर्भ के अनुकूल बनाने की कोशिश की। शुक्लोत्तर युग की 'स्वच्छन्दतावादी' समीक्षा ने परम्परागत शब्दावली को अप्रासंगिक अनुभव किया और मानवतावाद को केन्द्र में रखकर सौष्ठववादी दृष्टि को विकसित किया। इस समीक्षा ने एक सीमा तक मनोविश्लेषण शास्त्र और उसकी शब्दावली को भी ग्रहण किया। 'स्वच्छन्दतावाद' की समाप्ति के बाद 'प्रगतिवादी-मार्क्सवादी' समीक्षा का दौर शुरू हुआ किन्तु प्रथम चरण में समीक्षकों के आपसी मतभेद, मार्क्सवाद की अधूरी समझ और कुत्सित समाजशास्त्री दृष्टि के कारण यह समीक्षा व्यापक रूप से स्वीकृत नहीं हो सकी। 'नई कविता' की प्रतिष्ठा के

साथ पश्चिमी प्रभाव के फलस्वरूप अमरीकी 'नई समीक्षा' को विशेष महत्त्व प्राप्त हुआ। परम्परागत शास्त्रीय शब्दावली बहुत कुछ अप्रासंगिक मान ली गई। रचना की स्वायत्तता पर विशेष बल दिया गया। साहित्येतर प्रतिमानों का निषेध किया गया और भाषिक विश्लेषण की प्रवृत्ति बढ़ी। प्रगतिवादी समीक्षकों ने भी समीक्षा की सापेक्षिक स्वायत्तता स्वीकारी और एक सीमा तक भाषिक विश्लेषण को महत्त्व दिया। आठवें दशक में यह अनुभव किया गया कि 'नई समीक्षा' और उसकी पारिभाषिक शब्दावली का प्रचार द्वितीय महायुद्ध के बाद समाजवादी विचारधारा को समाप्त करने के लिए अमरीकी राजनीति के सांस्कृतिक अस्त्र के रूप में किया गया था और जाने-अनजाने हिन्दी-समीक्षा भी उसका शिकार हुई थी। सम्प्रति हिन्दी-समीक्षा में मार्क्सवादी सौन्दर्यशास्त्र और उसकी शब्दावली के प्रयोग का वातावरण बन गया है। परम्परागत शास्त्रीय पद्धति के भाववादी समीक्षक अभी भी प्रचीन शास्त्रीय शब्दावली की प्रासंगिकता प्रमाणित करने में लगे हैं। भविष्य निश्चय ही नवीनता का स्वागत करेगा क्योंकि नवीनता ही जीवन और प्रगति का लक्षण है। सम्भव है, नवीनता का यह उन्मेष परम्परा और प्रयोग के उचित संवाद के आधार पर अपना स्वरूप निर्मित और विकसित करे।

सरस्वती सदन
बेतियाहाता, गोरखपुर-273001

—रामचन्द्र तिवारी

भारतेन्दुयुगीन आलोचना : सन्दर्भ एवं दृष्टि

(पारिभाषिक शब्दावली का साक्ष्य)

किसी भी युग में प्रयुक्त आलोचना के पारिभाषिक शब्द उस युग की वैचारिक मनोभूमि के निदर्शक होते हैं। शब्दों में निहित अर्थ-छाया में वस्तु-स्थिति को लक्षित किया जा सकता है। रचनाओं में प्रयुक्त शब्द अधिक संवेदनात्मक होते हैं। उनमें व्यक्ति की मन:स्थिति एवं समाज की स्थिति के बिम्बांकन की पूरी क्षमता होती है। उनमें युग-जीवन की धड़कन सुनी जा सकती है। उनका सीधा सम्बन्ध इन्द्रिय-बोध से होता है इसलिए उनकी सार्थकता अनुभूति को रूपात्मक अभिव्यक्ति देने में होती है। आलोचना में रचना के मर्म का उद्घाटन किया जाता है। आलोचक रचनाकार की अन्तर्यात्रा का साक्षी होता है। वह रचना में अपनी सम्पूर्ण संवेदनशीलता एवं बौद्धिक क्षमता के साथ प्रवेश करता है। उसके रचनात्मक उपादानों के संश्लिष्ट संघटनात्मक वैशिष्ट्य को पहचानता और उसका रागात्मक साक्षात्कार करता है, इसके बाद जब वह उसके मर्म का उद्घाटन, सौन्दर्य का विवेचन और मूल्य का आकलन करता है तो इस क्रम में स्वयं एक नई रचना कर देता है। इस प्रक्रिया में कहीं भी वह आलोच्य-कृति के केन्द्रीय भावबोध को विस्मृत नहीं करता। इसलिए उसे भी ऐसे पारिभाषिक शब्दों का प्रयोग करना पड़ता है जिसमें युग-जीवन की चेतना का संघटित बिम्ब अपने रागात्मक संस्कार के साथ सुरक्षित हो। ऐसा करने के लिए उसे परम्परागत अनेक पारिभाषिक शब्दों को छोड़ना पड़ता है। अनेक में नए अर्थ भरकर उन्हें युगीन सामाजिक चेतना से दीप्त करना पड़ता है, अनेक नए शब्द गढ़ने पड़ते हैं और ऐतिहासिक कारणों से अपने साहित्य को गहरे स्तर पर प्रभावित करनेवाले अन्य देशी-विदेशी साहित्यों में प्रचलित व्यापक युग-चेतना के वाहक तथा सामूहिक मनोवृत्ति के निदर्शक पारिभाषिक शब्दों के पर्याय अपनी भाषा में ढूँढ़कर उन्हें प्रचलित करना पड़ता है। भारतेन्दु-युग में जब हिन्दी-आलोचना का सूत्रपात हुआ तो हिन्दी-भाषी-प्रदेश की वैचारिक मनोभूमि नव-जागरण के आलोक से दीप्त

हो चुकी थी। संसार में बहुत कुछ ऐसा घटित हो चुका था जिससे मनुष्य के स्वभाव और आचरण में आमूल परिवर्तन आ गया था। चार्ल्स डारविन (1809-1882 ई.) ने अपने 'विकासवाद' के सिद्धान्त से विश्व को चकित कर दिया था। कार्ल मार्क्स (1818 - 1883 ई.) इतिहास की नई व्याख्या प्रस्तुत कर चुके थे और कोम्ते (Comte) (1798-1857 ई.) समाज-रचना और उसके विकास की व्याख्या वैज्ञानिक दृष्टि से कर चुका था। यूरोप में पूँजलीवादी अर्थ-व्यवस्था कायम हो चुकी थी। ईस्ट इंडिया कम्पनी भारत का भरपूर शोषण कर चुकी थी। देशी कुटीर-उद्योग नष्ट हो चुके थे। अंग्रेज अपना माल खपाने के लिए हिन्दुस्तान को एक बाजार में बदल चुके थे। किसानों की हालत बदतर हो चुकी थी। देश में अंग्रेजी शिक्षा के अनेक केन्द्र स्थापित हो चुके थे। दरबारी संस्कृति मरणोन्मुख थी। नव शिक्षित भारतीयों के सोचने-समझने का ढंग बदल गया था। भारतीय जनता अंग्रेजों की कुटिल नीति को समझ चुकी थी। प्रथम स्वतन्त्रता संग्राम में पराजित होने पर भी देश का प्रबुद्ध जनमानस अपनी सांस्कृतिक पहचान बनाए रखने के लिए प्रयत्नशील था। इसी के चलते 'ब्रह्मसमाज'(1828 ई.) 'प्रार्थनासमाज' (1867 ई.) 'आर्यसमाज' (1875 ई.), 'सत्यशोधक समाज' (1873 ई.) आदि सामाजिक-सांस्कृतिक आन्दोलनों का जन्म हुआ। हिन्दी-प्रदेश में साहित्यिक जागृति के केन्द्र में 'भारतेन्दु' का अप्रतिम व्यक्तित्व अपनी पूरी शक्ति के साथ सक्रिय था। उन्होंने देश के बदले हुए स्वरूप को देखा और जनता की भावनाओं को पहचानकर देश-हित में नवीन, सन्तुलित, अनुभव-सिद्ध एवं विवेकपूर्ण विचारों तथा जन-मानस को सही दिशा में सक्रिय करनेवाले मनोभावों पर बल देते हुए सामाजिक यथार्थ से भरपूर सुरुचिपूर्ण साहित्य-रचना की प्रेरणा दी। उनके सहयोगियों ने उनके रचनादर्श को स्वीकार कर उसके अनुरूप रचनाएँ कीं। इस युग की आलोचना काव्य-तत्त्व के सूक्ष्म विश्लेषण एवं सौन्दर्यविधायक उपादानों के सशक्त विवेचन में समर्थ न होने पर भी जीवन के नए स्पन्दन के अनुकूल लचीली,दायित्वपूर्ण और लक्ष्यानुगामिनी है।

इस युग के केन्द्रीय पुरुष 'भारतेन्दु' ने व्यावहारिक समीक्षाएँ नहीं लिखीं किन्तु उन्होंने 'नाटक' शीषक जो विस्तृत शास्त्रीय निबन्ध लिखा है और काव्य-रस के सम्बन्ध में जो स्फुट विचार व्यक्त किए हैं उनसे तत्कालीन समीक्षा-दृष्टि का अनुमान लगाया जा सकता है। 'भारतेन्दु' ने 'रचना' और 'आलोचना' के सम्बन्ध में कई महत्त्वपूर्ण बातें कही हैं और उन्हीं के अनुकूल सिद्धान्त-सूत्रों की रचना और पारिभाषिक शब्दों का प्रयोग किया है। उनका स्पष्ट मत है कि रचना युग-सन्दर्भ को ध्यान में रखकर जनता की रुचि एवं प्रवृत्ति के अनुकूल की जानी

चाहिए। उन्होंने कहा है, "जिस समय में जैसे सहृदय जन्म ग्रहण करें और देशीय रीति-नीति का प्रवाह जिस रूप से चलता रहे उस समय में उक्त सहृदयगण के अन्त:करण की वृत्ति और सामाजिक रीति-पद्धति इन दोनों विषयों की समीचीन समालोचना करके नाटकादि दृश्य-काव्य प्रणयन करना योग्य है।" ('भारतेन्दु समग्र', पृ. 559) इसके बाद अपने समय के सभ्यगण की रुचि की ओर ध्यान आकृष्ट करते हुए वे कहते हैं, "अब नाटकादि दृश्य-काव्य अस्वाभाविक सामग्री परिपोषक काव्य सहृदय सभ्य मंडली को नितान्त अरुचिकर है, इसलिए स्वाभाविक रचना ही इस काल के सभ्यगण की हृदय-ग्राहिणी है, इससे अब अलौकिक विषय का आश्रय करके नाटकादि दृश्य-काव्य प्रणयन करना उचित नहीं है।" (वही, पृ 559) 'भारतेन्दु' काव्यशास्त्र की पारिभाषिक शब्दावली का सम्बन्ध भी युगजीवन से जोड़ते हैं। उसके अनुसार स्थितिशील समाज में जहाँ जीवन के मूल्य स्थिर होते हैं, रचनाकारों के पास पर्याप्त समय होता है, वे सूक्ष्म शास्त्रीय नियमों का अनुसरण करते हुए काव्य-रचना कर सकते हैं। किन्तु 'समस्या-बहुल एवं गतिशील समाज' में इन नियमों के तन्तु-जाल में रचना को कसकर उसे निष्प्राण करने की आवश्यकता नहीं है। उनके अनुसार, "अब नाटक में कहीं **आशी प्रभृति नाट्यालंकार**, कहीं **प्रकरी**, कहीं **विलोभन**, कहीं **संफेट**, **पंच सन्धि** या ऐसे ही अन्य विषयों की कोई आवश्यकता नहीं बाकी रही। संस्कृत नाटक की भाँति हिन्दी नाटक में इनका अनुसन्धान करना वा किसी नाटकांग में इनको यत्नपूर्वक रखकर हिन्दी-नाटक लिखना व्यर्थ है, क्योंकि प्राचीन लक्षण रखकर आधुनिक नाटकादि की शोभा सम्पादन करने से उलटा फल होता है और यत्न व्यर्थ हो जाता है।" (भारतेन्दु समग्र, पृ. 559) इससे भी बड़ी बात उन्होंने 'रस' के सम्बन्ध में अपने विचार व्यक्त करते हुए कही है। वे कहते हैं, "**रस** ऐसी वस्तु है जो अनुभव-सिद्ध है। इसके मानने में प्राचीनों को कोई आवश्यकता नहीं, यदि अनुभव में आवे मानिए न आवे न मानिए।" (वही, पृ. 1048) अपने अनुभव को प्रमाण मानते हुए उन्होंने **भक्ति, सख्य, वात्सल्य** और **आनन्द** इन चार रसों की स्वतन्त्र स्थिति स्वीकार की। परम्परा से 'भक्ति' का समावेश 'शान्त' में और 'सख्य' एवं 'वात्सल्य' का 'शृंगार' में किया जाता रहा है। उन्होंने तर्क देते हुए कह, 'कहिये' इस रस को आप किसके अन्तर्गत करते हैं क्योंकि इस रस की स्थायी 'श्रद्धा' है और इसके आलम्बन भक्त और इष्ट देवता हैं और उद्दीपन पुराणादिक भक्तों के प्रसंग और सत्संग हैं। अब तो जो इसे शान्त के अन्तर्गत कीजिएगा तो शान्त का स्थायी वैराग्य है और इसकी भक्ति है। आसक्ति से और वैराग्य से जो अन्तर है सो प्रसिद्ध है। वैराग्य उसे

कहते हैं जो संसार से विरक्तता होय और सब सुखों को त्याग करे और भक्ति उसे कहते हैं जो गृहस्थ लोग भी कर सकते हैं और भक्ति देवता के सिवा माता, पिता, गुरु, राजा और स्वामी की भी मनुष्य कर सकता है तो जहाँ ऐसे प्रसंग जिसमें शुद्ध भक्ति का वर्णन है और हनुमान जी इत्यादि भक्तों के प्रसंग में यह कौन कह सकता है कि शान्त रस है क्योंकि इन वर्णनों में स्थायी रूप वैराग्य नहीं है। स्थायी रूप भक्ति है और दास्यत्व की मुख्यता है फिर कौन कह सकता है कि शान्त और भक्ति एक है।'' (वही, पृ. 1047) आनन्द नामक नए रस की कल्पना करते हुए उन्होंने कहा, ''मैं यह पूछता हूँ कि जहाँ कवि की दृष्टि में शुद्ध शब्दालंकार आनन्द होता है वहाँ तुम कौन रस मानोगे वा जहाँ कोई नीति की बात वा किसी वस्तु की शोभा वर्णन की जाएगी वहाँ कौन-सा रस होगा। निस्सन्देह सब काव्य में रस होता है क्योंकि बिना रस के काव्य व्यर्थ है 'रसो वै स: यल्लब्ध्वानन्दी भवतीति' तो इससे कृपा करके आग्रह छोड़िए और काव्य विषय में जो कुछ अनुभव में आता जाए उसको मानते जाइए। इसमें शब्द-प्रमाण का कोई काम नहीं है।'' (वही. पृ. 1048) ''भारतेन्दु की स्थापनाओं से मतभेद हो सकता है किन्तु जिस दृढ़ता से उन्होंने 'रस' जैसे शास्त्रीय विषय की सिद्धि के लिए अनुभव-प्रामाण्य को महत्त्व दिया है उसमें निश्चय ही नए युग के बौद्धिक चिन्तन का स्वर मुखरित है। उनकी 'आनन्द' नामक रस की मान्यता में आगे चलकर आचार्य शुक्ल द्वारा प्रतिपादित रस की 'निकृष्टदशा' का बीज स्पष्ट लक्षित होता है।'' (चिन्तामणि, द्वितीय भाग, पृ. 220) 'भारतेन्दु' ने अपनी उदार दृष्टि, प्रखर तर्क-शक्ति और सूक्ष्म संवेदनशीलता का परिचय देते हुए पाश्चात्य नाट्य-शैली के महत्त्व को पहचाना और यूरोपीय नाटकों की छाया पर लिखे जा रहे नवीन हिन्दी नाटकों के स्वरूप पर विचार करते हुए उनके दो भेद बताए—**1, नाटक (Drama) 2. गीतिरूपक (Opera)** उन्होंने इनके तीन अवान्तर भेद किए—**1. संयोगान्त (Comedy) 2. वियोगान्त (Tragedy)** और **3. मिश्र**। नवीन नाटकों की रचना के उद्देश्य स्पष्ट करते हुए उन्होंने **समाज-संस्कार** और **देश-वत्सलता** इन नए उद्दश्यों की कल्पना की। समाज-संस्कार के लिए उन्होंने देश की कुरीतियों को दिखाने पर बल दिया और दर्शकों में स्वदेशानुराग उत्पन्न करने के लिए 'देशवत्सलता' को आवश्यक माना। हम अनुभव कर सकते हैं कि 'भारतेन्दु' द्वारा पाश्चात्य नाट्य-समीक्षा से गृहीत और स्वयं निर्मित ये सभी पारिभाषिक शब्द तत्कालीन हिन्दी-समाज की मानसिकता के अनुकूल हैं। भारतीय नाट्यशास्त्र में सामान्यत: दु:खान्त या 'ट्रैजिक' नाटकों का निषेध है। भारतेन्दु ने अपना 'नाटक' शीर्षक निबन्ध 1883 ई. में लिखा था। उसके पहले

हिन्दी में दु:खान्त नाटकों की रचना आरम्भ हो गई थी। लाला श्रीनिवासदास रचित 'रणधीर प्रेममोहिनी' (1878 ई.) ने हिन्दी-पाठकों का ध्यान विशेष रूप से आकृष्ट किया था। इसकी प्रस्तावना में भारतेन्दु ने नट-नटी-संवाद में कहलाया था, "मेरी जान तो इस संसार रूपी कपट नाटक के सूत्रधार ने जगत ही दु:खान्त बनाया। कैसा भी राजपाट-उत्साह, विद्या, खेल, तमाशा क्यों न हो, अन्त में कुछ नहीं। सबका अन्त दु:ख है, इससे दु:खान्त ही नाटक खेलो।" (रणधीर प्रेममोहिनी की प्रस्तावना) स्वयं लाला जी ने इसकी भूमिका में पाश्चात्य नाट्य-समीक्षा के आधार पर नाटक (Drama) के दो भेद **कामेडी (Comedy)** और **ट्रैजिडी (Trazedy)** किए थे और कहा था, "जिस नाटक (Drama) के अन्त में सब बखेड़ा मिटकर आनन्द हो जाए उसे अंग्रेजी में 'कामेडी' (Comedy) कहते हैं और जिनके अन्त में करुणा रस बना रहे वो ट्रैजिडी (Tragedy) कहा जाता है। नाटक का खेल पूरा हुए पीछे ट्रैजिडी का असर बहुत देर तक देखनेवालों के मन में बना रहता है।"(रणधीर प्रेममोहिनी की भूमिका) स्पष्ट है कि 'भारतेन्दु' और लाला श्रीनिवासदास ने 'ट्रैजिडी' को दो कारणों से महत्त्व दिया एक तो यह कि वे इस संसार रूपी नाटक को दु:खमय मानते थे और दूसरे यह कि ट्रैजिडी का प्रभाव अपेक्षाकृत स्थायी होता है। ये दोनों ही बातें देश की जनता की सामूहिक मानसिकता के अनुकूल थीं। परतन्त्रता, असहायता, शोषण और दुर्दशा ने उनमें संसार को दु:खमय मानने की भावना उत्पन्न की थी और इस दुर्दशा से मुक्ति के लिए उन्हें ऐसे प्रेरक साहित्य की आवश्यकता थी जिसका प्रभाव स्थायी हो। 'ट्रैजिडी' से इन दोनों आवश्यकताओं की पूर्ति सम्भव थी। जीवन के प्रति यथार्थवादी रुझान तथा चीजों को बौद्धिक दृष्टि से देखने की प्रवृत्ति के कारण की तत्कालीन रचनाकारों ने अलौकिक, असाधारण और चमत्कारिक घटनाओं के स्थान पर यथार्थ और स्वाभाविक दृश्यों के विधान पर बल दिया। लाला जी ने लिखा, "दो-ढाई हजार वर्ष पहले से देव और परियों के दिखाई देने, नाचने, मोहित होकर आदमियों को उड़ा ले जाने अथवा जादूगरों के जादू से देव हाजिर होने, मकान वगैरह के उड़ने की बात सब झूठी जानते हैं। इन बातों से देखनेवालों के मन में अच्छा असर नहीं होता। इनके बदले ये लोग स्वाभाविक बातों (naturalism) के दिखाने में मेहनत करें, तो सबके लिए अच्छा हो।" (रणधीर प्रेममोहिनी, पृ. 41) यहाँ लाला जी ने आलोचना के एक अत्यन्त महत्त्वपूर्ण पारिभाषिक शब्द का प्रयोग किया है। इस शब्द का प्रयोग उन्होंने रचना में नए जीवनबोध की आवश्यकता का अनुभव करते हुए उसकी व्यंजना के लिए किया है। इस एक शब्द के भीतर झाँककर देखने से बहुत कुछ दिखाई पड़ेगा। यह

शब्द उस जीवन-दृष्टि का द्योतक है जो यह मानती है कि संसार में जो कुछ है, प्रकृति का हिस्सा है और उसकी व्याख्या प्राकृतिक एवं भौतिक कारण-कार्य-परम्परा से बखूबी की जा सकती है। साहित्य में यह दृष्टि यथार्थवादी दृष्टिकोण के कारण ही विकसित हुई थी। इसके पीछे **डारविन** जैसे वैज्ञानिक, कोम्ते जैसे समाजशास्त्री तथा तेन जैसे इतिहास-व्याख्याता की स्थापनाएँ काम कर रही थीं।

भारतेन्दु-युग के समीक्षकों में **श्री बालकृष्ण भट्ट** अपनी प्रगतिशील चेतना के लिए स्मरणीय हैं। उन्होंने सन् 1881 में ही घोषित किया था कि, ''साहित्य जन-समूह के हृदय का विकास है।'' उनके सम्बन्ध में डॉ. रामविलास शर्मा की यह टिप्पणी ध्यान देने योग्य है, ''धर्म और दर्शन को सामाजिक विकास की कसौटी पर कसकर बालकृष्ण भट्ट ने प्रगतिशील आलोचना की नींव डाली थी।'' (भारतेन्दु युग और हिन्दी-भाषा की विकास-परम्परा, पृ. 91) भट्ट जी ने 'प्रदीप' में (जुलाई, 1881 ई.) लिखा था, ''जो जाति जिस समय जिस भाव से परिपूर्ण या परिप्लुत रहती है वह सब उनके भाव उस समय की साहित्य की समालोचना से अच्छी तरह प्रकट हो सकते हैं।'' अर्थात् साहित्य की समालोचना रचना के शास्त्रीय पक्ष का विश्लेषण मात्र नहीं है, उसका गम्भीर प्रयोजन है और उसके द्वारा हम किसी जाति की समय-विशेष की मानसिक रुझान का अनुमान लगा सकते हैं। भट्ट जी ने परम्परागत पारिभाषिक शब्दावली में से **रस** को ही स्वीकार किया। इसका प्रयोग उन्होंने कविता की प्रवृत्ति को स्पष्ट करते हुए भी किया और 'नाटक' तथा 'उपन्यास' की समीक्षा करते हुए भी। उनका विश्वास था कि खड़ीबोली में सरस कविता नहीं हो सकती। उन्होंने कहा—''**रस** और **माधुर्य** जो कविता का प्राण हैं जो इन रूखी खड़ीबोलियों में कभी आने का ही नहीं।'' ('हिन्दी प्रदीप' अक्टूबर, 1886 ई.) लाला श्रीनिवासदास कृत 'रणधीर प्रेममोहिनी' नाटक की आलोचना करते समय भी आपने **रस** के निर्वाह को महत्त्व दिया और लिखा,''ट्रैजिडी के किस्म का यह पहला नाटक है जो हिन्दी भाषा में रचा गया है। इसमें **शृंगार**, **हास्य** और **करुणा** ये तीनों रस बहुत उत्तम रीति से निबाहे गए हैं।'' ('हिन्दी प्रदीप', मार्च, 1878 ई.) इसी प्रकार 'परीक्षागुरु' की समीक्षा करते हुए अपने लिखा—''नाटक या उपन्यास के प्रधान अंग **शृंगार**, **हास्य** कभी-कभी **वीर** और **करुण** होते हैं। सो उन सबों की इसमें झलक भी नहीं है।'' ('हिन्दी प्रदीप' फरवरी, 1882 ई.) विचार करने पर स्पष्ट हो जाता कि भट्ट जी ने उपरोक्त प्रसंगों में 'रस' शब्द का प्रयोग **शास्त्र-स्थिति-सम्पादित** तथा **विभावानुभावसंचारी-संयोग-निष्पादित रसदशा** के लिए न करके पूरे

जीवन-सन्दर्भ को सरस बनानेवाली मार्मिक स्थितियों के लिए किया है। संस्कृत के छन्दों की वे हिन्दी-कविता के लिए अनुपयुक्त मानते थे। उन्होंने कहा था, "इन्द्रवङ्काा, मन्दाक्राता, शिखरिणी आदि संस्कृत छन्दों का हिन्दी में अनुकरण हम में तो क्रन्दन पैदा करता है।" नए जीवनबोध और प्रगतिशील चेतना के समर्थक होने के कारण भट्ट जी ने अंग्रेजी के पारिभाषिक शब्दों और सारगर्भित उक्तियों का नि:संकोच प्रयोग किया। संख्या की दृष्टि से ये शब्द अधिक नहीं हैं किन्तु इनसे भट्ट जी की वैचारिक उदारता और सन्दर्भ के अनुकूल सार्थक पारिभाषिक शब्दों के प्रयोग में उनकी अभिरुचि का अनुमान लगाया जा सकता है। भट्ट जी ने **क्लासिकल, पोएट्री, प्लाट, ट्रैजिडी आरिजनल, नाविल, करेक्ट्राजेशन** आदि पारिभाषिक शब्दों का सटीक प्रयोग करके हिन्दी-आलोचना को समृद्ध किया। संस्कृत के पंडित होते हुए भी उन्होंने **क्लासिकल पोएट्री** को कृत्रिमतापूर्ण माना और इसे सच्ची कविता के लिए अनुचित ठहराया। वे सच्ची कविता को शास्त्रीय बन्धनों में जकड़ने के विरुद्ध थे। वे सच्चे भावों की सहज अभिव्यक्ति को सच्ची कविता के लिए आवश्यक मानते थे। उन्होंने मार्च, 1880 के 'प्रदीप' में लिखा—"यदि हमारे मन की उमंगें सच्ची हैं तो जो बातें हमारे चित्त में निकलेंगी सच्ची होंगी और उनका असर भी सच्चा ही होगा। इसके विरुद्ध जब हम किसी नियम से जकड़ दिए गए तब उसके बाहर तो हम पैर रख ही नहीं सकते। इसलिए सुसंस्कृत कविता **क्लासिकल-पोएट्री** अवश्यमेव कृत्रिमता दोष पूरित होगी।" यहाँ यह ध्यान देने की बात है कि भट्ट जी ने कृत्रिमता को जो कविता का दोष घोषित किया है, वह उनकी मौलिक उद्‌भावना है। यह उद्‌भावना उन्होंने हिन्दी-कवियों को परम्पराबद्ध रचना-प्रणाली से हटकर नए ढंग की कविता रचना के लिए प्रेरित करने के लिए की है। उन्होंने कहा है, "हिन्दी कवि भी उन्हीं पुराने कवियों की शैली का अनुसरण कर आज तक चले आए हैं और उस ढंग को छोड़ कोई दूसरे प्रकार की भी कविता हो सकती है, यह बात उनके मन में धँसती ही नहीं। जिसकी उपमा हम एक छोटे से तालाब की देंगे जिसमें न कहीं से पानी का निकास है न नया ताजा पानी उसमें आने की कोई आशा है, तब इसके अतिरिक्त और क्या हो सकता है कि उसका पानी दिन-दिन सड़ता ही जाए।" ('हिन्दी-प्रदीप', अक्टूबर, 1886 ई.) स्पष्ट है कि भट्ट जी हिन्दी की **रीतिबद्ध** कविता को नए जीवन-सन्दर्भ के लिए अनुपयोगी मानते थे। और उसे सच्चे, स्वाभाविक सहज और नवीन पथ पर अग्रसर करना चाहते थे। भारतेन्दु-युग में सबसे अधिक महत्त्वपूर्ण गद्य-साहित्य-विधा 'नाटक' थी। उसके बाद उपन्यासों का स्थान था। नाटकों में **प्रगीत रूपक** और **ट्रैजिडी**

नए नाट्य-रूप थे। इसलिए आलोचना की नई शब्दावली भी इन्हीं को लक्ष्य में रखकर ग्रहण की गई। भट्ट जी ने **प्लाट** का प्रयोग 'मुद्राराक्षस' (भारतेन्दु कृत अनूदित नाटक) के, ट्रैजिडी का 'रणधीर प्रेममोहिनी' के, **आरिजनल** का नीलदेवी के, और **करेक्ट्राइजेशन** का 'संयोगितास्वयंवर' के सन्दर्भ में किया है। उन्हें 'मुद्राराक्षस' का **प्लाट** कठिन और उबियाऊ लगा। 'रणधीर प्रेममोहिनी' को उन्होंने हिन्दी में ट्रैजिडी के किस्म का पहला नाटक माना। 'नीलदेवी' को उन्होंने **आरिजिनल** होने के नाते महत्त्व दिया और 'संयोगितास्वयंवर' के सभी पात्रों को एक ही रस में सने उपदेश देने की हवस में लथर-पथर देखकर उन्हें उसमें **करेक्ट्राइजेशन** का अभाव खटका। कहना न होगा कि भट्ट जी ने आलोचना के इस नए शब्दों का प्रयोग अपरिहार्य स्थितियों में किया है। वे जो कहना चाहते थे, दूसरे शब्दों द्वारा नहीं कह सकते थे। इन पारिभाषिक शब्दों के अतिरिक्त उन्होंने 'संयोगितास्वयंवर' के ही सन्दर्भ में अंग्रेजी के एक सारगर्भित सूत्रवाक्य का प्रयोग **ऐतिहासिक चेतना** की व्याख्या करते हुए किया। उनकी दृष्टि में किसी पुरावृत्त की छाया लेकर नाटक लिख डालने से ही ऐतिहासिक नाटक की रचना नहीं हो जाती। उन्होंने लाला जी से आग्रह किया कि, ''किसी समय के लोगों की क्या दशा थी, उनके आभ्यन्तरिक भाव किस पहलू पर ढुलके हुए थे अर्थात् उस समय मात्र के भाव—**स्प्रिट ऑफ दी टाइम्स**—क्या थे? इन सब बातों को ऐतिहासिक रीति पर पहले समझ लीजिए तब उनके दरसाने का भी यत्न नाटकों द्वारा कीजिए।'' ('हिन्दी प्रदीप', अप्रैल, 1886 ई.), (हिन्दी गद्य के निर्माता, पं. बालकृष्ण भट्ट, पृ. 368 पर उद्धृत) 'लोगो की दशा' और 'समय मात्र के भाव' (अर्थात् युग की सामूहिक चेतना) से इतिहास-दृष्टि को जोड़कर भट्ट जी ने आलोचना के क्षेत्र में ऐतिहासिक दृष्टि के विकास को एक नया मोड़ दिया। भट्ट जी नए तत्त्व को पहचानने और अपने ढंग से उन्हें आत्मसात करके उन पर विचार करने के लिए निरन्तर तत्पर रहते थे। अगस्त, 1888 ई. के 'हिन्दी प्रदीप' में उन्होंने काव्य के महत्त्वपूर्ण तत्त्व 'कल्पना' **(इमेजिनेशन)** पर स्वतन्त्र लेख लिखा था। उन्होंने काव्य में उसके उपयोग और महत्त्व पर विस्तृत विचार तो नहीं किया था किन्तु उसे एक 'अद्भुत मानसिक शक्ति' मानकर **प्रतिभा** से सम्बद्ध किया था और कवि-कर्म में उसके योगदान की ओर संकेत किया था। उन्होंने लिखा था, ''मनुष्य की अनेक मानसिक शक्तियों में कल्पना-शक्ति भी एक अद्भुत शक्ति है। यद्यपि अभ्यास से यह शतगुण अधिक हो सकती है पर इसका सूक्ष्म अंकुर किसी-किसी के अन्त:करण में आरम्भ से ही रहता है जिसे प्रतिभा के नाम से पुकारते हैं और जिसका कवियों के लेख में पूर्ण उद्गार देखा

जाता है।'' सम्भवत: भट्ट जी पहले हिन्दी साहित्यकार हैं जिन्होंने 'कल्पना' को मानसिक शक्ति के रूप में देखते हुए उस पर विचार किया है।

भारतेन्दुयुगीन आलोचकों में **बदरीनारायण चौधरी** 'प्रेमघन' 'संयोगिता स्वयंवर' की अपनी विस्तृत आलोचना के लिए विख्यात हैं। उन्होंने अपनी समीक्षा में भारतीय परम्परा के शब्दों—**अंगीरस, प्रस्तावना, अंक, गर्भांक, नायक, विष्कम्भक, प्रवेशक, नायिका, पूर्वानुराग, अभिनय, निर्वहणसन्धि** आदि के प्रयोग से ही काम चलाया है, यद्यपि वे यह अनुभव करते थे कि संस्कृत नाट्यशास्त्र के आधार पर नए भाषा-नाटकों का मूल्यांकन नहीं हो सकता। उन्होंने 'दृश्य रूपक या नाटक' शीर्षक अपने निबन्ध में लिखा है, ''प्रथम हमारे भाषा के नाटक लिखनेवालों के अर्थ भाषा-दृश्य-काव्य के निरूपण और लक्षण तथा भेद, रीति-नियम और उदाहरण का बतलानेवाला कोई साहित्य का ग्रन्थ नहीं, और जो संस्कृत में 'षष्ठपरिच्छेद' साहित्यदर्पण में श्री विश्वनाथ कविराज रचित दशरूपक सूत्र इत्यादि है, अब उनमें बहुत से गड़बड़ समय और भाषा-परिवर्तन के कारण हो गए और कितनी बातों का विरोध पड़ गया।'' ('प्रेमघन सर्वस्व', द्वितीय भाग, पृ. 34) पुराने पारिभाषिक शब्दों का प्रयोग करते हुए 'प्रेमघन' जी ने यह प्रतिपादित करने की चेष्टा की है कि नाट्यशास्त्र में निरूपित सारे तत्त्व नाटक को एक **सन्तुलित एवं सुसंघटित रचना** बनाने के साधन हैं। यदि इनका उपयोग करना है तो औचित्य, सन्तुलन, प्रभाव, सरसता आदि को ध्यान में रखकर सुनियोजित रूप में नाटक को एक सम्पूर्ण सुगठित रचना मानकर करना चाहिए। इस सन्दर्भ में देवीशंकर अवस्थी की टिप्पणी ध्यान देने योग्य है—उन्होंने लिखा है, ''जिस युग में न नाटक थे और न आलोचना की कोई भाषा, 'प्रेमघन' जी ने 'संयोगिता स्वयंवर' की आलोचना में नाटक को आंगिक गठन (आर्गेनिक फार्म) वाला साहित्यरूप मानकर विश्लेषण किया है। पूरे नाटक का क्रमश: विश्लेषण करते हुए विविध गर्भांकों की योजना, नाटक में उनका स्थान, उनकी सार्थकता आदि की चर्चा की गई है। जिस प्रकार की आलोचना को आज हम **स्ट्रक्चरल क्रिटिसिज़्म** कहते हैं, उसका एक प्रारूप इस समीक्षा में विद्यमान है। काश, हिन्दी की नाटक या कथा-समीक्षा—प्रेमघन के रास्ते पर आगे बढ़ पाती।''('नटरंग', अंक 3, पृ. 27-23) 'प्रेमघन' जी ने आलोचना की अंग्रेजी शब्दावली का प्रयोग कम किया है। 'नागरी के समाचार' पत्र और उनकी 'समालोचना' शीर्षक निबन्ध में उन्होंने ''**रिव्यू (Review)** शब्द की व्याख्या करते हुए कहा है। रिव्यू अर्थात् समालोचना का अर्थ है पक्षपातरहित होकर न्यायपूर्वक किसी पुस्तक के यर्थाथ गुण-दोष की विवेचना करना और उससे

ग्रन्थकर्ता को विज्ञप्ति देना।'' ('प्रेमघन सर्वस्व' द्वितीय भाग, पृ. 446) इस निबन्ध में उन्होंने आलोचना के आदर्श स्वरूप पर भी काव्यात्मक ढंग से विचार किया है। निश्चय ही 'प्रेमघन' की समीक्षा का नए सन्दर्भ में भी कम महत्त्व नहीं है। पुरानी शब्दावली का प्रयोग करना उनकी विवशता भी थी। जिस सूक्ष्म स्तर पर नाट्य-रचना के प्रत्येक अंग को ध्यान में रखकर वे 'संयोगिता स्वयंवर' की आलोचना करना चाहते थे। उसके लिए अपेक्षित शब्दावली उस समय थी ही नहीं, आज भी विश्वासपूर्वक नहीं कहा जा सकता कि '**स्ट्रक्चरल क्रिटिसिज़्म**' की शब्दावली पूरी तरह ढल गई है और उसका रूप निर्दिष्ट हो चुका है।

भारतेन्दुकालीन रचनाकारों में अपनी प्रगतिशील चेतना और मनमौजीपन के लिए प्रतापनारायण मिश्र स्मरणीय हैं। आलोचक के रूप में उन्हें विशेष महत्त्व नहीं दिया गया है। किन्तु अपने 'ब्राह्मण' पत्र में 'संयोगिता स्वयंवर' (लाला श्रीनिवासदास कृत) 'ललित नाटिका' (अम्बिकादत्त व्यास कृत), 'ऊजड़ग्राम', 'वेणीसंहार' (ज्वालाप्रसाद द्वारा अनूदित) 'महारानी पद्मावती' (राधाकृष्णदास रचित) आदि कृतियों की जो संक्षिप्त समीक्षाएँ उन्होंने की हैं उनका महत्त्व कम नहीं है। यद्यपि मिश्र जी ने अपनी समीक्षा में मुख्य रूप से परम्परागत पारिभाषिक शब्दावली—''**रस, सात्त्विकभाव, नाट्यरीति, माधुर्य, अंक-स्थापन, पुनरुक्ति निवारण** आदि का ही प्रयोग किया है किन्तु उनकी दृष्टि में रचना की श्रेष्ठता की कसौटी **सदुपदेश, देशवत्सलता** और **सुरुचिसम्पन्नता** ही हैं। निश्चय ही ये मूल्य तत्कालीन समाज की सामूहिक चेतना की उपज है। मिश्र जी जैसा मनमौजी और फक्कड़ रचनाकार भी अपने निर्णयों में सामाजिक दायित्व के प्रति पूर्ण सजग है। लाला श्रीनिवासदास रचित 'संयोगिता स्वयंवर' की आलोचना करते हुए मिश्र जी को जहाँ एक ओर उसमें **वीररस** की निष्पत्ति के लिए युद्ध-क्षेत्र में संयोजित उद्दीपन के उपादान खटके थे तथा पृथ्वीराज और संयोगिता के प्रथम समागम में लज्जापूर्ण **सात्त्विकभाव** की व्यंजना का अभाव अनुचित प्रतीत हुआ था, वहीं उसमें अनेक अवसरों पर प्रयुक्त प्रेम और नीतिपूर्ण वाक्यों को उन्होंने सोने के अक्षरों में लिखा के पहनने योग्य माना था।'' ('प्रतापनारायण मिश्र की हिन्दी-गद्य को देन', पृ. 136 पर उद्धृत) 'ललिता नाटिका' की समीक्षा करते हुए उन्होंने उसकी भाषा और नाट्यरीति की प्रशंसा की थी किन्तु निष्कर्ष रूप में कहा था, ''कथा-प्रबन्ध इसका ऐसा है कि न तो उससे कोई **सदुपदेश** ही निकलता है न किसी **रस** का कुछ असर ही जी पर होता है।'' (वही, पृ. 139 पर उद्धृत) पं. ज्वालाप्रसाद द्वारा अनूदित 'वेणीसंहार' नाटक उनकी दृष्टि में तत्कालीन नाट्यरीति से कुछ गिरा हुआ था क्योंकि उसमें **दृश्यपरिवर्तन,**

अंक-स्थापन और **पुनरुक्ति-निवारण** की आवश्यकता थी फिर भी उसका महत्त्व उन्होंने इसलिए स्वीकार किया था कि उसमें प्राचीन भारतवासियों के दिव्य गुणों को दर्शाया गया था जो रचनाकार की **देश-भक्ति** और **सुरुचि** का द्योतक था। उन्होंने लिखा था, ''हम अनुवादक महाशय की सुरुचि और देश-भक्ति के लिए सच्चे जी से धन्यवाद करते हैं।''(वही, पृ. 142 पर उद्धृत) इसी प्रकार राधाकृष्णदास 'कृत' 'महारानी पद्मावती' नाटक की प्रशंसा उन्होंने इसलिए की थी उसमें आर्यवीरों की धर्मनिष्ठता और **देश-वत्सलता** तथा आर्य रमणी-गण का पातिव्रत दिखाया गया था। अंग्रेजी की पारिभाषिक शब्दावली का प्रयोग मिश्र जी ने नहीं के बराबर किया है। अंग्रेजी **ओपेरो (Opera)** के लिए प्रयुक्त **गीतिरूपक** का प्रयोग उन्होंने अपनी ही नाट्य रचना 'संगीतशाकुन्तल' के लिए किया है। 'संगीतशाकुन्तल' की भूमिका में आपने लिखा था, ''यदि इसके द्वारा कहने-सुनने को यह उपालम्भ भी दूर हो जाए कि हिन्दी में कोई ऐसा नाटक नहीं है जिसे सचमुच 'गीतिरूपक' कह सकें।'' (वही, पृ. 94 पर उद्धृत) मिश्र जी के उपरोक्त कथन से यह प्रकट है कि वे हिन्दी को प्रत्येक दृष्टि से समृद्ध देखना चाहते थे और पाश्चात्य प्रभाव से आए हुए नए काव्य-रूपों को भी अपने देशवासियों की मानसिकता के अनुरुप ढालकर स्वीकार करने के पक्ष में थे।

भारतेन्दुयुगीन आलोचना और उसमें प्रयुक्त पारिभाषिक शब्दावली का अनुशीलन करने और उसके पूरे रचना-सन्दर्भ का विवेचन करने पर कई ऐसे महत्त्वपूर्ण निष्कर्ष निकलते हैं जिनका महत्त्व और मूल्य आज भी स्वीकार्य है। इन्हें हम निम्नलिखित रूप में क्रमबद्ध कर सकते हैं।

1. रचना और आलोचना में अन्तराल दोनों के स्वस्थ विकास में बाधक है। आलोचना रचना के प्राण-तत्त्व से अनुशासित होनी चाहिए। जीवन का जो स्पन्दन रचना को उष्मा और ताजगी प्रदान करता है, उसकी झलक आलोचना में मिलनी चाहिए और आलोचना की पारिभाषिक शब्दावली में रचना का सामाजिक सन्दर्भ बिम्बित होना चाहिए। भारतेन्दुयुगीन आलोचना अधिक समृद्ध भले न हो किन्तु वह इन विशेषताओं से युक्त है क्योंकि इस युग के आलोचक मूलत: रचनाकार ही हैं।

2. साहित्य के सिद्धान्त अनुभव-सिद्ध और तर्क पुष्ट होने चाहिए। युग-सन्दर्भ के बदलने पर उनमें परिवर्तन अपेक्षित है। उन्हें शाश्वत मानकर चलना बुद्धिमानी नहीं है। भारतेन्दु ने इसी दृष्टि से नाट्यशास्त्र के सन्दर्भ-च्युत सिद्धान्तों को खारिज करके नए सिद्धान्तों का सूत्रपात और नई पारिभाषिक शब्दावली की रचना की थी।

3. विदेशी काव्य-रूपों को उनकी गुणवत्ता के आधार पर स्वीकार करके अपने साहित्य को समृद्ध करना सर्वथा उचित है। इस सन्दर्भ में यह ध्यान अवश्य रखना चाहिए कि प्रभावस्वरूप गृहीत काव्यरूप की अन्तर्वस्तु अपने देश और समाज की मानसिकता के अनुकूल हो।

4. आलोचक और रचनाकार दोनों के लिए सामाजिक दायित्व पहली शर्त है। रमणीय, मधुर और रंजक होने पर भी यदि कोई रचना सुरुचि-सम्पन्न और समाज-संस्कार-समर्थ नहीं है तो उसे उत्कृष्ट और श्रेष्ठ नहीं कह सकते।

5. रचना को सूक्ष्म जटिल सिद्धान्तों तथा रूढ़ियों के तन्तुजाल से मुक्त रखना चाहिए। गतिशील समाज में रचना जनाकांक्षा के अनुकूल परिर्तनशील और प्रेरक होनी चाहिए। शास्त्र-स्थिति-सम्पादन-मात्र से ही कोई रचना श्रेष्ठ नहीं हो जाती।

निश्चय ही भारतेन्दु-युग के रचनाकारों और आलोचकों ने हिन्दी नवजागरण के अनुकूल रचना और आलोचना दोनों को जो स्वरूप प्रदान किया था और उसके विकास के लिए जो दिशा निर्दिष्ट की थी वह किसी भी साहित्य के लिए गौरव की वस्तु है। उसे आदर्श मानकर हम आज भी हिन्दी साहित्य को समृद्ध कर सकते हैं और उसे बेहतर समाज-रचना का सर्वाधिक समर्थ साधन बना सकते हैं।

द्विवेदीयुगीन आलोचना : सन्दर्भ एवं दृष्टि

(पारिभाषिक शब्दावली का साक्ष्य)

हिन्दी साहित्य के इतिहास में सन् 1900 से 1920 ई. तक का समय सामान्यत: 'द्विवेदी-युग' के नाम से जाना जाता है। 'जागरण-सुधारकाल' 'परिष्कारकाल', 'पूर्व-स्वच्छन्दतावादी काल' इसके अन्य नाम हैं। कुछ समीक्षक इसे हिन्दी-नवजागरण के तीसरे चरण के रूप में देखते हैं। नाम कोई भी दिया जाए, इस युग के सम्बन्ध में यह ध्यान रखना होगा कि हिन्दी-भाषी जनता की मानसिकता की दृष्टि से यह काल 'भारतेन्दु-युग' का ही विकास है। 'भारतेन्दु-युग' में जिस सामाजिक चेतना का उदय हुआ था द्विवेदी-युग में वह अधिक व्यापक, विचारानुशासित, सूक्ष्म और समृद्ध हुई। भारतेन्दु ने देश-हित को केन्द्र में रखकर हिन्दीभाषी-समाज को नवजागरण का जो आलोक दिया था, द्विवेदी-युग में उसका प्रभामंडल और विस्तृत एवं दीप्त हुआ। रचना के सामाजिक सन्दर्भ तो लगभग वही रहे किन्तु रचनाकारों की निष्ठा, आत्मविश्वास, स्वत्वाभिमान एवं सजगता में गुणात्मक वृद्धि हुई। उनका ज्ञान-क्षेत्र विस्तृत हुआ और वे अपने अधिकारों के प्रति सचेष्ट हुए। इस युग में गोखले (1866-1915 ई.) और तिलक (1856-1920 ई.) देश का नेतृत्व कर रहे थे। 'गोखले' अंग्रेजों की न्यायप्रियता और उदारता में एक सीमा तक विश्वास करते थे और क्रमश: राजनीतिक सुधार और विकास चाहते थे। 'तिलक' ब्रिटिश शासन के कट्टर विरोधी थे। वे स्वतन्त्रता को मानवमात्र का जन्मसिद्ध अधिकार समझते थे। 'गोखले' नरम और लचीले थे, 'तिलक' गरम और हिमालय की तरह दृढ़। 'तिलक' सामान्य जनता के अधिक निकट थे। द्विवेदीकालीन हिन्दी साहित्य पर 'तिलक' की ओजस्विता का विशेष प्रभाव है। अब देश-विदेश में होनेवाली राजनीतिक घटनाएँ हिन्दी-भाषी जनता के चित्त को उद्वेलित करने लगी थीं। 'सरस्वती' और 'मर्यादा' जैसी पत्रिकाओं में विदेशों में घटित महत्त्वपूर्ण घटनाओं पर ऐसी टिप्पणियाँ और लेख छपने लगे थे जिनसे भारतीय जनता में स्वदेशाभिमान जागृत हो। 'सरस्वती' में 'जापान' के अभ्युदय, 'चीन' की जागृति, तथा 'लंका' और

'तिब्बत' के निवासियों की जीवन-पद्धति पर लेख प्रकाशित हुए। अक्टूबर, 1917 ई. में रूस में क्रान्ति हुई। अप्रैल, 1917 ई. की 'मर्यादा' में इसका स्वागत और अप्रैल, 1919 की 'सरस्वती' में इस क्रान्ति और जनसत्तात्मक शासन का जोरदार समर्थन किया गया। इस घटना ने हिन्दी-रचनाकारों को कितना प्रभावित किया था इसका अनुमान इसी से लगाया जा सकता है कि सन् 1920 ई. में गयाप्रसाद शुक्ल 'सनेही' और 1921 में रामचरित उपाध्याय ने 'साम्यवाद' शीर्षक कविताएँ लिखी थीं। दिसम्बर, 1913 ई. की 'सरस्वती' में दक्षिण अफ्रीका में मिस्टर गाँधी के रंगभेद के विरुद्ध किए गए संघर्ष और उनके स्वदेशाभिमान पर प्रशंसात्मक टिप्पणी छपी। हिन्दी-भाषी क्षेत्र की शिक्षित जनता का ध्यान अब अन्तरराष्ट्रीय स्तर पर होनेवाले शोषण और अन्याय की ओर आकृष्ट हुआ। इस युग में सबसे बड़ी बात यह हुई कि 'सरस्वती' में 'विकासवाद' 'पदार्थविज्ञान', 'भूगर्भविद्या', 'ज्योतिर्विद्या' आदि वैज्ञानिक विषयों पर निरन्तर लेख प्रकाशित होते रहे। 'भारतेन्दु-युग' में ऐसी कोई पत्रिका नहीं थी जो हिन्दी भाषी जनता के मानसिक क्षितिज को नवीनतम ज्ञान-विज्ञान के आलोक से उद्‌भासित कर सके। श्री बालकृष्ण भट्ट ने 'हिन्दी प्रदीप' के माध्यम से अकेले अपने बूते पर एक सीमा तक इस उद्‌देश्य की पूर्ति अवश्य की थी किन्तु 'सरस्वती' तो मानो इसलिए प्रकाशित ही हुई थी। 'सरस्वती' ने हिन्दी भाषी जनता में वैज्ञानिक दृष्टि का उन्मेष करने में ऐतिहासिक भूमिका निभाई। आचार्य शुक्ल द्वारा अनूदित 'विश्वप्रपंच' और उसकी भूमिका (1922 ई.) इसी परम्परा की परिणति है। इस वैज्ञानिक एवं विवेकवादी दृष्टि ने हिन्दी साहित्य को बहुत गहराई में जाकर प्रभावित किया। रचनाकारों की चीजों को देखने की दृष्टि बदल गई। रचना का सन्दर्भ बाहर से ही नहीं भीतर से भी बदला और इसके परिणामस्वरूप आलोचना-दृष्टि में भी गुणात्मक परिवर्तन आया।

द्विवेदी-युग के सर्वश्रेष्ठ आलोचक के रूप में आचार्य रामचन्द्र शुक्ल का उल्लेख किया जाता है किन्तु उनके सभी मान्य समीक्षा-ग्रन्थ 1920 ई. के बाद प्रकाशित हुए। उन्होंने हिन्दी-आलोचना की पारिभाषिक शब्दावली को अकेले ही इतना समृद्ध किया है कि उस पर अलग से विचार करना समीचीन होगा। यहाँ हम द्विवेदी-युग के अन्य आलोचकों—बाबू शिवनन्दन सहाय, मिश्रबन्धु, पद्‌मसिंह शर्मा, कृष्णबिहारी मिश्र, लाला भगवानदीन और आचार्य महावीरप्रसाद द्विवेदी द्वारा प्रयुक्त आलोचना की पारिभाषिक शब्दावली और उसके सन्दर्भ तक ही अपने को सीमित रखेंगे।

बाबू शिवनन्दन सहाय

द्विवेदी-युग के आलोचकों में हम सबसे पहले बाबू शिवनन्दन सहाय (1860-1932 ई.) का उल्लेख करना चाहेंगे। आपकी दो कृतियाँ—'हरिश्चन्द्र' (1905 ई.) और 'गोस्वामी तुलसीदास' (1916 ई.) प्रसिद्ध हैं। हिन्दी आलोचना के इतिहास-लेखकों ने आपकी घोर उपेक्षा की है। आपने शेक्सपियर और मिल्टन का हवाला देते हुए **प्रकृतकवि** की अवधारणा प्रस्तुत की थी और कहा था, ''विषय और प्रबन्ध की सत्यता सम्पादन, भाव की गम्भीरता, भाषा की सरलता और शब्द-विन्यास की निपुणता का प्रदर्शन ही प्रकृतकवि के मुख्य गुण हैं। जिस कवि की कविता इन गुणों से भूषित हो वही उत्तम कवि कहलाने का अधिकारी है। विलायती कवि मिल्टन ने भी कहा है कि कविता सरल, मर्मस्पशर्ीिनी और मत्तकारिणी होनी चाहिए, थोड़े ही शब्दों में ही बहुत भाव प्रकट होना सत्कविता का एक मुख्य लक्षण है।'' (हरिश्चन्द्र, पृ. 115) इस अवधारणा के आधार पर आपने भारतेन्दु को प्रकृतकवि घोषित किया था। कहना न होगा कि सहाय साहब की 'सरल' 'मर्मस्पर्शिनी' और 'मत्तकारिणी' कविता मिल्टन की 'सिम्पुल' (Simple) 'सेन्सुअस' (Sensuous) और 'इम्पैसनेट (Impassionate) कविता ही है जिसे बाद में आचार्य महावीरप्रसाद द्विवेदी ने 'सादी', 'जोश से भरी हुई' और 'असलियत से गिरी हुई न हो' बताया है। आज तक हिन्दी-संसार यही समझता है कि मिल्टन की उक्ति को पहली बार उद्धृत करनेवाले आचार्य द्विवेदी हैं, जबकि सच्चाई यह है कि उनसे लगभग 15 वर्ष पहले सहाय साहब इसे उद्धृत कर चुके थे। कहना न होगा कि 'प्रकृतकवि' की यह अवधारणा 'नेचुरलपोएट' की अवधारणा का ही रूपान्तरण है। सहाय साहब की विशेषता यह नहीं है कि उन्होंने मिल्टन की अवधारणा को हिन्दी में प्रतिष्ठित किया, उनकी विशेषता यह है कि उन्होंने इसे भारतीय रस-सिद्धान्त से जोड़ दिया। उन्होंने यह दिखाया कि 'भारतेन्दु' और 'तुलसी' दोनों का रस-निरूपण स्वाभाविक और मर्मस्पर्शी है क्योंकि दोनों ही **प्रकृतकवि** हैं और आडम्बर, प्रदर्शन, अतिशयोक्ति से अलग परिस्थितियों के अनुरोध पर उत्साह, प्रेम, करुणा, क्रोध आदि की व्यंजना करते हैं। सहाय साहब की दूसरी विशेषता यह है कि आपने स्पष्ट शब्दों में घोषित की कि, ''संसार, देश तथा समाज के संस्कार एवं उन्नति करने ही के लिए कवि का जन्म होता है। यदि समाज की रुचि ही के अनुसार वह अपनी लेखनी परिचालित करके अपने मुख्य लक्ष्य से चूक जाए तो निश्चय ही वह दोष-भागी होगा और भविष्य में वह सम्मान का पात्र न होगा।'' (हरिश्चन्द्र, पृ. 135) ध्यान देने की

बात है कि सहाय साहब साहित्य का मुख्य लक्षण **समाज की रुचि का संस्कार** और **समाज की उन्नति** मानते हैं। समाज की रुचि का अनुसरण काव्य के उच्च लक्ष्य से च्युत होना है। कहना न होगा कि आपने बालकृष्ण भट्ट की परम्परा को न केवल आगे बढ़ाया है वरन उसमें क्रान्तिकारी परिवर्तन किया है। भट्ट जी के अनुसार साहित्य 'जन-समूह के हृदय का विकास है।' सहाय साहब के अनुसार, 'वह समाज का संस्कार करता है, उसे बदलता है और उसकी उन्नति करता है।' इस आदर्श की प्रतिष्ठा वे भारतेन्दु के साहित्य को ध्यान में रखकर करते हैं। उनका ध्यान लक्ष्य पर है।

सहाय सहाब की तीसरी विशेषता है—सन्तुलित, सारगर्भित और सुरुचिपूर्ण तुलनात्मक समीक्षा की शुरुआत करना। आपने 'हरिश्चन्द्र' की तुलना 'पद्माकर', 'शेखर', 'तुलसीदास' आदि कवियों से की है। यह दिखाया है कि 'पद्माकर' और 'शेखर' ने 'वीररस' की निष्पत्ति के लिए 'धड़-धड़, भड़-भड़वाली शैली' का आडम्बर खड़ा किया है। जबकि भारतेन्दु ने—'चलहु वीर उठि तुरत सबै जयध्वजहिं उड़ाओ' लिखकर सहज-भाव से वीरों को उत्साहित किया है। यही सहजता तुलसीदास में भी है। इस तुलनात्मक समीक्षा को आगे चलकर इतनी दूर तक खींचा गया कि यह उपहासास्पद हो गई। इसकी शुरुआत का श्रेय भी पद्मसिंह शर्मा और मिश्रबन्धुओं को दिया गया।

सहाय सहाब बहुअधीत साहित्यकार थे। वे संस्कृत, हिन्दी, बँगला, उर्दू और अंग्रेजी साहित्य से सुपरिचित थे। उन्होंने अवसर के अनुकूल शेक्सपियर, मिल्टन वर्ड्सवर्थ, ड्राइडन, पोप, वाल्टर स्काट, एडिसन, कीट्स आदि के विचारों को उद्धृत किया है। तुलसीदास के संस्कृत ज्ञान को प्रमाणित करने के लिए उन्होंने मेघदूत, महारामायण, उपनिषद, गीता, भागवत, हनुमन्नाटक, अध्यात्मरामायण, शिवपुराण, भट्टिकाव्य, महाभारत, वाराहपुराण आदि ग्रन्थों के उन श्लोकों को उद्धृत किया है जिनकी छाया तुलसी की रचनाओं में साफ दिखालाई पड़ती है। सहाय साहब अच्छी तैयारी के बाद समीक्षा-कर्म में प्रवृत्त हुए थे। उन्होंने अंग्रेजी की पारिभाषिक शब्दावली का प्रयोग बहुत कम किया है। प्राय: वे अंग्रेजी के शब्दों के उचित पर्याय गढ़कर उनका प्रयोग करते हैं। अंग्रेजी लेखक का नाम भर ले लेते हैं। यथासम्भव परम्परागत संस्कृत की पारिभाषिक शब्दावली प्रयुक्त करते हैं। तुलसी के सन्दर्भ में आपने **शृंगार, करुण, वीर, भयानक, वीभत्स, रौद्र, अद्‌भुत, हास्य** और **शान्त** रसों की चर्चा की है। अलंकारों के निदर्शन में आपकी प्रवृत्ति नहीं रमी है। उन्होंने तुलसी की कृतियों, विशेषत: 'रामचरितमानस' के सर्वालंकार भूषित होने की बात कहकर यह लक्षित किया है

कि उसमें रूपकालंकार का बाहुल्य है। अलंकारों की चर्चा करते हुए भी आपका ध्यान वस्तुओं के सौन्दर्य-चित्रण पर केन्द्रित है। आपने लिखा है, ''आपने (तुलसी ने) अनूठी उपमाओं से भूषित **रूपकालंकार** द्वारा विविध वस्तुओं का सुन्दर चित्र खींचा है।'' (गोस्वामी तुलसीदास, पृ. 193) तात्पर्य यह कि अलंकार सौन्दर्य-चित्रण के साधन हैं। **रूपक** और **उपमा** के बाद आपका ध्यान **अनुप्रासों** पर गया है। आप लिखते हैं, ''जो लोग 'Full fathom five thy father lies,' जैसे अंग्रेजी अनुप्रासों (Alliterations) पर मुग्ध रहते हैं वे गोसाईं के अनुप्रासों को देख अधिक आनन्द पाएँगे।'' (वही, पृ. 197) जाहिर है कि सहाय साहब प्राचीन काव्यशास्त्र को नया सन्दर्भ देना चाहते हैं। परिस्थिति के अनुरोध से सहज रूप में अनुभूति की सच्चाई से जुड़ा हुआ रस-निरूपण **प्रकृतकाव्य** का लक्षण है। अलंकार सौन्दर्य-चित्रण के साधन हैं। साहित्य का मुख्य लक्ष्य जीवन का संस्कार और उन्नति है। शब्दों का आडम्बर खड़ा करनेवाली अतिशयोक्तिपूर्ण रचना महत्त्वहीन है। तुलना, तुलना के लिए नहीं काव्य-मूल्यों को उभारकर रखने और **प्रकृतकाव्य** के उत्कर्षापकर्ष का बोध कराने के लिए की जानी चाहिए। आलोचना की यह दृष्टि बाबू शिवनन्दन सहाय ने 1905 ई. में ही विकसित कर ली थी। इसी दृष्टि को आगे हम आचार्य शुक्ल में पूर्णत: विकसित और परिपक्व होता देखते हैं। आलोचना की पाश्चात्य पारिभाषिक शब्दावली का प्रचुर प्रयोग करके आपने पाठकों को आतंकित करने की कोशिश नहीं की है। 'हरिश्चन्द्र' और 'गोस्वामी तुलसीदास' दोनों ही कृतियों का अनुशीलन करने पर **क्रीटिक्स** (Critics) **सीन्स** (Scence) (दृश्य-परिवर्तन के लिए), **रेटोरिक** (Rhetoric) (अलंकारशास्त्र के लिए), **एलिटरेशन** (Alliteration) (अनुप्रास के लिए) जैसे कुछ शब्द ही दिखाई पड़े जिनका प्रयोग सहाय साहब ने किया है। 'गोस्वामी तुलसीदास' की समीक्षा में आपने कविताशक्ति के साथ **काव्यभाषा** शब्द का प्रयोग किया है। कहना न होगा कि यह 'काव्यभाषा' शब्द 'नई समीक्षा' के सन्दर्भ में अत्यन्त महत्त्वपूर्ण हो गया है। तात्पर्य यह कि बाबू शिवनन्दन सहाय द्विवेदी-युग के श्रेष्ठ समीक्षक हैं और उनको उचित महत्त्व देना हमारा कर्तव्य है।

मिश्रबन्धु

सामान्यत: मिश्रबन्धुओं को रीतिवादी परम्परा का पोषक कलावादी आलोचक माना जाता है। इसमें सन्देह नहीं कि मिश्रबन्धुओं ने छन्द, रस, अलंकार, नायिका भेद, गुण दोष आदि की दृष्टि से ही आलोच्य कवियों और उसकी कृतियों पर विचार किया है। 'हिन्दी-नवरत्न' में उनका कवियों का श्रेणी-विभाजन भी उनकी

व्यक्तिगत रुचि पर ही आधृत है। उनका कोई वैज्ञानिक या सैद्धान्तिक आधार नहीं है किन्तु उनकी आलोचना का एक दूसरा पक्ष भी है। उन्होंने हिन्दी-आलोचना को कुछ ऐसे महत्त्वपूर्ण शब्द दिए हैं जो उसे **'रीतिवादी-परम्परा'** से मुक्त करते हैं। मिश्रबन्धुओं का 'हिन्दी-नवरत्न' (1910-11 ई.) तो बाद में प्रकाशित हुआ, 'सरस्वती' में 'हिन्दी-साहित्य' सम्बन्धी उनके लेख और कुछ व्यावहारिक समीक्षाएँ बहुत पहले से निकलने लगी थीं। 1900 ई. की 'सरस्वती' में उन्होंने 'पं. श्रीधर पाठक की कविता' शीर्षक एक आलोचनात्मक निबन्ध लिखा है। इस निबन्ध में उन्होंने उनकी **उपमा की उत्तमता** को सराहा है। **सूक्ष्मदर्शिता** की दाद दी है। काव्य को **द्रवीभूत करनेवाली शक्ति** पर रीझे हैं। छन्द की **मन्द-गति** से रचना में निहित **मनोदशा** (उदासी) का सम्बन्ध जोड़ा है। है। पद-रचना के प्रवाहपूर्ण विन्यास और पद-समष्टि के **सौन्दर्य-सातत्य** की ओर ध्यान आकृष्ट किया है। रचना की **सरसता, अर्थ-गौरव** और **पद-लालित्य** की प्रशंसा की है। इस आलोचना में सबसे महत्त्वपूर्ण बात यह है कि मिश्रबन्धुओं ने कवि की प्रशंसा इस बात के लिए की है कि उसने सम्बन्धातिशयोक्तिपूर्ण असम्भाव्य बातों से हटकर **वास्तविक पदार्थों, हृदयान्तरिक भावों,** और **प्राकृतिक सुधराइयों** को विशेष महत्त्व दिया है। यहाँ यह स्मरणीय है कि श्रीधर पाठक हिन्दी में 'स्वच्छन्दतावाद' के प्रवर्तक कवियों में से एक हैं। उनकी कविता पर रीझने का अर्थ है—स्वच्छन्दतावादी काव्य-प्रवृत्ति का समर्थन। 1901 ई. की 'सरस्वती' में मिश्रबन्धुओं का 'हिन्दी-काव्य' शीर्षक निबन्ध प्रकाशित हुआ है। इसमें उन्होंने रीतिकालीन समस्यापूर्ति की परम्परा का विरोध करते हुए लिखा है, ''कविता तो स्वच्छन्दता बिना उत्तम बन ही नहीं सकती।'' इनका स्पष्ट मत था कि 'समस्यापूर्ति' में एक तरह का बन्धन और पराधीनता होती है जो रचना के उत्कर्ष और सौष्ठव में बाधक है। उन्होंने लिखा है, 'उत्तमोत्तम समस्या की पूर्ति करने में भी वही पराधीनता है जो अधम-से-अधम की पूर्ति में। इसी क्रम में वे कहते हैं, ''इस प्रणाली में जो लोग पड़ जाते हैं उनकी एक बात पर हमें आश्चर्य-सा होता है कि वे यदि इच्छानुसार कोई स्वच्छन्द कवित्व भी निर्माण करने बैठते हैं तो प्राय: देखा गया है कि वे एक-न-एक समस्या पहले अवश्य सोच लेते हैं और फिर उसी की पूर्ति में प्रवृत्त हो जाते हैं। इसका कारण यही है कि चिर अभ्यास से **स्वच्छन्द काव्य** की बात ही वे भूल जाते हैं। ...बलिहारी इस दासत्व की।'' इस सम्बन्ध में डॉ. रामविलास शर्मा की टिप्पणी ध्यान देने योग्य है, ''**दासत्व बनाम स्वच्छन्दता**। **रीतिवाद** बनाम **छायावाद** मिश्र बन्धुओं की स्थापना उनकी अपनी व्यावहारिक आलोचना से आगे है और वह द्विवेदी-

युग की सामान्य काव्य-दृष्टि से आगे है।'' (महावीरप्रसाद द्विवेदी और हिन्दी नवजागरण, पृ. 295) मिश्रबन्धुओं की स्थापना उनकी व्यावहारिक आलोचना से आगे नहीं है, वस्तुत: उनकी व्यावहारिक आलोचना के सभी बिन्दुओं पर अभी तक ठीक से विचार नहीं हुआ है। हम मिश्रबन्धुओं द्वारा की गई श्रीधर पाठक की कविता की आलोचना का उल्लेख कर चुके हैं। उस आलोचना में जो शब्दावली प्रयुक्त हुई है वह **स्वच्छन्दतावाद** का ही समर्थन करती है। उसके पूर्व 1900 ई. की 'सरस्वती' में ही मिश्रबन्धुओं ने श्री चन्द्रशेखर वाजपेयी के 'हम्मीरहठ' काव्य की आलोचना करते हुए कहा था—''ये इस ग्रन्थ के पात्रों के **शील-गुण** (Character) को भलीभाँति निबाहने में कृत-कार्य नहीं हुए हैं।'' कथात्मक काव्य में पात्रों के शील-गुण निरूपण पर विचार करने का प्रश्न उठाकर मिश्रबन्धुओं ने नई दिशा का संकेत किया था। इसी प्रकार 'मिश्रबन्धुविनोद' में 'भक्तिकाल' पर विचार करते हुए इन्होंने उसकी तुलना अंग्रेजी साहित्य के 'रेनेसा' (Renaissance) और 'रिफार्मेशन' (Reformation) युग से की है। अंग्रेजी साहित्य में चौदहवीं शती के उत्तरार्ध से लेकर सोलहवीं शती तक के समय को 'रेनेसायुग' माना जाता है। मध्ययुग की तुलना में यह उदार जीवन-दृष्टि और स्वतन्त्र-चेतना का युग है। अंग्रेजी साहित्य का रिफार्मेशन युग सोलहवी शती के धार्मिक सुधारों से जुड़ा है जिसमें रोमन कैथोलिक चर्च के भीतर महत्त्वपूर्ण सुधार हुए थे और प्रोटेस्टेंट चर्च की स्थापना हुई थी। इन युगों से तुलना करके मिश्रबन्धुओं ने हिन्दी-भक्तिकाल पर नई दृष्टि से विचार करने की प्रेरणा दी है। 'हिन्दी-नवरत्न' में भी मिश्रबन्धुओं ने कवियों का व्यक्तिगत मूल्यांकन करते हुए अंग्रेजी समीक्षा से कुछ महत्त्वपूर्ण पारिभाषिक शब्दों को लेकर उनके सहारे मूल्यांकन की नई दिशा का संकेत किया है। गोस्वामी तुलसीदास की रचनाओं में अन्तर्निहित उनकी **उमंग** (Enthusiasm) ने मिश्रबन्धुओं को प्रभावित किया है। मानस के कथा-विन्यास में जगह-जगह **नाटकीय प्रभाव** (Dramatic) लक्षित करके वे प्रसन्न हुए हैं और सूरदास की सूझ पर रीझकर उन्होंने उन्हें **सर्वव्यापक दृष्टि का कवि** (Poet of general vision) घोषित किया है। कबीर को उन्होंने पैगम्बर और **मिस्टिक** (Mystic) महापुरुष माना है। यही नहीं उन्होंने 'नवरत्न' में समाविष्ट कवियों के **सन्देश** (Message) पर भी विचार किया है। कहना न होगा कि आगे चलकर हिन्दी-आलोचना में मिश्रबन्धुओं द्वारा प्रयुक्त पारिभाषिक शब्द **स्वच्छन्दकाव्य** (Romantic poetry), **शीलनिरूपण** (Characterization), **पुनरुत्थान** (Renaissance), **सुधार** (Reformation), **नाटकीय प्रभाव** (Dramatic effect), **सर्वव्यापक दृष्टि** (General), **सन्देश**

(Message) और **रहस्यदर्शी** (Mystic) न केवल स्वीकृत हुए वरन उचित सन्दर्भों से जोड़कर इन्हें अधिक सार्थक भी बनाया गया। स्वयं आचार्य शुक्ल ने रोमैंटिक आन्दोलन के लिए **स्वच्छन्दतावाद** शब्द का प्रयोग किया। उन्होंने **शील-निरूपण, पुनरुत्थान, सन्देश** आदि शब्दों का भी प्रयोग किया और इनके आधार पर कवियों का मूल्यांकन एवं काव्य-प्रवृत्तियों का निरूपण किया।

आचार्य महावीप्रसाद द्विवेदी

आचार्य महावीरप्रसाद द्विवेदी पाश्चात्य एवं भारतीय साहित्य से परिचित विचारवान व्यक्ति थे। उन्होंने साहित्य, कविता, नाटक, उपन्यास, समालोचना, गद्य, पद्य काव्यभाषा, कवि-कर्तव्य, काव्य-विषय, छन्द आदि अनेक विषयों पर विचार किया है किन्तु यथासम्भव कम-से-कम पारिभाषिक शब्दों से काम चलाया है। भारतीय काव्यशास्त्र की शब्दावली से वे अच्छी तरह परिचित थे। 'कवि-कर्तव्य', 'कवि बनने के.लिए सापेक्ष साधन', 'कवि और कविता', 'कविता', 'नायिका-भेद' आदि निबन्धों में उन्होंने 'रस', 'अलंकार', 'लक्षण-ग्रन्थ', 'ध्वनि', 'नखशिख', 'प्रतिभा', 'शक्ति', 'अभ्यास', 'नायक', 'नायिका' (नायिकाओं के भेद), हाव, भाव, विलास, विट, चेटक, अभिनय, अनुकरण, क्रम-भंग, छन्द (छन्दों के अनेक भेद) आदि पारिभाषिक शब्दों का प्रयोग किया है किन्तु उनका निश्चित मत है, ''हिन्दी भाषा में सत-काव्य का प्राय: अभाव है। इस कारण अलंकार और रस-विवेचन के झगड़ों से जटिल ग्रन्थों के बनने की हम कोई आवश्यकता नहीं देखते''। (रसज्ञरंजन, पृ. 24) इसी प्रकार भारतीय नाट्यशास्त्र के जटिल नियमों के ही नहीं स्थूल नियमों के अनुसरण को भी वे आवश्यक नहीं मानते। वे कहते हैं, ''भरत और धनंजय ने अपने-अपने ग्रन्थों में अभिनय के विषयों का विस्तृत वर्णन किया है। इन विषयों में से भी कोई-कोई विषय बहुत ही सूक्ष्म हैं। वे ऐसे हैं कि नाटककार कवियों ने उनका बहुधा उल्लंघन किया है। स्थूल में से भी, देश-दशा और समय के परिवर्तन के कारण, बहुतेरे विषय यदि आजकल काम में न लाए जाएँ तो कोई हानि नहीं।'' (हिन्दी आलोचना का विकास, पृ. 50 पर उद्धृत) द्विवेदी जी को सबसे अधिक चिढ़ 'नायिका-भेद' वर्णन से है। वे लिखते हैं, ''यमुना के किनारे केलि कौतूहल का अद्भुत-अद्भुत वर्णन बहुत हो चुका है, न परकीयाओं पर प्रबन्ध लिखने की अब कोई आवश्यकता है और न स्वकीयाओं के 'गतागत' की पहेली बुझाने की है।''(रसज्ञरंजन, पृ. 23) इससे स्पष्ट है कि द्विवेदी जी युग की आवश्यकता का अनुभव करते हुए रचना को सभी प्रकार के जटिल शास्त्रीय बन्धनों से मुक्त

रखना चाहते थे। यह होने पर भी **काव्य के हेतु** निर्दिष्ट करते हुए या काव्य के आधारभूत **गुण-दोषों का निरूपण** करते हुए अथवा कवि-विशेष के व्यापक **काव्य-प्रभाव** का विवेचन करते हुए वे प्राचीन शब्दावली का प्रयोग करते हैं। उन्होंने लिखा है—"आचार्यों ने **प्रतिभा** को ही काव्य का कारण मानकर **व्युत्पत्ति** को उसकी सुन्दरता और **अभ्यास** को वृद्धि का हेतु माना है।" (रसज्ञरंजन, पृ. 54) 'कवि बनने के सापेक्ष साधन' पर विचार करते हुए उन्होंने आचार्य क्षेमेन्द्र का मत उद्धृत किया है और इस सम्बन्ध में उनके द्वारा प्रयुक्त शास्त्रीय शब्दावली को महत्त्वपूर्ण और उपयोगी मानकर उसे स्वीकार किया है। कवि होने के लिए पाँच बातें अपेक्षित हैं, ये पाँच बातें ये हैं—"**कवित्वशक्ति, शिक्षा, चमत्कारोत्पादन, गुणदोष-ज्ञान, परिचय चारुता।**" कहना न होगा कि ये सभी शब्द पारिभाषिक हैं किन्तु उनका सम्बन्ध काव्य-रचना के आधारभूत साधन और योग्यता से है। 'कालिदास की निरंकुशता' शीर्षक अपने आलोचनात्मक लेख में उन्होंने कालिदास की कविता में **शब्द, अर्थ** और **रस** सम्बन्धी जो दोष लक्षित किए हैं वे सब भारतीय काव्यशास्त्र-सम्मत हैं। कविता के स्वरूप का निरूपण करते हुए द्विवेदी जी ने तीन परम्परागत पारिभाषिक शब्दों को महत्त्व दिया है। 1. **चमत्कार**, 2. **रस**, 3. **अर्थसौरस्य।** उन्होंने लिखा है—"यदि कविता में चमत्कार नहीं, कोई विलक्षणता नहीं तो उससे आनन्द की प्राप्ति नहीं हो सकती।" क्षेमेन्द्र की राय है, "नहि चमत्कारविरहितस्य कवेः कवित्व काव्यस्य वा काव्यत्वम्।" **चमत्कार** का अर्थ यहाँ ऊहात्मक अतिशयोक्ति या विस्मयोद्बोधक कथन नहीं, रमणीयार्थ प्रतिपादक शब्दावली या लावण्यपूर्ण पदावली से है। **रस** के सम्बन्ध में आपने लिखा है, "कविता को सरस बनाने का प्रयास करना चाहिए। रस ही कविता का सबसे बड़ा गुण है।" (रसज्ञरंजन, पृ. 22) तुलसीदास के काव्य के महत्त्व का प्रतिपादन करते हुए उन्होंने लिखा है, "तुलसीदास को भी आज कई सौ वर्ष हुए परन्तु उनके काव्य में किसी-किसी स्थान पर इतना रस भरा हुआ है कि उस रस के प्रवाह में पड़कर बहे बिना सहृदय मनुष्य कदापि नहीं बच सकते।" (रसज्ञरंजन, पृ. 63) यहाँ 'रस' शब्द भी सहज मार्मिकता का द्योतक है, **शास्त्र-स्थिति-सम्पादित रस** का बोधक नहीं। 'रस' के शास्त्रीय निरूपण के सम्बन्ध में तो द्विवेदी जी का कहना है कि **अलंकार, रस** और **नायिका-निरूपण** बहुत हो चुका। **अर्थसौरस्य** से द्विवेदी जी का तात्पर्य शब्द और अर्थ का सटीक सामंजस्य प्रतीत होता है। आपने लिखा है—"'अर्थसौरस्य' ही कविता का प्राण है।...कवि जिस विषय का वर्णन करे उस विषय से उसका तादात्म्य हो जाना चाहिए। ऐसा न होने से अर्थसौरस्य नहीं

आ सकता।'' (रसज्ञरंजन, पृ. 20) कहना न होगा कि 'अर्थ' का सम्बन्ध वर्ण्य-विषय से है। विषय में तल्लीन होने पर रचनाकार उसका सटीक बिम्बांकन करना चाहेगा और तब उसे विषयानुकूल समुचित अर्थ-व्यंजक शब्द की तलाश होगी। इस तलाश में वह सार्थक शब्द-योजना करके कविता में 'अर्थसौरस्य' का समावेश करेगा। निष्कर्ष रूप में हम कह सकते हैं कि द्विवेदी जी भारतीय काव्यशास्त्र के आधारभूत मौलिक एवं तात्त्विक स्वरूप को उपयोगी मानते थे किन्तु उसके जटिल विस्तार-बन्धन में बँधकर कविता जीवन के व्यापक सन्दर्भों से कटकर निष्प्राण हो जाए, ऐसा नहीं चाहते थे। द्विवेदी जी अंग्रेजी काव्य-चिन्तन से भी परिचित थे किन्तु वहाँ से भी उन्होंने पारिभाषिक शब्दावली बहुत कम ली है। वस्तुत: वे पारिभाषिकता के ही विरोधी थे। वे बातों को छोटी-छोटी वाक्यों में सुगम बनाकर प्रस्तुत करना चाहते थे। अपने अंग्रेजी से किए गए हिन्दी-अनुवादों में भी आपने अंग्रेजी की जटिल वाक्य-रचना को हिन्दी के कई छोटे-छोटे वाक्यों में तोड़कर सुगम बना दिया है। कहीं-कहीं आपने कविता के सम्बन्ध में अंग्रेजी के मान्य कवियों द्वारा प्रयुक्त पारिभाषिक शब्दों का संकेत दिए बिना उनकी बात हिन्दी में कह दी है। उदाहरण के लिए 'कविकर्तव्य' में आपने लिखा है, ''अंग्रेजी के प्रसिद्ध कवि मिल्टन ने कविता के तीन गुण वर्णन किए हैं। उनकी राय है कि कविता सादी हो, जोश से भरी हुई हो और असलियत से गिरी हुई न हो।'' (रसज्ञरंजन, पृ. 57) निश्चत ही उपरोक्त तीनों शब्द क्रमश: 'सिम्पलिसिटी' (Simplicity), सेन्सुअस (Sensuous) और इम्पैसनेट (Impassionate) के लिए प्रयुक्त हैं। इसी प्रकार कविता पर विचार करते हुए वे कहते हैं, ''नाना प्रकार के विकारों के योग से उत्पन्न हुए मनोभाव जब मन में नहीं समाते तब वे आप ही आप मुख के मार्ग से बाहर निकलने लगते हैं। अर्थात् मनोभाव शब्दों का रूप धारण करते हैं'' वही कविता है। निश्चय ही कविता की यह परिभाषा वर्ड्सवर्थ की परिभाषा (All good poerty is the spontaneous voerflow of powerful feelings) का अनुवाद है। द्विवेदी जी ने **स्पांटेनियस ओवरफ्लो** के लिए लम्बे वाक्य का प्रयोग किया है। ऐसा लगता है कि अंग्रेजी के उन्हीं पारिभाषिक शब्दों को प्रयुक्त करना वे उचित समझते थे जो हिन्दी में व्यहृत होकर सामान्य हो गए थे। इसीलिए उन्होंने **पोएट्री** (Poetry), **वर्स** (Verse), **इमैजिनेशन** (Imagination), **नेचुरल्ल** (Natural) जैसे कुछ थोड़े से शब्दों का प्रयोग, अत्यन्त आवश्यक होने पर किया है। कविता और पद्य का अन्तर स्पष्ट करते हुए उन्होंने कहा है—''कविता और पद्य में वही अन्तर है जो अंग्रेजी की **पोएट्री** (Poetry) और **वर्स** (Verse) में है।'' (रसज्ञरंजन, पृ. 50)

कवि के गुणों का बखान करते हुए वे कहते हैं—"कवि का सबसे बड़ा गुण नई-नई बातों का सूझना है। इसके लिए **कल्पना** (Imagination) की बड़ी जरूरत है।"(रसज्ञरंजन, पृ. 51) काव्य में कथन की स्वाभाविकता पर द्विवेदी जी विशेष बल देते थे। उनके अनुसार स्वाभाविक अर्थात् (Natural) उक्तियाँ ही सुननेवाले के हृदय पर असर करती हैं। (रसज्ञरंजन, पृ. 60) इन प्रयोगों पर ध्यान देने से स्पष्ट है कि द्विवेदी जी ने अंग्रेजी शब्दावली को समझाने के लिए हिन्दी शब्दावली का प्रयोग नहीं किया है वरन हिन्दी के प्रयोगों को स्पष्ट करने के लिए अंग्रेजी पर्याय प्रस्तुत किए हैं। द्विवेदी जी का सारा प्रयत्न इस बात को लेकर था कि जो कुछ कहा जाए, सुबोध और सुगम बनाकर कहा जाए। हिन्दी-आलोचना की पारिभाषिक शब्दावली के विकास में उनका योगदान उतना महत्त्वपूर्ण नहीं है जितना हिन्दी कविता के मूल्यांकन में **उपयोगितावादी दृष्टि** को दृढ़तापूर्वक स्थापित और विकसित करने में है। 'सम्पादकों, समालोचकों और लेखकों का कर्तव्य' विषय पर विचार करते हुए उन्होंने कहा था, "**किसी पुस्तक या प्रबन्ध में क्या लिखा गया है, किस ढंग से लिखा गया है, वह विषय उपयोगी है या नहीं, उससे किसी का मनोरंजन हो सकता है, उससे किसी को लाभ पहुँच सकता है या नहीं, लेखन ने कोई नई बात लिखी है या नहीं, यदि नहीं तो उसने पुरानी ही बात को नए ढंग से लिखा है या नहीं—यही विचारणीय प्रश्न है।** समालोचक को प्रधानत: इन्हीं बातों पर विचार करना चाहिए।" (विचारविमर्श, पृ. 45) अपने इसी दृष्टिकोण के कारण द्विवेदी जी ने गुप्त जी की रचना 'भारत-भारती' के सम्बन्ध में लिखा था, "यह सोते हुओं को जगानेवाला है, भूले हुओं को ठीक राह पर लानेवाला है; निरुद्योगियों को उद्योगशील बनानेवाला है; आत्मविस्मृतों को पूर्व-स्मृति दिलानेवाला है; निरुत्साहियों को उत्साहित करनेवाला है, उदासीनों के हृदयों में उत्तेजना उत्पन्न करनेवाला है।" (विचारविमर्श, पृ. 195) द्विवेदी जी के उद्‌गारों में 'प्रभाववादी आलोचना' की गन्ध आती है किन्तु इससे यह सूचित होता है कि वे समाज के उत्थान के लिए प्रेरित करनेवाली रचनाओं के प्रकाशन के लिए ललक रहे थे।

कृष्णबिहारी मिश्र

आचार्य द्विवेदी के विपरीत मिश्रबन्धुओं की दृष्टि मूलत: कलावादी थी। उनके समर्थकों में पं. कृष्णबिहारी मिश्र प्रमुख थे। उन्होंने तो 'देव और बिहारी' नामक अपनी प्रसिद्ध आलोचनात्मक कृति में स्पष्ट रूप से कहा है कि, "कविता के लिए रस-परिपाक चाहिए। **उपयोगितावाद** के चक्कर में

डालकर ललितकला का सौन्दर्य नष्ट करना ठीक नहीं।'' (देव और बिहारी, पृ. 82) मिश्र जी की तुलनात्मक समीक्षा उपयोगितावाद के विरुद्ध 'कलावादी' दृष्टि का परिणाम है। वे शास्त्रसिद्ध समीक्षक थे। काव्य-लक्षण उन्हें सिद्ध थे। उन्होंने देव और बिहारी के एक-एक छन्द को लेकर जो विचार किया है, उससे उनके गम्भीर और विस्तृत शास्त्र-ज्ञान की सूचना मिलती है। 'देव' कवि के एक छन्द की परीक्षा में उन्होंने 'यतिभंग दूषण' वाचकधर्मोपमानलुप्तोपमा, पूर्णोपमा, रूढ़िलक्षणा, गौणी सारोपाप्रयोजनवती लक्षणा, वृत्यानुप्रास, वीप्सा, रति स्थायी, शृंगाररस, आलम्बन, अनुभाव, संचारीभाव, स्वकीयानायिका, अभिधा, अर्थान्तरसंक्रमित वाच्य-ध्वनि, समता, प्रसाद, सुकुमारता गुण, कौशिकी वृत्ति, लोकोक्ति, स्वभावोक्ति, विभावना अलंकार आदि अनेक पारिभाषिक शब्दों का प्रयोग किया है। 'मतिराम ग्रन्थावली' की भूमिका में तो उन्होंने पूरा रसशास्त्र ही प्रस्तुत कर दिया है। द्विवेदी जी जिस जटिल शास्त्रीय बन्धन से कविता को मुक्त करना चाहते थे मिश्र जी उसी बन्धन में बँधकर उसका मूल्यांकन कर रहे थे। उनकी तुलनात्मक समीक्षा भारतीय काव्यशास्त्र की पारिभाषिक शब्दावली से समृद्ध है। शास्त्र-सिद्धि की सीमा में बँधे होने के कारण ही वे रीति-काल की सीमा से आगे नहीं बढ़ सके। वैसे वे सुशिक्षित व्यक्ति थे। अपनी समीक्षाओं में उन्होंने 'हैजलिट' (Hazlit), 'पोप' (Alexander Pope), 'रस्किन' (Ruskin), 'कालरिज' (Samuel Taylor Coleridge), 'जान हेनरी न्यूमैन' (John Henary Newman), 'टेनिसन'(Tennyson), 'अर्नेस्टरिज'' (Ernestrhys) आदि कवियों और लेखकों के मतों को उद्धृत किया है। यह मत मुख्यत: कविता की परिभाषा और काव्यभाषा के सन्दर्भ में उद्धृत किए गए हैं। इनका प्रयोग यह प्रमाणित करने के लिए किया गया है कि काव्य का प्रयोजन आनन्द प्रदान करना है और काव्य की भाषा मधुर, संगीतमय, लचीली, रोचक और प्रवाहमयी होनी चाहिए। इन सीमाओं के बावजूद मिश्र जी की समीक्षा में **संगीतमयभाषा** (Language of Music), **उपयोगितावाद** (Utilitarianism), **अशिष्ट प्रयोग** (Slang Expressing), **क्लासिकल पोएट** (Classical poet), **साम्यवाद** (Socialism) **मौलिक** (Original) **पद्य** (Verse) **पद्यरचयिता** (Versifier), **लचकीलापन** (Elasticity), **सामर्थ्य** (Strength), **माधुर्य** (Sweetness), **अव्यर्थपदत्व** (Unsuperfluorsness), **सहज-पद्यप्रवाह** (Straight for Wardness), **सामंजस्यपूर्ण एकता** (Oneness), **आलंकारिकता** (Rhetoric), **अलंकारप्रस्फुटन** (Figurative desires), आदि पारिभाषिक शब्दों का प्रयोग हुआ है। उन्होंने भारतीय और पाश्चात्य काव्यचिन्तन का सदुपयोग करते हुए

काव्यभाषा सम्बन्धी चिन्तन को आगे बढ़ाया है। **संगीतमयी भाषा** (Language of Music) की याद आपको भाषा के माधुर्य गुण के महत्त्व-प्रतिपादन के क्रम में आई है। आपने लिखा है—''संस्कृत के समान ही फारसी में भी शब्द-मधुरता पर जोर दिया गया है। अंग्रेजी में भी **लैंग्वेज ऑफ म्यूजिक** (Language of Music) का कविता पर खासा प्रभाव माना गया है।'' काव्यभाषा के सम्बन्ध में विचार करते हुए आपने उसके **लचकीलेपन** (Elasticity) और उसमें **अलंकारप्रस्फुटन** (Figurative desires) पर बल दिया गया है। अर्नेस्टरिज को उद्धृत करते हुए आपने कहा है—''सारांश यह कि भाषा में **लचकीलेपन** (Elasticity) भी चाहिए। सामंजस्यपूर्ण स्वाभाविक प्रवाह को अपनाने की रुचि भी भाषा को अपेक्षित है। कवियों की भाषा में आप-ही-आप अलंकारों का प्रादुर्भाव होता है। **अलंकार-प्रस्फुटन** (Figurative desires) के इस गुण पर जो भाषा कृपालु है, उसे अच्छी भाषा कहलाने का सौभाग्य प्राप्त है।'' (मतिराम ग्रन्थावली की भूमिका, पृ. 69) मतिराम के काव्यगुणों की चर्चा करते हुए आपने उन्नीसवीं शती के अंग्रेजी समीक्षक 'जेम्स हेनरी लेहंट' को याद किया है और उनका हवाला देते हुए लिखा है। ''प्रत्येक कवि पद्य-रचयिता (Versifier), है और प्रत्येक अच्छा कवि उत्कृष्ट पद्य-रचयिता है। सर्वोत्तम कवि वही है जिसके पद्यों में **सामर्थ्य** (Strength), **माधुर्य** (Sweetness), **अव्यर्थपदत्व** (Unsuperfluousness), **रोचकता, सहजपद्य-प्रवाह** (Straight for Wardness) एवं पद्य और भाव की सामंजस्यपूर्ण एकता (Oneness) हो।''(मतिराम ग्रन्थावली की भूमिका, पृ. 150) कविता के गुणों के सन्दर्भ में ही आपको 'जान हेनरी न्यूमैन' की याद आई है और उसके हवाले से आपने यह प्रमाणित किया है कि मृदु भाववाले संचरियों का सम्बन्ध श्रृंगाररस से है जबकि कठोर भाववाले संचारी उक्ति को आलंकारिकता (Rhetoric) प्रदान करने में सहायक होते हैं। आपने लिखा है, ''यह कहा जा सकता है कि धार्मिक गुण विशेष कवितामय होते हैं। इसके विपरीत साधारण और विशेषतया अक्खड़ वृत्तियों में आलंकारिता (Rhetoric) तो विशेष दिखलाई जा सकती है, पर कविता का वैसा अवसर नहीं है।'' ('मतिराम ग्रन्थवली की भूमिका, पृ. 29) 'अशिष्ट प्रयोगों' (Slang expressing) की चर्चा मिश्र जी ने 'देव' की भाषा की विशुद्धता प्रमाणित करते हुए की है। उन्होंने लिखा है—''उनकी भाषा में **अशिष्ट प्रयोगों** (Slang expressing) का एक प्रकार से अभाव है।'' ('देव और बिहारी', पृ. 278) 'देव' कवि के काव्य-विषय की चर्चा करते हुए आपने मौलिकता का प्रश्न उठाया है। आपने बताया है कि 'देव' की कविता में जिन विषयों का वर्णन किया गया है उनमें से

बहुतों का वर्णन पूर्ववर्ती कवियों ने भी किया है किन्तु इससे 'देव' की कविता की मौलिकता खंडित नहीं होती। इसी क्रम में आपने 'जेम्स रसेल लावेल' को उद्धृत किया है और लिखा है, ''यदि कोई कवि इस इरादे से कविता लिखने बैठे कि मैं सर्वथा मौलिक (Original) भावों की ही रचना करूँगा तो अन्त में उसकी रचना में कविता की अपेक्षा विचित्रता के ही दर्शन अधिक होंगे।'' (देव और बिहारी, पृ. 283) **क्लासिकल** शब्द का प्रयोग आपने केशव के सम्बन्ध में अपना मत प्रकट करते हुए किया है। जो लोग केशव को साधारण कवि समझते हैं उनसे अपना मतभेद प्रकट करते हुए मिश्र जी कहते हैं—''केशव की कविता में प्राचीन काव्य-कला के आदर्श का विकास है। अंग्रेजी भाषा में जिन कवियों को **क्लासिकल पोएट (Classical poet)** कहते हैं केशव भी वही हैं।'' (देव और बिहारी, पृ. 290) मिश्र जी ने 'देव और बिहारी' के 'परिशिष्टि' में 'देव की दिव्यदृष्टि' पर विचार किया है और उनके एक छन्द में **साम्यवादी विचारधारा** का संकेत लक्षित करते हुए कहा है—''आजकल संसार में 'साम्यवाद' की लहर बड़े वेग से बह रही है। समता के सिद्धान्तों का घोष बड़े-बड़े साम्राज्यों की नींव हिला रहा है। इंगलैंड में भी मजदूर दल शासन कर चुका है पर यह सब वर्तमान शताब्दी की बातें हैं। आज से तीन-चार सौ वर्ष पहले तो संसार में ऐसे विचार भी विरले थे, पर 'देव' जी के एक छन्द में उन्हीं को देखकर हमारे आश्चर्य की सीमा नहीं कहती।'' (देव और बिहारी, पृ. 303) इसके बाद मिश्र जी ने 'देव' का वह छन्द उद्धृत किया है जिसमें उनके अनुसार **साम्यवाद** का प्रतिपादन है। छन्द में यह कहा गया है कि, ''सभी की उत्पत्ति रज-वीर्य से हुई है। मरने पर सभी मिट्टी में मिल जाते हैं। देखने में सभी कुम्हार के भांड की तरह एक ही आकार-प्रकार के हैं। ऐसी स्थिति में ऊँच-नीच का भेद कैसा? पांडेय जी महाराज क्यों पवित्र हैं और शूद्र क्यों अपवित्र हैं? यह भेद-भाव की कल्पना स्वार्थियों की लीला है।'' निश्चय ही 'देव' जैसे शृंगारी कवि के द्वारा लिखा गया यह छन्द वैचारिक दृष्टि से महत्त्वपूर्ण है। यह कबीर की याद दिलाता है। इसमें आर्थिक स्तर पर न सही, सामाजिक स्तर पर तो भेद-भाव का विरोध स्पष्ट है। मिश्र जी ने 'देव और बिहारी' 1920 ई. में लिखा था। उसके तीन ही वर्ष पूर्व रूस की क्रान्ति हुई थी। उस समय 'साम्यवाद' की लहर की चर्चा करना उनकी राजनीतिक सजगता का परिचायक है। निश्चय ही मिश्र जी नवीन सामाजिक गतिविधियों से परिचित थे। यदि वे अपने सामन्तीय संस्कारों से मुक्त हो सके होते तो हिन्दी काव्य-चिन्तन को बहुत कुछ दे सकते थे।

पद्मसिंह शर्मा

पं. कृष्णबिहारी मिश्र से पूर्व हिन्दी-आलोचना के केन्द्र में पं. पद्मसिंह शर्मा प्रतिष्ठित हो चुके थे। उन्हें तुलनात्मक समीक्षा का प्रवर्तक माना जाता है। उन्होंने जुलाई, 1907 ई. की 'सरस्वती' में 'बिहारी' और फारसी कवि 'सादी' की तुलना की थी। इसके बाद 'संस्कृत और हिन्दी कविता में बिम्ब-प्रतिबिम्ब-भाव', 'भिन्न-भिन्न भाषाओं के समानार्थी पद्य' आदि निबन्धों में वे तुलनात्मक आलोचना के कार्य को आगे बढ़ाते रहे। इसी क्रम में उनकी प्रसिद्ध कृति 'बिहारी सतसई : तुलानात्मक अध्ययन'—प्रकाशित हुई। इस कृत में शर्मा जी ने 'गाथासप्तशती', 'आर्या सप्तशती', 'बिहारी और संस्कृत के अन्य कवि', 'बिहारी और उर्दू कवि', 'बिहारी और अन्य हिन्दी कवि', आदि शीर्षकों से बिहारी की तुलना संस्कृत, प्राकृत, उर्दू तथा हिन्दी के कवियों से की। शर्मा जी बिहारी से बहुत प्रभावित थे। मिश्रबन्धुओं ने अपने 'हिन्दीनवरत्न' में 'देव' को विशेष महत्त्व दिया था। शर्मा जी को यह निर्णय पसन्द नहीं आया था। उन्होंने अपने पूरे पांडित्य का परिचय देते हुए बिहारी की श्रेष्ठता का प्रतिपादन किया। शर्मा जी ने बिहारी की **नाजुकख्याली, बन्दिश की चुस्ती, विशेषण-चमत्कार, उपमा के सामंजस्य, शब्द-रचना-चातुर्य, भाव-गाम्भीर्य, उक्तिवक्रता, ध्वन्यात्मकता, वचन-विद्ग्धता, वर्णन-विचित्रता, बहुज्ञता** आदि की मुक्तिकंठ से प्रंशसा की। शर्मा जी भी शास्त्र-सिद्ध आलोचक थे। हिन्दी-आलोचना की पारिभाषिक शब्दावली के विकास में उनका योगदान नगण्य है। उन्होंने काव्य में सर्वत्र वक्रोक्ति (अतिशयोक्ति के चमत्कार को महत्त्व देनेवाले आचार्यों की दृष्टि से बिहारी के काव्योत्कर्ष का प्रतिपादन करके अपनी **कलावादी** रुझान का परिचय दिया है। उनकी आलोचना में अंग्रेजी के शब्द खोजने से भी नहीं मिलते। **मैटर** (बिहारी सतसई, पृ.37), **नेचर** (पृ. 104) और **नेचुरल** (पृ. 160) जैसे कुछ शब्द बिहारी के महत्त्व-प्रतिपादन-क्रम में स्वत: आ गए हैं। उन्हें समाज की मानसिकता के बदलाव की जानकारी न रही हो, ऐसा नहीं था। उन्हें ज्ञात था कि विज्ञान के विकास से कविता की मायामयी मोहकता के प्रभावित होने का खतरा है।' (सतसई, पृ. 17) वेस जानते थे कि, 'आजकल के सम्भ्रान्त शिक्षित समाज को अतिशयोक्ति से चिढ़ है।' (सतसई, पृ. 159) किन्तु वे इस बात पर दृढ़ थे कि, 'प्राचीन काव्य वर्तमान परिष्कृत रुचि के आदर्श पर नहीं रचे गए, उन्हें इस नए गज से नहीं नापना चाहिए। प्राचीनता की दृष्टि से परखने पर ही उनकी खूबी समझ में आ सकती है।' (सतसई, पृ.

160) ऐसे ईमानदार प्राचीनता-प्रेमी कलावादी आलोचक से कुछ 'नवीन' पाने की आशा नहीं की जा सकती है।

द्विवेदी-युग के समीक्षकों में पं. पद्मसिंह शर्मा की परम्परा में ही **लाला भगवानदीन** का उल्लेख करना समीचीन होगा। लाला जी भी 'अतिशयोक्ति प्रधान काव्य-कला-चातुरी' के प्रशंसक थे। इसलिए 'केशव' और 'बिहारी' इनके प्रिय कवि थे। इन्हें 'बिहारी और देव' नामक समीक्षा-कृति के लेखक के रूप में ख्याति प्राप्त है। यह पुस्तक कृष्णबिहारी मिश्र के 'देव और बिहारी' के जवाब में लिखी गई थी। लाला जी की एक विशेषता यह मानी जा सकती है कि उन्होंने 'नायिका-भेद' का समर्थन उसे मनोविज्ञान का विषय बनाकर किया। इनके काव्य-संस्कार भी रीतिकालीन ही थे। इन्होंने मैथिलीशरण गुप्त की 'भारत-भारती' की आलोचना उसकी भाषा को केन्द्र में रखकर की और यह प्रमाणित किया कि उसमें **निरर्थक शब्द-प्रयोग, व्याकरण-विरुद्ध-प्रयोग** तथा **श्रुतिकटुत्व दोष** है। इसके बाद यह भी कहा, "और यदि बारीक गलतियाँ **ध्वनि, भाव, रस, अलंकार**, सम्बन्धी त्रुटियाँ—दिखलाई जाएँ तो शायद कुछ ही छन्द ऐसे बचेंगे जो शुद्ध काव्य तो नहीं क्योंकि काव्यशक्ति तो गुप्त जी में है ही नहीं) हाँ शुद्ध पद्य कहे जा सकें।" 'देव' की कविता में भी लाला जी ने अपनी प्रवृत्ति के अनुसार **यति-भंग, दूरान्वय, अशिष्टता, अश्लीलता** आदि दोष दिखलाए और बिहारी की **विदग्धता** दिखलाकर उनकी श्रेष्ठता सिद्ध की। उन्होंने अपना निर्णय देते हुए कहा, "बिहारी प्राकृतिक कवि थे, देव ठुक-पिटकर कवि बने थे।" लाला जी के पास भी आलोचना की पुरानी शब्दावली थी। नई शब्दावली गढ़ने की न उनमें क्षमता थी न दृष्टि। अंग्रेजी की पारिभाषिक शब्दावली का प्रयोग दीन जी ने भी बहुत कम किया है। 'सूरपंचरत्न में उन्होंने **स्टाइल (Style)** और **मास्टरपीस (Masterpiece)** इन दो शब्दों का प्रयोग किया है। उनके अनुसार—"प्रत्येक महाकवि की एक निजी **शैली (Style)** होती है। छोटे कवियों की भाँति वे किसी की शैली का अनुसरण नहीं करते।" (सूपंचरत्न, पृ. 39) इसी प्रकार उनका यह भी मानना था कि किसी कवि का मूल्यांकन करते समय गुण पर ध्यान देना चाहिए क्योंकि कवि के **सर्वोत्तम काव्य (Masterpiece)** में ही उसका रूप रहता है।" (वही, पृ. 162) वे आलोचक से अधिक एक टीकाकार के रूप में प्रतिष्ठा प्राप्त करने के अधिकारी हैं। लाला जी ने रीतिकालीन परम्परा का अनुसरण करते हुए 'अलंकार मंजूषा' (1916 ई.) नामक लक्षणग्रन्थ भी लिखा है। इसमें आपने हिन्दी के साथ-साथ फारसी और अंग्रेजी के सदृश अलंकारों के नाम भी दिए हैं। 'श्लेष' के साथ 'पन'

(Pun), 'रूपक' के साथ 'मेटाफर' (Metaphor), 'उपमा' के साथ 'सिमली' (Simile), 'अतिशयोक्ति' के साथ 'इक्जेजरेशन' (Exageration) 'अनुप्रास' के साथ 'एलिटरेशन' (Alliteration) आदि का उल्लेख इस ग्रन्थ की विशेषता मानी जा सकती है। किन्तु इस परम्परा का सूत्रपात भी श्री जगन्नाथप्रसाद 'भानु' 'काव्य-प्रभाकर' (1910 ई.) में कर चुके थे। इसलिए इसे मौलिक नहीं कहा जा सकता। आगे चलकर आचार्य शुक्ल ने जायसी की समीक्षा में अंग्रेजी के 'मेटानॉमी' (Metonomy) अलंकार का उल्लेख किया है।

जिस समय द्विवेदीकालीन हिन्दी-जगत आलोचना की **उपयोगितावादी** और **कलावादी** इन दो धाराओं में बँटकर प्रगति और प्रतिक्रिया के द्वन्द्व से उद्वेलित हो रहा था उस समय आचार्य शुक्ल अपने आलोचक-व्यक्तित्व को समृद्ध करने में लगे हुए थे। 1904 ई. से लेकर 1911 ई. तक उनके जो निबन्ध 'नागरी-प्रचारिणी-पत्रिका' और 'सरस्वती' में प्रकाशित हुए हैं, वे साक्षी हैं कि इस बीच आचार्य शुक्ल वाणी और कल्पना के सम्बन्ध, विचार और शब्द के अभिन्नत्व, मन की समस्त क्रियाओं—कल्पना, अनुभव, विवेचन आदि—की विचारों में परिणति, विज्ञान और साहित्य की दिशा और गति, कल्पनाजनित आनन्द का स्वरूप और उसका कारण, भावना (Impressions) और विचार (General notions) का सम्बन्ध, चित्त के उद्वेग का शब्द और वाक्य-विन्यास से सम्बन्ध, भौतिक पदार्थों के व्यापार-विस्तार तथा मानसिक अवस्थाओं के स्थितिक्रम का बोध कराने में उपमादि सादृश्यमूलक अलंकारों की भूमिका, तथा उच्चतम मानवीय मूल्यों के सन्दर्भ में कविता की भूमिका जैसे प्रश्नों से जूझ रहे थे। इस क्रम में एक ओर वे नए सन्दर्भ में भारतीय काव्यशास्त्र की शब्दावली की परीक्षा कर रहे थे दूसरी ओर पाश्चात्य काव्य-चिन्तन ही नहीं मनोविज्ञान, दर्शन, राजनीति, इतिहास और विज्ञान की उपलब्धियों को आयत्त करके अपने मानसिक विकास के अनुकूल नई शब्दावली गढ़ने में भी जुटे हुए थे। इस बीच उन्होंने अंग्रेजी के **इमेज** (Image), **सिमिट्री** (Symmetry), **ऐलिगरी** (Allegory), **इल्युजन** (Illusion), **इम्प्रेशन** (Impression), **जनरल नोशन** (General notion), **कम्पलीन नोशन** (Complete notion), **सेंटीमेंट्स** (Sentiments), **मीटर** (Metre), **स्टाइल** (Style) आदि शब्दों के हिन्दी-पर्याय स्थिर किए। उनके द्वारा गृहीत और निर्मित पारिभाषिक शब्दों की संख्या इतनी अधिक है और उनका रचना-सन्दर्भ इतना व्यापक है कि उस पर अलग से विचार करना ही उपयुक्त होगा। यहाँ हम इतना ही कहना चाहेंगे कि द्विवेदी-काल में कलावादी समीक्षकों का काम भारतीय काव्यशास्त्र की परम्परागत शब्दावली से बखूबी

चल रहा था। इसके लिए रीतिकालीन शब्दावली पर्याप्त समृद्ध थी। मिश्रबन्धुओं ने तो 'रीतिकाल' का नाम ही 'कला-काल' रखा था किन्तु **उपयोगितावादी** दृष्टि से काव्य के मूल्यांकन के लिए उपयुक्त शब्दावली का नितान्त अभाव था। द्विवेदी जी विचार के स्तर पर तो भट्ट जी की परम्परा का निर्वाह कर रहे थे किन्तु विचारों के संश्लेष और उसके अनुकूल आलोचना की नवीन पारिभाषिक शब्दावली निर्मित और उसके रूप को स्थिर करने की क्षमता उनमें नहीं थी। आचार्य शुक्ल ने इस अभाव को पूरा किया। उन्होंने न केवल उपयोगितावादी समीक्षा को उचित पारिभाषिक शब्दावली दी वरन परम्परागत शास्त्रीय शब्दावली का पुनराख्यान करके उसे सन्दर्भ के अनुकूल ढाल दिया। हिन्दी आलोचना की पारिभाषिक शब्दावली के विकास में उनकी ऐतिहासिक भूमिका का विवेचन हम स्वतन्त्र निबन्ध में करेंगे।

आचार्य रामचन्द्र शुक्ल की समीक्षा : सन्दर्भ एवं दृष्टि

(पारिभाषिक शब्दावली का साक्ष्य)

आचार्य रामचन्द्र शुक्ल का लेखन-काल सन् 1900 ई. से लेकर 1940 ई. तक विस्तृत है। इस अवधि में राष्ट्रीय मानस को प्रभावित करनेवाली अनेक घटनाएँ घटित हुईं। मिस्टर गाँधी इसी अवधि में महात्मा गाँधी हो गए थे। उन्होंने ब्रिटिश सत्ता के विरुद्ध 'सविनय अवज्ञा आन्दोलन' के रूप में अहिंसात्मक अस्त्र का आविष्कार कर लिया था। 1920 ई. और 1930 ई. में दो बार इस अस्त्र का प्रयोग करके सामान्य जनता के संघटित प्रतिरोध से वे ब्रिटिश प्रशासन को झकझोर चुके थे। 1927 ई. में पं. जवाहरलाल नेहरू ने सोवियत संघ की यात्रा की थी और वहाँ से वे प्रभावित होकर लौटे थे। इसके साथ ही कांग्रेस के भीतर वामपन्थ का उदय हो चुका था। 1922 ई. में श्री श्रीपाद अमृत डाँगे ने बम्बई से 'सोशलिस्ट' साप्ताहिक का प्रकाशन आरम्भ किया था। सितम्बर, 1925 ई. में कानपुर में भारतीय कम्युनिस्टों का सम्मेलन हुआ था। 1928 ई. में क्रान्तिकारी भगतसिंह के नेतृत्व में 'इंडियन रिपब्लिकन सोशलिस्ट एसोसिएशन' की स्थापना हुई थी। भारतीय राष्ट्रीय कांग्रेस का केन्द्रीय नेतृत्व तो अब भी मुख्यत: भारतीय पूँजीवाद और सामन्तवाद के हितों की रक्षा को दृष्टि में रखकर अपनी नीति निर्धारित कर रहा था किन्तु स्वतन्त्रता-संघर्ष के व्यापक होने के साथ उसमें अनेक मँझोले पूँजीवादी राष्ट्रप्रेमी, मध्यम तथा निम्नवर्ग के शिक्षित देशभक्त तथा असंख्य किसान-मजदूर कार्यकर्ता भी सम्मिलित हो गए थे। इनमें बहुत से ऐसे देशभक्त भी थे जो असहायोग आन्दोलन के क्रम में अंग्रेजी शिक्षा और सरकारी नौकरियों का बहिष्कार करके आए थे। 1930 ई. में कांग्रेस सोशलिस्ट पार्टी की स्थापना हुई। ब्रिटिश शासन इस बीच हिन्दुओं और मुसलामानों में फूट डालने की अपनी नीति चलाता रहा और स्वतन्त्रता-आन्दोलन का दमन करता रहा। 1939 ई. में द्वितीय महायुद्ध छिड़ा। कांग्रेस ने ब्रिटेन के शत्रु-राष्ट्रों का खुला

समर्थन करने से इनकार कर दिया। सुभाषचन्द्र बोस को यह पसन्द नहीं आया। वे ब्रिटेन के शत्रु-राष्ट्रों से मिलकर देश को आजाद कराना चाहते थे। ब्रिटिश शासन की आँख में धूल झोंककर वे जर्मनी गए और अन्त में 'आजाद हिन्दी फौज' का संगठन किया। इस राजनीतिक हलचल का प्रभाव हिन्दी-साहित्य पर पड़ना स्वाभाविक था। 1909 ई. से लेकर 1939 ई. तक प्रखर राष्ट्रीय चेतना से प्रेरित होकर हिन्दीभाषी-क्षेत्र में अनेक साप्ताहिक एवं दैनिक पत्र प्रकाशित हुए। इनमें प्रयाग का 'कर्मयोगी' (1909 ई.), कानपुर का 'प्रताप' (1913 ई.), बम्बई का 'सत्याग्रही' (1919 ई.), जबलपुर का 'कर्मवीर' (1920 ई.), काशी का 'आज' (1920 ई.), कलकत्ता का 'स्वतन्त्र (1920 ई.), प्रयाग का 'भविष्य' (1920 ई.), आगरा का 'सैनिक' (1925 ई.), गोरखपुर का 'स्वदेश' (1919 ई.), दिल्ली का 'अर्जुन' (1923 ई.), काशी की 'मर्यादा' (इसका प्रकाशन 1909 ई. में प्रयाग में आरम्भ हुआ था बाद में यह काशी से प्रकाशित होने लगी), 'अजमेर' की 'त्यागभूमि' (1927 ई.), 'काशी' का 'जागरण' (1932 ई.), 'पटना' की 'नवशक्ति' (1934 ई.), 'लखनऊ' का संघर्ष (1937 ई.) आदि प्रमुख थे। इस समय हिन्दी के अनेक लेखकों और कवियों ने न केवल साहित्य के माध्यम से राष्ट्रीय चेतना को अभिव्यक्ति दी वरन स्वतन्त्रता-संग्राम में सक्रिय भाग लेकर जेल की यातनाएँ भी सहीं। इनमें अनेक ऐसे भी थे जिन्हें गाँधी की विचारधारा पर पूरा विश्वास नहीं था किन्तु देश की स्वतन्त्रता के व्यापक लक्ष्य की सिद्धि में वे उनको सहयोग देना ही उचित समझते थे। हिन्दी के साहित्यकारों के लिए 'राष्ट्र' का अर्थ शहरों का सुविधाजीवी साधन-सम्पन्न समाज नहीं गाँवों में निवास करनेवाली गरीब जनता थी। गणेशशंकर विद्यार्थी ने लिखा था, "राष्ट्र महलों में नहीं रहता। प्रकृत राष्ट्र के निवासस्थल वे असंख्य झोंपड़े हैं जो गाँवों और पुरवों में फैले हुए आकाश के देदीप्यमान सूर्य और शीतल चन्द्र और तारागण से प्रकृति का सन्देश लेते हैं। और इसीलिए राष्ट्र का मंगल और उसकी जड़ उस समय तक मजबूत नहीं हो सकती जब तक इन अगणित लहलहाते पौधों की जड़ों में जीवन का, मजबूती का, जल नहीं सींचा जाता। भारतीय राष्ट्र के निर्माण के लिए इसके गाँव और पुरवों में जीवन की ज्योति की आवश्यकता है।" ('श्रेष्ठ निबन्ध', 'राष्ट्र की नींव', गणेशशंकर विद्यार्थी, पृ. 105 पर उद्धृत) देश-प्रेम के सन्दर्भ में कुछ इसी तरह की बात शुक्ल जी कहते हैं, "यदि देश-प्रेम के लिए हृदय में जगह करनी है तो देश के स्वरूप से परिचित और अभ्यस्त हो जाओ। बाहर निकलो तो आँखें खोलकर देखो कि खेत कैसे लहलहा रहे हैं, नाले झोंपड़ियों के बीच से कैसे बह रहे हैं, टेसू के फूलों से वनस्थली कैसी लाल हो

रही है, चौपायों के झुंड चरते हैं, चरवाहे तान लड़ाते हैं। अमराइयों के बीच में गाँव झाँक रहे हैं, उनमें घुसो, देखो, तो क्या हो रहा है। इस प्रकार जब देश का रूप तुम्हारी आँखों में समा जाएगा तब तुम्हारे अन्त:करण में इस इच्छा का उदय होगा कि वह हमसे कभी न छूटे। वह सदा हरा-भरा और फूला-फला रहे, उसके धन-धान्य की वृद्धि हो। उसके सब प्राणी सुखी रहें।'' ('लोभ और प्रीति', चिन्तामणि, पहला भाग, पृ. 78) गाँवों और पुरवों में जीवन की ज्योति जगाने के लिए और देश को धन-धान्य से भरा-पूरा देखने के लिए शोषण का अन्त परम आवश्यक है। 1921 ई. तक आते-आते शुक्ल जी ने यह देख और समझ लिया था कि, ''बड़े-बड़े राज्य माल की बिक्री के लिए लड़नेवाले सौदागर हो गए हैं। अब सदा एक देश दूसरे देशों का चुपचाप दबे पाँव धन-हरण करने की ताक में रहता है। कोई-कोई देश लोभवश इतना अधिक माल तैयार करते हैं कि उसे किसी देश के गले मढ़ने की फिक्र में दिन-रात मरते रहते हैं। जब तक यह व्यापारोन्माद दूर न होगा तब तक इस पृथ्वी पर सुख-शान्ति न होगी।'' (चिन्तामणि-3, पृ.188) जब स्वतन्त्रता देश के नवयुवकों से बलिदान का मूल्य माँग रही हो, जब देश को शोषण-मुक्त करने के लिए चोरी का बदला डकैती से लेने की आवश्यकता हो, जब गाँवों और पुरवों में रहनेवाली दीन-हीन जनता को अपार सहानुभूति की आवश्यकता हो, जब देश की तरुणाई जेल के सींखचों के भीतर तड़प रही हो, तब कैसा साहित्य लिखा जाएगा? ऐसे ही वातावरण में नायिका-भेद का विरोध किया गया था। ऐसे ही क्षणों में उत्साह, प्रेरणा और शक्ति के काव्य की रचना को आग्रह किया गया था। रचना का सन्दर्भ एकदम बदल गया था। पीड़ा, बाधा, अन्याय, अत्याचार को दूर करने के लिए लोक-शक्ति का जागरण आवश्यक था। लोक के कल्याण के लिए साधना और प्रयत्न की आवश्यकता थी। इसी सन्दर्भ में आचार्य शुक्ल ने **काव्य में लोकमंगल की साधनावस्था पर बल दिया। भारतीय रस-दृष्टि काव्य की उपयोगितावादी दृष्टि से संश्लिष्ट होकर 'लोकमंगल की साधना' के रूप में प्रकट हुई।** भावों की छान-बीन करते हुए आचार्य शुक्ल ने लक्षित किया था कि 'मंगल का विधान करनेवाले दो भाव ठहरते हैं—करुणा और प्रेम। 'करुणा' की गति रक्षा की ओर होती है और 'प्रेम' की रंजन की ओर। लोक में प्रथम साध्य रक्षा है। रंजन का अवसर उसके पीछे आता है। अत: साधनावस्था या प्रयत्नपक्ष को लेकर चलनेवाले काव्यों का बीजभाव 'करुणा' ही ठहरता है।'' (चिन्तामणि, प्रथम भाग, पृ. 223) आचार्य शुक्ल की दृष्टि में आदिकाव्य रामायण का 'बीजभाव' करुणा है। रावण द्वारा पीड़ित लोक को अत्याचार-मुक्त करने के लिए राम के

रूप में लोकमंगल की शक्ति का उदय होता है। मंगलोन्मुख होने के कारण ही राम का 'कालाग्नि सदृश क्रोध' लोकोत्तर सौन्दर्य मंडित हुआ है। पीड़ा और विघ्नबाधा से मुक्त लोक में ही रंजन और सुख के विधान का अवकाश हो सकता है। मंगल के लिए प्रयत्नशील लोकशक्ति का सौन्दर्य गत्यात्मक होता है। बाधामुक्त लोक में सुखविधायिनी उपभोग-रत लोक-शक्ति का सौन्दर्य स्थितिशील (Static) होता है। लोकसंगल की दृष्टि से आचार्य शुक्ल ने काव्यों का विभाजन भी किया। उनके अनुसार रामायण, महाभारत, रघुवंश, शिशुपालवध, रामचरितमानस, पद्मावत, पृथ्वीराजरासो आदि आनन्द की साधनावस्था या प्रयत्नपक्ष को लेकर चलनेवाले काव्य हैं। इसके विपरीत आर्याशप्तशती, अमरुकशतक, गीतगोविन्द, सूरसागर, बिहारी सतसई, रीतिकालीन कवियों के श्रृंगारी पद्य तथा अधिकांश छायावादी कविताएँ उपभोग-पक्ष को लेकर चलनेवाले काव्य हैं। आचार्य शुक्ल के अनुसार साधनावस्था के काव्य के **शक्ति काव्य** (Poetry as energy) कह सकते हैं। किन्तु डंटन साहब ने शक्ति-काव्य से भिन्न जो **कला-काव्य** (Poetry as an art) का एक पृथक वर्ग बना दिया है, वह ठीक नहीं है। उन्होंने कला-काव्य का उद्देश्य मनोरंजन माना है। आचार्य शुक्ल काव्य का उद्देश्य मात्र मनोरंजन मानते ही नहीं। उनकी कला-दृष्टि व्यापक है। वे कहते हैं, "वास्तव में कला की दृष्टि दोनों प्रकार के काव्यों में अपेक्षित है। साधनावस्था या प्रयत्न-पक्ष को लेकर चलनेवाले काव्यों में भी यदि कला में चूक हुई तो लोक-गति को परिचालित करनेवाला स्थायी प्रभाव न उत्पन्न हो सकेगा। यहीं तक नहीं, व्यंजित भावों के साथ पाठकों की सहानुभूति या साधारणीकरण तक जो रस की पूर्ण अनुभूति के लिए आवश्यक है, न हो सकेगा।"(रसमीमांसा, पृ. 57) इस प्रकार आचार्य शुक्ल के अनुसार शक्तिकाव्य या साधनावस्था का काव्य भी उपदेशप्रधान, नीरस और कलादृष्टिविहीन नहीं होना चाहिए। द्विवेदी-युग के प्रथम चरण में साहित्य से उपयोगिता की जो माँग की गई थी आचार्य शुक्ल ने उसकी पूर्ति करते हुए लोकमंगल विधायिनी काव्य-रचना पर बल दिया। इस प्रकार के काव्यों को **शक्तिकाव्य** माना। रस-दृष्टि की पुनर्व्याख्या करते हुए उससे इन रचनाओं की **अर्थभूमि** का सम्बन्ध स्थापित किया और इनकी रचना में कला-दृष्टि के समावेश पर बल दिया। इस पूरी प्रक्रिया में उन्होंने आचार्य अभिनवगुप्त की **साधारणीकरण** की सर्वमान्य अवधारणाा को बदल दिया। अभिनवगुप्त के अनुसार 'साधारणीकरण' की स्थिति में भावक देश-काल की सीमा, कार्य-कारण-सम्बन्ध तथा व्यावाहारिक जीवन-प्रवाह से परे हो जाता है। आचार्य शुक्ल ऐसा नहीं मानते। उनका मत है कि साधारणीकरण के लिए

आलम्बन में मनुष्य मात्र के किसी भाव को आकर्षित करने की योग्यता होनी चाहिए। 'श्रृंगार' में तो पुरुष और स्त्री एक दूसरे के लिए आश्रय-आलम्बन हो सकते हैं किन्तु अन्य भावों के विषय में ऐसा सम्भव नहीं है। वे कहते हैं, "क्रोध के आलम्बन का 'साधारणीकरण' सब दशाओं में नहीं होता। यह आवश्यक नहीं है कि सर्वत्र आश्रय के क्रोध का पात्र मनुष्य-मात्र के क्रोध का पात्र हो। रौद्ररस में आलम्बन का 'साधारणीकरण' पूरा-पूरा तभी हो सकता है, जबकि वह क्रूरता, अन्याय, अत्याचार आदि के कारण मनुष्यमात्र के क्रोध का पात्र बनाया जा सके।" ('चिन्तामणि', भाग 2, पृ. 91) आचार्य शुक्ल की यह व्याख्या **परम्परा से हटकर उनके समाजसापेक्ष्य काव्य-चिन्तन का परिणाम है।** इसीलिए उनके द्वारा निरूपित रस-दृष्टि का उनके समय में ही विरोध किया गया। बाबू श्यामसुन्दरदास ने 'साहित्यालोचन' में आचार्य शुक्ल के मत को भ्रमात्मक बताया। श्री नन्ददुलारे वाजपेयी ने कहा, "विशुद्ध काव्यात्मक भाव-संवेदन की अपेक्षा नैतिक भाव-सत्ता की ओर शुक्ल जी का झुकाव कहीं अधिक था, यह उनके समीक्षा-कार्य से लक्षित होता है। इस सम्बन्ध में उनका 'साधारणीकरण' का उल्लेख ध्यान देने योग्य है। काव्य में इसकी एक अबाध धारा न मानकर वे वस्तु या विषय-चित्रण के आधार पर उसकी कई भूमियाँ मानते हैं।" रामचरितमानस के तीन पात्रों का उदाहरण देकर वे कहते हैं कि, "राम के चित्रण में पाठक या श्रोता की वृत्ति रमती है, रसानुभाव करती है। रावण के चिरण में वह रसानुभाव नहीं करती और सुग्रीव आदि पात्रों के चित्रण में अंशत: रस लेती है। यह अनोखी उपपत्ति काव्य की समस्त क्रमागत विवेचना के विरुद्ध है तथा शुक्ल जी की नैतिक काव्य-दृष्टि की विज्ञापक है।" (आधुनिक साहित्य, पृ. 282) निश्चय ही आचार्य शुक्ल ने समस्त क्रमागत शास्त्रीय विवेचना की चिन्ता न करके यह प्रतिपादित किया कि मंगल-विधायक बीजभाव-प्रेरित-काव्य-नायक के द्वारा व्यक्त भावों के साथ ही पाठकों की पूरी सहानुभूति होती है। उसके कार्यों का वह समर्थक बन जाता है। उसका विरोध करनेवाले पात्रों के उग्र और तीक्ष्ण भावों के साथ उनका तादात्म्य नहीं होता। आचार्य शुक्ल ने मंगल-विधायक बीजभाव—करुणा और प्रेम—को केन्द्र में रखकर रस-सिद्धान्त का और रस-सिद्धान्त को केन्द्र में रखकर पूरे भारतीय काव्यशास्त्र का पुनराख्यान कर डाला। उनके द्वारा प्रयुक्त पारिभाषिक शब्दावली को इसी सन्दर्भ में देखने की आवश्यकता है। आचार्य शुक्ल द्वारा प्रयुक्त समस्त पारिभाषिक शब्दावली को हम मुख्यत: चार वर्गों में विभक्त करके देख सकते हैं। 1. परम्परागत भारतीय पारिभाषिक शब्दावली का पुनराख्यान। 2. पाश्चात्य पारिभाषिक शब्दावली के

हिन्दी-पर्यायों का निर्धारण और उनका उचित सन्दर्भों में प्रयोग। 3. निजी काव्य-विवेक से मौलिक शब्दावली का निर्माण। 4. नई काव्य-प्रवृत्तियों के लिए प्रचलित शब्दावली की व्याख्या। उपरोक्त सभी वर्गों में प्रयुक्त पारिभाषिक शब्दों की संख्या इतनी अधिक है कि उन पर प्रस्तुत निबन्ध के सीमित दायरे में विचार नहीं किया जा सकता। यहाँ हम आचार्य शुक्ल द्वारा प्रयुक्त उपरोक्त सभी वर्गों के 'बीज' शब्दों पर ही विचार करेंगे।

आचार्य शुक्ल ने अपनी आलोचना में यथासम्भव परम्परागत शब्दावली का ही प्रयोग किया है। इस सम्बन्ध में उनका निश्चित मत है—''साहित्य-विवेचन से सम्बन्ध रखनेवाले जिन भावों और विचारों के द्योतन के लिए हमारे यहाँ के साहित्य-ग्रन्थों में बराबर से शब्द प्रचलित चले आते हैं उनके स्थान पर भद्दे गढ़े हुए शब्द देखकर लेखकों की अनभिज्ञता की ओर बिना ध्यान गए नहीं रहता।''(हिन्दी साहित्य का इतिहास, पृ. 567) अपनी इसी नीति के कारण आचार्य शुक्ल ने अपनी तुलसी, सूर और जायसी की विस्तृत व्यावहारिक समीक्षाओं में अंग्रेजी आलोचना की शब्दावली का प्रयोग बहुत कम किया है। अंग्रेजी शब्दावली का प्रयोग उन्होंने कहाँ, कब और किन परिस्थितियों में किया है, यह हम आगे चलकर देखेंगे। यहाँ हम पहले कुछ खास भारतीय शब्दों को लेते हैं।

रस

आचार्य शुक्ल को रसवादी समीक्षक माना जाता है। उन्होंने स्वयं अनेक अवसरों पर 'रस' को काव्य में प्रधानवस्तु, काव्य का अभ्यन्तर स्वरूप तथा काव्य की आत्मा कहा है। सूर, तुलसी और जायसी इन तीनों कवियों की समीक्षा करते हुए उन्होंने 'रस' और उसके अंगों पर विस्तृत विचार किया है किन्तु यह सारा विवेचन कवि-विशेष की उस काव्य-दृष्टि के उद्घाटन क्रम में किया गया है जो जीवन और जगत के प्रकृत स्वरूप की प्रत्याक्षानुभूति कराने के लिए जीवन की विविध सुख-दु:खात्मक परिस्थितियों के ममस्पर्शी चित्र प्रस्तुत करके उसमें पाठक के हृदय को लीन कर देती है। परम्परा, **कल्पित रूप-विधान** (विभाव-विधान) में ही रसानुभूति की क्षमता मानती आई है किन्तु शुक्ल जी ने **स्मृत** और **प्रत्यक्ष रूप-विधान** में भी रसानुभूति कराने की क्षमता मानी है। आचार्य शुक्ल ने 'रसानुभूति', 'रस-दशा', 'रस-पद्धति', 'रस-निरूपण', 'रस-प्रवणता' या 'रसोन्मुखता', 'रसवाद','रसमग्न', 'रसानुभव', 'रसास्वाद', 'रसलोक', 'रसभूमि', 'रससूक्ति', 'रसात्मकविधान', 'रसात्मकग्रहण', 'रसात्मकशब्द' आदि अनेक सन्दर्भों से 'रस' को जोड़कर उसकी अर्थ-छाया का इतना विस्तार

कर दिया है कि वह जीवन के प्रकृत स्वरूप की मार्मिक अनुभूति का पर्याय बन गया है। सृष्टि-सौन्दर्य के संश्लिष्ट चित्रण में तल्लीन होना, हृदय का व्यक्तिगत योग-क्षेम की भावना से ऊपर उठकर पूर्णत: मुक्त होना, लोक-हृदय में हृदय का लीन होना, जीवन के मर्मस्पर्शी प्रसंगों के विशद वर्णन से हृदय की सुप्त वासना का जागृत होना, लोकमंगल की साधना में तत्पर शील-सौन्दर्य-समन्वित नायक के कर्म-सौन्दर्य से अभिभूत होकर उसके द्वारा व्यंजित सभी प्रकार के भावों से तादात्म्य स्थापित करना, यही नहीं वास्तविक जीवन में भी अपने तन-बदन की सुध-बुध भूलकर किसी के गहरे प्रेम में मग्न होना, ये सारी स्थितियाँ आचार्य शुक्ल के लिए रसानुभूति करानेवाली हैं। **'रस' को अनिर्वचनीय माननेवाले, 'रसानन्द' को ब्रह्मानन्द-सहोदर कहनेवाले, रस-दशा को नित्य, एकरस, और अखंड माननेवाले तथा शास्त्र-स्थिति-सम्पादन के प्रति आग्रह रखनेवाले, शास्त्र-सिद्ध समीक्षकों से शुक्ल जी की स्थापनाएँ कितनी अलग हैं, इसका अनुमान आसानी से लगाया जा सकता है।** 'रस' की युग-सौन्दर्य के अनुकूल नई व्याख्या के लिए 'भाव' पर नए ढंग से विचार करना आवश्यक था। आचार्य शुक्ल ने 'भाव' को चित्त की चेतन दशा-विशेष न मानकर **प्रत्यय-बोध, अनुभूति और वेगयुक्त प्रवृत्ति, इन तीनों का गूढ़ संश्लेष माना है**। उन्होंने 'इन्द्रिय-संवेदना', 'वासना' और 'भाव' तीनों के परस्पर सम्बन्ध की व्याख्या करते हुए तीनों का भेद स्पष्ट किया। विवेकात्मक बुद्धि-व्यापार को भी भावों के शासन के भीतर माना। भाव-क्षेत्र के विस्तार के लिए ज्ञान-क्षेत्र के विस्तार को आवश्यक माना। भावों की 'स्थायीदशा' के साथ ही 'शीलदशा' की स्थिति स्वीकार की और उसे आलम्बन के रूप-संघटन का आधार मानकर रसोत्पत्ति में सहायक बताया। यही नहीं उन्होंने स्थायी या प्रधान भावों का स्वरूप स्पष्ट करते हुए नई बात यह बताई कि, "'प्रधान' (स्थायी) भावों की गिनती में वे ही भाव रखे गए हैं **जिनके आलम्बन सामान्य हो सकते हैं**। शेष भाव या मनोवेग संचारियों की श्रेणी में डाले गए हैं। क्योंकि उनमें से **किसी-किसी के स्वतन्त्र विषय होंगे भी तो श्रोता या दर्शक का ध्यान उनकी ओर प्रवृत्त नहीं रहेगा।**" (रसमीमांसा, पृ. 205) अपनी व्यावहारिक समीक्षाओं में शुक्ल जी ने पात्रों द्वारा व्यंजित स्थायी भावों का विशेष रूप से उल्लेख किया है। उनकी दृष्टि में दो बातें विचारणीय रही हैं। एक तो यह कि कितने भावों और गूढ़ मानसिक विकारों तक कवि की दृष्टि गई है और दूसरी यह कि कोई भाव कितने उत्कर्ष तक पहुँचा है। भाव के उत्कर्ष का मानदंड भाव-विशेष का अपने स्वरूप के अनुकूल अपेक्षित प्रभाव उत्पन्न करना है। शुक्ल जी ने 'उत्साह', 'श्रद्धा-भक्ति', 'करुणा', 'लज्जा' और

'ग्लानि', 'लोभ' और 'प्रीति', 'घृणा', 'ईर्ष्या', 'भय,'' 'क्रोध' आदि मनोभावों पर स्वतन्त्र रूप से भी विचार किया है। यह विचार भावों की **सामाजिक उपयोगिता,** शील एवं सद्वृत्तियों से उनके सम्बन्ध, उनकी **प्रेष्यता-अप्रेष्यता,** उनके बोध के लिए **अन्तःकरण के विकास की स्थिति,** उनकी **प्रयत्नोत्पादिनी शक्ति** तथा उनपर **सभ्यता के विकास का प्रभाव** आदि दृष्टियों से किया गया है। शुक्ल जी ने अपनी व्यावहारिक समीक्षा में इस विवेचन से पूरा-पूरा लाभ उठाया है। प्रबन्धकाव्यों की समीक्षा में वे लोक-जीवन से संश्लिष्ट प्रेम का विवेचन करते हैं और ऐकान्तिक प्रेम से उसे श्रेष्ठ घोषित करते हैं। वे समाज की स्थिति और पुष्टि के लिए 'करुणा' के प्रसार की आवश्यकता का अनुभव करते हैं और 'रामचरितमानस' में दशरथ के मरण पर व्यक्त 'शोक' को मनुष्य हृदय रखनेवाले मात्र को करुणार्द्र करने में समर्थ घोषित करते हैं। आचार्य शुक्ल का यह सारा विवेचन समाज-सापेक्ष्य है। आज की समाजशास्त्रीय आलोचना को यदि व्यापक आधार प्रदान करना अभीष्ट हो तो शुक्ल जी के भाव-विवेचन से लाभ उठाया जा सकता है। 'भाव' के साथ 'विभाव' का सम्बन्ध-विवेचन आवश्यक है। आचार्य शुक्ल ने 'विभाव' को बहुत महत्त्व दिया है। वे काव्य में 'विभाव' को मुख्य समझते हैं। उनके अनुसार 'विभाव' के अन्तर्गत भाव का विषय (आलम्बन) और भाव का अनुभव करनेवाला (आश्रय) दोनों आते हैं। ''इनमें प्रथम तो मनुष्य से लेकर कीट, पतंग, वृक्ष, नदी, पर्वत आदि सृष्टि का कोई भी पदार्थ हो सकता है किन्तु दूसरा हृदय-सम्पन्न-मनुष्य ही होता है।''(चिन्तामणि, द्वितीय भाग, पृ. 2) परम्परा से हटकर विभाव की व्याख्या करते हुए वे कहते हैं—''**हमारी परिस्थिति हमारे जीवन का आलम्बन है, अतः उपचार से वह हमारे भावों का भी आलम्बन है।**'' (चिन्तामणि, द्वितीय भाग, पृ. 3) वे अपनी बात पर बल देते हुए कहते हैं, ''विभाव से अभिप्राय लक्षण-ग्रन्थों में गिनाए हुए भिन्न-भिन्न रसों के आलम्बन मात्र से नहीं है। जगत की जो वस्तुएँ, जो व्यापार या प्रसंग हमारे हृदय में किसी भाव का संचार कर सकें उन सबका वर्णन आलम्बन का ही वर्णन माना जाना चाहिए। विश्व की अनन्तता के भीतर, मनुष्य जाति के ज्ञान-प्रसार के बीच, ऐसे वस्तु-व्यापार-योग और ऐसे प्रसंग भी हमारी पहुँच के हिसाब से अनन्त ही हैं।'' (चिन्तामणि, द्वितीय भाग, पृ. 101) तात्पर्य यह कि इस विराट विश्व के वे समस्त वस्तु-व्यापार और प्रसंग जो हमारे ज्ञान की परिधि में हैं और जिनमें हमारी रागात्मिका वृत्ति को आकृष्ट करने की क्षमता है, 'विभाव' रूप में मान्य हैं। इसलिए आचार्य शुक्ल प्रकृति के संश्लिष्ट विम्बांकन को स्वतन्त्र आलम्बन के रूप में देखते हैं और उसे भी रसात्मक मानते हैं। आचार्य शुक्ल के आलोचना-कर्म

में प्रवृत्त होने के कुछ ही पूर्व द्विवेदी-युग में ही तुलनात्मक आलोचना के दौर में कवि-विशेष के किसी एक छन्द को लेकर उसमें स्थायाrभाव, रस, अनुभाव, संचारी भाव, गुण, दोष, वृत्ति, नायिका-भेद, रीति, अलंकार, शब्द-शक्ति आदि का निरूपण बहुत बड़ा पुरुषार्थ माना जाता था। किसी को यह नहीं सूझ रहा था कि ये सारे शास्त्रीय विधान साधन हैं या साध्य। ऐसी स्थिति में यह घोषित करना कि काव्य का लक्ष्य पाठकों के अन्त:करण का परिष्कार करना तथा उनके हृदय को स्वार्थ-सम्बन्धों के संकुचित दायरे से मुक्त करने लोकसामान्य भूमि पर ले जाना और उन्हें समस्त जड़-चेतन सत्ता में एक ही रागतत्त्व की स्थिति का अनुभव कराना है, सचमुच बड़ी बात थी। शुक्ल जी ने स्पष्ट किया कि कवि का सारा शब्द-विधान हृदय की इसी मुक्ति-साधना के लिए साधन रूप है। ऐसी स्थिति में 'रीति', 'गुण', 'अलंकार' ये सभी साधन रूप ही माने जाएँगे।

अलंकार

आचार्य शुक्ल ने प्रतिपादित किया है कि **अलंकार, वर्णन की भिन्न-भिन्न प्रणालियाँ हैं,** वे कहते हैं—''अलंकार है क्या? सूक्ष्म दृष्टिवालों ने काव्यों के सुन्दर-सुन्दर स्थल चुने और उनकी रमणीयता के कारणों की खोज करने लगे। वर्णन-शैली या कथन की पद्धति में ऐसे लोगों की जो-जो विशेषताएँ मालूम होती गईं उनका वे नामकरण करते गए।'' (रसमीमांसा, पृ. 53) तुलसीदास के अलंकार-विधान पर विचार करते हुए उन्होंने कहा, ''भावों का उत्कर्ष दिखाने और वस्तुओं के रूप, गुण और क्रिया का अधिक तीव्र अनुभव कराने में कभी-कभी सहायक होनेवाली युक्ति ही अलंकार है।'' (गोस्वामी तुलसीदास, पृ. 93) वे यहाँ तक कह जाते हैं कि यदि किसी वर्णन में उनसे इस प्रकार की सहायता नहीं पहुँचती है, तो वे काव्यालंकार नहीं भार मात्र हैं। (वही, पृ. 93) शुक्ल जी ने अपनी उपरोक्त स्थापना के अनुसार ही तुलसी द्वारा प्रयुक्त अलंकारों का विवेचन भी किया है। उन्होंने भाव-व्यंजना को उत्कर्ष प्रदान करतेवाले तथा रूप, गुण और क्रिया के अनुभव को तीव्र करानेवाले अलंकारों का उल्लेख करके सन्दर्भ-विशेष में उनके महत्त्व का विवेचन किया है। यहाँ यह स्मरणीय है कि आचार्य शुक्ल ने **अलंकारों की स्थिति 'विभावपक्ष' के अन्तर्गत मानी है।** वे कहते हैं—''विभावपक्ष के अन्तर्गत भी वस्तुएँ दो रूपों में लाई जाती हैं। वस्तु-रूप में और अलंकार-रूप में, अर्थात् प्रस्तुत-रूप में और अप्रस्तुत-रूप में।''(सूरदास, पृ. 94) शुक्ल जी काव्य में प्रस्तुत-पक्ष को अनिवार्य मानते हैं। अप्रस्तुत के अभाव में अर्थात् कोरे वस्तु-व्यापार-वर्णन या स्वभावोक्ति में

भी रसात्मकता हो सकती है। अप्रस्तुत की आवश्यकता अलंकार-विधान में ही पड़ती है। शुक्ल जी तो यहाँ तक मानते हैं कि जहाँ अप्रस्तुत विधान नहीं होता वहाँ अलंकार होता ही नहीं। इसीलिए वे 'स्वभावोक्ति' को अलंकार नहीं मानते। प्रस्तुत-अप्रस्तुत, उपमेय-उपमान, अलंकार्य-अलंकार का भेद तो प्राचीन शास्त्रीय ग्रन्थों में भी किया गया है। किन्तु दोनों के सम्बन्ध का विस्तृत विवेचन शुक्ल जी ने बहुत कुछ अपनी सूझ-बूझ के अनुसार किया है। उन्होंने कहा भी है—"साहित्य-ग्रन्थों में उपमा, रूपक आदि के निरूपण में अप्रस्तुत का आधार केवल सादृश्य या साधर्म्य ही लिखा पाया जाता है। विचार करने पर इन दोनों में प्रभाव-साम्य छिपा मिलेगा।" (रसमीमांसा, पृ. 339) 'प्रभाव-साम्य' पर विशेष विचार शुक्ल जी ने छायावादी काव्य की समीक्षा के सन्दर्भ में किया है। उन्होंने लिखा है—"'छायावाद' बड़ी सहृदयता के साथ प्रभावसाम्य पर विशेष लक्ष्य रखकर चला है। कहीं-कहीं तो बाहरी सादृश्य या साधर्म्य अत्यन्त अल्प या न रहने पर भी अभ्यन्तर प्रभाव-साम्य लेकर ही अप्रस्तुतों का सन्निवेश कर दिया जाता है।" (हिन्दी साहित्य का इतिहास, पृ. 670) इस प्रस्तुत और अप्रस्तुत के सम्बन्ध-चिन्तन के बल पर शुक्ल जी ने बहुत से महत्त्वपूर्ण निर्णय लिए हैं। इसी चिन्तन-क्रम में उन्होंने कवि-कर्म में कल्पना-व्यापार की महत्त्वपूर्ण भूमिका पर विचार किया। वर्ण्य-विषय, काव्य-रूप एवं जीवन-सन्दर्भ के साथ उसके कारण-कार्य-सम्बन्ध पर विचार किया है। अप्रस्तुत या अलंकार-रूप में लाए हुए पदार्थों के प्राचुर्य से काव्य की अर्थभूमि के संकुचित हो जाने पर चिन्ता व्यक्त की है और व्यापार-समष्टि को ध्यान में रखकर अन्योक्ति मूलक, साम्य-योजना की रमणीयता को सराहा है।

ध्वनि

'रस' और 'अलंकार' के बाद आचार्य शुक्ल ने यदि किसी सिद्धान्त को महत्त्व दिया है तो वह **ध्वनि-सिद्धान्त** है। उन्होंने 'ध्वनि', 'ध्वनिवाद', 'व्यंग्यार्थ', 'व्यंग्य-व्यंजित', 'व्यंग्य-गर्भित', 'प्रतीयमानअर्थी', 'व्यंजना', 'आर्थीव्यंजना' आदि शब्दों का प्रयोग करके अनेक सन्दर्भों में 'ध्वनि' और उसकी व्याप्ति पर विचार किया है। भारतीय काव्य-चिन्तन में 'ध्वनि' का महत्त्व निर्विवाद है। आचार्य शुक्ल रसवादी हैं। 'रस' भी व्यंग्य माना गया है। इसीलिए 'रसध्वनि' की चर्चा की जाती है। शुक्ल जी 'ध्वनि' में अतिव्याप्ति दोष मानते हैं क्योंकि इसके अन्तर्गत 'वस्तु', 'अलंकार' तथा 'भाव' एवं 'रस' सभी आ जाते हैं। यह बातें उतनी महत्त्वपूर्ण नहीं हैं। महत्त्वपूर्ण यह है कि शुक्ल जी 'वस्तुध्वनि'

और 'अलंकारध्वनि' तो स्वीकार करते हैं क्योंकि उनके अनुसार 'एक वस्तु से दूसरी वस्तु की व्यंजना' या 'व्यंजित अर्थ में अलंकार की स्थिति' स्पष्ट है किन्तु **रसध्वनि** मानने में शुक्ल जी को आपत्ति है। व्यंजना का अर्थ है, प्रकाशित करना। प्रकाशन उसी वस्तु का हो सकता है जिसकी सत्ता पहले से हो, 'रस' तो निष्पन होता है। शुक्ल जी कहते हैं, ''यदि थोड़ा ध्यान देकर विचार किया जाए तो दोनों भिन्न प्रकार की वृत्तियाँ ठहरती हैं। वस्तु- व्यंजना किसी तथ्य या 'वृत्त' का बोध कराती हैं पर भाव-व्यंजना ही जब 'रस' के सब अवयवों के सहित होती है तब रस-व्यंजना कहलाती है। भाव-व्यंजना जिस रूप में मानी गई है उस रूप में किसी भाव का संचार करती है, उसकी अनुभूति उत्पन्न कराती है। बोध या ज्ञान कराना एक बात है और कोई भाव जगाना दूसरी बात। दोनों भिन्न कोटि की क्रियाएँ हैं। पर साहित्य ग्रन्थों में दोनों में केवल इतना ही भेद स्वीकार किया गया है कि एक में वाच्यार्थ पर आने का पूर्वापर-क्रम श्रोता या पाठक को लक्षित होता है, दूसरी में यह क्रम होने पर भी लक्षित नहीं होता। पर बात इतनी ही नहीं जान पड़ती। रति, क्रोध आदि भावों का अनुभव करना एक अर्थ से दूसरे अर्थ पर जाना नहीं है। अत: किसी भाव की अनुभूति को व्यंग्यार्थ कहना बहुत उपयुक्त नहीं जान पड़ता।'' (चिन्तामणि, द्वितीय भाग, पृ. 163)

हजारों वर्षों से चले आ रहे साहित्य-चिन्तन के मान्य निष्कर्षों पर प्रश्न-चिह्न लगाने का यह साहस शुक्ल जी ही कर सकते थे। **व्यंजना** के सम्बन्ध में कुछ भी सोचने का अर्थ 'शब्द-शक्तियों' के सम्बन्ध में गम्भीरतापूर्वक सोचना है। यह कार्य यों तो शुक्ल जी ने 'कविता' पर विचार करने के साथ ही आरम्भ कर दिया था। किन्तु छायावादी कवियों की रचनाओं की व्याख्या करते हुए उन्हें शब्द-शक्तियों पर पुनर्विचार की आवश्यकता हुई। सन् 1922 ई. में 'काव्य में प्राकृतिक दृश्य' निबन्ध लिखते समय ही उन्होंने कहा था, ''हमारे यहाँ आचार्यों ने 'संकेतग्रह' के जाति, गुण, क्रिया और यदृच्छा चार विषय बताए, पर स्वयं संकेतग्रह के दो रूपों का विचार नहीं किया। अभिधा द्वारा ग्रहण दो प्रकार का होता है। **बिम्ब-ग्रहण**, और **अर्थ-ग्रहण**'' (चिन्तामणि, द्वितीय भाग) आचार्य शुक्ल की मान्यता है कि शास्त्रीय विषयों में तो अर्थ-ग्रहण से काम चल जाता है किन्तु काव्य में तो बिम्ब-ग्रहण नितान्त अपेक्षित है। शब्द-शक्तियों के आधार पर काव्यार्थ-मीमांसा-पद्धति को वे अत्यधिक महत्त्व देते हैं। रिचर्ड्स द्वारा प्रतिपादित चार प्रकार के अर्थों—'सेन्स' (व्यंग्यवस्तु), फीलिंग (व्यंग्यभाव), 'टोन' (बोधव्य की विशेषता) और इंटेंशन' (भीतरी उद्‌देश्य) में वे दो ही की मुख्यता स्वीकार करते हैं और तीसरे एवं चौथे का समावेश क्रमश: यहाँ की

'आर्थी-व्यंजना' और 'अभिधामूलक ध्वन्यार्थ', में कर लेते हैं। शब्द-शक्तियों के सम्बन्ध में आचार्य शुक्ल की सबसे महत्त्वपूर्ण और विवादास्पद स्थापना यह है कि **काव्य की रमणीयता वाच्यार्थ में होती है, लक्ष्यार्थ और व्यंग्यार्थ में नहीं।** वे कहते हैं—"अब प्रश्न यह कि काव्य की रमणीयता किसमें रहती है? वाच्यार्थ में अथवा लक्ष्यार्थ या व्यंग्यार्थ में? इसका बेधड़क उत्तर यही है कि **वाच्यार्थ** में। चाहे वह योग्य और उपपन्न हो अथवा अयोग्य और अनुपन्न। मेरा यह कथन विरोधाभास का चमत्कार दिखाने के लिए नहीं है, सोलह आने ठीक है।" (चिन्तामणि, द्वितीय भाग, पृ. 166) इसके बाद शुक्ल जी ने मैथिलीशरण गुप्त की कविता से दो उदाहरण प्रस्तुत करके अपनी बात सिद्ध की है। खेद का विषय है कि इसके बाद इस महत्त्वपूर्ण प्रश्न पर विचार-विमर्श नहीं हुआ। शब्द-शक्तियों के सम्बन्ध में 'रसमीमांसा' के अन्त में जो नोट्स दिए गए हैं, उनमें भी यह प्रश्न नहीं उठाया गया है। छायावादी कवियों की लक्षणा-प्रधान कविताओं को आचार्य शुक्ल ने भारतीय अर्थ-मीमांसा-पद्धति पर शब्द-शक्तियों के सहारे समझने का प्रयत्न किया। छायावादी कवि लाक्षणिक प्रयोगों पर बराबर बल दे रहे थे। जब लाक्षणिक प्रयोग इस सीमा तक बढ़ गए कि अभिधा पूरी तरह निरुपाय हो गई तो शुक्ल जी की बेचैनी बढ़ गई। उन्होंने लक्षित किया कि छायावादी कवियों के अप्रस्तुत, अभ्यन्तर प्रभाव-साम्य को दृष्टि में रखकर उपलक्ष्य के रूप में प्रयुक्त हो रहे हैं। यही नहीं वे एकदेशीय, सूक्ष्म, धुँधले तथा साम्य की दुरारूढ़ भावना से प्रेरित हैं। ऐसी स्थिति में उन्हें अर्थ-ग्रहण के लिए लक्षणाशक्ति के विकास की आवश्यकता महसूस हुई। उन्हें सन्तोष यह था कि छायावादी कवि अपनी सीमाओं के बावजूद काव्यभाषा की अभिव्यंजना-शक्ति बढ़ाने में सफल हुए हैं। उन्होंने भाषा को मार्मिक और चित्र-व्यंजना में समर्थ बना लिया है और उनकी कल्पनाएँ विशद, प्रगल्भ और रमणीय हैं। 'छायावाद' से टकराने से ही शुक्ल जी को 'कल्पना-व्यापार' के सम्बन्ध में सोचने और हिन्दी में पहले-पहल उसका पूरा शास्त्र प्रस्तुत करने का अवसर मिला। इस पर हम आगे चलकर विचार करेंगे। यहाँ हम इतना ही कहना चाहेंगे कि अपने साहित्य-चिन्तन-क्रम के अन्तिम चरण में शुक्ल जी ने जो शब्द-शक्तियों का विशेष अध्ययन आरम्भ किया था उसका एक विशेष कारण छायावादी-काव्य का दबाव भी था। सन् 1935 ई. में जब शुक्ल जी ने 'काव्य में अभिव्यंजनावाद' लिखा था तब उन्हें भारतीय काव्य-चिन्तन में शब्द-शक्ति का महत्त्व सबसे अधिक मान्य था। उसके बाद ही वे 'रस', 'रीति' और 'अलंकार' को महत्त्व देने के पक्ष में थे।

'रीति' के सम्बन्ध में शुक्ल जी ने विस्तृत विचार नहीं किया है। हिन्दी साहित्य के इतिहास में उन्होंने रीति शब्द का प्रयोग व्यापक अर्थ में किया है। वहाँ रीति से तात्पर्य काव्य-रीति से है। संस्कृत के आचार्यों ने 'रीति' शब्द का प्रयोग जिस अर्थ में किया है उसके विषय में शुक्ल जी का कहना है—''रीति' का विधान शुद्ध नाद का प्रभाव उत्पन्न करने के लिए हुआ है। इसी दृष्टि से कोमल रसों में कोमल वर्णों और रौद्र, भयानक आदि उग्र और कठोर रसों में परुष और कर्कश वर्णों का प्रयोग अच्छा बताया गया है।'' (चिन्तामणि, द्वितीय भाग, पृ. 225) आचार्य शुक्ल ने इससे अधिक इस सम्बन्ध में कुछ कहना आवश्यक नहीं समझा। किन्तु इससे इतना तो सिद्ध हो ही गया कि वे रसों की निष्पत्ति में 'रीति-पद्धति' का महत्त्व भलीभाँति समझते थे।

'वक्रोक्ति' की अर्थ-व्याप्ति से शुक्ल जी अपरिचित नहीं थे। रस-मीमांसा में उन्होंने कहा है, ''कुन्तक जी की वक्रता बहुत व्यापक है जिसके अन्तर्गत वे वाक्य-वैचित्र्य की वक्रता और वस्तु-वैचित्र्य की वक्रता दोनों लेते हैं।'' (रसमीमांसा, पृ. 4) किन्तु ऐसा लगता है कि, 'सालंकृत वक्रता के चमत्कार' पर अधिक बल दिए जाने के कारण वे 'वक्रोक्तिसद्धिान्त' को अपना पूरा समर्थन नहीं दे सके। उन्होंने कहा है—''उक्ति की वहीं तक वचनभंगी या वक्रता के सम्बन्ध में हमसे कुन्तक जी का 'वक्रोक्ति-काव्यजीवितम्' मानते बनाता है जहाँ तक कि वह भावानुमोदित हो या किसी मार्मिक अन्तर्वृत्ति से सम्बद्ध हो, उसके आगे नहीं।'' (रसमीमांसा, पृ. 40) सूर की विदग्धता का विवेचन करते हुए वे कहते हैं—''वचन की जो वक्रता भाव-प्रेरित होती है, वही काव्य होती है। 'वक्रोक्ति काव्यजीवितम्' से यही वक्रता अभिप्रेत है, वक्रोक्ति अलंकार नहीं।'' (भ्रमरगीत सार की भूमिका, पृ. 42) काव्य में अभिव्यंजनावाद' शीर्षक अपने निबन्ध में वे कहते हैं, ''क्रोचे का 'अभिव्यंजनावाद' सच पूछिए तो एक प्रकार का 'वक्रोक्तिवाद' है। संस्कृत साहित्य के क्षेत्र में भी कुन्तक नाम के एक आचार्य 'वक्रोक्ति काव्य जीवितम्' कहकर उठे थे। उनकी दृष्टि में भी उक्ति की वक्रता ही काव्य है। वक्रता काव्य में अपेक्षित अवश्य होती है, पर वहीं तक जहाँ तक उससे हृदय की किसी अनुभूति का सम्बन्ध होता है।'' (चिन्तामणि, द्वितीय भाग, पृ. 213) परवर्ती आलोचकों ने 'अभिव्यंजनावाद' और 'वक्रोक्तिवाद' को एक मानने पर आपत्ति की है। वस्तुत: आचार्य शुक्ल 'वस्तु' की उपेक्षा को आशंका मात्र से सतर्क हो जाते हैं और उपेक्षा के आधार पर सीधा प्रहार करते हैं। ऐसा न होता तो वे कुन्तक का विरोध न करते। कुन्तक ने वर्ण्य के 'स्वभाव' तथा 'रस' दोनों को अलंकार्य माना है। उनके अनुसार अलंकार वर्ण्यवस्तु के सहज

स्वभाव की सौन्दर्य-वृद्धि और उसके रसात्मक रूप को उत्कर्ष प्रदान करने के निमित्त प्रयुक्त होते हैं। यह मान्यता आचार्य शुक्ल की अलंकार-विषयक मान्यता के सर्वथा अनुकूल है। कुछ भी हो, आचार्य शुक्ल ने 'वक्रोक्ति' में उक्ति के चमत्कार पर अधिक बल दिये जाने की सम्भावना लक्षित करते हुए उसके महत्त्व को अस्वीकार कर दिया। यह स्पष्ट है कि आचार्य शुक्ल का साहित्य-चिन्तन वस्तून्मुखी था। वस्तून्मुखता उन्हें बदले हुए युग-सन्दर्भ के बोध से प्राप्त हुई थी। उन्होंने इसी दृष्टि से भारतीय काव्य-चिन्तन का पुनराख्यान किया। **उनके द्वारा प्रयुक्त पारिभाषिक शब्दावली अभिधान के स्तर पर तो पुरानी ही है किन्तु उसका अर्थ बहुत-कुछ विकसित और परिवर्तित हो गया है।** उसके भीतर परिस्थिति के दबाव से नई चेतना का सन्निवेश हो गया है। वस्तुत: शुक्ल जी जगत की गति के अनुसार साहित्य के उत्तरोत्तर अन्तर्विकास में विश्वास करते थे। उनके द्वारा प्रयुक्त परम्परागत शब्दावली में यह अन्तर्विकास स्पष्ट लक्षित किया जा सकता है।

आचार्य शुक्ल की आलोचना में अनेक पारिभाषिक शब्द अंग्रेजी भाषा से लिए गए हैं। यह परम्परा भारतेन्दु-काल से ही आरम्भ हो गई थी। उस काल में बहुत थोड़े से शब्द अपनी मूल अर्थ-परम्परा से कुछ हट-बढ़कर हिन्दी में प्रयुक्त हुए थे। द्विवेदी-काल में उनकी संख्या कुछ बढ़ी किन्तु तुलनात्मक आलोचना के प्राधान्य और आलोचना की पुरानी रीतिवादी परिपाटी के विशेष प्रचलन के कारण व्यावहारिक समीक्षा में उनका स्थान नगण्य रहा। 1922 ई. में जिस समय आचार्य शुक्ल अपने विस्तृत अध्ययन, सूक्ष्म अन्वीक्षण-बुद्धि और मर्मग्राहिणी प्रज्ञा का परिचय देते हुए समीक्षा-कर्म में प्रवृत्त हो रहे थे, लगभग उसी समय बाबू श्यामसुन्दरदास की प्रसिद्ध पुस्तक 'साहित्यालोचन' प्रकाशित हुई। हिन्दी में आलोचना-सिद्धान्तों का परिचय करानेवाली यह पहली पुस्तक थी। उसमें कला, साहित्य, काव्य, उपन्यास, नाटक, निबन्ध, आलोचना, रस, शैली आदि पर पाश्चात्य दृष्टि से भी विचार किया गया था। इसलिए अंग्रेजी के अनेक पारिभाषिक शब्द इसमें प्रयुक्त थे। बाबू साहब ने परिशिष्ट में हिन्दी के पारिभाषिक शब्दों के साथ उनके अंग्रेजी पर्याय भी दिए थे। अंग्रेजी के शब्दों में—(Imitation) (अनुकरण), Experience (अनुभूति) Expression (अभिव्यंजना), Expression (आत्मप्रधान), Idealisation (आदर्शीकरण), Aesthetic experience (रसास्वाद), Sublimation (ऊर्जस्वीकरण), Objective (कर्मप्रधान), Inductive (व्याख्यात्मक), Imagination (कल्पना), Judicial (निर्णयात्मक), Style (रीति), Value (मूल्य), Communicable (संवेदनीय)

आदि प्रमुख हैं। बाबू साहब ने प्राचीन भारतीय काव्यशास्त्र के अनेक शब्दों के अंग्रेजी पर्याय भी दिए हैं। इससे हिन्दी को अंग्रेजी माध्यम से पढ़ाने में सुविधा हो सकती है। इसमें से कुछ शब्द तो 'भारतेन्दु' और 'द्विवेदी-युग' की समीक्षा में पहले ही प्रचलित हो चुके थे किन्तु बहुत से शब्द बाबू साहब ने विषय को स्पष्ट करने के लिए पाश्चात्य समीक्षा-सिद्धान्त का परिचय करानेवाली पुस्तकों से लेकर पहली बार प्रयुक्त किए थे। आचार्य शुक्त की समीक्षा में कई शब्द ऐसे हैं जो साहित्यालोचन में भी प्रयुक्त हैं किन्तु आचार्य शुक्ल का स्रोत 'साहित्यालोचन' नहीं है, यह आचार्य शुक्ल द्वारा प्रयुक्त अंग्रेजी शब्दावली के प्रयोग-सन्दर्भ पर ध्यान देने पर स्पष्ट हो जाएगा। आचार्य शुक्ल ने पाश्चात्य समीक्षा की पारिभाषिक शब्दावली का प्रयोग मुख्य रूप से पाश्चात्य काव्य-प्रवृत्तियों, आन्दोलनों, और समीक्षा-पद्धतियों का परिचय कराते समय अपनी बात को स्पष्ट और सन्दर्भ-संश्लिष्ट करने के लिए किया है। पाश्चात्य शब्दावली का सबसे अधिक प्रयोग काव्य में रहस्यवाद' शीर्षक निबन्ध में हुआ है। 111 पृष्ठों के इस निम्बध में आचार्य शुक्ल के व्यापक अध्ययन और समग्र काव्य-चिन्तन के सार-सूत्रों का पूर्ण उत्कर्ष देखा जा सकता है। इस निबन्ध में 'काव्य का स्वरूप', 'काव्य-दृष्टि और जीवन-दृष्टि का सम्बन्ध', 'सौन्दर्य की गत्यात्मकता', 'सौन्दर्य और मंगल की एकता', 'आधुनिक यूरोपीय काव्यादोलनों—कलावाद, स्वच्छन्दतावाद, प्रतीकवाद, आध्यात्मिक रहस्यवाद, परोक्षवाद, अभिव्यंजनावाद आदि—की पृष्ठभूमि और उनकी एकांगदर्शिता, जर्मन 'प्रत्ययवाद' और अरबी-फारसी सूफी 'रहस्यवाद' का अंग्रेजी कवियों के 'रहस्यवाद' पर प्रभाव, 'भाव की मनोवैज्ञानिक व्याख्या', 'विभावपक्ष का महत्त्व', 'विभाव के रूप-विधान में कल्पना की भूमिका', 'साम्प्रदायिक और स्वाभाविक रहस्यवाद' में अन्तर, तथा हिन्दी की छायावादी कविता पर अनेक यूरोपीय काव्य-प्रवृत्तियों की छाया' आदि अनेक विषयों का विवेचन है। इसीलिए इसमें Dynamic (गत्यात्मक), Static (निष्क्रिय), Aesthetic mode or state (काव्यानुभूति), Reaction (प्रतिवर्तन), Abstract (सूक्ष्मभावना), Concrete (मूर्त), Expressionism (अभिव्यंजनावाद), Idealism (प्रत्ययवाद), Matter (वर्ण्यवस्तु), Form (वर्णनव-प्रणाली), Emotion (भाव), System (वृत्तिचक्र), Cognition (प्रत्यय), Feeling (अनुभूति), Conation (इच्छा), Tendency (प्रवृत्ति), Symptom (शरीरधर्म), Impressionists (प्रभाववादी), Judicial (निर्णयात्मक), Romanticism (स्वच्छन्दतावाद), Symbolism (प्रतीकवाद), Occultism (परोक्षवाद), Sensulism (इन्द्रियासक्ति), Communicability (प्रेषणीयता) आदि अनेक

पारिभाषिक शब्द प्रयुक्त हुए हैं। इस निबन्ध में शुक्ल जी के इसके पूर्व लिखे दो निबन्धों—'कविता क्या है'? और 'काव्य में प्राकृतिक दृश्य' का सारतत्त्व तथा बाद में लिखे जानेवाले निबन्ध—'काव्य में अभिव्यंजनावाद' का संकेत-सूत्र समाविष्ट है। आचार्य शुक्ल के दूसरे महत्त्वपूर्ण निबन्ध 'काव्य में अभिव्यंजनावाद' में उपरोक्त शब्दों के अतिरिक्त कुछ अन्य पारिभाषिक शब्द प्रयुक्त हुए हैं। इसमें Sense (व्यंग्यवस्तु), Tone (बोधव्य की विशेषता), Intention (भीतरी उद्देश्य), Intuition (स्वयंप्रकाश ज्ञान), Concept (प्रभा), Realistic (वास्तविक), Objective (बाह्यार्थ निरूपक), Subjective (अन्तर्वृत्ति निरूपक), Apparent Feelings (अनुभूत्याभास), Hedonistic accompaniment (आनुषंगिक आनन्द), Perception (प्रतीति), Play impulse (क्रीड़ावृत्ति), Emotive (भावप्रवर्तक), Phantasm (छाया-दृश्य), Rationalistic (तत्त्वज्ञानात्मक), Imagery (रूप-विधान), Unity (अन्विति), Imagism (मूर्त विधानवाद) आदि प्रमुख हैं; इन शब्दों का प्रयोग भी अभिव्यंजनावाद और उससे सम्बद्ध आनुषंगिक विषयों का ज्ञान कराने के लिए किया गया है। इन निबन्धों में जिन शब्दों का प्रयोग सिद्धान्त-प्रतिपादन के लिए किया गया था आगे चलकर अपने इतिहास में शुक्ल जी ने उनमें से बहुतों का उपयोग आधुनिक हिन्दी-काव्य की व्यावहारिक समीक्षा में किया। आधुनिक हिन्दी-काव्य-प्रवृत्तियों के विश्लेषण क्रम में प्रयुक्त-होकर ये शब्द सन्दर्भ-संश्लिष्ट होकर नई अर्थ-दीप्ति से मंडित हो उठे। यूरोपीय काव्य और समीक्षा के विकास के अध्ययन ने शुक्ल जी की समीक्षा-दृष्टि को व्याप्ति और सूक्ष्मता प्रदान की। इसलिए हिन्दी के प्राचीन कवियों के मूल्यांकन में भी उन्होंने कुछ ऐसे पारिभाषिक शब्दों का प्रयोग किया जो आगे चलकर इन कवियों की व्याख्या के लिए अनिवार्य समझे गए। सूर के 'गोचारण काव्य' को उन्होंने Pastoral poetry (पशुचारण काव्य) कहा। उनकी वाग्विदग्धता देखकर उन्हें Wit की और भावोद्रेकपूर्ण कल्पना देखकर Imagination is joy की याद आई। गोस्वामी तुलसीदास उन्हें 'Individualism' (व्यक्तिवाद) के विरोधी प्रतीत हुए। जनक की वाटिका में राम और सीता के मिलन के दृश्य में उन्हें 'Romantic Turn' (प्रेममाख्यानी रंग) दिखाई पड़ा। तुलसी के समूचे काव्य में 'Communicability' (प्रेषणीयता) की अद्भुत शक्ति देखकर वे रीझ उठे। इसी प्रकार जायसी का प्रेम उन्हें 'Idealistic' (आदर्शात्मक) प्रतीत हुआ। उनकी 'Supressed Imagery' उन्हें परम रमणीय प्रतीत हुई। इसी क्रम में उन्होंने स्थापित किया कि काव्य में 'Imagery' 'बिम्ब-स्थापना' प्रधान वस्तु है। कहना

न होगा कि ये प्रयोग न केवल इन कवियों के सन्दर्भ में वरन काव्य-मात्र के मूल्यांकन में अत्यन्त उपयोगी समझे गए। जिस प्रकार आचार्य शुक्ल को भारतीय काव्य-चिन्तन में 'शब्द-शक्ति', 'रस', 'अलंकार', और 'रीति' तथा इनसे सम्बद्ध अन्य पारिभाषिक शब्द काम के प्रतीत हुए थे। उसी प्रकार पाश्चात्य समीक्षा के 'Imagination', 'Image', 'Imagery', 'Imagism', 'Idealism', 'Realism', 'Naturalism', 'Romanticism', 'Expressionism', 'Impressionism', 'Symbolism', 'Rationalistic', 'Matter', 'Form', 'Poetic Experience', 'Aesthetic experience', 'Communicability', 'Coherence,' 'Unity', 'Rythm', 'Emotion', 'Sentiment', 'Judicial', 'Historical', 'Psychological', 'Emotion', 'Presentative', 'Static', 'Dynamic', 'Subjective', 'Objective', 'Abstract', 'Concrete', 'Reaction' आदि शब्द बहुत काम के लगे। इनका प्रयोग उन्होंने अनेक अवसरों पर अनेक कवियों और काव्य-प्रवृत्तियों के विवेचन-क्रम में किया है। आचार्य शुक्ल द्वारा प्रयुक्त पारिभाषिक शब्दावली इस बात को प्रमाणित करती है कि काव्यानुभूति सर्वाभौम होती है। भाषा-विशेष के साहित्य के मूल्यांकन-क्रम में लक्षित विशेषताएँ उचित सन्दर्भ से जुड़कर अन्य भाषाओं के साहित्य के मूल्यांकन में भी उपयोगी हो सकती हैं। पाश्चात्य पारिभाषिक शब्दावली का प्रयोग तो बहुतों ने किया है। किन्तु उसका कौन-सा शब्द किस भारतीय शब्दावली के साथ कब और कहाँ जुड़कर उसके अर्थ को नया आयाम दे सकता है? यह पहचानने की अचूक क्षमता, समझ और सूझ आचार्य शुक्ल में थी। उदाहरण के लिए Imagination (कल्पना) शब्द को लीजिए। इसका प्रयोग भारतेन्दु-काल से होता चला आ रहा था किन्तु यह उद्‌भावना शुक्ल जी ने ही की कि रस-पद्धति के अन्तर्गत 'विभाव-पक्ष' के साथ इसे सम्बद्ध किया जा सकता है। उन्होंने **'विभाव' का स्वरूप खड़ा करने में कल्पना की भूमिका को महत्त्व दिया।** उन्होंने कहा—"प्राचीन कविगण इन दोनों (आश्रय और आलम्बन) का स्वरूप प्रतिष्ठित करने में इनका बिम्ब-ग्रहण कराने में—कल्पना का पूरा-पूरा उपयोग करते थे।" (रसमीमांसा, पृ. 110) इसके बाद तो उन्होंने Image (बिम्ब) Imagery (बिम्ब-स्थापना), Suppressed Imagery (दबा हुआ रूप विधान), आदि शब्दों के सहारे कवियों के कल्पनाचित्रों को परखने की एक पद्धति ही चला दी। डॉ. नामवर सिंह तो यहाँ मानते हैं कि, "रसात्मक बोध के विविध रूप का पूरा महल 'कल्पना के आनन्द' की नींव पर खड़ा है।" (चिन्तामणि-3, भूमिका पृ. 10) आचार्य शुक्ल ने अनेक ऐसे शब्दों का प्रयोग किया है जिनके अंग्रेजी पर्याय

उन्होंने नहीं दिए हैं किन्तु ऐसा लगता है कि मूलत: वे अंग्रेजी शब्दों के आधार पर गढ़े गए हैं। उदाहरण के लिए 'परिवर्तनवाद', 'काव्य भाषा', 'काव्य-शैली', 'काव्य-दृष्टि', 'काव्याभास', 'लम्बी कविता' आदि शब्दों को लिया जा सकता है। निश्चय ही ये शब्द Reactionalism, poetic Language, Poetic diction, poetic vision, poetic fallacy, Longer poem आदि शब्दों के पर्याय है। अंग्रेजी के पारिभाषिक शब्दों के हिन्दी-पर्याय गढ़ने और उनका रूप स्थिर करने में शुक्ल जी को कठिनाई भी हुई है। एडिसन के 'प्लेजर्स ऑफ इमेजिनेशन' के अनुवाद के सम्बन्ध में डॉ. नामवर सिंह कहते हैं, ''अनुवाद में अंग्रेजी के अनेसे पारिभाषिक शब्दों के वैकल्पिक हिन्दी प्रतिशब्द रखे गए हैं : उनसे अनिर्दिष्ट दिशा में रास्ता टटोलने का एहसास होता है। उदाहरण के लिए 'इमेज' के लिए कहीं 'प्रतिरूप' हैं तो कहीं 'स्वरूप'। स्पष्ट है कि तब तक 'बिम्ब' शब्द न बना था और न 'बिम्ब-ग्रहण', 'बिम्ब-विधान', 'बिम्ब-योजना' आदि शब्द ही अस्तित्व में आए थे। इसी प्रकार 'सिमिट्री' के लिए कहीं 'अंग-संयोग' है, कहीं 'योजना'। 'एलिगरी' के लिए 'रूपक', 'मेटाफर' के लिए 'उपमा', 'अल्युजन' के लिए 'दृष्टान्त' जैसे शब्द-प्रयोग भी हिन्दी की लगभग ऐसी ही अनिश्चित स्थिति का आभास देते हैं।'' (चिन्तामणि—3, भूमिका, पृ.9) यह स्थिति थोड़ी-बहुत आगे भी रही है। 'Imagery' के लिए 'बिम्ब-स्थापना', 'दृश्य-संकेत', 'मूर्त-विधान', 'रूप-विधान' ये चार पर्याय प्रयुक्त हुए हैं। 'Form' के लिए कहीं 'वर्णन-प्रणाली', कहीं 'विधान-विधि', कहीं 'साँची शब्द प्रयुक्त हुए हैं। 'Subjective' के लिए 'विषयीगत', 'ज्ञातपक्ष' 'आत्मनिष्ठ और 'अन्तर्वृत्ति निरूपक' ये चार प्रति-शब्द प्रयुक्त हैं। 'Allegory' को अन्तत: 'साध्यवसान रूपक' कहा गया है। 'Symbolism' के लिए कहीं 'उपलक्षण', कहीं 'प्रतीकवाद' और कहीं 'चित्रभाषावाद' प्रयुक्त हुआ है। 'Impression' के लिए कहीं 'भावना' कहीं प्रभाव और कहीं 'इन्द्रियजज्ञान' का प्रयोग हुआ है। किसी भी समृद्ध भाषा से प्रभाव-ग्रहण करने के क्रम में प्रभाव-ग्रहण करनेवाली भाषा में ऐसी स्थिति स्वाभाविक है।

आचार्य शुक्ल ने अपनी सूझ-बूझ से कुछ मौलिक शब्दों की उद्भावना भी की है। इनमें प्रमुख हैं बीज-भाव। उन्होंने 'करुणा' और 'प्रेम' इन दो भावों को **'बीज-भाव'** माना और यह कहा कि 'लोकमंगल की साधनावस्था' या प्रयत्न-पक्ष को लेकर चलनेवाले प्रबन्धकाव्यों का 'बीज-भाव' 'करुणा' है। इसे उन्होंने 'स्थायीभाव' और 'अंगीभाव' से सर्वथा अलग बताया। इसी प्रकार **रागात्मिका वृत्ति, रस-पद्धति, रस-भूमि, बिम्बार्थ** आदि शब्द भी उनकी उद्भावना-शक्ति

के प्रमाण हैं। संचारी भावों के सम्बन्ध में विचार करते हुए उन्होंने **मृदुलता, विस्मृति, चकपकाहट** आदि नए संचारियों की सत्ता को मान्यता देने का सुझाव दिया है। भावों की **शील-दशा** या **प्रकृतिस्थ दशा** की उद्भावना भी उन्होंने की है। तात्पर्य यह कि उनकी आलोचना में ऐसे बहुत से शब्द हैं जो उन्हीं के द्वारा उद्भावित हैं।

आचार्य शुक्ल ने हिन्दी की नवीन काव्य-प्रवृत्तियों—छायावाद-रहस्यवाद—की व्याख्या करते हुए आलोचना के कुछ विशि्ष्ट और महत्त्वपूर्ण शब्द प्रयुक्त किए हैं जिनमें कुछ तो धीरे-धीरे पारिभाषिक बन गए हैं। 'इतिवृत्तात्मकता', 'बहुवस्तुस्पशर्‌िता', 'चित्र-विन्यास' 'अन्तर्भाव', 'व्यंजकता', 'लाक्षणिक-वैचित्र्य','प्रभाव-साम्य', 'एकदेशीयता', 'नाटकीयप्रभाव', 'विशेषण-विपर्यय', 'प्रतीकवत-ग्रहण', 'मर्मव्यंजक', 'मधुचर्या', 'नैराश्यपूर्ण आकुलता', 'मानस-प्रसार' आदि इसी प्रकार के शब्द हैं। हम यहाँ यह प्रश्न नहीं उठाते कि उन्होंने 'छायावाद' को समझा या नहीं समझा या उन्होंने 'रहस्यवाद' का विरोध करके हिन्दी-कविता का कितना हित-अहित किया। हम केवल यह कहना चाहते हैं कि, 'छायावादी कवियों की जो कविताएँ उनके सामने थीं उनकी अर्थ-मीमांसा करते हुए उनमें निहित चेतना के उद्घाटन-क्रम में उन्होंने अपने सम्पूर्ण साहित्य-संस्कार का उपयोग करते हुए आलोचना की जो शब्दावली प्रयुक्त की वह उनके पहले 'छायावाद' और 'रहस्यवाद' की जो समीक्षाएँ प्रस्तुत हुई थीं उनसे कई गुना समृद्ध, मौलिक, अर्थव्यंजक, सटीक और सार्थक हैं।

हिन्दी-गद्य की विधाओं की विस्तृत समीक्षा का अवसर शुक्ल जी को नहीं मिला। गद्य की विधाओं में **निबन्ध** और उसकी विविध शैलियों की समीक्षा का मार्ग तो उन्होंने प्रशस्त कर दिया था किन्तु **उपन्यास, नाटक** और **कहानी** जैसी विधाओं की समीक्षा का अवसर उन्हें नहीं मिला। 1910 ई. में **उपन्यास** पर विचार करते हुए उन्होंने 'मानव-प्रकृति पर उनके प्रभाव', 'मानव के अन्त:करण के सौन्दर्य की झलक दिखाने की उनकी शक्ति', तथा 'समाज के यथार्थ-स्वरूप के चित्रण' और 'आदर्श समाज की रचना के निमित्त उनके द्वारा किए गए संकेत' की ओर हमारा ध्यान आकृष्ट किया था। अपने इतिहास में हिन्दी-उपन्यसों की चर्चा करते हुए शुक्ल जी ने प्रेमचन्द की प्रशंसा की है। उन्होंने बताया है कि, ''लोक या जन-समाज के बीच काल की गति के अनुसार जो गूढ़ और चिन्त्य परिस्थितियाँ खड़ी होती रहती हैं उनको गोचर रूप में सामने लाना और कभी-कभी निस्तार का मार्ग भी प्रशस्त करना उपन्यासों का काम है।'' (हिन्दी साहित्य का इतिहास, पृ.536) प्रेमचन्द में सबसे महत्त्वपूर्ण

बात उन्हें यह प्रतीत हुई कि, ''सामयिक परिस्थितियों और सामान्य जनता की जीवन-स्थितियों के चित्रण के साथ ही उनके उपन्यासों में स्वाभाविक ढाँचे का शील-वैचित्र्य भी है।'' इस प्रकार सार रूप में आचार्य शुक्ल ने उपन्यासों की प्रकृति का जो निदर्शन किया है, वह आज भी प्रासंगिक है।

नाटकों के क्षेत्र में 'प्रसाद' और 'प्रेमी' के नाटकों की प्रशंसा शुक्ल जी ने इस बात को लेकर की है कि उन्होंने यूरोप में **यथातथ्यवाद (Naturalism)** के प्रचार से काव्यत्व के तिरस्कार और 'शैली-वैचित्र्य प्रदर्शन' की बढ़ती हुई प्रवृत्ति का अनुसरण करके **रस विधान** और **शील-वैचित्र्य** दोनों में सामंजस्य स्थापित किया है। प्राचीन नाट्यशास्त्र के जटिल बन्धनों को शिथिल करने की बात पर शुक्ल जी ने भी बल दिया है। शुक्ल जी ने नाटकों की भाषा की स्वाभाविकता पर बल दिया है और कथोपकथनों में चित्रमयी कल्पना और अतिशय भावुकता का निषेध किया है। 'प्रसाद' जी की नाट्य-भाषा की समीक्षा करते हुए उसे उन्होंने 'गद्य-काव्य-खंड' कहा है। नाटकों में दीर्घकालीन घटना-व्यापार की सघन-योजना का शुक्ल जी ने विरोध किया है। घटना की सघनता से चरित्रों के विकास का अवसर नहीं मिलता। शुक्ल जी ने इसे बड़ा भारी दोष माना है। आचार्य शुक्ल ने लक्ष्मीनारायण मिश्र के **यथातथ्यवाद** प्रेरित नए ढंग के नाटकों का उल्लेख करते हुए संकेत किया है कि यूरोप में **सौन्दर्यवाद** की अतिशयता की प्रतिक्रिया में 'यथातथ्यवाद' आया था, अब हिन्दी में भी **कलावाद** का खासा चलन हो गया है, इसीलिए प्रतिक्रियास्वरूप **यथातथ्यवाद** की ओर झुकाव स्वाभाविक है। कहानियों की चर्चा करते हुए शुक्ल जी ने बहुत संक्षेप में **रचना-प्रणाली** और **'वस्तु-समष्टि'** की दृष्टि से उनका वर्गीकरण मात्र कर दिया है। इस विवेचन से यह स्पष्ट है कि यदि अवसर मिलता तो आचार्य शुक्ल गद्य-विधाओं की समीक्षा के लिए भी समुचित पारिभाषिक शब्दावली अवश्य विकसित करते। उनका ध्यान निरन्तर बदलते हुए जीवन-सन्दर्भों के साथ गद्य-विधाओं की रचना और अन्तर्वस्त के समुचित बदलाव पर केन्द्रित था। प्रतिक्रिया के रूप में किसी प्रवृत्ति के उठ खड़े होने को वे साहित्य के लिए स्वास्थ्यकर नहीं मानते थे।

अपने जीवन के अन्त तक वे हिन्दी के आलोचना-जगत पर छाए रहे। उनके जीवन-काल में ही सौन्दर्य एवं कलावादी विचारक उनका विरोध करने लगे थे। इस विरोध का बहुत सार्थक परिणाम नहीं निकला क्योंकि उनके विरोधियों से 'छायावाद' को व्यक्तिगत समर्थन अधिक, विवेचनात्मक शक्ति कम मिली। इसे हम आगे चलकर देखेंगे। यहाँ हम इतना ही कहना चाहेंगे कि आचार्य शुक्ल ने वस्तु, वर्ण्यविषय, या प्रस्तुत-विधान (प्रकारान्तर से जीवन की वास्तविकता) को

केन्द्र में रखकर स्वच्छ काव्य-दृष्टि से हिन्दी की प्राचीन एवं नवीन रचनाओं के मूल्यांकन की जो पद्धति प्रशस्त की और इस प्रयत्न में आलोचना की जो पारिभाषिक शब्दावली विकसित की वह जीवन्त, समृद्ध और ग्राहय हैं। कोई भी समीक्षा-दृष्टि रचनात्मक साहित्य का मूल्यांकन करते समय कला-तत्त्वों की उपेक्षा नहीं कर सकती। 'कलावाद' और 'कलातत्त्व' दोनों को अलग करके देखना होगा। जन-कल्याण की दृष्टि से रचित सामाजिक सम्बन्धों की जटिलता और जीवन-सन्दर्भों की विविधता को महत्त्व देनेवाली कालजयी कृतियाँ कला-तत्त्व की उपेक्षा नहीं कर सकतीं। देखना सिर्फ यह होगा कि अप्रस्तुत-विधान का सारा सौन्दर्य प्रस्तुत की मार्मिक अभिव्यक्ति का साधन बनकर आया है या स्वयं साध्य बन गया है। जब वह स्वयं साध्य बन जाएगा तो 'रीतिवाद' और 'कलावाद' का जन्म होगा; जिसका शुक्ल जी ने आजीवन विरोध किया। आचार्य शुक्ल का **लोक** और चाहे जो रहा हो वह **जन-समाज** भी था। 'उपन्यास' के सन्दर्भ में उन्होंने **लोक** या **जन-समाज** (हिन्दी-साहित्य का इतिहास, पृ. 536) कहकर झगड़ा साफ कर दिया है। आचार्य शुक्ल की काव्य-दृष्टि संकुचित थी, मात्र इतना कह देने से काम नहीं चलेगा। उन्होंने अपने युग की सीमा का अतिक्रमण करते हुए आलोचना और इतिहास-लेखन की जिस स्वस्थ और स्वच्छ परम्परा को जन्म दिया था, आवश्यकता उसे पुष्ट और विकसित करने की है।

स्वच्छन्दतावादी समीक्षा : सन्दर्भ एवं दृष्टि (1)

(पारिभाषिक शब्दावली का साक्ष्य)

नन्ददुलारे वाजपेयी

आचार्य रामचन्द्र शुक्ल जिस समय हिन्दी-आलोचना-जगत पर छाए हुए थे, उसी समय उनकी नैतिक जीवन-दृष्टि और लोक-मंगलवादी मूल्य-चेतना का प्रखर विरोध तथा 'छायावाद-रहस्यवाद' का समर्थन करते हुए हिन्दी-आलोचना के क्षेत्र में श्री नन्ददुलारे वाजपेयी ने प्रवेश किया था और देखते-देखते एक 'स्वच्छन्तावादी'-'सौष्ठववादी' समीक्षक के रूप में अपनी पहचान कायम कर ली थी। सन् 1931 ई. में 'भारत' का सम्पादन करते हुए वाजपेयी जी ने श्री सूर्यकान्त त्रिपाठी 'निराला, श्री जयशंकर 'प्रसाद', श्री मैथिलीशरण गुप्त और आचार्य रामचन्द्र शुक्ल के कृतित्व का मूल्यांकन किया था। उनके विचारोत्तेजक निबन्धों ने हिन्दी-जगत का ध्यान आकृष्ट किया था। उस समय से लेकर 21 अगस्त, 1967 ई. तक वे निरन्तर समीक्षा-क्षेत्र में सक्रिय रहे। वाजपेयी जी ने गाँधी के नेतृत्व में देश को स्वतन्त्रता की लड़ाई लड़ते हुए भी देख था और नेहरू के नेतृत्व में विश्व के स्वतन्त्र राष्ट्रों के बीच अपना मर्यादित स्थान बनाने के लिए प्रयत्नशील भी। कांग्रेस का करांची अधिवेशन (1931 ई.), क्रान्तिकारी भगतसिंह की शहादत (1931 ई.), गाँधी जी का तीसरा असहयोग आन्दोलन (1932 ई.), कांग्रेस समाजवादी पार्टी की स्थापना (1934 ई.), अखिल भारतीय प्रगतिशील लेखक-संघ का गठन (1936 ई.), जिन्ना के नेतृत्व में मुस्लिम लीग का भारतीय मुसलमानों के हितों की एकमात्र प्रवक्ता होने की घोषणा (1937 ई.), कांग्रेस के भीतर क्षेत्रीय प्रवृत्तियों का उभार और नेताओं में वैचारिक मतभेद (1938 ई.), देशी रियासतों में देशव्यापी राष्ट्रीय-आन्दोलन का प्रसार और 'प्रजामंडलों' एवं 'प्रजापरिषदों का गठन' (1938 ई.) पूरे राष्ट्र के स्तर पर मजदूरों और किसानों के संघटनों में ताल-मेल कायम करने की चेष्टा (1939 ई.), द्वितीय विश्वयुद्ध का आरम्भ, ब्रिटिश सरकार का कांग्रेस की

सहमति के बिना भारत को भी विश्वयुद्ध में शामिल कर लेना और दो वर्षों तक सफलतापूर्वक शासन चलाने के बाद बिहार, उड़ीसा, सयुक्तप्रान्त, मध्यप्रान्त, बम्बई तथा मद्रास में कांग्रेस मन्त्रिमंडलों का त्यागपत्र (1939 ई.) अगस्त क्रान्ति (1942 ई.), सुभाषचन्द्र बोस द्वारा सिंगापुर में 'आजादहिन्द फौज' का गठन (1942 ई.), द्वितीय महायुद्ध की समाप्ति (1945 ई.) विदेशी सत्ता का अन्त, देश का विभाजन और स्वतन्त्र भारत का उदय (1947 ई.) कश्मीर पर पाकिस्तान का आक्रमण (1947 ई.), देशव्यापी हिन्दू-मुस्लिम दंगे तथा गाँधी की हत्या (1947 ई.), भारत के संविधान का अंगीकरण (1949 ई.), संवैधानिक स्तर पर भारत का सार्वभौम गणतन्त्र घोषित किया जाना (1950 ई.) पहला देशव्यापी आम चुनाव और नेहरू के नेतृत्व में देश का विश्वास (1951 ई.), नेहरू द्वारा देश के योजनाबद्ध विकास का प्रयत्न और पहली पंचवर्षीय योजना (1951-56 ई.), देश को समाजवादी ढाँचा प्रदान करने का नेहरू का संकल्प (1955 ई.), नेहरू का नेतृत्व, भारत-चीन सीमा-विवाद और चीन का आक्रमण (1962 ई.), नेहरू की मृत्यु (1964 ई.) लालबहादुर शास्त्री का प्रधानमन्त्रित्व (1964-66 ई.), भारत-पाकिस्तान संघर्ष (1965 ई.), ताशकन्द समझौता, लालबहादुर शास्त्री की मृत्यु (1966 ई.) और इन्दिरा गाँधी का प्रधानमन्त्री बनना (1966 ई.), राष्ट्रीय मानस को आन्दोलित करनेवाली ये सारी घटनाएँ वाजपेयी जी के जीवन-काल में घटित हुई थीं। ये घटनाएँ साक्षी हैं कि लगभग 36 वर्षों की इस अवधि में राष्ट्रीय नेतृत्व की मूल चिन्ता देश को ब्रिटिश शासन से मुक्ति दिलाने की रही है और राष्ट्रीय नेतृत्व के केन्द्र में महात्मा गाँधी का महिमामय व्यक्तित्व कार्य करता रहा है। अपने वैज्ञानिक दृष्टिकोण और वामपन्थी झुकाव के बावजूद नेहरू नीति-निर्धारण के स्तर पर महात्मा गाँधी का ही अनुसरण करते रहे। यह सत्य है कि गाँधी की असहयोग और सविनय अवज्ञा-आन्दोलन की नीति सब मिलाकर ब्रिटिश शासन के प्रति दबाव और समझौते के लचीले और नरम रुख का ही द्योतन करती थी तथा उसके चलते भारतीय पूँजीवाद के हितों का ही पोषण हो रहा था किन्तु उग्र और सक्रिय विरोध सम्भव भी नहीं था क्योंकि भारतीय जन-मानस में, विशेषत: ग्रामीण जनता के मन में, वे मात्र एक राष्ट्रीय नेता के रूप में ही नहीं वरन एक अपरिग्रही धर्मनिष्ठ महात्मा के रूप में प्रतिष्ठित हो गए थे। गाँधी के नेतृत्व का विरोध हिन्दू राष्ट्रीयतावाद के समर्थकों, सशस्त्र क्रान्ति में विश्वास करनेवाले 'नौजवानसभा' और 'हिन्दुस्तान सोशलिस्ट रिपब्लिक एसोसिएशन' के युवा नेताओं तथा वामपन्थी विचारधारा के समर्थकों द्वारा किया जाता रहा किन्तु

कभी भी यह विरोध उनके लिए बड़ी चुनौती बनकर सामने नहीं आया। वाजपेयी जी के चिन्तन पर गाँधी जी के इस विराट व्यक्तित्व और विचारधारा का प्रभाव स्पष्ट लक्षित होता है। उनकी प्रारम्भिक रचनाओं में तो इसके संकेत-सूत्र ही मिलते हैं क्योंकि वे प्राय: **शुद्ध साहित्य** या **शुद्ध साहित्यिक संस्कृति** (देखिए हिन्दी साहित्य बीसवीं शताब्दी, पृ. 116) की बात कहते हैं किन्तु बाद में जब वे मार्क्सवाद से टकराते हैं तब सीधे-सीधे उसके समानान्तर गाँधी के विचार-दर्शन का हवाला देने लगते हैं। वे स्पष्ट कहते हैं, ''आज के जनवादी लेखक को व्यक्तिगत त्याग और कष्टसहिष्णुता अपनानी होगी। उसे प्रेमचन्द और टॉल्स्टॉय के मार्ग पर चलना होगा। वह किसी मार्क्सवादी नुस्खे को लेकर काम नहीं कर सकता उसे अब भी चरित्र और आचरण की आवश्यकता है। महान आदर्शों के पीछे जीवन के क्षुद्र स्वार्थों को मिटा देने की साधना करनी होगी। हम जिस जनवादी राष्ट्र या मानव-समूह की कल्पना करते हैं, वह केवल आर्थिक दृष्टि के सुखी नहीं होगा, उसे पूर्णत: सांस्कृतिक और नैतिक मानव भी होना चाहिए। यहाँ भी मार्क्सवादी शिक्षाएँ और उपचार मुझे तो अधूरे दिखाई देते हैं। उनसे तो गाँधी जी का सर्वोदय सिद्धान्त मुझे भारतीय जीवन के अधिक अनुरूप जान पड़ता है।'' (नया साहित्य नए प्रश्न, पृ. 230) उपरोक्त पूरे वक्तव्य पर ध्यान दीजिए—**व्यक्तिगत त्याग और कष्टसहिष्णुता, प्रेमचन्द और टॉल्स्टॉय का मार्ग चरित्र और आचरण की आवश्यकता, महान आदर्शों के पीछे क्षुद्र स्वार्थों का त्याग, पूर्णत: सांस्कृतिक और नैतिक मानव होने की आवश्यकता** और अन्त में **सर्वोदय सिद्धान्त** यह समूची शब्दावली गाँधीवादी विचारधारा की ओर संकेत करती है। यह वक्तव्य वाजपेयी जी ने सन् 1953 में 'ना. प्र. स. काशी' की हीरक-जयन्ती के अवसर पर साहित्य-गोष्ठी के अध्यक्ष के रूप में दिया था। उस समय देश स्वतन्त्र हो चुका था और स्वतन्त्र राष्ट्र के रूप में अपने अस्तित्व को ठोस आधार देने के प्रयत्न में जी-जान से जुटा था। नेहरू जी की अध्यक्षता में योजना आयोग कायम हो चुका था और देश के ओद्योगिक ढाँचे को नया रूप दिया जा रहा था। किसानों की स्थिति बेहतर बनाने के लिए अनेक राज्यों में जमीदारी प्रथा का उन्मूलन कर दिया गया था और भूमि-नुनर्वितरण के क्रम में होनेवाले संघर्ष को बचाने के लिए सन्त विनोबा 'भूदान-आन्दोलन' को जन्म दे चुके थे। इन सबके बावजूद देश आर्थिक तंगी से गुजर रहा था और खाद्यान्न के मामले में अमरीका पर निर्भर करना उसकी नियति बन गई थी। हमारा बौद्धिक जगत क्रमश: मार्क्सवादी जीवन-दर्शन की ओर झुकने लगा था। रूस हमारा एकमात्र और

हितैषी प्रमाणित हुआ था। मार्क्सवादी की ओर झुकाव का एक कारण रूस का मार्क्सवादी और हमारा मित्र एवं आत्मीय होना भी था। स्वयं वाजपेयी जी मार्क्सवादी चिन्तन के बढ़ने दबाव से आक्रान्त थे। सन् 1955 में प्रकाशित 'नया साहित्य : नए प्रश्न में संगृहीत 'नव्यतम समीक्षा शैलियाँ' शीर्षक निबन्ध में लगभग पाँच पृष्ठों में 'मार्क्सवादी समीक्षा' का विरोध करने के बाद उन्होंने स्वीकार किया है कि, **''सामाजिक वास्तविकता के प्रति सजग और संवेदनशील साहित्य की मूल्यवत्ता पर बल देकर मार्क्सवादी समीक्षा-पद्धति ने साहित्य के सौष्ठव सम्बन्धी एक नई माप-रेखा और नया दृष्टिकोण हमें दिया है।''**(नया साहित्य : नए प्रश्न, पृ. 46) वाजपेयी जी द्वारा 'सामाजिक वास्तविकता के प्रति सजग और संवेदनशील साहित्य की मूल्यवत्ता का स्वीकार' एक प्रकार से साहित्य की उपयोगितावादी दृष्टि का ही स्वीकार है, किन्तु यह भी सत्य है कि वाजपेयी जी ने कभी भी मार्क्सवादी विचारधारा को एक पूर्ण वैज्ञानिक जीवन-दर्शन के रूप में स्वीकार नहीं किया, वे अन्त तक उसे एक राजनीतिक मतवाद ही मानते रहे। जिस प्रकार गाँधी जी ने मार्क्स की नौतिकवादी इतिहास-दृष्टि को कभी पूरी तरह स्वीकार नहीं किया और बराबर यह मानते रहे कि संसार में प्रत्यक्ष और भौतिक शक्ति के विपरीत नैतिक और आध्यात्मिक शक्ति भी निरन्तर सक्रिय रहती है और नि:सन्देह वह आध्यात्मिक शक्ति, भौतिक शक्ति पर नियन्त्रण रखने में समर्थ हैं, उसी तरह वाजपेयी जी ने कभी 'ऐतिहासिक भौतिकवाद' को समर्थन नहीं दिया और यह मानते रहे कि वर्गवादी दृष्टि से साहित्य को देखना मानव-चेतना का अपमान करना है। वे कहते हैं, ''किसी द्वन्द्वात्मक स्थिति में श्रेष्ठ साहित्य वह है, जो प्रगतिशील सामाजिक और अर्थनीतिक आदर्शों से संचालित है, जो विद्रोही साहित्य है, श्रेष्ठ साहित्य सम्बन्धी यह मार्क्सवादी धारण साहित्य के कलात्मक, भावात्मक और मानवीय मूल्यों का कितना तिरस्कार करती है।'' (नया साहित्य : नए प्रश्न निकष, पृ. 19) वस्तुत: वाजपेयी जी स्वच्छन्दतावादी संस्कारों से पूरी तरह कभी भी मुक्त नहीं हो पाए। इसीलिए वे विरोधी मान्यताओं के बीच से एक पतली सीधी पगडंडी निकाल ले जाना चाहते हैं। **अध्यात्मवाद और भूतवाद, स्वच्छन्दतावाद और प्रगतिवाद, कलावाद और उपयोगितावाद, आदर्शवाद और यथार्थवाद, रसानुभूति और सौन्दर्यानुभूति** के बीच से वे अपना मार्ग निकालते हुए प्रतीत होते हैं। कदाचित इसीलिए उन्हें समन्वयशील समीक्षक माना गया है। ऊपर-ऊपर से ऐसा लगता भी है, हो सकता है कि बौद्धिक स्तर पर उन्होंने विरोधी मान्यताओं से समझौता किया भी हो किन्तु

संस्कारत: वे स्वच्छन्दतावादी ही बने रहे। इसीलिए एक समीक्षक के रूप में उन्हें द्विवेदी जी का **नवीन साहित्य-भवन, कट्टर प्रादेशिक राष्ट्रीयता के प्रभाव से निर्मित** : आचार्य शुक्ल की **काव्य-संवेदना, नीति-चक्र के स्थूल शासन से घिरी हुई;** प्रेमचन्द का **मानसिक संघटन, कल्पनाविहीन** और गुप्त जी की **राष्ट्रीय-चेतना, 'एक स्थूल भौगोलिक चौहद्दी में सिमटी'** प्रतीत हुई। महादेवी की **अन्तर्मुखता** खटकी। जैनेन्द्र का आत्मपीड़न **अर्थहीन** तथा राहुल सांस्कृत्यायन एवं यशपाल की 'रचना-दृष्टि' वैज्ञानिक यथार्थवाद के सूत्र में बँधी हुई प्रतीत हुई। यही नहीं 'अश्क' का यथार्थवाद उन्हें उद्देश्यहीन तथा 'जैनेन्द्र' और 'अज्ञेय' के उपन्यासों का **सामाजिक प्रभाव, सन्दिग्ध** प्रतीत हुआ। आगे चलकर 'प्रगतिवाद' का सैद्धान्तिक आग्र, प्रयोगवादियों, के **घुणाक्षरन्यायिक** प्रयोग, 'नए उपन्यासों' की **वस्तुतत्त्वहीनता**, और 'नई-कविता' की **दिशाहीनता** ने भी उन्हें चिन्तित एव क्षुब्ध किया। हो सकता है, अनेक अवसरों पर उनकी चिन्ता और क्षोभ सही हों किन्तु यह निर्विवाद है कि स्वच्छन्दतावादी संस्कारों से बँधे होने के कारण ही नई काव्य-प्रवृत्तियों में मूल्यांकन में उन्हें कठिनाई हुई है। सौष्ठववादी समीक्षकों की भाँति उन्होंने सदैव काव्य-सौन्दर्य निरूपण करनेवाले दार्शनिक सिद्धान्तों और मतों को महत्त्व न देकर **अपनी व्यक्तिगत रुचि और सौन्दर्य-सवेदना को ही प्रमाण माना है।** अपने लेखन के आरम्भिक चरण में उन्होंने 'वाल्टर पेटर' जैसे सौष्ठववादी समीक्षक तथा वड्र्सवर्थ, शेली, कीट्स, आदि स्वच्छन्दतावादी एवं 'प्रसाद', 'पन्त' और 'निराला' आदि छायावादी कवियों के अध्ययन से जो काव्य-संस्कार अर्जित किया था वह अन्त तक उन्हें बाँधे रहा। **साहित्य की स्वतन्त्र सत्ता** की बात वे अन्त तक कहते रहे। 'प्रसाद' की सामाजिक विचारणा की चर्चा करते हुए उन्होंने 'मिल (जान स्टुअर्ट मिल, 806-73 ई.) का हवाला देते हुए कहा है—''सामाजिक विचारणा में वे 'मिल' की भाँति व्यक्तिवादी हैं और सामूहिक प्रगति सम्बन्धी उन आदर्शों से अनुप्रेरित है, जो मध्यवर्ग के बौद्धिक और औद्योगिक उत्थान के फलस्वरूप उत्पन्न हुए थे, जिनमें अल्पसंख्यक उच्चवर्ग और उसके ह्रासोन्मुख संस्कारों के विरुद्ध नवीन जनसत्तात्मक भावों का प्राधान्य था। यूरोप में वही प्रगति 'लिबरलिज़्म' के नाम से प्रसिद्ध हुई और अब भी जनसत्तात्मक राष्ट्रों में आवश्यक परिवर्तनों के साथ प्रचलित है।''(हिन्दी साहित्य : बीसवीं शताब्दी, पृ. 138) पता नहीं 'प्रसाद' जी 'मिल' के 'व्यक्तिवाद' से परिचित थे या नहीं किन्तु वाजपेयी जी अवश्य ही उससे प्रभावित थे। वाजपेयी जी के पूरे साहित्य-चिन्तन पर **'लिबरलिज्म'**

की छाया देखी जा सकती है। यूरोपीय 'उदारवाद' और भारतीय 'गाँधीवाद' जैसे समाज-दर्शन की छाया में साहित्य की पूर्ण स्वायत्तता का सिद्धान्त भली-भाँति प्रतिष्ठित हो सकता था। वाजपेयी जी ने 'प्रसाद' को प्रसिद्ध यूरोपीय विचारक जीन जैक्स रूसो (1712-79 ई.) के प्रख्यात नारे साम्य 'साख्य' और स्वातत्र्य (Equality Fraternity and liberty) से भी अनुप्रेरित माना है। वे कहते हैं, ''प्रसाद जी मुख्यत: '**साम्य**' और '**स्वातन्त्र्य**' (Equality, Fraternity and liberty) के कल्पनाशील आदर्शवाद से अनुप्रेरित थे।'' (हिन्दी-साहित्य : बीसवी शताब्दी, पृ. 143) यह सारे कथन स्वयं वाजपेयी जी को समझने में हमारी सहायता करते हैं। वस्तुत: 'प्रसाद' जी का 'कल्पनाशील आदर्शवाद' जिसे वाजपेयी जी ने लक्षित किया है, व्यक्ति-स्वातन्त्र्य की ही साहित्यिक परिणति है। साहित्य का यही आदर्श वाजपेयी जी को मान्य है। **उनके द्वारा प्रयुक्त पारिभाषिक शब्दावली इसी कल्पनाशील आदर्शवाद की सीमा में विकसित उनके सौष्ठवादी-स्वच्छन्दतावादी काव्य-दृष्टि से प्रभावित है।**

वाजपेयी जी द्वारा पारिभाषिक शब्दावली को हम चार वर्गों में रख सकते हैं। (क) **प्राचीन भारतीय शास्त्रीय शब्दावली,** (ख) **आचार्य शुक्ल द्वारा उद्भावित शब्दावली,** (ग) **प्रगतिवाद-प्रयोगवादी रचनाकारो द्वारा प्रयुक्त शब्दावली** और (घ) **वाजपेयी जी द्वारा प्रयुक्त निजी शब्दावली।**

प्राचीन शास्त्रीय शब्दावली का प्रयोग वाजपेयी जी ने दो रूपों में किया है। एक रूप तो वह है जहाँ वे स्वयं भारतीय काव्य-सिद्धान्तों का पुनराख्यान करते हैं और दूसरा रूप वह है जहाँ वे 'सूर', 'प्रसाद', 'पन्त' आदि की समीक्षा करते हुए काव्य-सौन्दर्य के उद्घाटन-क्रम में आनुषंगिक रूप से इसका प्रयोग करते हैं। भारतीय काव्य-सिद्धान्तों का पुनख्यान करते हुए वाजपेयी जी ने 'अलंकार', 'रीति', 'रस', 'वक्रोक्ति', 'ध्वनि', इन सभी पर विचार किया है। **अलंकार** को वाजपेयी जी 'काव्य-कल्पना' का पर्याय मानते हैं। वे कहते है, ''अलंकार सामान्य रूप में वह 'काव्य-कल्पना'' है जो **एक ओर कविता की सम्पूर्ण रूप-योजना को समाविष्ट करती है और दूसरी ओर वह अलंकरण के कुछ विशेष रूपों का निर्देश करती है।**'' (नया साहित्य : नए प्रश्न, पृ. 102) इसी प्रकार रीति की व्याख्या करते हुए वे कहते हैं, ''अपने व्यापक अर्थ में '**रीति' सम्पूर्ण काव्यात्मक अभिव्यंजना का द्योतक शब्द है और उसकी व्याप्ति लगभग उतनी ही है जितनी क्रोचे के इस सूत्र की कि 'अभिव्यंजना ही कला' है।** यह एक रूप में काव्य-शैली के सम्बन्ध में

वाल्टर पेटर की व्यापक धारणा के समीप भी पहुँचता है जिसमें वे यहाँ तक कह गए है कि 'शैली' ही कला है।'' (नया साहित्य : नए प्रश्न, पृ. 103) **रस** को वाजपेयी जी सौन्दर्य-संवेदना का पर्याय मानते हैं। वे कहते हैं—''**सौन्दर्य-संवेदन को भारतीय पारिभाषिक शब्दावली में रस कहते हैं।**'' (आधुनिक साहित्य, पृ. 310) **वक्रोक्ति** वाजपेयी जी के लिए अभिव्यंजना की रोचकता का पर्याप्य है। कुन्तक के वक्रोक्ति-सिद्धान्त की व्याख्या करते हुए निष्कर्ष रूप में वे कहते हैं—''**ऐसा प्रतीत होता है कि अभिव्यंजना की रोचकता को ही कुन्तक ने वक्रोक्ति की संज्ञा दी है और 'रस' को भी वक्रोक्ति का ही एक स्वरूप माना है।**'' (नया साहित्य : नए प्रश्न, पृ. 113) **ध्वनि** को वाजपेयी जी सहृदय को रस-प्रतीति कराने की काव्य-सामर्थ्य का पर्याय मानते हैं। वे कहते हैं, ''**जिस काव्य में ध्वन्यात्मक शक्ति नहीं, सहृदय को रस प्रतीत कराने का सामर्थ्य नहीं, उसके काव्यत्व में ही कमी है।**'' (नया सहित्य : नए प्रश्न, पृ. 122) उपरोक्त व्याख्याओं पर ध्यान देने से स्पष्ट है कि वाजपेयी जी ने भारतीय काव्यशास्त्र के तात्त्विक पारिभाषिक शब्दों—**अलंकार, रीति, वक्रोक्ति, रस** और **ध्वनि** को पाश्चात्य सौन्दर्यशास्त्र सम्बन्धी दृष्टि से देखा है। **अलंकार** उन्हें **रूप-योजना करनेवाली कल्पना के व्यापार** प्रतीत हुए हैं। **रीति** में उन्हें क्रोचे की 'अभिव्यंजना जितनी व्याप्ति' दिखाई दी है और वाल्टर पेटर के इस कथन—**शैली ही कला है**—की अनुगूँज सुनाई पड़ी है। **रस** उनके लिए **सौन्दर्य-संवेदन का पर्याय** बन गया है और **वक्रोक्ति अभिव्यंजना की रोचकता का**। 'रस' सम्बन्धी व्याख्याओं—उत्पत्तिदाद, अनुमितिवाद, भुक्तिवाद, अभिव्यक्तिवाद—को वे आधुनिक मनोविज्ञान या सौन्दर्यशास्त्र सम्बन्धी दृष्टि से देखने की आवश्यकता पर बल देते हैं। (नया साहित्य : नए प्रश्न , पृ. 119) इस दृष्टि से विचार करने पर उन्हें प्रतीत होता है कि वस्तुत: ये मत ''**काव्य की प्रेषणीयता और काव्य-रस के आस्वादन की समस्या समझने का प्रयत्न करते हैं और इनमें से प्रत्येक मत समस्या के एक-एक पहलू को लेकर आगे बढ़ता है।**'' (नया साहित्य : नए प्रश्न, पृ. 123) वाजपेयी जी के उपरोक्त विवेचन पर ध्यान दिया जाए तो स्पष्ट हो जाएगा कि उनके पास स्वच्छन्दतावादी-सौष्ठववादी समीक्षा की जो शब्दावली—**कल्पना-व्यापार, अभिव्यंजना-शैली, सौन्दर्य-संवेदन, प्रेषणीयता**—संस्कार-रूप में विद्यमान थी उसी के आलोक में उन्होंने भारतीय काव्य-सिद्धान्तों से सम्बद्ध शब्दावली की व्याख्या की है। उन्होंने 'सूरदास', 'प्रसाद', 'निराला' और 'पन्त' की व्यावहारिक समीक्षा के क्रम में जो परम्परागत शास्त्रीय शब्दावली

का प्रयोग किया है उस पर भी उनके स्वच्छन्दतावादी संस्कारों की छाप विद्यमान है। **सूरदास** की समीक्षा करते समय वाजपेयी जी अनेक बार यह दुहराते हैं कि सूर का काव्य-सौन्दर्य भारतीय साहित्यशास्त्र की सीमा का अतिक्रमण करनेवाला है। वे कहते हैं, ''एक सबसे बड़ा शुभ कार्य जो सूर ने किया, यही था कि उन्होंने **हमारे साहित्यशास्त्र की आँखें खोल दीं** और सीमा के स्थान पर **निस्सीम सौन्दर्य की झलक दिखा दी।**'' (महाकवि सूरदास, पृ. 114) ''सूर के कृष्ण को साहित्यशास्त्र अपने '**धीरे-ललित**' **या** '**धीरोदात्त**' **नायक की कोटि में रखने का साहस नहीं कर सकता।** यद्यपि उक्त शास्त्र के अनुसार कृष्ण ही विविध लालाओं के आलम्बन ठहरते हैं और **उद्‌दीपन** की भी सम्पूर्ण सामग्री है।'' (महाकवि सूरदास, पृ. 113) ''इसका (सूरसागर का) **प्रधान रस साहित्यशास्त्र की रस-कोटि में नहीं आता वह अलौकिक रस है।**'' (महाकवि सूरदास, पृ. 113) 'सूरसागर' को साहित्यशास्त्र का अतिक्रमण करनेवाली महान रचना मानते हुए भी वाजपेयी जी ने कहीं-कहीं साहित्यशास्त्र की शब्दावली में ही उसकी विशेषता प्रकट की है। उनकी दृष्टि में महात्मा सूरदास **भक्तिरस** निष्णात कवि थे। (महाकवि सूरदास, पृ. 128) गोपियों के **संयोग-वियोग का रस जो सम्पूर्ण कृष्णमय रस है, यही सूरसागर है।** (वही, पृ. 130) वंशी के प्रति गोपियों का असूयाभाव सत्काव्य का रूप है। (वही, पृ. 160) 'उद्धव के सन्देश जाने के पूर्व की वियोग-कथा में **विरह-दशा** के प्रायः सभी वर्णन और विनय उपालम्भ आदि हैं।', (वही पृ. 165) ''कोई भी उत्तरकालीन **शृंगारी** कवि विरह-काव्य की रचना में इतना अधिक तल्लीन नहीं हुआ।'' (वही, पृ. 169) ''सूर की यह **लाक्षणिक शैली** ऐसी उच्चकोटि की है कि कविता और दर्शन की धाराएँ सूरसागर में समानान्तर होकर बहती हैं, कोइ विक्षेप नहीं पड़ता।'' (वही, पृ. 154)) ''संस्कृत के अलंकारशास्त्रियों के अनुसार लक्ष्य अर्थ को **कवि-प्रौढ़ोक्ति-सिद्ध** होना चाहिए पर यहाँ इसकी कोई विशेष आवश्यकता नहीं है।'' (वही, पृ. 157)

'प्रसाद' की कामायनी की समीक्षा करते हुए भी वाजपेयी जी का मूल स्वर यही है कि इस विशिष्ट महाकाव्य को लक्षण-ग्रन्थों की सीमा में रखकर नहीं देखा जा सकता। उनके अनुसार, ''**कामायनी' का वस्तु-निर्माण पश्चिमी ट्रैजिडी और पूर्वी आनन्द कल्पना के योग से समन्वित होने के कारण** समीक्षकों के सामने थोड़ी सी कठिनाई उपस्थित करता है।'' (आधुनिक साहित्य, पृ. 106) 'शाकुन्तल की भाँति कामायनी का कथानक भी आतप-तापित दर्शकों को स्वर्गीय विराम की अभिनव माया में लपेट लेता है और **काव्य-साथियों**

की चिन्ता न कर एक सन्ध्योत्तर सुखद चाँदनी की स्वर्गीय आभा में लीन कर देता है।'' (वही, पृ. 107) ट्रैजिडी और आनन्द-कल्पना दोनों के समन्वित आधार पर रचा गया और **काव-सन्धियों** का अनुसरण न करनेवाला महाकाव्य परम्परागत साहित्य-शास्त्र की सीमा में आबद्ध करके नहीं देखा जा सकता। यह इसलिए भी कि, ''**प्रसाद' जी वास्तविक अनुभूतिशील कवि थे, वे रीतिवादी रचनाकार नहीं थे।''** (आधुनिक साहित्य, पृ. 115) इसीलिए ''चिन्ता सर्ग के प्रलय-वर्णन में **करुणारस के अंगभूत भयानक रस की योजना की गई है**। यह आवश्यक नहीं कि किसी लक्षण-ग्रन्थ में इन दोनों रसों के मिश्रण का उल्लेख हो ही।'' (वही, पृ. 115) 'कामायनी' को लक्षण-ग्रन्थों की सीमा का अतिक्रमण करनेवाली रचना मानते हुए भी वाजपेयी जी कहीं-कहीं प्राचीन रस-सिद्धान्त की शब्दावली का प्रयोग करने के लिए विवश प्रतीत होते हैं। वे कहते हैं—'कामायनी' में **रस** के अनेकानेक प्रसंग मिलते हैं। आरम्भ में ही **भयानकरस** का एक उदाहरण यह है—

लहरें व्योम चूमती, उठती, चपलाएँ असंख्य नचतीं।
गरल जलद की कड़ी, झड़ी में बूँदें निज संसृति रचतीं।

''यह **असंलक्ष्य-क्रम-व्यंग्य** का उदाहरण है, जिसे 'रसध्वनि' भी कहते हैं। यहाँ **विभावादि से सीधे रस की व्यंजना होती है।''**(आधुनिक साहित्य, पृ. 112) इसी प्रकार प्रथम सर्ग में रस की स्थिति पर विचार करते हुए वे कहते हैं, ''प्रथम सर्ग' में मनु की चिन्ता को व्यक्त किया गया है। इसमें **शोक, स्थायी भाव** और **करुण रस** की अभिव्यक्ति हुई है। करुण रस के उपक्रम में चिन्ता का चित्रण स्वाभाविक है पर **विलास को भी करुणरस के अन्तर्गत कहना एक असाधारण सी बात है।** करुण रस के अन्तर्गत **स्मृति-संचारी** रूप में अतीत विलास का चित्रण किया गया है।'' (वही, पृ. 114) वाजपेयी जी ने लक्षित किया है कि 'प्रसाद' ने चिन्ता का वर्णन वस्तुरूप और **अनुभाव रूप** दोनों में किया है। 'चिन्ता' के स्वरूपवर्णन को वस्तुवर्णन के रूप में लिया जाएगा और मनु पर उसके प्रभाव के वर्णन को **अनुभाव** रूप में लेना होगा इस प्रकार एक ही स्थान पर भावमूलक और वस्तुमूलक वर्णन एकत्र हो गए हैं।'' (वही, पृ. 114) इसी सन्दर्भ में वाजपेयी जी आगे कहते हैं—''प्रसाद जी ने मनोभावनाओं को साकार रूप देकर चित्रित करने की जो चेष्टा की है, वह **आलम्बन-विभाव** के अन्तर्गत आएगी। आलम्बन का स्वरूप रखने में—सूक्ष्म मानसिक तथ्यों को साकर रूप देने में प्रसाद जी ने कल्पना का सहारा लेकर शक्तिशाली **अप्रस्तुत-योजना** की है। उनका वस्तु-निरूपण इसी **अप्रस्तुत-योजना** या **रूप-विधान**

या (अलंकार) से सज्जित है।'' (वही, पृ. 115) वाजपेयी जी की स्थापना यह है कि प्राचीन कवि स्थूल पदार्थों को ही वस्तु-रूप में उपस्थित करते थे, 'प्रसाद' जी ने सूक्ष्म मानसिक वृत्तियों—चिन्ता, श्रद्धा, वासना, लज्जा, आदि—को वस्तु-रूप में उपस्थिति करके अपनी मौलिक प्रतिभा का परिचय दिया है। वे कहते हैं, ''प्रसाद जी ने सूक्ष्म वस्तुओं को साकार रूप देने का आयोजन किया है। उन्हें **अनुभावरूप में अंशतः भावात्मक (Subjective) दृष्टि से ला रखा है और अन्यत्र उन्हीं को विभाव या वस्तुरूप (Objective) भी दिया है।**''(वही, पृ. 115) यहाँ भी वाजपेयी जी यही संकेतित करना चाहते हैं कि 'प्रसाद' ने प्राचीन शास्त्रीय-पद्धति का अतिक्रमण किया है। **रसध्वनि** के साथ ही वाजपेयी जी ने 'कामायनी' में **वस्तुध्वनि** और **अलंकार-ध्वनि** का भी विवेचन किया है। वाजपेयी जी **अलंकार ध्वनि** और **वस्तुध्वनि** को भी **रस-ध्वनि की परिधि** में ही लेते हैं। वे कहते हैं—''**रस-रहित' वस्तुध्वनि और रस-साहित्य अलंकारध्वनि की कल्पना नहीं की जा सकती क्योंकि काव्य की आत्मा रस है** और 'वस्तुध्वनि' तथा 'अलंकारध्वनि' का काव्य भी उत्तम काव्य कहा गया है।'' (आधुनिक साहित्य, पृ. 113) 'कामायनी' से **अलंकार ध्वनि** के उदाहरण रूप में वे निम्नलिखित पंक्तियाँ उद्धृत करते हैं—

इस चिर प्रवास श्यामल पथ में छायी पिक प्राणों की पुकार
बन नील प्रतिध्वनि नभ अपार।

उपरोक्त पंक्तियों में वे **उत्प्रेक्षा अलंकार** ध्वनित प्रमाणित करते हुए कहते हैं—''यहाँ चिर-प्रवास श्यामल-पथ में पिक-प्राणों की प्रतिध्वनि के रूप में नील-नभ की कल्पना **उत्प्रेक्षा** अलंकार को ध्वनित करती है।'' (आधुनिक साहित्य, पृ. 113) **वस्तुध्वनि** के उदाहरण रूप में वे निम्नलिख पंक्तियाँ उद्धृत करते हैं—

यह नीड़ मनोहर कृतियों का यह विश्व कर्म रंगस्थल है।
है परम्परा लग रही यहाँ ठहरा जिसमें जितना बल है।

उनकी दृष्टि में—''इन तथा श्रद्धा सर्ग की अन्य पंक्तियों के द्वारा **प्रवृत्ति मार्ग को ग्रहण करने की वस्तु ध्वनित है।**''(वही, पृ. 114) वाजपेयी जी ने यह समस्त मीमांसा यह प्रमाणित करने के लिए की है कि 'कामायनी' प्रथम कोटि की रचना है। उसमें **रसध्वनि** प्रधान है। **वस्तुध्वनि** और **अलंकारध्वनि** की भी कमी नहीं है किन्तु वह **रसध्वनि** की पोषक बनकर आई है। 'कामायनी' में रसों का जो संगम और भावों की जो टकराहट है वह उसके श्रेष्ठ **ध्वनिकाव्य** होने का प्रमाण है किन्तु यह **ध्वन्यात्मकता परम्परागत शास्त्रीयदृष्टि-रीतिवाद-**

से नियोजित न होकर एक उदार जनसत्तात्मक चेतना, अनुपम समरसता, साम्य, सख्य एवं स्वातन्त्र्य-भावना तथा कल्पनाशील अनुभूतिमयता से अनुप्रेरित है।

'निराला' के काव्य-वैशिष्ट्य का विवेचन करते हुए भी वाजपेयी जी ने संस्कृत काव्यशास्त्र की पुरानी शब्दावली की सीमाओं की ओर संकेत किया है। उन्होंने 'निराला' की प्रसिद्ध रचना 'तुलसीदास' की निम्नलिखित पंक्तियाँ उद्धृत की हैं--

प्रथम विजय थी वह
भेदकर मायावरण
दुस्तर तिमिर घोर जड़ावर्त
अगणित तरंग-भंग
वासनाएँ समल-निर्मल
कर्दम मय राशि-राशि
स्पृहागत जंगमता
नश्वर संसार
अस्तित्व जीवन का
महामोह,
प्रतिपद पराजित भी अप्रतिहत बढ़ता रहा,
पहुँचा मैं लक्ष्य पर

और निर्णय दिया है, ''इसमें दार्शनिक तथ्य की प्रधानता अवश्य है, पर काव्यालंकार से सजाकर उसे उपस्थित किया है। इसका **स्थायीभाव 'उत्साह'** है और यह **वीर रस** की रचना है।'' (हिन्दी साहित्य : बीसवीं शताब्दी, पृ. 152) इसके बाद वाजपेयी जी ने नवीन स्वच्छन्दतावादी काव्य और प्राचीन काव्यशास्त्रीय मर्यादा की टकराहट के सम्बन्ध में अपनी टिप्पणी दी है। वे कहते हैं—''**प्राचीन काव्य-समीक्षा के शब्दों में 'निराला' जी की उक्त कविता व्यंजनाविशिष्ट नहीं है वरन अभिधाविशिष्ट है।** इसमें **'रस' व्यंग्य** नहीं है। बल्कि **वाच्य** है। प्राचीन शास्त्र कहते हैं कि ध्वनिमूलक काव्य श्रेष्ठ है पर इस आग्रह को हम हद के बाहर लिये जा रहे हैं। **नवीन काव्य जिस नैसर्गिक अदम्यता को लेकर आया है, उसमें यह सम्भव नहीं कि वह परम्परा प्राप्त ध्वन्यात्मकता का ही अनुसरण करते चले।**'' (हिन्दी साहित्य : बीसवीं शताब्दी, पृ. 152) इसके बाद वाजपेयी जी ने स्थापित करना चाहा है कि, ''**ध्वनि** और **अभिधा काव्य-वस्तु** के भेद नहीं हैं, केवल काव्य-प्रणाली

के भेद हैं।'' (वही, पृ. 152) 'अभिधा' की प्रणाली इस स्पष्टवादी युग की मनोवृत्ति के विशेष अनुकूल है। ''**व्यंजना के अतिशय से काव्य-चातुरी बढ़ती है। जो प्रत्येक अवसर पर अभीष्ट नहीं कही जा सकती है।**'' (वहीं, पृ. 153) वाजपेयी जी का निर्णय है, ''**यदि रस-सिद्धान्त के व्याख्याताओं में आज इतनी व्यापकता नहीं है तो उन्हें व्यापक बनाना होगा।**'' (वही, पृ. 151)

प्राचीन समीक्षा की शब्दावली के निर्वाह का प्रश्न पन्त जी की आलोचना के सन्दर्भ में भी वाजपेयी जी के सामने था। वे कहते हैं, ''उपमाकालिदासस्य' में कल्पना की ही कीर्ति-प्रशस्ति हुई है। यह अर्थ समझकर, पन्त जी के काव्य में **उपमा, रूपक, उत्प्रेक्षा** आदि कल्पना-अलंकरण प्रचुर मात्रा में मिलते हैं, यह कहा जाए तो प्राचीन समीक्षा की शब्दावली का निर्वाह भी जाएगा और पन्त जी की विकास-दिशा भी इंगित हो जाएगी।'' (हिन्दी साहित्य : बीसवीं शताब्दी, पृ. 164) वाजपेयी जी पन्त जी को कल्पना की अजेय शक्ति का कवि मानते हैं। इसी कल्पना-शक्ति के बल पर वे सादृश्यमूलक अलंकारों के रमणीय विधान और प्रेम तथा सौन्दर्य की सूक्ष्म मानसिक विवृत्ति दोनों में समान रूप से सफल हुए हैं। पन्त जी ने प्रेम के संयोग-पक्ष और वियोग-पक्ष दोनों को समान रूप से सरस बनाकर प्रस्तुत किया है। वाजपेयी जी की दृष्टि में ''पन्त जी **इस युग के श्रृंगारी कवि हैं'। वियोग-वर्णन में** वे 'कल्पना का पल्ला भावतिरेक के समय कहीं-कहीं छोड़ भी देते हैं पर **संयोग-वर्णन** में वे प्राय: कभी ऐसा नहीं करते।'' (वही, पृ. 170) तात्पर्य यह कि पन्त जी के काव्य में **अलंकार** और **रस** दोनों का वैशिष्ट्य है किन्तु इस वैशिष्ट्य के मूल में उनकी कल्पना-चारुता ही मुख्य रूप से कार्य कर रही है। इस प्रकार हम देखते हैं कि वाजपेयी जी ने परम्परागत शास्त्रीय शब्दावली के सम्बन्ध में सैद्धान्तिक एवं व्यावहारिक दोनों स्तरों पर पर्याप्त विचार किया है किन्तु उनके निर्णय सर्वत्र उनकी स्वच्छन्दतावादी काव्य-दृष्टि से प्रभावित हैं। सैद्धान्तिक स्तर पर उन्होंने 'रस', 'रीति', 'अलंकार', वक्रोक्ति', 'ध्वनि' आदि को सौष्ठववादी दृष्टि से देखा है और व्यावहारिक स्तर पर 'प्रसाद', 'निराला', 'पन्त' आदि कवियों के मूल्यांकन-क्रम में इनकी अव्याप्ति की ओर इशारा करके प्रकारान्तर से इनकी अप्रासंगिकता प्रमाणित की है।

अपने पूरे 'लेखन-काल में वाजपेयी जी ने यदि किसी आधुनिक काव्य-प्रवृत्ति को पूरा-पूरा समर्थन दिया है तो वह 'छायावाद' है। इसे उन्होंने **स्वच्छन्दतावाद** (आचार्य शुक्ल की शब्दावली) भी कहा है इससे यह अनुमान

लगाया जा सकता है कि इस प्रवृत्ति के विवेचन-मूल्याकन-क्रम में उन्होंने आलोचना की विशिष्ट शब्दावली की उद्भावना भी की होगी किन्तु 'छायावाद' और छायावादी कवियों की उनकी आलोचना का अनुशील करने पर इस दृष्टि से हमें निराश होना पड़ता है। अधिक-से-अधिक उनका सारा प्रयत्न कुछ नया प्रतीत कराने के लिए आकुलता और छटपटाहट बनकर रह गया है। 'प्रसाद' उनके प्रिय कवि हैं। उनकी समीक्षा करते हुए वाजपेयी जी कहते हैं, "इनमें एक नई कल्पनाशीलता, नूतन जागरूक-चेतना, मानसवृत्तियों की सूक्ष्मतर और प्रौढ़तर पकड़, एक विलक्षण अवसाद, विस्मय, संशय और कौतूहल जो नई चिन्तना का सूक्ष्म प्रभाव है, प्रकट हो रहा है। ये ही काव्य में 'छायावाद' के उपकरण बनकर आए। इस नवीन प्रवर्तन में एक नवीन स्वातन्त्र्य-लालसा, शक्ति की अभिज्ञता और सांस्कृति द्वन्द्व की एक अनिर्दिष्ट स्थिति देख पड़ती है।" (हिन्दी साहित्य : बीसवीं शताब्दी, पृ. 147) अन्यत्र भी जहाँ कहीं उन्होंने 'छायावाद' का स्वरूप निर्दिष्ट करना चाहा है वहाँ **एक नवीन स्वतन्त्र काव्यशैली, साहसपूर्ण आत्माभिव्यक्ति, एक नवीन रहस्यात्मक दीप्ति, एक नूतन सांस्कृतिक मनोभावना** जैसे प्रयोगों से ही काम चलाया है। ऐसा लगता है कि वाजपेयी जी की सारी शक्ति छायावाद में अन्तर्निहित सामाजिक सांस्कृतिक विचारधारा निर्दिष्ट करने में ही लग गई। यहाँ भी वे कोई निर्णय नहीं ले सके। कभी उन्होंने इसे **वैज्ञानिक भौतिक प्रगति की प्रतिक्रिया कहा, कभी भारतीय अध्यात्मवाद की नवीन परिस्थिति के अनुकूल स्थापना;** कभी उन्हें इसमें **विराट सत्ता और शाश्वत ज्योति की जड़-जीव-जगत में प्रकाश-रेखा** दिखाई दी, कभी **आनन्दवाद की आध्यात्मिक व्यंजना,** कभी उन्होंने इसमें मिल का **व्यक्तित्ववाद** देखा, कभी रूसो की **साम्य, सख्य** और **स्वातन्त्र्यभावना।** वैसे वे सन् '25 से '35 तक के काव्य में प्रतीक्षा कर रहे थे "उस उदात्त और तेजस्वी स्वर की, उस सरल निष्कपट और अडिग वाणी की, जो हमारी राष्ट्रीय क्रियाशीलता का सच्चा प्रतिबिम्ब होती, जो वर्गों की विडम्बना से हीन विश्व को सर्वयुगीन साम्य का सन्देश दे सकती।" संक्षेप में वाजपेयी जी, **"गाँधी जी के सजीव व्यक्तित्व का 'काव्य-स्मारक' चाहते थे।"** (आधुनिक साहित्य, भूमिका पृ. 29) किन्तु उन्हें इस स्तर पर निराश होना पड़ा था।

आचार्य शुक्ल के विचारों से असहमत होते हुए भी वाजपेयी जी ने सामान्यत: उन्हीं के द्वारा उद्भावित और निर्दिष्ट पारिभाषिक शब्दावली से काम लिया है। उन्होंने अपनी विभिन्न समीक्षा कृतियो में—**काव्य-दृष्टि, प्रगति, मार्मिक**

प्रभाव, ऐकान्तिक, स्वच्छन्दतावाद, यथातथ्यवाद, आदर्शीकरण, भावयोग, लोक-सामान्य, संश्लिष्ट-योजना रस-पद्धति, बाह्यार्थवाद, अभिव्यक्तिवाद, कलावाद, भावन्विति, काव्यवस्तु, प्रभाववादी समीक्षा, प्रतीक-योजना, लोकादर्शवाद, व्यक्तिवैचित्र्यवाद, अन्योक्ति-पद्धति, लाक्षणिक प्रणाली, प्रेषणीयता, काव्यानुभूति, अर्थ-परम्परा, अभिव्यंजनावाद, रागात्मिका वृत्ति, समासोक्ति-पद्धति, अप्रस्तुत-विधान, रूप-योजना जैसे पारिभाषिक प्रयोग किए हैं। कहना न होगा कि यह पूरी शब्दावली आचार्य शुक्ल द्वारा निर्दिष्ट और प्रयुक्त है। इस शब्दावली के प्रयोग में वाजपेयी जी की मौलिकता इतनी ही है कि इनमें से कुछ को उन्होंने यत्किंचित नया अर्थ प्रदान कर दिया है। वाजपेयी जी को आचार्य शुक्ल द्वारा प्रयुक्त 'कलावाद, 'अभिव्यंजनावाद' और 'अभिव्यक्तिवाद', शब्द सर्वग्राहा अर्थ की व्यंजना करते प्रतीत नहीं होते उनके अनुसार शुक्ल जी ने इनका प्रयोग जिस अर्थ में किया है उसमें उनकी व्यक्तिगत रुचि और नीतिवादी आग्रह प्रधान है। वाजपेयी जी के अनुसार शुक्ल जी ने 'अभिव्यंजनावाद' के प्रवर्तक क्रोचे की ''समस्त उपपत्तियों को एक किनारे रखकर केवल अभिव्यंजना शब्द पकड़ लिया है।'' (हिन्दी साहित्य : बीसवीं शताब्दी, पृ. 93) वे यह भी कहते हैं, ''शुक्ल जी क्रोचे के 'अभिव्यंजनावाद' का विरोध करते हैं और 'कला के लिए कला' सिद्धान्त की खिल्ली उड़ाते हैं, जबकि क्रोचे और ब्रैडले जैसे कलावादियों ने अभिव्यंजनावाद या कलावाद के मूल में उत्कृष्टतम मानसिक तत्त्व और प्रतिभा का अध्याहार कर लिया है।'' (वही, पृ. 93) इसी प्रकार आचार्य शुक्ल के **अभिव्यक्तिवाद** को वाजपेयी जी **लघुचित्रवाद** कहते हैं। उनके अनुसार ''यह 'अभिव्यक्तिवाद' व्यवहार में आने पर लघुचित्रवाद बन जाता है।'' (हिन्दी साहित्य : बीसवीं शताब्दी) वाजपेयी जी द्वारा यह अर्थ-परिवर्तन इसीलिए सम्भव हुआ है कि वे **कलावाद, अभिव्यंजनावाद** और **रहस्यवाद** के समर्थक हैं।

वाजपेयी जी ने 'प्रगतिवाद', 'मनोविश्लेषणवादी' और 'नई कविता' के समर्थक समीक्षकों द्वारा प्रयुक्त पारिभाषिक शब्दावली—'प्रगतिवाद', 'प्रयोगवाद', 'प्रपद्यवाद', 'अतियथार्थवाद' 'अन्तश्चेतनावाद', 'अस्तित्ववाद', 'क्षणवाद', 'लघुमानववाद', 'संशयवाद', 'आधुनिकबोध' आदि का भी प्रयोग किया है। ऐतिहासिक विकास की दृष्टि से वे न तो इन शब्दों के उद्भावक हैं न समर्थक प्रयोक्ता। इन शब्दों की ऐतिहासिक भूमिका पर हम आगे चलकर 'प्रगतिवादी' 'मार्क्सवादी' और 'नई समीक्षा' के सन्दर्भ में विचार करेंगे।

यहाँ हम इतना ही कहना चाहेंगे कि अपने समय की नवीन काव्य-प्रवृत्तियों और उनके समानान्तर विकसित समीक्षा-पद्धतियों से टकराते हुए वाजपेयी जी ने बौद्धिक स्तर पर अपनी मान्यताओं में यत्किंचित परिवर्तन किया है और इसी क्रम में उपरोक्त पारिभाषिक शब्दों को आंशिक स्वीकृति प्रदान की है। 'आधुनिक साहित्य : सृजन और समीक्षा' (वाजपेयी जी की समीक्षा-पुस्तकों की भूमिकाओं का संकलन) की भूमिका प्रस्तुत करते हुए श्री शिवकुमार मिश्र ने लिखा है, ''स्वच्छन्दतावादी भूमिका से प्रारम्भ कर आचार्य वाजपेयी शनैः शनैः किस प्रकार अपने चिन्तन को गहरी सामाजिक भूमिका देते रहे हैं, और अन्ततः उनका दृष्टिकोण किस प्रकार प्रगतिशील सामाजिक आशयों से एकाकार हो गया है, पुस्तक के अन्तर्गत संकलित निबन्धों तथा पुस्तक की संक्षिप्त भूमिका के माध्यम से उसे सहज ही जाना समझा जा सकता है।'' (भूमिका, पृ. 10) मिश्र जी का यह कथन पूर्णतः सत्य नहीं है। वाजपेयी जी का दृष्टिकोण 'प्रगतिशील सामाजिक आशयों से एकाकार' कभी नहीं हुआ। वे अन्त तक 'मार्क्सवाद' के मुकाबले 'सर्वोदय' को समर्थन देते रहे हैं। प्रगतिशील काव्य-चिन्तन का दबाव वे अवश्य अनुभव करते रहे हैं। आरम्भ में वे साहित्य के सभी नए आन्दोलनों को **प्रगतिशील** मानते रहे। क्योंकि वे ''किसी-न-किसी नई सामाजिक या सांस्कृतिक प्रगति से उत्पन्न होते हैं और किसी-न-किसी नवीन विचारधारा के सहचर हुआ करते हैं।'' (आधुनिक साहित्य, पृ. 322) बाद को उन्होंने **प्रगतिवाद** का सम्बन्ध मार्क्सवादी चिन्तन से स्वीकार करते हुए उसकी देन पर भी विचार किया और कहा—''हम यह भी नहीं कहते कि 'प्रगतिवादी समीक्षा' ने हिन्दी को कुछ दिया ही नहीं। उसने दो वस्तुएँ मुख्य रूप से दी हैं। प्रथम यह कि काव्य-साहित्य का सम्बन्ध सामाजिक वास्तविकता से है, और वही साहित्य मूल्यवान है जो उक्त वास्तविकता के प्रति सजग और संवेदनशील है, द्वितीय यह कि जो साहित्य सामाजिक वास्तविकता से जितना दूर होगा वह उतना ही काल्पनिक और प्रतिक्रियावादी कहा जाएगा।''(अधुनिक साहित्य सृजन और समीक्षा, पृ. 149) **प्रयोगवाद्ग** को वाजपेयी जी ने बैठे-ठाले का धन्धा माना। उसे भाषा-सम्बन्धी बीहड़ प्रयोगों का अड्डा कहा। उसमें टी. एस. इलियट की शैली में व्यक्त आधुनिक जीवन का खोखलापन देखा और सम्भावना व्यक्त की कि, ''आश्चर्य नहीं यदि निकट भविष्य में यह वही रंगत धारण करे जो पश्चिम में 'अतियथार्थवादियों (Surrealists) की रचनाओं ने धारण किया है।'' (नया साहित्य : नए प्रश्न, निष्कर्ष, पृ. 21) 'क्षणवाद', 'संशयवाद', 'लघुमानववाद', और अस्तित्ववाद' को वाजपेयी

जी ने 'प्रयोगवाद' के दुष्परिणामों के रूप में देखा। उन्होंने कहा, ''**क्षणवाद, संशयवाद, लघुमानववाद, अस्तित्ववाद** युद्धों की विभीषिका और स्वयं कविता के अनेक छोटे-छोटे खेमे और सम्प्रदाय प्रयोगवाद के ही दुष्परिणाम हैं।'' (नई कविता, पृ. 78) **प्रपद्यवाद** को वाजपेयी जी प्रयोगशीलता का ही अतिवादी रूप मानते हैं। उनके अनुसार नकेनवाद जिसे उसके हिमायतियों ने प्रपद्यवाद भी कहा है, वास्तव में प्रयोगशीलता का एक अतिवाद था।'' (नई कविता, पृ. 59) 'प्रगतिवाद' और 'प्रयोगवाद' दोनों की वैचारिक भूमिका में अन्तर स्पष्ट करते हुए वाजपेयी जी ने कहा, ''**प्रगतिवादी** काव्यधारा सामाजिक यथार्थ के अधिक समीप है और उसका लक्ष्य भी अधिकाधिक समीपता की ओर जाने का है। इससे भिन्न प्रयोगवादी यथार्थ मनोवैज्ञानिक और वैयक्तिक परिवेशों को प्रमुखता देता है, नियति, कुंठा, अतृप्ति आदि के तत्त्वों को प्रदर्शित करता है तथा कुल मिलाकर उस **प्रकृतिवाद** के अधिक समीप है जिसका प्रवर्तन 'जोला' 'फ्लावेयर' आदि ने उपन्यास के क्षेत्र में किया था।'' (नई कविता, पृ. 42) **अन्तश्चेतनावाद, अतियथार्थवाद** और **अस्तित्ववाद** (Psych-analysism, Surrealism) और (existentialism), के सिद्धांतों को वाजपेयी जी ने 'व्यक्तिवादी' कला-सिद्धान्त माना और बताया कि—''ये सिद्धान्त **मन, उसकी अचेतन शक्ति, व्यक्ति, उसकी चेतना और उसकी मानस-सत्ता को केन्द्रीय मानकर चलते हैं, सृजंन-प्रक्रिया, अभिव्यंजना और भाव-विनियोग तथा कलात्मक आस्वादन की प्रक्रिया की व्याख्याएँ इनमें पूर्णतः व्यक्ति के आधार पर की गई हैं।**'' (नया साहित्य : नए प्रश्न, पृ. 80) 'आधुनिक भावबोध' के सम्बन्ध में वाजपेयी जी का मत है कि ''प्रत्येक देश का **आधुनिक भावबोध** उसके सामाजिक परिवेश और लक्ष्य तथा उद्देश्य के आधार पर बनाया जाता है।'' (नई कविता, पृ. 43) हिन्दी की 'नई कविता' में आधुनिकबोध के अन्तर्गत वाजपेयी जी को **अहं भावना का अतिरेक, आत्मलघुता की भावना, अनास्था** आदि तत्त्व दिखाई दिए। **आधुनिकबोध** की रचनात्मक उपलब्धि के रूप में वाजपेयी जी ने **मानववाद** को महत्त्व दिया। उनके अनुसार—''नई कविता की कुछ रचनात्मक उपलब्धियाँ भी हैं जो आधुनिकबोध से गृहीत हुई हैं। उनमें से **मुख्य वह 'मानववाद' है जो एक ओर आध्यात्मिक भूमिका से पृथक रहता है और दूसरी ओर वर्ग-संघर्ष की कठोरता से भी रहित है।** वर्तमान युग में और विशेषकर भारतीय भूमिका पर 'सिक्युलरिज्म' एक व्यापक विचार-दृष्टि है उसी का **साहित्यिक रूपान्तर 'नई कविता' के 'मानववादी' स्वरूप**

में प्रतिबिम्बित हुआ है।'' (कई कविता, पृ. 70) इस प्रकार इतना सत्य है कि वाजपेयी जी नवीनतम काव्य-प्रवृत्तियों और समीक्षा-प्रतिमानों से निरन्तर टकराते रहे और उनके रचनात्मक पक्ष को सामने लाने की चेष्टा करते रहे किन्तु अपने स्वच्छन्दतावादी संस्कारों से पूर्णत: मुक्त वे कभी नहीं हुए। जिस 'राष्ट्रीय साहित्य तथा अन्य निबन्ध' पुस्तक की भूमिका के आधार पर मिश्र जी वाजपेयी जी को **प्रगतिशील सामाजिक आशयों से एकाकार** बताते हैं। उसके आरम्भ में वाजपेयी ने सभी प्रकार के वादों और मतों को अवांछित बताकर हिन्दी के रचनाकारों के लिए **''सृजन सम्बन्धी स्वच्छन्दता, प्रत्यक्ष अनुभव की स्वाधीनता और सम्पूर्ण विचार स्वातन्त्र्य''** की माँग की थी। (आधुनिक साहित्य : सृजन और समीक्षा, पृ. 111)।

आचार्य शुक्ल की भाँति वाजपेयी जी ने भी अपनी समीक्षा में अंग्रेजी के अनेक पारिभाषिक शब्दों का प्रयोग किया है। ये प्रयोग कुछ तो पश्चिमी साहित्य-सिद्धान्तों के क्रम-विकास का विवरण प्रस्तुत करते हुए किए गए हैं और कुछ कवियों और प्रवृत्तियों के व्यावहारिक मूल्यांकन के क्रम में। पाश्चात्य समीक्षा का सैद्धान्तिक विकास प्रस्तुत करने की आवश्यकता वाजपेयी जी को इसलिए महसूस हुई कि उनके अनुसार हिन्दी के नए साहित्य का मूल्यांकन पश्चिम के नवीनतम पैमानों के आधार पर करने के पहले उन पैमानों की प्रकृति और परम्परा से परिचित होना आवश्यक था। इस क्रम में उन्होंने (Paradoxes) **विरोधीप्रतिपत्तियाँ,** (Psych-analysis) **अन्तश्चेतनावाद,** (Sur realism) **अतियथार्थवाद,** (Existentialism) **अस्तित्ववाद,** (Sublimation) **उदात्तीकरण,** (Guilt complex) **पापानुभूति,** (Dementia) **मानसिक विकलन,** (Hallucina torystate) **मिथ्यादर्शन की मनोदशा,** (Infection Theory) **संक्रामकता,** (Appentency) **अनुरति,** (Aversion) **विरति** आदि शब्दों के प्रयोग किए। व्यावहारिक समीक्षा के क्रम में वाजपेयी जी ने (Aesthetic) **कला-विज्ञान,** (Naturalists) **प्रकृतिवादी,** (Subjective Portraiture) **आत्मपरक चित्रण,** (Positiviste) **प्रत्यक्षतथ्यवादी,** (Sadistic) **दु:खवादी,** (Morbidity) **शृंगारिक प्रवृत्ति,** (Modernist) **आधुनिकतावादी,** (Fissiparous Tendencies) **अनावश्यक विच्छेद,** (Ideology) **विचारधारा,** (Secularism) **धर्मनिरपेक्षता,** (Empirical) **अनुभवसिद्ध,** (New Romantic) **नव स्वच्छन्दतावादी,** (New Realists) **नव यथार्थवादी,** (Elective) **चयनधर्मा,** आदि शब्दों को प्रयुक्त किया। ये प्रयोग उन्होंने सन् 1950-55 में लिखी गई अपनी समीक्षाओं में किए थे।

उनसे पहले यह शब्द अन्य समीक्षकों द्वारा लिखे गए सिद्धान्त-ग्रन्थों और व्यावहारिक समीक्षाओं में प्रयुक्त हो चुके थे। वाजपेयी जी की विशेषता सिर्फ यह है कि उन्होंने इनका प्रयोग करते समय यथासम्भव इनके प्रयोगगत-सन्दर्भ के सांस्कृतिक औचित्य का भी ध्यान रखा है।

वाजपेयी जी ने गद्य-कृतियों—नाटक, उपन्यास, कहानी का भी मूल्यांकन किया है। आशा की जा सकती है कि इस क्षेत्र में उन्होंने समीक्षा की नवीन शब्दावली विकसित की होगी। किन्तु ऐसा हो नहीं पाया है। इस क्षेत्र में भी उन्होंने **स्वाधीन कलाभिव्यक्ति, कलात्मक पूर्णता, धार्मिक आदर्शवादिता, व्यवस्थित, घटनाविन्यास, आदर्शवादी-चरित्र, अनुरंजित-संवाद, देश-काल के समुचित प्रसाद, काव्यात्मक शैली, कथा का मनोवैज्ञानिक आधार, सामाजिक समस्या, मनोवैज्ञानिक चित्रण, रोमैंटिक कल्पना, अवैज्ञानकि प्रेम-प्रतिक्रिया, अतिरिक्त भावुकता, अतिरिक्त बौद्धिकता, अधकचरा यथार्थवाद,** जैसे गोल-मोल शब्दों से काम चलाया है। इन शब्दों का प्रयोग काव्य, नाटक, उपन्यास, कहानी, किसी भी विधा की समीक्षा में किया जा सकता है। वस्तुत: गद्य की समीक्षा करते हुए भी वाजपेयी जी अपने काव्य-संस्कार से मुक्त नहीं हो सके हैं।

आलोचना की ऐसी पारिभाषिक शब्दावली जिसे वाजपेयी जी द्वारा उद्भावित मानकर प्रस्तुत किया जाए बहुत कम है। **शुद्ध साहित्यिक संस्कृति, पवित्रतावादी दृष्टि, विश्वदृष्टि, स्थूल व्यवहारवाद, लघुचित्रवाद, सामूहिक भाव** जैसे कुछ शब्द उनकी मौलिक उद्भावना की उपज है। 'प्रेमचन्द' की समीक्षा करते हुए वाजपेयी जी ने लिखा है—''साहित्य में हम 'शुद्ध **साहित्यिक संस्कृति**' चाहते हैं, लाग-लपेट कुछ भी नहीं। (हिन्दी-साहित्य : बीसवीं शताब्दी, पृ. 116) 'शुद्ध साहित्यिक संस्कृति' से उनका तात्पर्य किसी भी राजनीतिक-सामाजिक विचारधारा से सर्वथा रहित शुद्ध रचनात्मक दृष्टि से है। यह निबन्ध वाजपेयी जी ने 1932 ई. में लिखा था। उस समय तक हिन्दी में 'साहित्य की संस्कृति' जैसा प्रयोग विरल था। **पवित्रतावादी दृष्टि** का प्रयोग वाजपेयी जी ने 'निराला' की भाषा पर विचार करते हुए किया है। उन्होंने कहा है—''भाषा के सम्बन्ध में 'पवित्रतावादी' दृष्टि 'निराला' की नहीं है। वे किसी शब्द को काव्य के लिए परित्यजनीय नहीं मानते।'' (कवि निराला, पृ. 90) इससे 'पवित्रतावाद' में अंग्रेजी के Purism का भाव निहित है। अब इसके लिए **विशुद्धतावाद** शब्द चल पड़ा है। 'पवित्रता' शब्द धर्म एवं नीतिशास्त्र का है। इसे भाषा के सन्दर्भ से जोड़कर वाजपेयी जी ने व्यंग्य का हलका-सा पुट देकर

आकर्षक बना दिया है। **विश्वदृष्टि** का प्रयोग वाजपेयी जी ने 'छायावाद' के सम्बन्ध में किया है। **'छायावाद' में कल्पना की प्रधानता तो थी, किन्तु वह एक भावात्मक और विश्वदृष्टि से सम्पन्न कल्पना थी। उसमें व्यक्तिवाद तो था, परन्तु एक उदात्त समष्टि-चेतना से ऊर्जस्वित।''** यह शब्द 'साहित्य की राष्ट्रीय चेतना' शीर्षक निबन्ध में प्रयुक्त हुआ है जो 1965 ई. में प्रकाशित पुस्तक 'राष्ट्रीय साहित्य तथा अन्य निबन्ध' में संगृहीत है। इस शब्द को वाजपेयी जी द्वारा उद्भावित मानने में हमें सन्देह है। मुक्तिबोध की प्रसिद्ध कृति 'कामायनी : एक पुनर्विचार' सन् 1961 ई. में प्रकाशित हुई थी। इसका पहला प्रारूप 1950 ई. में तैयार हुआ था। इसमें 'प्रसाद' के सम्बन्ध में कहा गया है— 'प्रसाद' जी ने अतीत की भावुक गौरव छायाओं से ग्रस्त, वेदोपनिषदिक आर्ष वातावरण से अनुप्राणित, समाजादर्श से प्रेरित होकर अपनी **विश्वदृष्टि** तैयार की। यह 'विश्वदृष्टि' कामायनी में प्रकट हुई।'' (मुक्तिबोध रचनावली, चार, पृ. 224) सम्भव है यह शब्द वाजपेयी ने मुक्तिबोध से ही लिया हो। मुक्तिबोध ने इसे हिन्दी-आलोचना का एक गरिमामय विशिष्ट पारिभाषिक शब्द बना दिया है। **स्थूल व्यवहारवाद** का प्रयोग वाजपेयी जी ने आचार्य शुक्ल की काव्य-दृष्टि का विरोध करते हुए किया है। आचार्य शुक्ल के अनुसार इस गोचर जगत के अनेक रूपात्मक दृश्य-विधान के आधार पर निर्मित कल्पनात्मक रूप-विधान ही भावाभिव्यक्ति के लिए स्वाभाविक है। अभौतिक, अव्यक्त और अज्ञात के प्रति व्यक्तभाव सच्चा नहीं हो सकता। वाजपेयी जी ने इसके विरोध में कहा, ''**स्थूल व्यवहारवाद** को निस्सीम बनाकर और **रहस्यवाद** की कनकौए से तुलना कर विद्वान शुक्ल जी ने नवीन कविता के साथ अन्याय किया है।'' (हिन्दी साहित्य : बीसवीं शताब्दी, पृ. 89) आगे चलकर शुक्ल जी के 'रहस्यवाद' सम्बन्धी विचारों का विरोध तो हुआ। किन्तु उनके **रूप-व्यापार-आधृत भाव-संवेदन** के सिद्धान्त को **स्थूल व्यवहारवाद** किसी ने नहीं कहा और वाजपेयी जी द्वारा आविष्कृत यह शब्द-प्रयोग उन्हीं तक सीमित रह गया। **लघुचित्रवाद** शब्द का प्रयोग वाजपेयी जी ने आचार्य शुक्ल के **अभिव्यक्तिवाद** के विरोध में किया है। आचार्य शुक्ल के अनुसार 'ब्रह्म' (कारण) का 'जगत' (कार्य) के रूप में व्यक्त होने का सिद्धान्त **अभिव्यक्तिवाद** है, यह अनन्त नाम-रूपात्मक जगत ब्रह्म की अभिव्यक्ति है। यही काव्य की प्रकृत भूमि है। वाजपेयी जी के अनुसार **व्यक्त जगत के दृश्य-विधान पर आधृत काल्पनिक रूपविधान काव्य के क्षेत्र में लघुचित्रवाद बन जाता है।** वे कहते हैं, ''यह 'अभिव्यक्तिवाद' व्यवहार में आने पर 'लघुचित्रवाद' बन जाता है। भिन्न-भिन्न रूप-चेष्टाएँ जब

भिन्न-भिन्न भावों को अपनी ओर प्रवृत्त करती हैं तब सबका छिन्न-भिन्न हो जाना उचित ही है।'' (हिन्दी साहित्य : बीसवीं शताब्दी, पृ. 95) कहना न होगा कि यह वाजपेयी जी की अपनी व्याख्या है। आचार्य शुक्ल ने भाव और रूप में अन्तस्सम्बन्ध की जो व्याख्या की है वह पूर्णत: मनोवैज्ञानिक है। वाजपेयी जी का यह **लघुचित्रवाद** भी परवर्ती समीक्षा में प्रयुक्त नहीं हुआ। वाजपेयी जी द्वारा प्रयुक्त एक और शब्द विचारणीय है—**सामूहिक भाव**। इसका प्रयोग उन्होंने प्रेमचन्द जी की रचनाओं का छिछलापन दिखाने के लिए किया है। वे लिखते हैं, ''प्रेमचन्द जी ने पिछने 'जागरण' में जो लिखा है कि साहित्य का सम्बन्ध बुद्धि की अपेक्षा भावों से अधिक है, उसका अर्थ यही है कि स्त्रियों के अधिकार, 'यथायोग्य विवाह', अछूत, किसान, सेवा-संस्था, सामान्य पारिवारिक जीवन आदि से सम्बन्धित सौ-पचास **सामूहिक भावों** को उद्दीप्त करते रहिए और तर्क-वितर्क मत करिए।'' (हिन्दी साहित्य : बीसवीं शताब्दी, पृ. 111) हिन्दी साहित्य में **सामूहिक भाव** शब्द का पारिभाषिक प्रयोग सन् 1940 के आसपास प्रसिद्ध मार्क्मवादी समीक्षक काडवेल के समीक्षा-सिद्धान्त से हिन्दी-जगत के परिचित होने के बाद प्रारम्भ हुआ। यह वस्तुत: **कलेक्टिव इमोशन्स** (Collective Emotion) का अनुवाद है। वाजपेयी जी ने **सामूहिक भावों** का प्रयोग ठीक उसी अर्थ में किया भी नहीं है जिस अर्थ में काडवेल ने किया है किन्तु उनके प्रयोग से इतना अवश्य व्यंजित होता है कि वे प्रेमचन्द को पढ़कर यह अनुभव कर रहे थे कि काल-विशेष में समाज-विशेष को चालित करनेवाले कुछ **सामूहिक भाव** होते हैं। जिन्हें प्रदीप्त करके रचनाकार समाज को किसी विशिष्ट लक्ष्य की ओर प्रेरित कर सकता है। इस दृष्टि से वाजपेयी का यह विशिष्ट प्रयोग ध्यातव्य है जो वाजपेयी जी की सूझ-बूझ से अधिक प्रेमचन्द के साहित्य की प्रभाव-शक्ति का सूचक है।

उपरोक्त विवेचन के आधार पर हम यह निर्विवाद रूप से कह सकते हैं कि **वाजपेयी की समीक्षा-दृष्टि अन्त तक स्वच्छन्दतवादी और सौष्ठववादी ही रही है।** उन्होंने प्रगतिशील वस्तुवादी जीवन-दृष्टि और वर्ग-चेतना या इतिहास के द्वन्द्वात्मक विकास के सिद्धान्त को कभी स्वीकार नहीं किया। उनके लिए ''समाज और साहित्य की प्रगति द्वन्द्वात्मक नहीं, धारावाहिक है।'' (नया साहित्य : नए प्रश्न, भूमिका, पृ. 15) इसीलिए वे हरिश्चन्द्र-युग की राष्ट्रीय विकास भूमिकाओं के साथ 'छायावाद' को न केवल जोड़ते हैं वरन उन्हें अधिक गहराई, उर्वरता और 'प्रसार देनेवाला' मानते हैं। इसी धारावाहिक विकास-क्रम के मेल में वे परवर्ती काव्य-प्रवृत्तियों और काव्य-सिद्धान्तों को

लाना चाहते हैं और उनमें परम्परागत राष्ट्रीय चिन्ताधारा के अनुकूल तत्त्वों का सन्धान करते हैं। इतिहास की धारावाहिक गति का यह सिद्धान्त वैज्ञानिक नहीं कहा जा सकता। वाजपेयी जी के काव्य-सिद्धान्तों की प्रगतिशीलता के सम्बन्ध में हम अधिक-से-अधिक यही कह सकते हैं कि उन्होंने 'स्वच्छन्दतावाद' के प्रगतिशील पक्ष को महत्त्व दिया है और अतिवादी निर्णयों और दृष्टियों से निरन्तर बचने की कोशिश की है। अपने लेखन-काल के अन्तिम चरण में हम उन्हें अपने साहित्य के राष्ट्रीय स्वरूप की सुरक्षा के लिए चिन्तित अनुभव करते हैं। उनका समस्त परवर्ती लेखन इसी चिन्ता का परिणाम है।

स्वच्छन्दतावादी आलोचना : सन्दर्भ एवं दृष्टि (2)

(पारिभाषिक शब्दावली का साक्ष्य)

डॉ. नगेन्द्र

स्वच्छन्दतावादी काव्य-संस्कारों की सीमा में आबद्ध दूसरे मान्य समीक्षक डॉ. नगेन्द्र हैं। 1937-38 ई. में इनकी पहली समीक्षा-पुस्तक 'सुमित्रानन्दन पन्त' प्रकाशित हुई थी। तबसे अद्यावधि यह आलोचना-कर्म में सक्रिय हैं। इनकी समीक्षा-दृष्टि का निर्माण भी लगभग उसी सामाजिक परिवेश में हुआ है जिसमें आचार्य नन्ददुलारे वाजपेयी का। दोनों की समीक्षा-दृष्टि में बहुत दूर तक समानता भी लक्षित की जा सकती है। दोनों ही साहित्य को आत्माभिव्यक्ति मानते हैं और उसकी स्वायत्तता के समर्थक हैं। जीवन के प्रति दोनों का ही दृष्टिकोण भाववादी है। दोनों ही काव्य में सौन्दर्य-चेतना के हिमायती हैं और अभिव्यंजना के सौन्दर्य को कविता का अनिवार्य तत्त्व मानते हैं। दोनों ने ही भारतीय काव्य-चिन्तन को पाश्चात्य काव्य-चिन्तन या सौन्दर्य-चिन्तन के आलोक में देखा है और दोनों में संगति बैठाने की चेष्टा की है। दोनों में अन्तर यह है कि वाजपेयी जी काव्य के सन्दर्भ में मनोविश्लेषणशास्त्र की दखलन्दाजी पसन्द नहीं करते जबकि डॉ. नगेन्द्र रीतिकाव्य और छायावादी काव्य की ही नहीं सियारामशरण गुप्त और बच्चन की कविता की भी मनोवैश्लेषिक व्याख्या करते हैं। दोनों की समीक्षा-पद्धतियों में भी अन्तर है। डॉ. नगेन्द्र की समीक्षा-दृष्टि में एक अध्यापक की निस्संगता और व्यवस्था है जबकि वाजपेयी जी के प्रभाव जनित-उच्छलित-आवेग और उद्वेल है। वाजपेयी जी की तरह डॉ. नगेन्द्र को भी समन्वयशील कहा गया है। इसमें सन्देह नहीं कि डॉ. नगेन्द्र ने 'अभिव्यक्ति' और 'निर्मित', 'आनन्दवाद' और 'लोक-कल्याण', 'व्यष्टि-चेतना' और 'समष्टिचेतना', 'पाश्चात्यचिन्तन' और 'भारतीयचिन्तन', स्वायत्तता' और समाज-सापेक्षता' तथा 'गाँधीवाद' और 'समाजवाद' में

समन्वय स्थापित करने की बात अनेक अवसरों पर कही है किन्तु यह समन्वय अपनी मूल मान्यताओं में परिवर्तन किए बिना तर्क के स्तर पर विरोधी-मान्यताओं से संगति बैठाने का बौद्धिक प्रयास मात्र है। डॉ. नगेन्द्र ने स्वयं कहा है—''किन्तु काव्य के मौलिक तत्त्वों के विषय में मेरी स्थिति में कोई परिवर्तन नहीं हुआ।'' (आस्था के चरण, पृ. 98) इसी प्रसंग में अपनी साहित्यिक मान्यताओं के निर्वचन-क्रम में उन्होंने यह सिद्धान्त-वाक्य भी उद्धृत किया है कि '**समस्त काव्य मूलतः रोमानी होता है**।' (वही, पृ. 100) वे इस सूत्र में अतिव्याप्ति अवश्य मानते हैं किन्तु उनके अन्तर्मन में इसकी स्वीकृति न होती तो इसे उद्धृत करने की आवश्यकता ही क्या थी? वस्तुतः डॉ. नगेन्द्र ने अपने आलोचना-कर्म की शुरुआत श्री 'सुमित्रानन्दन पन्त' की समीक्षा से की थी। इस क्रम में उन्होंने 'छायावाद' की व्याख्या करते हुए कहा था—''**स्थूल के प्रति सूक्ष्म का विद्रोह ही 'छायावाद' का आधार है**। स्थूल शब्द बड़ा व्यापक है, इसकी परिधि में **सभी प्रकार प्रकार के बाह्य रूप-रंग आदि सन्निहित हैं** और इसके प्रति विद्रोह का अर्थ है **उपयोगिता के प्रति भावुकता का विद्रोह, नैतिक रूढ़ियों के प्रति मानसिक स्वातन्त्र्य का विद्रोह और काव्य के बन्धनों के प्रति स्वच्छन्द कल्पना और टेकनीक का विद्रोह**।'' (सुमित्रानन्दन पन्त, पृ. 2) उन्होंने यह भी कहा था—''अंग्रेजी 'रोमांटिक रिवाइवल की भाँति लगभग एक-सी परिस्थिति में जन्म-ग्रहण करने के कारण आधुनिक 'छायावाद' भी एक विशेष प्रकार की जागृति का साहित्यिक रूप है, जिसकी नींव 'सौन्दर्य' और 'अद्‌भुत' के मिश्रण पर स्थिर है।'' (वही, पृ. 3) यह **सौन्दर्य और अद्‌भुत वाल्टर पेटर की 'Beauty' और 'Curiosity' का हिन्दी रूपान्तर है**। वाल्टर पेटर की सौन्दर्यनिष्ठा विख्यात है। डॉ. नगेन्द्र ने उसी की दृष्टि से 'छायावादी' काव्य को देखा-परखा था। उपरोक्त व्याख्या में प्रयुक्त शब्दावली ध्यान देने योग्य है। 'भावुकता', 'मानसिक स्वातन्त्र्य', 'स्वच्छन्द कल्पना', 'सौन्दर्य और अद्‌भुत का मिश्रण', ये सारे शब्द 'रोमानी प्रवृत्ति' के द्योतक हैं। आगे चलकर छायावाद को परिभाषित करते हुए उन्होंने स्पष्ट रूप से कहा है, ''इसमें सन्देह नहीं कि, ''**छायावाद मूलतः रोमानी कविता है!**'' (डॉ. नगेन्द्र के सर्वश्रेष्ठ निबन्ध, पृ. 100) इसी रोमानी कविता और इस पर पड़नेवाले बाह्य एवं आन्तरिक (शैली, कीट्स, टेनीसन आदि अंग्रेजी तथा कालिदास) रवीन्द्रनाथ टैगोर, सरोजिनी नायडू आदि भारतीय) प्रभाव के अध्ययन-विवेचन-क्रम में डॉ. नगेन्द्र के काव्य-संस्कार विकसित हुए थे। छायावादी काव्य सौन्दर्य-चेतना के ऐश्वर्य का काव्य है। पश्चिम का रोमानी

काव्य भी रम्य और अद्भुत कल्पना-वैभव का काव्य है। आचार्य शुक्ल ने विभाव के रूप-विधान में कल्पना के महत्त्व को स्वीकार करके और **हृदय के प्रभावित होने की दशा को रस-दशा मानकर** 'छायावादी' काव्य से भारतीय रस-सिद्धान्त की संगति बैठाने का प्रयत्न किया था। डॉ. नगेन्द्र ने **'सुन्दर' और 'सरस' में अभेद मानकर पाश्चात्य सौन्दर्यबोध के साथ भारतीय रसानुभूति को एकमेक कर दिया।** स्वयं उन्हीं के शब्दों में, ''छायावाद-युग के आलोचक ने 'ऐन्द्रिय' और 'अतीन्द्रिय' अनुभूतियों, 'प्रत्यक्ष एवं परोक्ष आलम्बन', 'मानव तथा प्रकृति की रम्याद्भुत सौन्दर्य-विवृत्तियों का विश्लेषण कर रस-सिद्धान्त का और भी अधिक परिधि-विस्तार किया।''(आस्था के चरण, पृ. 93) उनके अनुसार 'छायावाद-युग' में **रस** के स्थान पर **सौन्दर्य** और **स्थायीभाव** के स्थान पर **सौन्दर्य-चेतना** का प्रयोग होने लगा था। आचार्य शुक्ल ने 'शब्द-शक्ति', 'रस', रीति और 'अलंकार' को काव्य की स्पष्ट और स्वच्छ मीमांसा के लिए उपयोगी माना था और कहा था ''देशी-विदेशी, नई-पुरानी सब प्रकार की कविताओं की समीक्षा का मार्ग इनका सहारा लेने से सुगम होगा।''(चिन्तामणि, भाग 2, पृ. 226) उन्होंने यह भी कहा था कि—''**हमारे हृदय का सीधा लगाव गोचर जगत से है इसी बात के आधार पर सारे संसार में रस-पद्धति चली है और सच्चे स्वाभाविक रूप में चल सकती है।**'' (वही, पृ. 118) यहाँ यह ध्यान देने की बात है कि सब प्रकार की कविताओं की समीक्षा के लिए आचार्य शुक्ल ने जिन तत्त्वों को उपयोगी माना था उनमें **पहला स्थान शब्द शक्तियों का है।** उन्होंने अर्थ-मीमांसा के लिए शब्द-शक्तियों की विवेचन-परम्परा को जारी रखने का आग्रह किया था और रिचर्ड्स द्वारा निरूपित अर्थ-प्रकारों—व्यंग्यवस्तु (Sense), व्यंग्यभाव (Feeling), बोधव्य की विशेषता (Tone), भीतरी उद्देश्य (Intention) का उल्लेख करने के बाद कहा था, ''**हमारे यहाँ शब्द-शक्तियों के भेद-निरूपण का जैसा स्वच्छ मार्ग है वैसा यदि रिचर्ड्स को मिलता तो उन्हें उक्त पिछले दो प्रकार के अलग अर्थ न रखने पड़ते।**'' (चिन्तामणि, भाग 2, पृ. 165) शुक्ल जी ने शब्द-शक्तियों के बाद **दूसरा स्थान 'रस' को दिया है** और जब उसका सम्बन्ध सारे संसार के काव्य से जोड़ा है तो **'रस-पद्धति' कर दिया है** और इस पद्धति के प्रचलन का आधार **'गोचर जगत से हृदय का सीधा लगाव'** बताया हैं। डॉ. नगेन्द्र ने शब्द-शक्तियों की विवेचन-परम्परा को आगे नहीं बढ़ाया और रस-सिद्धान्त की परिधि का विस्तार करते हुए—**अतीन्द्रिय अनुभूतियों,** और **परोक्ष आलम्बनों** को भी उसकी सीमा में समेट

लिया। शुक्ल जी की '**रस-पद्धति**' में '**अगोचर-जगत**' और '**अतीन्द्रिय अनुभूतियों के लिए स्थान नहीं था**। जाहिर है कि डॉ. नगेन्द्र की रस-चिन्तन की परम्परा शुक्ल जी से अलग हो गई है। उन्होंने 'स्थायीभाव' के स्थान पर 'सौन्दर्य-चेतना' को प्रतिष्ठित कर दिया। 'सौन्दर्य-चेतना' की भाववादी व्याख्या भी की गई है। भाववादी दृष्टि से 'सौन्दर्य' मूलत: अपार्थिव होता है। चरम सौन्दर्य का प्रतीक परमतत्त्व ही है। विश्व का सौन्दर्य उसी का आभास है। इस प्रकार सौन्दर्य-चेतना को 'रस' के साथ जोड़कर डॉ. नगेन्द्र ने 'रस' की परिधि में रहस्यानुभूति के लिए भी स्थान बना दिया। उन्होंने 'रहस्यवादी प्रतीकवाद' का 'रसवाद' से सामंजस्य दिखाते हुए कहा—"**'आदर्शवाद' तथा 'स्वच्छन्दतावाद' के समान 'प्रतीकवाद' का भी रस-सिद्धान्त के साथ धनिष्ठ सम्बन्ध है।**" (रस-सिद्धान्त, पृ. 336) उन्हें यह एहसास था कि वे शुक्ल जी के 'रस-सिद्धान्त' से अलग हो गए हैं, किन्तु सौन्दर्य-चेतना के 'भाववादी' और 'वस्तुवादी' दोनों ही रूपों को रस की परिधि के भीतर समाविष्ट करने के प्रयत्न में वे **रहस्यवाद** और **रसवाद** में सामंजव्स्य स्थापित कर देते हैं। उनके उनुसार—"**प्रतीकवाद में रस-सिद्धान्त की अपेक्षा रहस्यतत्त्व अधिक है**, परन्तु शुक्ल जी के सभी तर्कों के बावजूद, '**रहस्यवाद' का 'रसवाद' से कोई विरोध नहीं है।**" (रस-सिद्धान्त, पृ. 336) 'रहस्यवाद' ही नहीं डॉ, नगेन्द्र ने **आभिजात्यवाद** (Classicism), **स्वच्छन्दतावाद** (Romanticism), **आदर्शवाद** (Idealism), **यथार्थवाद** (Realism), **प्रगतिवाद** (Progressivism), **प्रभाववाद** (Impressionism), **अभिव्यंजनावाद** (Expressionism) और **बिम्बवाद** (Imagism) सभी से 'रसवाद' की संगति बैठा दी है। ऐसा करने में उन्हें पर्याप्त खींचतान करनी पड़ी है। 'रसवाद' और 'अभिव्यंजनावाद' दोनों में इसलिए विरोध नहीं है कि दोनों 'आत्मवादी' हैं और 'प्रगतिवाद' और 'रसवाद' में इसलिए विरोध नहीं मानना चाहिए कि रसास्वादजनित-आनन्द व्यष्टि एवं समष्टि की कल्याण-कामना की अन्तिम परिणति है। इस प्रकार के तर्कों से डॉ. नगेन्द्र ने नए पुराने सभी प्रकार के काव्य में 'रस' की स्थिति प्रमाणित की है उन्होंने **काव्य-गुण का आधार उसका रागात्मक प्रभाव माना है** और अपने रागात्मक प्रभाव से मानवीय संवेदना को स्पन्दित करनेवाली सभी प्रकार की रचनाओं में 'रस' की सत्ता प्रमाणित की है। वे कहते हैं—"कविता या रस के साहित्य के सम्बन्ध में नए-पुराने का कायल नहीं हूँ। **तत्त्व-दृष्टि से जिस तरह नए और पुराने आदमी का भेद करना बेमानी है, उसी तरह नए या पुराने काव्य में आत्मा का**

भेद मानना भी निरर्थक हैं।'' (आस्था के चरण, पृ. 95) यह अनुभव किया जा सकता है कि 'रस' कि प्रति इस एकान्त निष्ठा का कारण डॉ. नगेन्द्र के रोमानी काव्य-संस्कार ही हैं। उनकी व्यावहारिक आलोचनाएँ भी इस तथ्य की पुष्टि करती हैं। उन्होंने 'पन्त', 'प्रसाद', 'महादेवी', 'मैथिलीशरण गुप्त', 'सियारामशरण गुप्त', 'दिनकर' और 'गिरिजाकुमार माथुर' की काव्य-समीक्षा में विशेष रुचि दिखाई है। ये सभी कवि किसी-न-किसी रूप में रूमानी भाव-बोध के कवि माने गए है। डॉ. नगेन्द्र ने गिरिजाकुमार माथुर की कविता को इसलिए महत्त्व दिया है कि उसमें **'रूप' और 'आभा' का सामंजस्य है।** उसकी कुछ कविताएँ रसमयी और श्रृंगारी हैं। उन्होंने काव्यात्मक प्रभाव उत्पन्न करने के लिए विज्ञान के नए उपकरणों का चयन विवेक पूर्वक किया है और उनका **शब्द-विधान**, उनकी **बिम्ब-योजना** तथा उनका **स्वर-लय विन्यास** मोहक और विशिष्ट है। उनका **सौन्दर्यबोध** विकसित और **प्रगीततत्त्व** समृद्ध है। इन्हीं गुणों के कारण डॉ. नगेन्द्र ने उन्हें **'नई कविता' के निर्माताओं में अन्यतम स्वीकार किया है।** कहना न होगा कि जिन विशेषताओं के कारण डॉ. नगेन्द्र ने गिरिजाकुमार माथुर के काव्य को अन्यतम बताया है उनमें रूमारी भावबोध की अनुगूँज है। रूमानी काव्य-संस्कार और जीवन के प्रति शाश्वतवादी (भाववादी) दृष्टि के कारण डॉ. नगेन्द्र का सारा काव्य-चिन्तन इतिहास-निरपेक्ष हो गया है। तत्त्व-दृष्टि से वे नई और पुराने आदमी में भेद नहीं करते। वे यह मानते हैं कि 'मानव स्वाभाव' के व्यक्त रूपों में देश-काल के अनुसार परिवर्तन होता रहता है किन्तु **उसके मूलतत्त्व (मानवत्त्व) स्थिर रहते हैं।** इसी प्रकार ''कविता के व्यक्त रूपों में परिवर्तन होता रहता है। नए-पुराने का भेद भी होता रहता है। किन्तु उसके मूलतत्त्व (कवित्व) का स्वरूप स्थिर रहता है।'' (आस्था के चरण, पृ. 95) इसीलिए कविता या रस का साहित्य तत्त्व-दृष्टि से परिवर्तनशील नहीं है। अत: युग-सापेक्ष्य सभी काव्य-प्रवृत्तियों और वादों में 'रस' की स्थिति मान्य है।[1]

डॉ. नगेन्द्र जिस समय पन्त जी की काव्य-समीक्षा में प्रवृत्त हुए थे, उस समय तक हिन्दी-जगत में 'प्रगतिशीलता' की चर्चा आरम्भ हो चुकी थी। तब से लेकर

1. इस सम्बन्ध में स्मरणीय है कि डॉ. नगेन्द्र 'काव्य-चेतना' में परिवर्तन मानते हैं। उन्होंने लिखा है—''किन्तु पिछले सात-आठ वर्षों से पन्त की काव्य-चेतना और शैली-शिल्प में इतना अधिक परिवर्तन हो गया था कि पूर्ववर्ती रचनाओं के साथ नवीन कृतियों की संगति बैठाने में बड़ी कठिनाई हो रही थी।'' (अर्धकथा, पृ. 150) ऐसी स्थिति में उनके द्वारा निर्दिष्ट कविता का मूलतत्त्व (कवित्व) काव्य-चेतना से भिन्न तत्त्व होगा।

आज तक विकसित सभी काव्य-प्रवृत्तियों और समीक्षा-सिद्धान्तों के सम्बन्ध में उन्होंने अपने व्यवस्थित विचार व्यक्त किए हैं। 'प्रगतिवाद', 'प्रयोगवाद', 'बिम्बवाद' 'नई कविता', 'नई समीक्षा', 'मिथकीय समीक्षा', 'शैली-विज्ञान', 'समाजशास्त्रीय समीक्षा' आदि सभी पर उनकी रचनाएँ विद्यमान हैं। किन्तु वे इनमें से किसी के भी पुरोधा या प्रवर्तक नहीं हैं। चर्चा से आकृष्ट होकर वे इनके अध्ययन में प्रवृत्त हुए हैं और अपनी दृष्टि से इनकी विस्तृत समीक्षा की है। **प्रगतिवाद** के सम्बन्ध में उन्होंने अनेक सन्दर्भों में विचार किया है। 1940 ई. से लेकर 1982 ई. तक (सुमित्रानन्दन पन्त के दूसरे संस्करण से लेकर 'साहित्य का समाजशास्त्र' की रचना तक) इस सम्बन्ध में वे अपने विचारों का शोधन-परिमार्जन करते आ रहे हैं। **प्रयोगवाद** पर 1950 ई. आसपास, **बिम्बवाद** पर 1966 ई. में, **नई समीक्षा** पर 1970 ई. के आसपास, **मिथकीय समीक्षा** पर 1978 ई. में, **शैलीविज्ञान** पर 1976 ई. और **समाजशास्त्रीय समीक्षा** (साहित्य का समाजशास्त्र) पर 1982 ई. में निबन्ध और पुस्तकें लिखकर उन्होंने अपने विचार व्यक्त किए हैं। प्रकट है कि इन प्रवृत्तियों और सिद्धान्तों से सम्बन्धित केन्द्रीय पारिभाषिक शब्दों के प्रथम प्रयोक्त वे नहीं हैं। इस सन्दर्भ में उनका महत्त्व दो दृष्टियों से मान्य है। (1) इनके सम्बन्ध में एक रसवादी और सौन्दर्यवादी समीक्षक के रूप में, उनकी मान्यताएँ क्या हैं? (2) इनसे सम्बद्ध केन्द्रीय पारिभाषिक शब्दावली से जुड़ी हुई आनुषंगिक शब्दावली के विकास में उनका योगदान क्या है? यहाँ एक बात और विचारणीय है। डॉ. नगेन्द्र की दिलचस्पी काव्य-सिद्धान्तों के विवेचन में अधिक है, व्यावहारिक मूल्यांकन या विश्लेषण में कम। हिन्दी-आलोचना की पारिभाषिक शब्दावली वस्तुत: वही मान्य होनी चाहिए जो व्यावहारिक स्तर पर रचनाओं के विश्लेषण-मूल्यांकन-क्रम में बार-बार प्रयुक्त होकर अपना विशिष्ट स्वरूप प्राप्त कर चुकी हो। डॉ. नगेन्द्र ने 'बिम्ब' पर विचार करते हुए तो 'निराला', 'प्रसाद', 'पन्त', 'गिरिजाकुमार माथुर', 'अज्ञेय', कुवरनारायण' 'भारती', 'अजितकुमार' आदि 'छायावाद' और 'नई कविता' के कवियों से उदाहरण दिए हैं। किन्तु नई समीक्षा', 'शैलीविज्ञान' और 'समाजशास्त्रीय समीक्षा' का विवेचन तो मुख्यत: सिद्धान्त के स्तर पर ही किया है। 'मिथकीय आलोचना' का विवेचन करते हुए भी उन्होंने मात्र दिनकर की 'उर्वशी' पर विचार किया है फिर भी उनके द्वारा प्रयुक्त और विवेचित पारिभाषिक शब्दावली इसलिए भी उल्लेखनीय है कि उससे आधुनिक काव्य-चिन्तन के क्षितिज के पूरे विस्तार का अनुमान एक ही जगह और एक ही साथ ही जाता है। **छायावाद** के सम्बन्ध में हम उनकी

मान्यता का उल्लेख कर चुके हैं। **प्रगतिवाद** शब्द को हम बाद में लेंगे क्योंकि इसके सम्बन्ध में वे अन्त तक विचार करते रहे हैं।

सबसे पहले हम **प्रयोगवाद** शब्द को लेते हैं। 'प्रयोगवाद' का स्वागत वाजपेयी जी की भाँति डॉ. नगेन्द्र ने भी नहीं किया । उन्होंने इसे **'छायावाद' के विरुद्ध 'प्रतिक्रिया' के रूप में देखा।** काव्य के उपादानों के प्रति सतत अन्वेषण की प्रवृत्ति बौद्धिक धारणाओं की अतिशयता, भाषा में परम्परागत अर्थ-व्यंजना की क्षमता से अधिक भार लादकर अवचेतन मन की व्यक्तिगत कुंठाओं के यथावत चित्रण का आग्रह तथा विशेष को सामान्य बनाकर प्रेरित करने के बजाय विशेष रूप में ही प्रेषित करने के दुराग्रह को इन कवियों की सामान्य प्रवृत्ति मानकर डॉ. नगेन्द्र ने घोषित कर दिया कि **प्रयोगवादी कविता में चित्त को द्रवित करने की शक्ति नहीं है।** अर्थात् उसमें रस का अभाव है। निष्कर्ष रूप में उन्होंने कहा—"काव्य के मूलतत्त्व रस-प्रतीति पर दृष्टि केन्द्रित रखकर काव्य को गतिरोध और रूढ़िजाल से मुक्त करने के लिए नए प्रयोग स्तुत्य हैं—वे काव्य के साधक हैं। परन्तु क्रम को उलटकर काव्य की आत्मा का तिरस्कार करते हुए प्रयोगों को स्वतन्त्र महत्त्व देना, उन्हें ही साध्य मान लेना हलकी साहसिकता मात्र है। काव्यगत मूल्यों का अनुचित तथा अनावश्यक क्रम-विपर्यय है।" (डॉ. नगेन्द्र के सर्वश्रेष्ठ निबन्ध, पृ. 111) वस्तुत: 'प्रयोगवाद' काव्य-प्रवृत्ति के रूप में उस प्रकार विकसित होकर नहीं आया जिस प्रकार 'छायावाद'। सन् 1943 ई. में प्रकाशित 'तारसप्तक' में संगृहीत सभी सातों कवियों को 'अज्ञेय' ने काव्य के प्रति अन्वेषी दृष्टिकोण रखनेवाला और 'प्रयोगशील' कहा था। बस यहीं से 'प्रयोगवाद' की शुरुआत मान ली गई। सन् 1951 में प्रकाशित 'दूसरे सप्तक' की भूमिका में उन्होंने पूरी शक्ति से कवियों को 'प्रयोगवादी' कहे जाने पर आपत्ति की और कहा, "**प्रयोग का कोई 'वाद' नहीं है हम वादी नहीं रहे,न हैं। न प्रयोग अपने में इष्ट या साध्य है।** ठीक इसी तरह कविता का भी कोई वाद नहीं है : कविता भी अपने आप में इष्ट या साध्य नहीं है। अत: हमें **'प्रयोगवादी' कहना उतना ही सार्थक या निरर्थक है जितनी हमें 'कवितावादी' कहना।**" (दूसरा सप्तक, पृ. 6) यह सब हुआ पर जो चल पड़ा, वह चल पड़ा। फिर तो 'हिन्दी साहित्यकोश' तक में इसे स्थान मिला और देखते-देखते इसका पूरा शास्त्र प्रस्तुत हो गया। मानो यह आधुनिक हिन्द-काव्य की कोई क्रमबद्ध विकसित और व्यवस्थित प्रवृत्ति हो और उससे किसी अनिवार्य ऐतिहासिक आवश्यकता की पूर्ति हुई हो। इस सम्बन्ध में श्री नेमिचन्द्र जैन की टिप्पणी ध्यान देने योग्य

है—"'तारसप्तक' किसी भी रूप अर्थ में किसी साहित्यिक आन्दोलन या प्रवृत्ति से प्रेरित न था। **उसके कवि 'प्रयोगवादी' नहीं थे, शायद उस अर्थ में भी नहीं जो सम्पादन ने पहले अपनी भूमिका में उन पर आरोपित किया और जिसे फिर बाद में सैद्धान्तिक आधार दे दिया गया।**" (तारसप्तक, पंचम संस्करण, पृ. 74) यह सर्वविदित है कि सन् 1950 तक आते-आते 'प्रयोगवाद' की परिणति 'नई कविता' में हुई।

बिम्ब पर विचार करते हुए उन्होंने उसके स्वरूप, प्रकार, रचना-प्रक्रिया और मूल्यवत्ता का विश्लेषण करके उसका पूरा शास्त्र प्रस्तुत कर दिया। इसके बहुत पहले (यदि आचार्य शुक्ल की 'बिम्ब-ग्रहण' की चर्चा को छोड़ दें) प्रभाकर माचवे ने 'तारसप्तक' के अपने वक्तव्य में 'बिम्बवाद' की चर्चा की थी। उस समय उन्होंने इसे **इम्प्रेसनिज़्म** (Impressionism) के हिन्दी-पर्याय रूप में प्रस्तुत किया था। सन् 1959 में 'तीसरे सप्तक' के अपने वक्तव्य में केदारनाथ सिह ने कविता में सबसे अधिक **बिम्ब-विधान** पर ध्यान देने की बात कही थी। उनका तर्क था, "**बिम्ब-विधान का सम्बन्ध जितना काव्य की विषयवस्तुसे होता है, उतना ही उसके रूप से भी।**" (तीसरा सप्तक, पृ. 114) उस समय वे 'आधुनिक हिन्दी-कविता में बिम्ब-विधान' पर शोध भी कर रहे थे। यह शोधप्रबन्ध 1971 ई. में प्रकाशित हुआ। तात्पर्य यह कि डॉ. नगेन्द्र के 'बिम्ब-चिन्तन' के पहले **बिम्ब-ग्रहण, बिम्बवाद, बिम्ब-विधान** की चर्चा हो चुकी थी। डॉ. नगेन्द्र के अनुसार—"**'काव्य-बिम्ब' शब्दार्थ के माध्यम से कल्पना द्वारा निर्मित, एक ऐसी मानस-छवि है जिसके मूल में भाव की प्रेरणा रहती है।**" (आस्था के चरण, पृ. 155) यह विचित्र बात है कि 'बिम्बवाद' का जन्म **स्वच्छन्दतावादी भावुकता के विरुद्ध 'वस्तु-काव्य' रचने की प्रेरणा** से हुआ था। बिम्बवादी स्पष्ट, मूर्त और ठोस (Clear, Concrete, and Solid) बिम्बों की रचना के पक्षपाती थे। किन्तु हिन्दी में बिम्बवाद का शास्त्र रचते समय डॉ. नगेन्द्र ने अधिक-से-अधिक उदाहरण छायावादी कवियों की रचनाओं से प्रस्तुत किए। उन्होंने भाव की आर्द्रता से मुक्त 'कठिन', 'सघन','शुद्ध', 'मूर्तबिम्ब', में कवित्व की स्थिति को ही अस्वीकार कर दिया। डॉ. नगेन्द्र ने **ऐन्द्रिय-बोध सर्जक-कल्पना, प्रेरक-अनुभूति, काव्यार्थ-दृष्टि, काव्य-दृष्टि, मनोवैश्लेषिक-दृष्टि** और **बौद्धिक धारणागत-दृष्टि** से बिम्बों का वर्गीकरण किया और निश्चय ही बिम्ब-चिन्तन की प्रक्रिया को आगे बढ़ाया किन्तु युग-सन्दर्भ या ऐतिहासिक-सामाजिक चेतना के विकास के साथ बिम्ब के स्वरूप और रचना-प्रक्रिया

से जो अन्तर पड़ता है उस पर विचार नहीं किया। उन्होंने राग से निर्लिप्त स्वच्छ, स्फुट बिम्ब में काव्यत्व की सत्ता न मानकर और काव्य-मूल्य की दृष्टि से अनुभूति-प्रेरित-बिम्ब को ही महत्त्व देकर 'बिम्ब' के सम्बन्ध में अपनी स्वच्छन्दतावादी दृष्टि का ही परिचय दिया है। उन्होंने 'बिम्ब' की स्वतन्त्र सत्ता का सम्बन्ध वस्तुपरक जीवन-दर्शन से और अनुभूति की सत्ता का सम्बन्ध आत्मपरक जीवन-दर्शन से स्वीकार करते हुए कहा—''जीवन के सन्दर्भ में इन दोनों में से पहला (आत्मपरक जीवन-दर्शन) ही अधिक ग्राह्य है जो मानव-चेतना की सापेक्षता में पदार्थ की सत्ता को स्वीकार करता है, जो यह मानकर चलता है कि मानव-चैतन्य के सम्पर्क से और उसी के विकास-विवर्धन के माध्यम रूप में भौतिक प्रकृति का मूल्य है।'' (आस्था के चरण, पृ. 206)

नई कविता को डॉ. नगेन्द्र ने अनेक आधुनिक धारणाओं का संघात माना है। उनकी दृष्टि से '**आधुनिकता का भावबोध' और उसकी यथार्थ अभिव्यक्ति का आग्रह इसका केन्द्रीय तत्त्व है।** व्यक्तिपरकता, बौद्धिकता, सूक्ष्म व्यंग्य, शैलीगत नवीनता, अभिनव प्रतीकविधान आदि इसकी अन्य विशेषताएँ हैं। सार्त्र के अनास्थावादी जीवन-दर्शन—अस्तित्ववाद—से उसने अपनी धारणाओं के समर्थन का दार्शनिक आधार प्राप्त किया है और इसका स्वरूप विकसनशील है। ये सारी मान्यताएँ अज्ञेय, गिरिजाकुमार माथुर और जगदीश गुप्त के वक्तव्यों पर आधृत हैं। 'नई कविता' के सम्बन्ध में डॉ. नगेन्द्र की अपनी मान्यता यही है कि, ''**सब कुछ होने पर भी 'नई-कविता' मानवीय अनुभूति और रागतत्त्व से मुक्त नहीं हो सकती है।** इस प्रकार 'रस' के बन्धन से मुक्त होने के लिए 'नई कविता' के प्राय: समस्त प्रयास विफल हो जाते हैं, जहाँ कोई प्रयास सफल हो जाता है वहाँ कवि की बौद्धिक सफलता के साथ एक दुर्घटना भी घटती है—और वह यह कि कविता 'अकविता' बन जाती है।'' (रस सिद्धान्त, पृ. 346)

नई समीक्षा के सम्बन्ध में डॉ. नगेन्द्र ने 1970 ई. में अपना व्यवस्थित विचार 'नई समीक्षा : नए सन्दर्भ' लिखकर प्रस्तुत किया। इसके स्वरूप की मीमांसा तो आपने **जान क्रो रेन्सन, एलन टेट, रिचर्ड, पी. ब्लैकमर, राबर्टपेन वारेन, क्लीन्थ बुक्स,** तथा '**विलियम एम्पसन**' के विचारों के आधार पर प्रस्तुत की किन्तु इसके पूर्व-संकेत तथा भारतीय काव्य-चिन्तन में इसके आधार-सूत्रों एवं प्रविधि का अनुसन्धान उन्होंने अपनी दृष्टि से किया। **'नई समीक्षा' को आपने 'रूपात्मक समीक्षा'** माना और उसके स्वरूप को स्पष्ट करते हुए कहा, ''कलाकृति का 'रूप' ही समीक्षा का वास्तविक

विषय है और इस रूप की अपनी स्वतन्त्र सत्ता है—वह किसी अन्य अर्थ का वाहक मात्र नहीं है, अथवा यह कहना चाहिए कि कलात्मक संरचना का समग्र अर्थ 'रूप' में ही निहित है।'' (नई समीक्षा : नए सन्दर्भ, पृ. 15), डॉ. नगेन्द्र के अनुसार, **काव्य की स्वायत्तता, शिल्पविधान,** तथा उचित **सौन्दर्य के व्याख्यान-विश्लेषण की सूक्ष्मतर प्रविधि की प्रतिष्ठा,** नई समीक्षा की शक्ति है और **काव्यानुभूति की परिधि का संकोच, विडम्बना, श्लेष, विरोधाभास आदि चमत्कारमूलक प्रयोगो की अतिशयता और 'रूप' को एकान्त महत्त्व देने की अतिवादी प्रवृत्ति इसकी सीमाएँ हैं।** इस विवेचन-क्रम में **वैचारिक हेत्वाभास** (Intentional Fallacy), **रागात्मक हेत्वाभास** (Effective Fallacy), **संरचनात्मक अन्विति** (Structural Unity), **तनाव** (Tension), **श्लिष्टता** (Imbiguity), **अनेकार्थता** (Plursignation), **मूर्तसार्वभौम** (Concrete Universal), **शब्दविधान** (Texture), **अर्थविधान** (Structure), **उपचार और जटिलता** (Mataphor and complexity) आदि शब्द हिन्दी-समीक्षा के क्षेत्र में अवतरित हुए। इन शब्दों की व्याख्या करते हुए डॉ. नगेन्द्र ने 'जेम्स टायसन' 'काउले', 'डन', 'शेली' आदि कवियों की कविताएँ उद्धृत की। हिन्दी में उन्होंने 'प्रसाद' और 'बिहारी' की कविताओं से एक-एक उदाहरण दिए। इस प्रकार सिद्धान्त-निरूपण तो कर दिया किन्तु हिन्दी-कवियों के सन्दर्भ में इनका व्यापक प्रयोग वे नहीं कर सके।

शैली विज्ञान (Stylistics) को डॉ. नगेन्द्र ने ''**भाषाविज्ञान के नियमों और प्रविधि के अनुसार साहित्य के भाषिक-विधान के रूपात्मक अध्ययन**'' के रूप में परिभाषित किया है। (शैलीविज्ञान, पृ. 22) उन्होंने यह भी स्पष्ट किया कि शैलीविज्ञान 'व्यवस्थापन' मात्र है, आविष्कार नहीं क्योंकि इसके बीज पश्चिम में अरस्तू से लेकर उन्नीसवीं शती के आलोचकों और भारतवर्ष में भामह, दंडी रुद्रट, वामन, आनन्दवर्धन, कुन्तक तथा मम्मट आदि आचार्यों के ग्रन्थों में निश्चित रूप से मिलते हैं। ''**वामन और कुन्तक ने तो एक परिपूर्ण भाषिक काव्यशास्त्र का निर्माण ही किया है।**'' (शैलीविज्ञान, पृ. 50) उनकी दृष्टि में शैलीविज्ञान की शक्ति और सीमा भी प्राय: वही है जो 'नई समीक्षा' की। ' (शैलीविज्ञान पृ. 46) शैलीविज्ञान के विश्लेषण-क्रम में **विपथन** (Deviation), **उपचार** (Mataphor), **चयन** (Linguistic Selection), **शब्द-विन्यास** (Words Structure) आदि शब्दों के प्रयोग से हिन्दी-आलोचना की पारिभाषिक शब्दावली समृद्ध हुई। निष्कर्ष रूप में डॉ. नगेन्द्र ने प्रतिपादित किया कि संस्कृत काव्यशास्त्र में 'शैलीविज्ञान' के

प्राय: सभी तत्त्व उपलब्ध हैं। संस्कृत के टीकाकारों ने भाषिक तत्त्वों का जो विश्लेषण किया है उसमें "**आधुनिक शैलीविज्ञान की एक निश्चित पूर्व-परम्परा मिलती है।**" (शैलीविज्ञान, पृ. 89)

मिथक को परिभाषित करते हुए डॉ. नगेद्र ने कहा, "सामान्य रूप में मिथक का अर्थ है ऐसी परम्परागत कथा जिसका सम्बन्ध अति-प्राकृत घटनाओं और भावों से होता है। मिथक मूलत: **आदिम मानव के समष्टिमन की सृष्टि है जिसमें चेतन की अपेक्षा अचेतन-प्रक्रिया का प्राधान्य रहता है।**" (मिथक और साहित्य, पृ. 7) मिथक-रचना मानव-चेतना की एक सहजात वृत्ति है। आदिम मनोवेगों के दबाव से कल्पना अनायास ही मिथक-रचना में प्रवृत्त हो जाती है और चूँकि '**साहित्य-सर्जना की भी प्रक्रिया यही है, अत: दोनों का सहज सम्बन्ध स्वयंसिद्ध है।**' (वही, पृ. 74) मिथकीय समीक्षा की विशेषता स्पष्ट करते हुए आपने कहा—"मिथकीय समीक्षा एक ओर 'नई समीक्षा' के 'अव्याप्ति' और दूसरी ओर शास्त्रीय समीक्षा के 'अतिव्याप्ति' दोष से मुक्त होने का दावा करती है।" (वही, पृ. 86) इसकी सीमा का उल्लेख करते हुए कहा, "जाहिर है कि साहित्य के मिथकीय आधार या विवेच्य-कृति में मिथक-विशेष के प्रयोग और विकास की व्याख्या मात्र से, उसके कलात्मक मूल्य का आकलन नहीं किया जा सकता।" (वही, पृ. 88) व्यावहारिक स्तर पर आपने 'दिनकर' की प्रसिद्ध कृति 'उर्वशी की मिथकीय समीक्षा प्रस्तुत की और निष्कर्ष रूप में कहा—"**दिनकर ने आधुनिक युग में योगी अरविन्द के नव्य वेदान्त की प्रेरणा से पुरुष-प्रकृति के औपनिषदिक मिथक को ग्रहण किया है और द्यावा-पृथिवी के वैदिक मिथक के साथ उसका विनियोंग कर 'उर्वशी' के मिथकीय रचना-विधान को पूर्ण किया है।**" (वही, पृ. 82) यह तो जाहिर है कि मिथक-रचना में प्रवृत्त कवि मात्र मिथक रचने नहीं बैठता। मिथक साधन ही है साध्य नहीं। इसलिए कृति के कलात्मक मूल्य का आकलन ही नहीं, उसके कथ्य और प्रतिपाद्य का निर्वचन भी मिथकीय समीक्षा के लिए सम्भव नहीं है। मिथकीय समीक्षा के विवेचन-क्रम में डॉ. नगेन्द्र ने विशेष उल्लेखनीय पारिभाषिक शब्दों का प्रयोग नहीं किया। **सामूहिक अवचेतन, पुराख्यान, लोक-गाथा, स्वप्न-कथा, चित्र-भाषा, मिथकीय शैली, वस्तुसंरचना, कथानक-रूढ़ि** आदि पूर्व प्रचलित शब्दों के प्रयोग से ही काम चलाया।

प्रगतिवाद के सम्बन्ध में डॉ. नगेन्द्र ने अनेक सन्दर्भों में विचार किया है। 1940 ई. से लेकर 1982 ई. तक पन्त की समीक्षा से आरम्भ करके

'साहित्य का समाजशास्त्र' के लेखन तक उन्होंने अनेक बार इसकी पड़ताल की है। 1982 ई. का उनका निष्कर्ष यह है, ''तात्त्विक स्तर पर, हीगल तथा मार्क्स के बीच और व्यावहारिक स्तर पर गाँधी तथा मार्क्स के बीच चुनाव में कठिनाई हो सकती है, किन्तु सार्त्र और मार्क्स के बीच चुनाव करना विचारवान सहृदय के लिए कठिन नहीं होना चाहिए।'' (साहित्य का समाजशास्त्र, पृ. 69) इसके पूर्व भी 'नई समीक्षा : नए सन्दर्भ' में आपने स्वीकार किया था कि, ''**अपने सन्तुलित और संस्कृत रूप में यह पद्धति जीवन के स्वस्थ मूल्यों के साथ काव्य-मूल्यों का सम्बन्ध स्थापित कर साहित्य को शब्द-क्रीड़ा तथा मानसिक विलास का शिकार होने से बचाती है।**'' (नई समीक्षा : नए सन्दर्भ, पृ. 13) इससे और पहले सन् 1951 ई. में आधुनिक हिन्दी कविता की मुख्य प्रवृत्तियों के विवेचन-क्रम में आपने 'प्रगतिवाद' की सीमाओं का उल्लेख करते हुए इसके **जीवन-दर्शन को संकुचित, इतिहास की व्याख्या को अधूरी और रचना-दृष्टि को 'एक विशेष राजनीतिक विचारधारा**' का उच्चार बताया था। यही नहीं आपने यह भी कहा था कि ''**साहित्य के क्षेत्र में तो शुद्ध मनोविज्ञान और सौन्दर्यशास्त्र का ही, जो मनोविज्ञान का ही एक अंग है, अधिक विश्वास करना उचित उचित होगा।**'' (आधुनिक हिन्दी कविता की मुख्य प्रवृत्तियाँ, पृ. 96) उपरोक्त विवेचन से इतना तो स्पष्ट है कि बौद्धिक स्तर पर प्रगतिशील चिन्तन और मार्क्सवादी विचारधारा के महत्त्व को डॉ. नगेन्द्र ने एक सीमा तक स्वीकार कर लिया है किन्तु संस्कारत: वे इसे स्वीकार नहीं कर सके हैं। वर्ग-संघर्ष से मुक्त होकर प्रगतिशील साहित्य के सम्बन्ध में नहीं सोचा जा सकता है। जबकि डॉ. नगेन्द्र के अनुसार—''**वर्गो में बाँटकर जीवन को देखना तो रुग्ण-दृष्टि का परिचायक है।**'' (अस्था के चरण, पृ. 492) डॉ. नगेन्द्र प्रगतिशील चेतना को एक प्रकार की नैतिक चेतना मानते हैं जिसे वर्गों में विभक्त करके देखना उतिच नहीं है। गिरिजाकुमार माथुर का हवाला देते हुए वे कहते हैं कि गिरिजाकुमार माथुर की प्रगतिचेतना मध्यवर्ग की ही प्रगति-चेतना है। इसलिए उग्र प्रगतिवादी आलोचक उसका उचित मूल्यांकन करने में कदाचित असमर्थ रहे हैं। किन्तु, ''यदि वर्ग-संघर्ष की भावना से मुक्त होकर विचार करें तो प्रगति-चेतना वस्तुत: एक प्रकार की नैतिक चेतना है जो वर्गों में विभाजित नहीं हो सकती।'' (आस्था के चरण, पृ. 492) 'साहित्य का समाजशास्त्र लिखते हुए आपने 'क्रिस्टोकर काडवेल' 'रेल्फ फाक्स', 'लुकाच' और 'गोल्डमान' के विचारों को अत्यन्त संक्षेप में प्रस्तुत किया है। इस क्रम में आपने **सामाजिक**

यथार्थ, समाजवादी यथार्थ, संस्थाबद्ध सौन्दर्यशास्त्र, सम्पूर्ण यथार्थ, खंडित यथार्थ, सार्वभौमपरिप्रेक्ष्य, विश्वबोध, सापेक्षिकस्वायत्तता जैसे पारिभाषिक शब्दों का प्रयोग किया किन्तु व्यावहारिक समीक्षा में डॉ. नगेन्द्र ने कभी भी मार्क्सवादी सौन्दर्यशास्त्र का प्रयोग नहीं किया। इसलिए इन शब्दों को हिन्दी-साहित्य के सन्दर्भ में वे नहीं जोड़ सके।

इसी क्रम में एक अन्य पारिभाषिक शब्द भी उल्लेखनीय है—**आधुनिकता।** 'आधुनिकता' 'आधुनिकबोध' 'आधुनिकभावबोध' जैसे शब्दों की चर्चा बार-बार की गई है। डॉ. नगेन्द्र ने नए सन्दर्भ के अन्तर्गत इस पर भी विचार किया है। उनके मतानुसार—"**आधुनिक का अर्थ व्यापक और गत्यात्मक ही मानना चाहिए युग-बोध, परम्परा का संशोधन, जीवन के वैविध्य की स्पृहा, अपने पर्यावरण के माध्यम से आत्मसिद्धि, विकास की आकांक्षा, आदि ही उसके सही लक्षण हैं।**" (नई समीक्षा : नए सन्दर्भ पृ. 36) उनके अनुसार 'अस्तित्ववाद' (निराशावादी वैज्ञानिक मानववाद) को ही आधुनिकता के सूत्रबद्ध लक्षण को रूप में स्वीकार कर लेना उचित नहीं है। सार्वभौम विनाश की आशंका से उत्पन्न '**निराशा**', **कुंठा**', '**विघटन**' **को ही आधुनिकता का लक्षण मानना खंड-यथार्थ को स्वीकार करना होगा।** उनकी इस व्याख्या से स्पष्ट हो जाता है कि सार्त्र और मार्क्स के बीच चुनाव करना हो तो विचारवान सहृदय के रूप में वे मार्क्स को वरीयता देंगे किन्तु यदि चुनाव मार्क्स और गाँधी के बीच हो तो उनका झुकाव गाँधी की ओर होगा। इसका कारण स्पष्ट है। डॉ. नगेन्द्र के संस्कार रूमानी और छायावादी हैं। उनकी मान्यता है—"राजनीति मे जिन प्रवृत्तियों ने गाँधीवाद को जन्म दिया, करीब-करीब वैसी ही प्रवृत्तियों द्वारा साहित्य में 'छायावाद' का प्रादुर्भाव हुआ। दोनों की मूल-वर्तिनी-भावना एक है। स्थूल के विरुद्ध सूक्ष्म की प्रतिक्रिया अर्थात् स्थूल से हटकर सूक्ष्म की ओर बढ़ने और उसको प्राप्त करने का प्रयत्न। गाँधी जी के साथ आत्मा की वस्तु बनकर यह प्रवृत्ति आध्यात्मिक बन गई, उधर रवीन्द्र के साथ हृदय में रँगकर उसने 'छायावाद' का रूप धारण किया।" (सुमित्रानन्दन पन्त, पृ. 132) यहाँ यह स्मरणीय है कि श्री नन्ददुलारे वाजपेयी ने 'मार्क्सवाद' के मुकाबले 'सर्वोदय' को महत्त्व देना उचित समझा है, ठीक उसी तरह डॉ. नगेन्द्र मार्क्स की तुलना में गाँधी को वरण करना उचित समझते हैं।

सन् 1950 में डॉ. नगेन्द्र का शोध-प्रबन्ध 'रीतिकाव्य की भूमिका तथा देव और उनकी कविता' दो खंडों में प्रकाशित हुआ था। इसे प्रस्तुत करते हुए डॉ.

साहब ने पाश्चात्य मनोविज्ञान और भारतीय काव्यशास्त्र का अध्ययन किया था। इसी समय से वे भारतीय काव्यशास्त्र के अध्ययन में प्रवृत्त हुए और उन्होंने 'रस', 'ध्वनि', 'अलंकार', 'रीति', 'वक्रोक्ति' आदि सिद्धान्तों का विधिवत अध्ययन किया। इस क्रम में वे भारतीय आलोचना की पारिभाषिक शब्दावली से अच्छी तरह परिचित हुए। यह शब्दावली अत्यन्त समृद्ध है। सिद्धान्त-ग्रन्थों की भूमिकाओं में इसका इन्होंने जो आख्यान किया है उसकी चर्चा यहाँ सम्भव नहीं। यहाँ हम इतना अवश्य कहना चाहेंगे कि डॉ. नगेन्द्र ने पूरे भारतीय काव्य-चिन्तन को पाश्चात्य सान्दर्यशास्त्र के आलोक में देखा है। उनके अनुसार, '**सौन्दर्य-चेतना एक मिश्र वृत्ति है। इसके योजक तत्त्व हैं—प्रीति अर्थात् आनन्द और विस्मय।** भारतीय काव्यशास्त्र इस रहस्य से आरम्भ से ही अवगत था। उसके दो प्रतिनिधि सिद्धान्त **रस और अलंकार क्रमश: प्रीति और विस्मय के ही शास्त्रीय विकास हैं।** सौन्दर्य के आस्वाद में निहित 'प्रीति-तत्त्व' का प्राधान्य 'रस-सिद्धान्त' में प्रस्फुटित और विकसित हुआ और उधर 'विस्मयतत्त्व' की प्रमुखता ने 'वक्रता' 'अतिशय' आदि के माध्यम से 'अलंकारवाद' का रूप धारण किया।'' (रस-सिद्धान्त, पृ. 1) डॉ. नगेन्द्र ने 'छायावाद' के मूल में भी 'सौन्दर्य' (रस) और 'विस्मय' के तत्त्व लक्षित किए हैं और इसी दृष्टि से उसका सम्बन्ध अंग्रेजी की रोमांटिक (स्वच्छन्दतावादी) कविता से जोड़ा है। इस प्रकार उनके द्वारा किया गया भारतीय काव्यशास्त्र की शब्दावली का पूरा पुनराख्यान पाश्चात्य सौन्दर्य-चेतना से आलोकित है।

यह हम कई बार दोहरा चुके हैं कि हिन्दी-आलोचना की निजी पारिभाषिक शब्दावली की परख व्यावहारिक समीक्षा में प्रयुक्त सन्दर्भगत अर्थ-वैशिष्ट्य प्राप्त कर लेनेवाले शब्दों से की जानी चाहिए। शोध-प्रबन्ध (देव और उनकी कविता) तथा स्फुट निबन्धो को छोड़ दें तो डॉ. नगेन्द्र की व्यावहारिक समीक्षा 'सुमित्रानन्द पन्त' (1938 ई.) 'साकेत एक अध्ययन (1939 ई.), कामायनी के अध्ययन की समस्याएँ' (1962 ई.) इन तीन कृतियों के रूप में हमारे सामने है। 'सुमित्रानन्दन पन्त' और 'साकेत एक अध्ययन' इन दोनों में डॉ. नगेन्द्र ने मुख्यत: आचार्य शुक्ल की समीक्षा-पद्धति का अनुसरण किया है। इनमें प्रयुक्त शब्दावली भी प्राय: वही है जिसका प्रयोग शुक्ल जी कर चुके थे। पन्त की 'कला' के विवेचन में डॉ. नगेन्द्र ने **दृश्य-विधान** (Setting) **चित्रमय विशेषण**, एक **शब्द-चित्र** (One-word picture), **व्यंजनापूर्ण** (Suggestive) शब्द-प्रयोग, वर्ण-परिज्ञान (Sense of Colour) आदि पर विचार करके 'छायावाद' की कलात्मक मूल्यांकन-पद्धति को थोड़ा आगे

बढ़ाया। पन्त जी के मूल्यांकन में डॉ. नगेन्द्र ने प्राचीन भारतीय शब्दावली का भी प्रयोग किया। 'ग्रन्थि' को उन्होंने **विप्रलम्भ शृंगार** की रचना माना और उसमें **स्पृहा, संकोच, शृंगारिकहास्य, असूया,** आदि भावों के अंकन की ओर ध्यान आकृष्ट किया। 'परिवर्तन' में उन्हें कहीं **शृंगार** का अरुण राग दिखाई पड़ा, कहीं '**वीभत्स** का नीला रंग'। डॉ. नगेन्द्र ने पन्त द्वारा प्रयुक्त भारतीय अलंकारों—**उपमा,रूपक, मालोपमपा, उल्लेख, स्मरण, सन्देह, समासोक्ति, अन्योक्ति, सहोक्ति, यथासंख्य**—को भी निर्दिष्ट किया और लक्षित किया कि पन्त जी की अलंकार-योजना में पश्चिमी पालिश अधिक है। अलंकार प्राय: चित्रमय हो गए हैं। इनके प्रयोग से भाव्य-व्यंजना में तीव्रता आई है। डॉ. नगेन्द्र ने यह भी बताया कि पश्चिम में अलंकार मुख्यत: लक्षणा-मूलक हैं जिनका अच्छा उपयोग पन्त जी ने किया है। 'ग्राम्या' का मूल्यांकन करते हुए डॉ. नगेन्द्र ने **बौद्धिक-रस** की चर्चा की। उन्होंने बताया कि 'ग्राम्या' की कविताओं में हृदय और बुद्धि का द्वन्द्व है, इसलिए कविताएँ आलोचनात्मक हो गई हैं। इन कविताओं से "**एक प्रकार का बौद्धिक रस** मिलता है जो अपने शास्त्रीय रस से भिन्न है।" (सुमित्रानन्दन पन्त, पृ. 158) ऐसी कविताओं में कवि वस्तु में तन्मय नहीं होता वह अपना व्यक्तित्व पृथक रखता है और पाठक उसे पढ़कर मन में कह उठता है, "हाँ ठीक है—यही मैं भी सोचता था इसी को आचार्यों ने **अभिज्ञान का आनन्द** (Pleasure of Recognition) कहा है।" (वही, पृ. 158) पन्त के मूल्यांकन-क्रम में **बौद्धिकरस** की चर्चा एक नई बात थी। 'साकेत' के अध्ययन में भी डॉ. नगेन्द्र ने आचार्य शुक्ल की समीक्षा-पद्धति का ही अनुकरण किया। उन्होंने साकेत की 'कथावस्तु' पर विचार करने के बाद 'साकेत के गार्हस्थ्यचित्र', 'साकेत में विरह' और 'साकेत के भावपूर्ण स्थल' इन तीन अध्यायों में गुप्त जी की **भावुकता** का विवेचन किया। इन तीनों ही अध्यायों में रसशास्त्र की शब्दावली का प्रचुर प्रयोग मिलता है। डॉ. नगेन्द्र ने बताया है कि साकेत का प्रधान रस **शृंगार** है। 'शृंगार' में भी **संयोगपक्ष** गौण 'वियोगपक्ष' प्रधान है। वियोग-वर्णन में काम की सभी दशाएँ—**अभिलाषा, चिन्ता, स्मृति, गुणकथन, उद्बेग, प्रलाप, उन्माद, व्याधि, जड़ता** आदि—मिल जाती है। शृंगार के अतिरिक्त साकेत में **वात्सल्य, करुण, वीर, रौद्र** आदि की भी व्यंजना हुई है। इनमें सम्बन्धित सभी संचारीभाव भी यथास्थान व्यंजित हुए हैं। डॉ. नगेन्द्र के इस विवेचन में मनोभावों का सम्बन्ध जीवन के क्रिया-व्यापारों, पात्रों की मनोदशा एवं चरित्र-गठन तथा 'कथा-संगठन' के साथ दिखाकर रस-निरूपण की रीतिवादी

पद्धति से अपने को अलग रखा है। यही नहीं उन्होंने **उर्मिला के वियोग में युग के मनोविज्ञान का निदर्शन कर नवीनता का परिचय भी दिया है।** 'साकेत' के सांस्कृतिक आधार का विवेचन करते हुए डॉ. नगेन्द्र ने 'धार्मिक', 'सामाजिक-राजनीतिक आदर्श', 'भौतिकजीवन', गाँधीवाद का प्रभाव' आदि की चर्चा की है और निष्कर्ष रूप में कहा, ''अपनी संस्कृति का प्रभाव तो सभी कवियों पर थोड़ा-बहुत पड़ता है। परन्तु जिन मनस्वियों की कविता लोक-मंगल से प्रेरित होकर अपने देश और जाति की संस्कृति की प्रतिष्ठा एवं संरक्षा करती है वे अनेक नहीं होते। हमारे तुलसी, प्रसाद और मैथिलीशरण गुप्त ऐसे ही कवि हैं।'' (साकेत : एक अध्ययन पृ. 90) 'चरित्र-चित्रण' का विवेचन करते हुए डॉ. नगेन्द्र ने बताया है कि गुप्त जी ने वैज्ञानिक युग के कवि के रूप में अमानवीय चरित्रों की अवतारणा नहीं की है। उनका चित्रण स्वाभाविक है और वे मानव-चरित्र की जटिलताओं को पहचानते हैं। गुप्त जी के अभिव्यंजना-कौशल पर विचार करते हुए डॉ. नगेन्द्र ने संस्कृत अलंकारशास्त्र और क्रोचे के 'अभिव्यंजनावाद' दोनों के बीच का मार्ग अपनाया और 'अप्रस्तुत-योजना के आधार', 'अप्रस्तुत द्वारा प्रस्तुत के आच्छादन', 'प्रस्तुत के स्थान पर 'प्रतीक' का प्रयोग', 'प्रस्तुत-वर्णन के पीछे अप्रस्तुत-चेतना-चित्र' तथा लक्षणा और व्यंजना पर आश्रित अनेक वर्णन-प्रणालियों की चर्चा की और गुप्त जी की कविता से इनके उदाहरण प्रस्तुत किए। स्पष्ट है कि अभिव्यंजना-कौशल का यह-सारा विवेचन छायावादी सौन्दर्य-दृष्टि के आधार पर किया गया है। संस्कारतः जो कवि लोक-मंगल का साधक होगा उसमें अभिव्यंजना-कौशल की प्रधानता न होकर वस्तु-चेतना की प्रधानता होगी। जो भी हो, इतनी प्रकट है कि 'रस', 'अलंकार-विवेचन' की जिस पद्धति का विकास शुक्ल जी ने किया था, इन आलोचनाओं में डॉ. नगेन्द्र ने उसे थोड़ा आगे बढ़ाया। उपरोक्त दोनों ही कृतियों की समीक्षा में अंग्रेजी शब्दों के प्रयोग की प्रवृत्ति प्रधान है। कहीं-कहीं तो ये प्रयोग अनावश्यक प्रतीक होते हैं। उदाहरण के लिए 'ग्राम्यगीत' के लिए Folk Song, 'प्रगीत' के लिए Lyric, 'भाव' के लिए Emotion, बोल-चाल के लिए Conversation, रेखांकित के लिए Underline, 'कार्य के लिए Action, नैतिक के लिए Ethical आदि। आगे चलकर यह प्रवृत्ति कम हो गई है। **कामायनी के अध्ययन की समस्याएँ** का प्रकाशन 1962 में हुआ। इसका आरम्भ इस वाक्य से हुआ है ''काव्य का मूल प्रयोजन है—**रसास्वादन,** कम-से-कम कामायनी तक तो यह स्थापना सर्वथा मान्य है ही, आगे की बात आगे देखेंगे।'' लेकिन इस 'रसास्वादन' के लिए डॉ. नग्रेन्द्र ने प्रसिद्ध

मनोवैज्ञानिक समीक्षक आई. ए. रिचर्ड्स सहारा लिया है। रिचर्ड्स ने काव्य के आस्वादन की प्रक्रिया के छह अवस्थान बताए हैं। डॉ. नगेन्द्र ने इनके अंग्रेजी नामों का उल्लेख न करके इन्हें निम्नलिखित क्रम से प्रस्तुत किया है—1. चाक्षुष-संवेदन, 2. सम्बद्ध बिम्ब-विधान, 3. स्वतन्त्र बिम्ब-विधान, 4. विचार, 5. भावोद्बोधन, 6. दृष्टिकोण का निर्माण। यहाँ इन शब्दों का मूल अंग्रेजी रूप देना आवश्यक था। अनुवाद की शब्दावली कितनी भी उपयुक्त हो उसमें मूल प्रयोग के अर्थ का संक्रमण सहसा नहीं हो पता। रसास्वादन के उपयुक्त अवस्थान क्रमशः—

1. The visual sensations of the printed words, 2. Images very closely associated with these sensations. 3. Images relatively free, 4. References to or thinkings of various things, 5. Emotions, 6. Affective volitional attitudes.

के हिन्दी रूपान्तर है। रसास्वादन के उपरोक्त अवस्थानों को केन्द्र में रखकर डॉ. नगेन्द्र ने कामायनी के महाकाव्यत्व, अंगीरस, रूपकतत्त्व, और दार्शनिक पृष्ठभूमि, पर विचार किया है। महाकाव्यत्व का मूल्यांकन डॉ. नगेन्द्र ने **औदात्य** के आधार पर किया है। उन्होंने निर्णय दिया है कि इसका कथानक 'उदात्त' है किन्तु उसका क्षेत्र ब्रह्मांड नहीं पिंड है—मानव-आत्मा या मानव-चेतना है। इसका कार्य, 'भाववृत्ति', 'कर्मवृत्ति' तथा 'ज्ञानवृत्ति' के सामंजस्य द्वारा समरसता की सिद्धि और उसके फलस्वरूप आनन्द की उपलब्धि है। यह 'कार्य' सर्वथा उदात्त है। इसका **नायक** मनु धीरोदात्त नहीं है किन्तु **नायिका** श्रद्धा का चरित्र अत्यन्त उज्ज्वल है। इसका मूलवर्ती भाव अथवा महाभाव या अंगीरस अखंड आत्मरस या आनन्दरस है। इसकी शैली उदात्त है। अलंकार-विधान, लक्षणा-व्यंजना के विचित्र चमत्कार, मूर्तविधान एवं बिम्ब-योजना की समृद्धि और चित्र-भाषा एवं प्रतीक-भाषा की प्रयोग-बहुलता के कारण शैली में असाधारणत्व गुण का समावेश हो गया है। अन्तर्मुखता के कारण इसमें 'प्रगीत-तत्त्व' का प्राधान्य है किन्तु जहाँ भौतिक घटनाओं का वर्णन है वहाँ वह 'विस्तारगर्भा' और 'नाना-वर्णनक्षमा' भी हो गई है। इसका वस्तु-विकास अन्तर्मुख है। **साधारणीकरण** के लिए कवि ने रूपक की भावमय पद्धति ग्रहण की है। इसमें अनेक रसों की स्थिति देखी जा सकती है। श्रद्धा-मनु के प्रणय-प्रसंग में **शृंगार**, स्वप्न सर्ग में श्रद्धा का **विरह** और **वात्सल्य**, प्रलय के चित्र में **भयानक**, संघर्ष सर्ग में **वीर** और **रौद्र**, रहस्य सर्ग में **अद्‌भुत**, पशु की हत्या के प्रसंग में **वीभत्स**, चिन्ता और निर्वेद सर्गों में निर्वेदमूलक **शान्त**

और अन्त में आनन्दपूर्ण **सामरस्य** (व्यापक अर्थ में शान्त) की सिद्धि हुई है। डॉ, नगेन्द्र ने कामायनी के रूपक-तत्त्व की ख्याख्या करते हुए मनु को 'मन', श्रद्धा को 'हृदय', इड़ा को 'बुद्धि', कुमार को 'पूर्णमानव', 'आकुलि-किलात' को आसुरीवृत्ति, देवताओं को 'इन्द्रियों', श्रद्धा के पशु को 'अहिंसावृत्ति', वृषभ को 'धर्म' और सोमलता को 'भोग' के प्रतीक रूप में प्रस्तुत किया है। 'कामायनी' की दार्शनिक पृष्ठभूमि का विवेचन करते हुए डॉ. नगेन्द्र ने सिद्ध किया है कि कामायनी का आधारभूत दर्शन आनन्दवादी शैवाद्वैत है। इसके अतिरिक्त बौद्धदर्शन के क्षणवाद, शून्यवाद, नियतिवाद, दु:खवाद तथा वर्तमान वैज्ञानिक चिन्तन के अनेक सिद्धान्तों—विकासवाद और उसके अंगभूत परिवर्तनवाद, परमाणुवाद, शक्ति-स्पर्धावाद—आदि की प्रतिध्वनि भी कामायनी में सुनाई पड़ती है। ये सभी विचार अन्वय-व्यतिरेक शैली से शैवाद्बैत के पोषक होकर आए हैं। दु:खवाद, क्षणवाद, आदि का प्रयोग व्यतिरेक-रूप में हुआ है। **विकासवाद** और उसके अंगभूत सिद्धान्तों का प्रयोग अन्वय-रूप में हुआ है क्योंकि सृष्टि-विकास के ये सिद्धान्त प्राकृत धरातल पर शैवाद्वैत प्रतिपादित आत्म-विकास के पोषक हैं। 'विकासवाद' शैवाद्वैत के आत्मविकास का पोषक है या नहीं? यह निर्णय तो दर्शन के विद्वान कर सकते हैं किन्तु कामायनी के अंगी-रस के विवेचन में डॉ. साहब का यह निष्कर्ष—"रस-दशा निश्चय ही अभेदस्य सामरस्य की दशा है, चाहे वह क्षणिक ही क्यों न हो? दर्शन की पारिभाषिक शब्दावली को हटा दिया जाए तो यह धारणा सामान्य अनुभव से बहुत दूर नहीं पड़ती : क्योंकि आधुनिक आलोचनाशास्त्र भी यह मानता है कि रसास्वाद की स्थिति में प्रमाता का चित्त राग-द्वेष से मुक्त हो जाता है। शुक्ल जी ने जिसे 'हृदय की मुक्तावस्था' और आई. ए. रिचर्ड्स ने जिसे 'मनोवृत्तियों का समीकरण' (Systematization of Impulses) कहा है वह मन:स्थिति कुछ इसी प्रकार की है, यद्यपि उसमें आनन्द के उद्रेक पर इतना बल नहीं दिया गया।" (कामायनी के अध्ययन की समस्याएँ, पृ. 32)—विचारणीय है। यहाँ **रसदशा, अभेदमय सामरस्य, हृदय की मुक्तावस्था** और **मनोवृत्तियों के समीकरण** को एक ही स्तर पर प्रतिष्ठित कर दिया गया है। ऐसा करके डॉ. साहब ने 'मनोमयकोश' और 'आनन्दमयकोश' का अन्तर समाप्त कर दिया है। समग्ररूप से विचार करते हुए डॉ. नगेन्द्र ने स्वीकार किया है कि कामायनी के प्रतिपाद्य, जीवन-दर्शन और वास्तुकौशल आदि में अनेक छिद्र हैं किन्तु उसकी उदात्त परिकल्पना और विराट आयाम उसे एक महत्त्वपूर्ण कृति बनाने में समर्थ हैं। कामायनी की आलोचना में डॉ. नगेन्द्र ने रिचर्ड्स की मनोवैज्ञानिक,

लाजिनस, (Longinus) की उदात्ततत्त्वीय तथा भारतीय रस-सिद्धान्त, शैव एवं बौद्ध दर्शन और आधुनिक विकासवाद की पारिभाषिक शब्दावली का उपयोग किया है।

अपने स्फुट ल्बिन्धों में डॉ. नगेन्द्र ने प्राय: उन्हीं कवियों की समीक्षा की है जो गाँधीवाद से प्रभावित हैं। और जिनमें रूमानी प्रवृत्ति लक्षित होती है। पन्त, सियारामशरण गुप्त, दिनकर, बच्चन, नरेन्द्र, अंचल, गिरिजाकुमार माथुर आदि की समीक्षाएँ इस तथ्य को प्रमाणित करती हैं। इन समीक्षाओं में डॉ. नगेन्द्र ने रस-सिद्धान्त, मनोविज्ञान, बिम्बवादी, मिथकीय और अभिव्यंजना-सौन्दर्य का विवेचन करनेवाली छायावादी शब्दावली का प्रयोग किया है।

डॉ. नगेन्द्र की वृत्ति गद्य-साहित्य के मूल्यांकन में नहीं रमी है। आलोचना के क्षेत्र में आज तक सक्रिय रहने के बावजूद उन्होंने किसी नए उपन्यासकार, कहानीकार या नाटककार की समीक्षा नहीं की। कभी उन्होंने जैनेन्द्र, सियारामशरण गुप्त और अज्ञेय के उपन्यासों—'त्यागपत्र', 'नारी', 'सुखदा', और 'शेखर'—की समीक्षा इनके प्रभाव की दृष्टि से की थी। इस क्रम में उन्होंने रचना की मूल-प्रेरणा, जीवन-दृष्टि, प्रभाव-अंकन, कला, शैली की विदग्धता, रस की क्षीणता आदि के आधार पर अपना निर्णय दिया था। जाहिर है कि गद्य-साहित्य की आलोचना से सम्बद्ध पारिभाषिक शब्दावली के विकास में आपका योगदान नगण्य है। सन् 1940 ई. में आपने 'आधुनिक हिन्दी नाटक' लिखा था। उसमें हिन्दी-नाटक की प्रवृत्तियों का वर्गीकरण, उनमें निहित-चेतना और उनके रूप-बन्ध की दृष्टि से किया था। इसके बाद इस दिशा में भी आपने सक्रियता नहीं दिखाई। इधर 1970 के आस-पास आपने 'साहित्य के इतिहास-दर्शन' पर भी विचार किया है, आपके अनुसार—"देशकाल के परिवेश में साहित्य की विकास-परम्परा का निरूपण, साहित्य के इतिहास का सामान्य लक्षण है। चूँकि तत्त्व-रूप में 'साहित्य-सौन्दर्य-चेतना की अभिव्यक्ति का नाम है, **अत: साहित्य का इतिहास देश-काल के परिवेश में सौन्दर्य-चेतना और उसकी अभिव्यक्ति के माध्यम उपकरणों के क्रम-विकास का निरूपण है।**" (आस्था के चरण, पृ. 266) निश्चय ही आपकी यह परिभाषा आपके काव्य-संस्कारों के अनुकूल है। आपने इतिहास-चिन्तन सम्बन्धी पारिभाषिक शब्दों पर विचार नहीं किया है।

वाजपेयी जी की भाँति डॉ. नगेन्द्र ने भी आचार्य शुक्ल द्वारा विकसित और प्रयुक्त शब्दावली से भरपूर लाभ उठाया है। यहाँ हम उन सारे पारिभाषिक शब्दों की उद्धरणी नहीं देना चाहेंगे जिनका प्रयोग डॉ. नगेन्द्र ने आचार्य शुक्ल से

प्रभावित होकर किया है किन्तु उन शब्दों की ओर अवश्य ध्यान आकृष्ट करेंगे जिनसे उन्होंने अपनी असहमति व्यक्त की है और अर्थ में परिवर्तन कर दिया है। ये शब्द हैं, **छायावाद, रहस्यवाद, अभिव्यंजनावाद, प्रतीकवाद, प्रभाववाद** और **वक्रोक्तिवाद**। आचार्य शुक्ल 'छायावाद' को शैली का एक विशिष्ट रूप मानते थे। डॉ. नगेन्द्र उसके मूल में '**एक नवीन सांस्कृतिक चेतना**' भी लक्षित करते हैं। आचार्य शुक्ल परोक्ष सत्ता के प्रति रागात्मक सम्बन्ध की स्थापना सम्भव नहीं मानते थे। इसलिए वे **रहस्यवाद** और **प्रतीकात्मक रहस्यवाद** दोनों के विरोधी थे। इसी प्रकार क्रोचे के अभिव्यंजनावाद के भी वे विरोधी थे क्योंकि इसमें उन्हें वस्तु-तत्त्व का अभाव लक्षित हुआ था। डॉ. नगेन्द्र को क्रोचे से कोई शिकायत नहीं है। **अभिव्यंजनावाद** में वे 'वस्तु, की मात्र 'उपेक्षा' लक्षित करते हैं, अभाव नहीं। **प्रभाववाद** को आचार्य शुक्ल ने एकांगी और अधूरा माना था। डॉ. नगेन्द्र सिद्धान्त के स्तर पर रस-सिद्धान्त और प्रभाववाद में अन्तर मानते हुए भी व्यवहार में उसे रस-विरोधी नहीं मानते। **वक्रोक्तिवाद** को शुक्ल जी ने पूरी तरह स्वीकार नहीं किया था। वे **भाव-प्रेरित-वक्रता** के ही थे। डॉ. नगेन्द्र 'वक्रता' को 'चारुता' का पर्याय मानते हैं और उसके अभाव में काव्य की स्थिति नहीं मानते। आचार्य शुक्ल से डॉ. नगेन्द्र की असहमति **करुणरस के आस्वाद** और **साधारणीकरण** जैसी केन्द्रीय स्थापनाओं को लेकर भी है। असहमति के ये सारे बिन्दु उनके आत्मपरक काव्य-चिन्तन के प्रमाण हैं। हिन्दी-आलोचना की पारिभाषिक शब्दावली को आचार्य शुक्ल के बाद डॉ. नगेन्द्र ने कितना आगे बढ़ाया है, यह प्रश्न विचारणीय है। आचार्य शुक्ल के समय तक **बिम्बवादी, मिथकीय, शैली-वैज्ञानिक** और नई समीक्षा प्रचलन नहीं था। मनोवैज्ञानिक समीक्षा को आचार्य शुक्ल ने महत्त्व नहीं दिया था। डॉ. नगेन्द्र ने **बिम्बवादी, मनोवैज्ञानिक** और **मिथकीय** समीक्षा की शब्दावली को सिद्धान्त और व्यवहार के स्तरों पर विवेचित और व्यवहृत कर केन्द्र में लाने का प्रयत्न किया है। शैली-वैज्ञानिक-समीक्षा के सन्दर्भ में भारतीय **रीति** और **वक्रोक्ति** सिद्धान्तों की चर्चा करके उन्होंने इन सिद्धान्तों को आधुनिक सन्दर्भ में प्रासंगिक बना दिया है। **नई समीक्षा** की अनेक मान्यताओं के सूत्र डॉ. नगेन्द्र ने भारतीय काव्य-चिन्तन में लक्षित किए हैं। विमसाट (W. K. Winmsatt) के **मूर्त सार्वभौम** (Concrete Universal) को उन्होंने 'शब्द-विधान' में लाक्षणिक प्रयोग या उपचार-वक्रता से अभिन्न माना है। इसी प्रकार नई समीक्षा के **अतर्कित** (Illogical), **असंगत** (Irrational) और **असम्बद्ध** (Irrelevant) शब्दों की अपेक्षा भारतीय काव्यशास्त्र के **अनुपपन्ना** शब्द को

वे अधिक सार्थक मानते हैं। इस साम्य-निदर्शन में थोड़ी खींच-तान हो सकती है किन्तु भारतीय चिन्तन को नए सन्दर्भ से जोड़ने और प्रासंगिक बनाने की दिशा में उन्होंने विद्वानों का ध्यान आकृष्ट किया है। यह अवश्य है कि वे शुक्लोत्तर समीक्षा के इन सिद्धान्तों के उद्भावक नहीं हैं। किन्तु इन्हें व्यवस्थित करने की दिशा में उनका प्रयत्न उल्लेखनीय है। यह होने पर भी आचार्य शुक्ल और डॉ. नगेन्द्र में एक बड़ा अन्तर यह है कि शुक्ल जी अर्थमीमांसा के द्वारा कविता के भीतर प्रवेश करके उसकी मर्म-छवियों का सन्धान करने के बाद शास्त्र और अनुभूति दोनों के सहयोग से उन छवियों की संश्लिष्ट चेतना के अनुकूल पारिभाषिक शब्दावली का प्रयोग करते थे। डॉ. नगेन्द्र पहले शास्त्र से शब्द ग्रहण करते हैं और फिर उसके अनुकूल उदाहरण की तलाश में कविता की ओर आते हैं। **नई कविता** से वे उस प्रकार नहीं टकराते हैं जिस प्रकार शुक्ल जी **छायावाद** से टकराए हैं। आचार्य शुक्ल की दृष्टि वस्तुपरक है। डॉ. नगेन्द्र के संग्रह और त्याग में उनका रूमानी भावबोध और आत्मपरक चिन्तन निरन्तर सक्रिय है। हिन्दी-आलोचना को आचार्य शुक्ल जैसे विवेक-सम्पन्न और मर्मग्राही समीक्षक की अभी भी प्रतीक्षा है।

मनुष्यधर्मा सांस्कृतिक समीक्षा सन्दर्भ एवं दृष्टि

(पारिभाषिक शब्दावली का साक्ष्य)

आचार्य हजारीप्रसाद द्विवेदी

आचार्य द्विवेदी ने 1930 ई. के आसपास शान्ति निकेतन में अध्यापन-कार्य आरम्भ करने के बाद लिखना आरम्भ किया था। तब से जीवनपर्यन्त (18 मई, 1979 ई. तक) वे निरन्तर साहित्य-सृजन में लीन रहे। यह अवधि लगभग वही है जो आचार्य वाजपेयी और डॉ. नगेन्द्र के लेखन-काल की है। आचार्य द्विवेदी भी महात्मा गाँधी के व्यक्तित्व से प्रभावित थे। उनके प्रति द्विवेदी जी के मन में अपार श्रद्धा थी। महात्मा के महाप्रयाण के बाद उन्होंने लिखा था, ''वह जिधर मुड़ा जीवन लहरा उठा, वह जिधर झुका, प्रेम बरस पड़ा : वह जिधर चला, जमाना ढरक पड़ा। वह शक्ति का भंडार था, क्योंकि वह सच्चे अर्थ में भक्त था।'' (ग्रन्थावली 9, पृ. 403) द्विवेदी जी ने सच्चे मन से महात्मा के चरित्र का अनुसरण भी करना चाहा था। किन्तु वह सम्भव नहीं हो सका था। उन्होंने स्वीकार किया है, ''मैने महात्मा जी के अनेक गुणों को अपने भीतर ले आने का संकल्प कई बार किया है। सकल्पों की सच्चाई में मुझे रत्ती भर भी सन्देह नहीं है। पर बड़ी जल्दी मैं विचलित हो गया हूँ।'' (ग्रन्थावली 9, पृ. 408) महात्मा गाँधी के बाद जिस दूसरे महापुरुष ने उन्हें प्रभावित किया था, वे कवीन्द्र रवीन्द्र थे। उन्होंने लिखा है—''रवीन्द्रनाथ के सम्मान ने देशवासियों में नवीन अपराजेय आत्मबल का संचार किया था। महात्मा गाँधी के सिवा और कोई दूसरा नेता नहीं है जिसने देश में आत्म-गरिमा का संचार किया हो, परन्तु रवीन्द्रनाथ की साहित्यिक कृतियाँ तो महत्त्वपूर्ण थीं हीं, उनका व्यक्तिगत जीवन भी उसी प्रकार महान और प्रेरक था।'' (ग्रन्थावली, पृ. 271) इन दोनों महान व्यक्तियों के विचार और आचार से प्रभावित होकर तथा स्वयं भारतीय साहित्य के गौरवग्रन्थों

का अनुशीलन करके आचार्य द्विवेदी इस निष्कर्ष पर पहुँचे थे कि विधाता की सृष्टि में **मनुष्य ही सर्वोपरि सत्य है।** वह समस्त विश्व के मूल में वर्तमान महासत्य 'ऋत' से भिन्न नहीं है। उन्होंने अनुभव किया था कि इस अमृतयोनि 'ऋत' (महासत्य) से साधारण मनुष्य की राजनीति, अर्थनीति, न्याय और शासन-व्यवस्था का विरोध नहीं है कवीन्द्र रवीन्द्र और महात्मा गाँधी के जीवन से भी उनको यही प्रेरणा मिली थी।। वे कहते हैं, ''महात्मा जी ने केवल वाणी से नहीं अपने सम्पूर्ण जीवन से यह दिखा दिया है कि मनुष्य के छोटे स्वार्थों का द्वन्द्व बड़े सत्य का विरोधी नहीं है। इन छोटे स्वार्थों को व्याप्त करके इनको अंग बनाकर ही हृदय स्थित महासत्य विराज रहा है। इनके भीतर से वह सेतु तैयार किया जा सकता है जो मनुष्य को मनुष्य से विच्छिन्न होने से बचाए।'' (ग्रन्थावली, 9, पृ. 412) रवीन्द्रनाथ टैगोर के दर्शन का निर्वचन करते हुए भी द्विवेदी जी ने लगभग यही बात कही है। वे कहते हैं, ''रवीन्द्रनाथ एक समष्टि मानव (यूनिवर्सल मैन) में विश्वास रखते थे, यह 'समष्टिमानव' सब मनुष्यों का आश्रय है, सबको मिलाकर विराजमान होने के कारण वह 'एकमेवाद्वितीयम' है। इस समष्टि-मानव को हम अपनी भावनाओं और कार्यों के द्वारा अनुभवगम्य बनाते हैं।'' (ग्रन्थावली, 8, पृ. 431) जिस प्रकार यह ब्रह्मांड छोटे-छोटे असंख्य परमाणुओं से (जिनमें परस्पर व्यवधान है) निर्मित होने पर भी एक और अभिन्न है उसी प्रकार 'मनुष्य को इकाइयों के व्यवधान और अन्तर के होते हुए भी समष्टिमानव एक और अभेद्य है। (ग्रन्थावली, 8, पृ. 431) द्विवेदी जी का यह कथन टैगोर और आइन्स्टीन (Albert Einsteen) की उस बातचीत का अनुवाद है जिसमें टैगोर ने विश्व-सत्य को मानव-सत्य के रूप में प्रतिपादित करते हुए कहा था— "There can not be anything that can not be subsumed by the human personality; and this proves that the truth of the Universe in human truth, I have taken a scientific fact to illustrate this. Matter is composed of protons and electrons, with gaps between them; but matter may seem to be solid. Similarly humanity is composed of Individuals, yet they have their interconnection of human relationship, which gives living solidarily to man's world, the entire universe is linked up with us in a similar manner, it is a human universe. I have persued this thought through art, literature and the religiose consciousness of man" (The Religion of man, Appendix II) द्विवेदी जी के व्यक्ति-मानव के अनुभव और विचार को समष्टि-मानव की धारणाओं के

अनुकूल बनाने पर विशेष बल दिया है क्योंकि व्यक्ति का सत्य समष्टि के अनुकूल होकर ही सार्वभौम सत्य बनता है। व्यक्ति-मानव, समष्टिमानव के प्रति पूर्णतः समर्पित होकर ही सार्थकता प्राप्त करता है। इसी में उसका मनुष्यत्व है। व्यक्ति मानव ज्यों-ज्यों समष्टिमानव की ओर उन्मुख होता गया है, त्यों-त्यो वह पशु-सुलभ-धरातल से ऊपर उठता गया है। द्विवेदी जी ने घोषित किया है कि, ''मनुष्य रूपी पुरुष ही, अर्थात् पशु-सुलभ-धरातल से ऊपर उठा हुआ मनुष्यत्वधर्मी जीव ही सृष्टि की सबसे बड़ी साधना है। उससे बड़ा कुछ भी नहीं। 'पुरुषान्नपरंकिंचित् सा काष्ठा सा परा गतिः।'' (ग्रन्था. 7, पृ. 160) द्विवेदी जी ने मनुष्य की श्रेष्ठता का उद्घोष अनेक अवसरों पर अनेक रूपों में किया है। वे मनुष्य की एकता और अखंडता में विश्वास करते हैं। उनके अनुसार—''मनुष्य समस्त ऊपरी विभेदों के अन्तराल में एक और अखंड है। तथाकथित धर्ममत, राष्ट्रीयता और जाति-तत्त्व उसकी अखंडता म्ों किसी प्रकार की बाधा नहीं पहुँचा सकते।'' (ग्रन्था. 9, पृ. 382) वे अनुभव करते हैं कि मनुष्य निरन्तर विकास की प्रक्रिया से गुजर रहा है। वे कहते हैं, ''मुझे यह विश्वास करने में उल्लास अनुभव होता है कि मनुष्य उसी प्रकार विकसित हो रहा है जिस प्रकार कली पुष्प के रूप में विकसित होती है। जिस प्रकार पुष्प का सौन्दर्य और सुगन्धि उसका अन्तर्निहित सत्य है जो यथासमय उसे अवश्य प्राप्त होता है, उसी प्रकार मनुष्य की धर्म-बुद्धि और उसकी सहज सौन्दर्य-प्रेरणा, उसका अन्तर्निहित सत्य है। वह एक-न-एक दिन अवश्य प्राप्त होगी।'' (ग्रन्था. 9, पृ. 383) मनुष्य का यह विकास पशुता से मनुष्यता की ओर हो रहा है। द्विवेदी जी उसी व्यक्ति को मनुष्य समझते हैं जिसमें मनुष्यत्व हो। वे कहते हैं, ''मनुष्य इसलिए मनुष्य है कि उसमें मनुष्यत्वधर्म है।'' (ग्रन्था. 10, पृ. 290) इनके अनुसार—''**मध्ययुग में जिस बात को अध्यात्म कहा करते थे, वही वस्तुतः इस युग का मनुष्यत्व है।**'' (ग्रन्था. 10, पृ. 275) वे यहाँ तक कह जाते हैं कि, ''मानवता की सेवा करना ही वस्तुतः पूजा और उपासना है। **मनुष्य के सिवा और कोई ईश्वर नहीं है।**'' (ग्रन्था. 10, पृ. 65) 'हिन्दीसाहित्य की भूमिका' में आधुनिक कविता की चर्चा करते हुए वे कहते हैं, ''**ईवर का स्थान आज मानवता ने ले लिया है, पूजन-भजन के स्थान पर आज पीड़ित मानवता की सत्यता और हमदर्दी प्रतिष्ठित हो चुकी है।**'' (ग्रन्था. 3, पृ. 141) द्विवेदी जी डारविन के **विकासवाद** को स्वीकार करते हुए उसी के हवाले यह स्पष्ट करते हैं कि इस जगत में जो कुछ सत्य है, मानव-सत्य है। वे कहते हैं, ''विकासवाद' का सिद्धान्त आजकल प्रायः सर्वस्वीकृत सिद्धान्त है। इस सृष्टि-प्रक्रिया को इस दृष्टि से देखनेवाले को यह

बात स्पष्ट हो जाएगी कि मनुष्य के रूप में ही सृष्टि का सर्वोत्तम प्राणी विकसित हुआ है। मनुष्य देह में ही मन और बुद्धि का, भाववेग और तर्क-युक्ति के आश्रय इन्द्रिय-विशेष का—विकास हुआ है। यह संसार क्या है? और कैसा है? इसके जानने का एकमात्र साधन मनुष्य की बुद्धि है। हम जो कुछ समझ रहे हैं और जो कुछ समझ सकते हैं, सब मनुष्य का समझा हुआ सत्य है। **मनुष्य निरपेक्ष-सत्य बात की बात है।**'' (ग्रन्था. 10, पृ. 78) इसीलिए, ''मनुष्य की महिला अपार है। उसके विचारों का मूल्य है। उसका बुद्धि-वैभव चकित कर देनेवाला है। मनोविज्ञान, प्राणि-विद्या, पदार्थ-विज्ञान तथा उसकी जय-यात्रा के क्रम में अनुभव एवं तर्क-प्रसूत अन्य ज्ञान-धाराएँ मनुष्य की अद्‌भुत बुद्धि के कण मात्र है, ये ही सब कुछ नहीं हैं, मनुष्य इनसे बड़ा है।'' (ग्रन्था. 10, पृ. 121) मनुष्य के इसी बड़प्पन का अनुभव करते हुए पश्चिम में **नवमानवतावाद** का जन्म हुआ था। द्विवेदी जी इसकी प्रकृति से अच्छी तरह परिचित थे। वे जानते थे कि, **'ऐहिक दृष्टि और मनुष्य के मूल्य और महत्त्व की मर्यादा का बोध इसका प्रधान लक्षण है।** 'मनुष्य' के प्रति यह आधुनिक वैज्ञानिक दृष्टि है। द्विवेदी जी इसे पूरे मन से स्वीकार कर चुके थे। उनके अनुसार मनुष्य की महिमा और मानव-मूल्यों में विश्वास तथा मनुष्य के इसी मर्त्यजीवन को सब प्रकार के दु:ख-शोक से मुक्त करके समृद्धि-युक्त करना इसके दो प्रधान लक्षण है। द्विवेदी जी ने पूरे विश्वास से घोषित किया कि, **'मनुष्य ही साहित्य का लक्ष्य है'**। उन्होंने कहा है, ''मैं साहित्य को मनुष्य की दृष्टि से देखने का पक्षपाती हूँ। जो वाग्जाल मनुष्य को दुर्गति, हीनता और परमुखापेक्षित से बचा न सके, जा उसकी आत्मा को तेजोदीप्त न बना सके, जो उसके हृदय को परदु:खकातर और संवेदनशील न बना सके, उसे साहित्य कहने में मुझे संकोच होता है।''(ग्रन्था. 10, पृ. 24) द्विवेदी जी इतिहास, साहित्य, राजनीति, अर्थशास्त्र सभी के केन्द्र में मनुष्य की प्रतिष्ठा करते हुए कहते हैं, ''वास्तव में हमारे अध्ययन की सामग्री प्रत्यक्ष मनुष्य है। आपने इतिहास में इसी मनुष्य की धारावाहिक जययात्रा की कहानी पढ़ी है। साहित्य में इसी के आवेगों, उद्वेगों और उल्लासों का स्पन्दन देखा है, राजनीति में इसकी लुका-छिपी के खेल का दर्शन किया है, अर्थशास्त्र में इसकी रीढ़ की शक्ति का अध्ययन किया है। यह मनुष्य ही वास्तविक लक्ष्य है।''(ग्रन्था. 10, पृ. 34) मनुष्य, मनुष्यत्व और मानवतावाद की बार-बार चर्चा करने के बाद द्विवेदी जी ने अपने 'मानवतावाद' को स्पष्ट करते हुए कहा है, ''मानवतावाद ठीक है, पर मुक्ति किसकी? क्या व्यक्ति-मानव की? **सामाजिक मानवतावाद ही उत्तम समाधान है। मनुष्य को, व्यक्ति-मनुष्य को नहीं, बल्कि समष्टि-मनुष्य**

को, आर्थिक, सामाजिक और राजनीतिक शोषण से मुक्त करना होगा—नान्य: पन्था विद्यते अयनाय।'' (ग्रन्था. 10, पृ. 8)

आचार्य-द्विवेदी की समीक्षा-दृष्टि के सम्बन्ध में हिन्दी-जगत एकमत नहीं है। किसी ने कहा है कि, ''वह प्रारम्भ से ही स्वच्छन्तावादी एवं ऐतिहासिक रही है जिसमें क्रमश: मानवतावादी एवं समाजवादी मूल्य भी पुष्ट होते गए हैं।'' (हिन्दी आलोचना : उद्‌भव और विकास, पृ. 676) किसी ने यह बताया है कि वह ''मूलत: रचना के सौन्दर्य एवं उसके विधायक-तत्त्वों का उद्‌घाटन करनेवाली रचनात्मक दृष्टि है जो यह मानती है कि स्वस्थ एवं सशक्त साहित्य के सर्जन के मूल में ही सामाजिकता और मानववादिता होती है।'' (हिन्दी-समीक्षा-स्वरूप एवं सन्दर्भ, पृ. 178) किसी की दृष्टि में, ''आचार्य नन्ददुलारे वाजपेयी और डॉ. नगेन्द्र की भाँति वे भी समन्वयवादी ही हैं लेकिन इन दोनों से वे इस दृष्टि से भिन्न हैं कि उनकी मूल दिशा प्रतिक्रियावादी न होकर प्रगतिशील है।'' (हिन्दी-आलोचना का विकास, पृ. 201) किसी का कहना है कि, ''आचार्य द्विवेदी की समीक्षा-दृष्टि मुख्यत: ऐतिहासिक-सामाजिक है।'' (हिन्दी-आलोचना, पृ. 145) इन सबसे अलग डॉ. नामवर सिंह के अनुसार आचार्य द्विवेदी ने कबीर के माध्यम से जाति-धर्म-निरपेक्ष मानव की प्रतिष्ठा करके अपनी सन्तुलित सत्यान्वेषी दृष्टि का परिचय दिया है और '**हिन्दी-साहित्य की लोकोन्मुख प्रगतिशील परम्परा का विकास किया है।**' (दूसरी परम्परा की खोज, पृ. 21) वस्तुत: आचार्य द्विवेदी की दृष्टि-निर्माण में उपरोक्त सभी दृष्टियों का योगदान रहा है क्योंकि ये सभी दृष्टियाँ किसी-न-किसी रूप में 'मनुष्य' को महत्त्व देकर 'मानवतावाद' को पुष्ट करती हैं। द्विवेदी जी 'स्वच्छन्दतावादी' हैं क्योंकि स्वच्छन्दतावाद उन्मुक्त चिन्तन को महत्त्व देता है और उसका जन्म **मानवतावाद** के पेट से हुआ है। द्विवेदी जी की दृष्टि ऐतिहासिक है क्योंकि इतिहास उनकी दृष्टि में **मनुष्य की जययात्रा की कहानी** के अतिरिक्त और कुछ नहीं है। द्विवेदी जी **समाजवादी** हैं क्योंकि वे पीड़ित मानवता के हिमायती हैं और समष्टि-मानव की मुक्ति की कामना करते हैं। उनकी दृष्टि **रचनात्मक** है क्योंकि **रचना सच्चे अर्थों में मनुष्यत्व की अभिव्यक्ति है।** वह मनुष्य की चित्त-शक्ति का सहज उन्मेष है। द्विवेदी जी **समन्वयशील** हैं किन्तु इस अर्थ में नहीं कि यह भी ठीक है, वह भी ठीक है। वे इस अर्थ में समन्वयशील है कि ऊपर से भिन्न प्रतीत होनेवाले मतों और विचारों के केन्द्र में तात्त्विक एकता का निदर्शन करते हैं। उनके समन्वय में समझौता नहीं सन्तुलन और सामंजस्य होता है। वे **प्रगतिशील** हैं क्योंकि प्रगतिशील दृष्टि मनुष्य को नियति

का गुलाम नहीं बनने देती है, वह मनुष्य को संघर्षशील और दृढ़ चित्त बनाती है तथा उसके सामूहिक कल्याण का मार्ग प्रशस्त करने की सदेच्छा से प्रेरित है। द्विवेदी जी को **दूसरी परम्परा का अन्वेषक** भी कहा जा सकता है किन्तु इस अर्थ में नहीं कि उन्होंने भाववादी चिन्तन के समानान्तर भारतीय पदार्थवादी चिन्तन की परम्परा को पुनरुज्जीवित किया है। वे दूसरी परम्परा के अन्वेषक इस अर्थ में हैं कि उन्होंने सामाजिक मर्यादा की दृष्टि से हीन माने जानेवाले **उपेक्षितों, दलितों** और **पीड़ितों** की इच्छाओं-आकांक्षाओं को भी समझने और वाणी देने का प्रयत्न किया है। उन्होंने द्रविड़ों, किरातों, अहीरों, डोमों, दुसाधों, कोलों, गोड़ों, कंजरों, बेड़ियों के इतिहास के प्रति भी जिज्ञासा प्रकट की है और भारतीय संस्कृति के निर्माण में इनके प्रदेय को रेखांकित किया है। सिद्धों, नाथों और सन्तों, के साहित्य में 'उनकी गहरी दिलचस्पी भी इसी दृष्टि का परिणाम है। इसमें सन्देह नहीं कि जिस युग में द्विवेदी जी के काव्य-संस्कार का विकास हुआ था, वह 'स्वच्छन्दतावाद' के उत्कर्ष का काल था किन्तु जिस प्रकार बँगला में स्वच्छन्दतावादी युग के रचनाकार होने पर भी रवीन्द्रनाथ टैगोर का अपना अलग रंग है उसी प्रकार हिन्दी में स्वच्छन्दतावादी-युग की विभूति होने पर भी द्विवेदी जी की रचना और समीक्षा-दृष्टि की अपनी अलग पहचान है। उसे मात्र स्वच्छन्दतावादी कहकर सन्तुष्ट नहीं हुआ जा सकता। **वह मनुष्य को उसकी समग्रता में देखने-परखने और स्वीकार करनेवाली सन्तुलित दृष्टि है।**

द्विवेदी जी की समीक्षा-दृष्टि **मूलतः मानवधर्मा एवं सांस्कृतिक है।** उन्होंने काव्य के समस्त सौन्दर्य-विधायक-तत्त्वों को ही नहीं स्वयं सौन्दर्य-चेतना को भी इसी दृष्टि से देखा है। उनके अनुसार सौन्दर्य सामंजस्य पर आधृत है। यह सामंजस्य धनी और गरीब, छोटे और बड़े, शिक्षित और अशिक्षित के भेद को मिटाकर ही स्थापित किया जा सकता है। मनुष्यत्वधर्मी जीव ही भीतर से अर्थात् चेतना के स्पर पर सुसंस्कृत होता है और वही सारे भेदों को मिटाकर बाह्य एवं अन्तर्जगत में 'सामंजस्य एवं सौन्दर्य का विधान कर सकता है।' 'मनुष्य ही साहित्य का लक्ष्य है' शीर्षक—अपने प्रसिद्ध निबन्ध में वे कहते हैं, ''साहित्य के उपासक अपने पैर के नीचे की मिट्टी की उपेक्षा नहीं कर सकते। हम सारे बाह्य जगत को असुन्दर छोड़कर सौन्दर्य की सृष्टि नहीं कर सकते। सुन्दरता सामंजस्य का नाम है। जिस दुनिया में छोटाई और बड़ाई में, धनी और निर्धन में, ज्ञानी और अज्ञानी में, आकाश-पाताल का अन्तर को वह दुनिया बाह्य सामंजस्यमय नहीं कही जा सकती और इसीलिए वह सुन्दर भी नहीं है।'' (ग्रन्थ. 10, पृ. 36) इसी क्रम में वे आगे कहते हैं, ''यदि किसी देश का बाह्य रूप

सम्मान योग्य तथा सुन्दर नहीं बन सका है, तो समझना चाहिए कि उस राष्ट्र की आत्मा में एक उच्च जगत का निर्माण किया जाना शुरू नहीं हुआ है, अर्थात् वहाँ सच्चे साहित्य के निर्माण का श्रीगणेश नहीं हुआ है। सांहित्य ही मनुष्य को भीतर से सुसंस्कृत और उन्नत बनाता है और तभी उसका बाह्य रूप भी साफ और स्वस्थ दिखाई पड़ता है।'' (ग्रन्थ. 10, पृ. 37) काव्य का मनुष्यत्व से या मनुष्यमात्र के बीच विद्यमान एकत्व से सीधा सम्बन्ध स्थापित करते हुए द्विवेदी जी कहते हैं, ''काव्य, पाठक के सुख-दु:ख में आवेग उत्पन्न करते हैं। मनुष्य दूसरों के सुख-दु:ख से प्रभावित होता है, उनके साथ उसकी संवेदना होती है। और अन्ततोगत्वा इस सुख-दु:ख को आत्मसात करके अनुभव करने लगता है। इस प्रकार **काव्य मनुष्य-मनुष्य के बीच विद्यमान 'एकत्व' का प्रतिष्ठापक होता है।** काव्य-प्रमाणित कर देता है कि व्यक्ति मानव के ऊपरी विभेदों, के नीचे एक अभेद है, एकता है।'' (ग्रन्था. 7,पृ. 68) साहित्य या काव्य के सारे सौन्दर्य-विधायक तत्त्व—छन्द, अलंकार, रीति, उक्तिवक्रता आदि—भी द्विवेदी जी की दृष्टि में मनुष्य के हित-साधन के निमित्त हैं। ये स्वयं में साध्य नहीं है। काव्य का साध्य है—**समष्टिचित्त में अनुकूल भावान्दोलन पैदा करना। जो तत्त्व समष्टिचित्त को प्रभावित और आन्दोलित करता है वही सौन्दर्य है।** प्राचीन आचार्यों ने **रस-वस्तु** के रूप में इसी 'तत्त्व' की अवधारणा की थी। रस-वस्तु सहृदय-संवेद्य होती थी। द्विवेदी जी के अनुसार सहृदय व्यक्ति वह है जिसका चित्त उस दिशा में उन्मुख होता है जिसे **सामान्य मनुष्यता** या **कामन ह्यूमैनिटी** की दिशा कहते हैं। (साहित्य का शाश्वत स्तर और आधुनिकता) इस प्रकार काव्य का लक्ष्य है—**सौन्दर्य या रस-तत्त्व की अभिव्यक्ति** के माध्यम में समष्टि-चित्त या सामान्य मनुष्यता को प्रभावित और आन्दोलित करना। यह कार्य शब्द और अर्थ की परस्परस्पर्धी चारुता के माध्यम से सम्पन्न होता है। द्विवेदी जी का स्पष्ट मत है कि शब्द और अर्थ में सब-कुछ समाहित है। वे कहते हैं, ''अर्थ बहुत छोटा-सा शब्द है। परन्तु है तेजवन्त। इसके पेट में सारा जगत आ जाता है। जो कुछ है, पदार्थ ही तो है। वस्तु, विचार, भाव, रस, रसाभास सभी अर्थ है। कुछ वाच्यार्थ हैं। कुछ लक्ष्यार्थ हैं। कुछ व्यंग्यार्थ। अर्थ की सीमा में सब आ जाता है, पुराना भी नया भी, अनागत भी। जिसे हम साहित्य कहते हैं, उसमें शब्द और अर्थ, पद और पदार्थ की परस्परस्पर्धी-चारुता का रहना आवश्यक है। यह आदि सत्य है।'' (साहित्य का शाश्वत स्तर और आधुनिकता) इस प्रकार जिसे हम सामान्यत: शब्द और अर्थ के सह-भाव या सामंजस्य के रूप में पहचानते हैं वह वस्तुत: जीवन और जगत का सामंजस्य है। छोटे-बड़े, धनी-

निर्धन तथा शिक्षित-अशिक्षित के भेद को मिटाकर समाज को सुन्दर बनाने की साधना का शाब्दिक विधान है। इसके मूल में रचनाकार की वह संवेदनशीलता निहित है जो व्यक्ति को सारे भेदों से मुक्त करके उसे सच्चे अर्थ में मनुष्यधर्मा बनाती है।)

मनुष्य-धर्मिता को श्रेष्ठ साहित्य का प्रतिमान मानने के कारण ही द्विवेदी जी सूरदास, कबीर, कालिदास, रवीन्द्र, प्रेमचन्द आदि साहित्यकारों का सही मूल्यांकन कर सके हैं। **सूरदास** का महत्त्व इसलिए है कि उन्होंने उस गाढ़ राग को उन्मुक्त चित्त से अकुंठ रूप में प्रकट किया है जो मनुष्य को जीने की अमोघ शक्ति प्रदान करता है और सारी मानवता को एकसूत्र में बाँधने की शक्ति रखता है। **कबीर** इसलिए महान है कि उसने मनुष्य को सारे भेद-प्रभेदों से ऊपर उठाकर सहज रूप में प्रतिष्ठित किया है। **कालिदास** इसलिए कनिष्ठिकाधिष्ठित हैं कि, ''उन्होंने मनुष्य की कोमल सुकुमार भावनाओं को स्पन्दित करके उसे बहुत गहराई में आन्दोलित किया है।'' **रवीन्द्र** इसलिए बड़े हैं कि उन्होंने भारतवर्ष में जो कुछ श्रेष्ठ है, महनीय है, वरेण्य है, उसे रूप देकर, रस देकर संसार को सामने रखा और बताया कि मनुष्य के स्वधर्म की पहचान ही साहित्य का परम लक्ष्य है। **प्रेमचन्द** इसलिए स्मरणीय हैं कि वे जनता के सच्चे प्रतिनिधि थे और उन्होंने मानव-जीवन की सच्चाई को पूरी ईमानदारी से व्यक्त किया है। इन सभी लेखकों ने मनुष्य-सत्य में विश्वास किया है। और इनके साहित्य में मनुष्यता चरितार्थ हुई है। व्यापक अर्थ में ये सभी कवि और लेखक 'मानवतावादी' हैं। **आचार्य द्विवेदी के पूरे काव्य-चिन्तन में उनकी मानवतावादी दृष्टि स्पष्ट परिलक्षित होती है। उनके द्वारा प्रयुक्त पारिभाषिक शब्दावली भी इसी दृष्टि का साक्ष्य प्रस्तुत करती है।**

आचार्य द्विवेदी द्वारा प्रयुक्त पारिभाषिक शब्दावली को हम मुख्यत: चार वर्गों में रख सकते हैं। 1. परम्परा से गृहीत शास्त्रीय शब्दावली, 2. लालित्य-तत्त्व की व्याख्या के क्रम में उद्‌भावित शास्त्रीय शब्दावली, 3. युग-प्रचलित आधुनिक शब्दावली, 4. स्वयं की उद्‌भावित मौलिक शब्दावली। आचार्य द्विवेदी ने सभी प्रकार की पारिभाषिक शब्दावली को अपनी मानवतावादी दृष्टि के आलोक में देखा परखा और प्रयुक्त किया है।

अपनी व्यावहारिक समीक्षा में **परम्परागत शास्त्रीय शब्दावली** का प्रयोग द्विवेदी जी ने बहुत कम किया है। अलंकारशास्त्र के गम्भीर अध्येता होने पर भी उसे वे साधन ही मानते रहे। उन्होंने अधिक-से-अधिक उसे साहित्य का 'साथी' या 'सहचर' कहना ही उचित समझा है। संस्कृत कवियों—विशेषत: कालिदास—

की चर्चा करते समय तथा मध्यकालीनबोध का स्वरूप निर्णय करते समय वे प्रसंगवश पूरे भारतीय साहित्य के विकास-क्रम में अलंकारशास्त्र की स्थिति का भी अवलोकन कर जाते हैं और निर्णय देते हैं कि, "सन् ईसवी के बहुत पूर्व से ही अलंकृत काव्य-शैली काफी प्रौढ़ हो चुकी थी।" (मध्यकालीनबोध का स्वरूप, पृ. 109) कालिदास के समय तक दो बातें निश्चित रूप से काव्य में प्रमुख स्थान पाने लगी थीं। (1) अनेक प्रकार से **शब्दालंकार** और **अर्थालंकार** द्वारा वर्णन को चमत्कारिक बनाना और (2) **शृंगार रस**—तत्रापि कामशास्त्रीय विलास-चेष्टाओं की योजना। परवर्ती संस्कृत साहित्य में उक्ति-चमत्कार में **श्लेष** की प्रवृत्ति क्रमशः बढ़ती गई है और बारहवीं शताब्दी तक आते-आते वह हास्यास्पद स्थिति तक पहुँच गई है। (मध्यकालीनबोध का स्वरूप, पृ. 110) इसी प्रसंग में द्विवेदी जी ने आगे कहा है, "इस प्रकार बारहवीं शताब्दी तक संस्कृत, प्राकृत और अपभ्रंश के कवि **शृंगार रस को सर्वश्रेष्ठ और कभी-कभी एकमात्र रस मान चुके थे। वीररस** उसके बाद आता है।" (वही, पृ. 118) स्पष्ट है कि अलंकारशास्त्र को द्विवेदी जी ने युग-विकास-क्रम के साथ बदलती हुई मानव-प्रवृत्ति को लक्षित और विश्लेषित करने का साधन मान लिया है। अर्थात् यहाँ भी उनका ध्यान शास्त्रीय उपादानों को लक्षित और निर्दिष्ट करने पर नहीं मानव की मनःप्रवृत्ति के निदर्शन पर केन्द्रित है। **सूरदास** द्विवेदी जी की प्रथम आलोचना कृति है। इसमें सूरदास की विशेषता की ओर हमारा ध्यान आकृष्ट करते हुए उन्होंने हिन्दी में पहली बार 'उज्ज्वलनील मणि' का हवाला दिया और कहा है, "आलंकारियों ने तीन प्रकार की रति मानी है—**साधारणी, समंजसा, और समर्था। साधारणीय रति कुब्जा** आदि में, **समंजसा** मथुरा की रानियों में और **समर्था** ब्रज-बालाओं में। 'समर्था रति', में भी कई सीढ़ियाँ हैं। प्रथम दशा में **रति** बीज की नाईं, **प्रेम** ईख की नाईं, **स्नेह** रस की तरह, **मान** गुड़ की तरह, **प्रणय** खाँड़ की तरह, **राग** शर्करा (चीनी) की तरह, **अनुराग** मिश्री की तरह और अन्त में **महाभात** सितोपल की भाँति दृष्ट होता है।" (ग्रन्थावली 4, पृ. 113) **महाभाव** की व्याख्या करते हुए द्विवेदी जी कहते हैं—"महाभाव वह है जहाँ प्रिय-मिलन के सुख के समान कोटि ब्रह्मांड का सुख भी नहीं होता और उसके विरह के दुःख के समान कोटि नरक का दुःख भी नहीं होता।" (ग्रन्था. पृ. 114) यह **महाभाव** केवल राधा में ही सम्भव है। महाभाव के दो भेद होते हैं। **मोदन** और **मादन**। द्विवेदी जी के शब्दों में, "**मोदन** की अवस्था में पट्टमहिषी गण द्वारा आलिंगित होने पर भी श्रीकृष्ण राधा का स्मरण कर' मूर्च्छित हो जाते हैं। 'मादन' महाभाव में राधिका को श्रीकृष्ण की मुरली और

वनमाला से भी ईर्ष्या होती है।'' (ग्रन्था. 4, पृ. 114) सूरदास ने मादन महाभाव की स्थिति गोपियों में भी दिखाई है। 'उज्ज्वलनीलमणि' के अनुसार राधा सदैव व्यक्त-यौवना किशोरी हैं, इसलिए उन्हें इसी रूप में दिखाया जाना चाहिए। सूरदास ने इसका अनुसरण नहीं किया है। उनकी राधा बालिका, किशोरी और तरुणी सभी रूपों में चित्रित हैं। द्विवेदी जी ने निर्णय दिया है कि 'सूरदास की सृजन-शक्ति स्वतन्त्र है। आचार्य द्विवेदी ने वैष्णव भक्ति-शास्त्र के एक और पारिभाषिक शब्द का प्रयोग मध्यकालीन धर्म-साधना के वैशिष्ट्य-निरूपण-क्रम में किया है। वह है—**उज्ज्वलरस** या **मधुररस।** उनके अनुसार, ''लौकिक प्रीति का विषय होने पर यह प्रेम 'श्रृंगाररस' का विषय होता है और सब प्रेमों के नीचे पड़ जाता है।, परन्तु जब यह चिन्मुख होता है, अर्थात् भगवद्विषयक होता है, इसका नाम **उज्ज्वलरस** होता है। यही श्रेष्ठ रस है।'' (ग्रन्था. 5, पृ. 303) 'मधुररस' 'उज्ज्वलरस' से अभिन्न है। इसकी व्याख्या करते हुए द्विवेदी जी कहते हैं, ''जड़जगत में जो सबसे नीचे है, वही भगवद्विषयक होने पर सबसे ऊपर हो जाता है। यही कारण है कि श्रृंगाररस जो जड़ जगत में सबसे निकृष्ट है, वस्तुतः भगवद्विषयक श्रृंगार होने पर 'मधुररस' हो जाता है।'' (ग्रन्था. 5, पृ. 375) 'हिन्दी-साहित्य : उद्भव और विकास' में सूरदास का मूल्यांकन करते हुए द्विवेदी जी ने कुछ परम्परागत अलंकारशास्त्र के शब्दों—**आश्रयरूपआलम्बन, विषयरूपआलम्बन, संयोगावस्था, वियोगावस्था, पूर्वराग, मान, प्रवास स्वभावोक्ति उपमा, रूपक, उत्प्रेक्षा** आदि—का भी प्रयोग किया है किन्तु यह प्रयोग अलंकारशास्त्र की दृष्टि से सूरकाव्य का मूल्यांकन करने के लिए नहीं किया गया है वरन यह बताने के लिए किया गया है कि, ''काव्यगुणों की इस विशाल वनस्थली में एक अपना सहज सौन्दर्य है। वह उस रमणीय उद्यान के समान नहीं जिसका सौन्दर्य पद-पद पर माली के कृतित्व की याद दिलाया करता है, बल्कि उस अकृत्रिम वनभूमि की भाँति है जिसका रचयिता रचना में ही घुल-मिल गया है।'' (ग्रन्था. 3, पृ. 360) विषयरूप आलम्बन—**श्रीकृष्ण**— के साथ एकाकार हो जाने के कारण अलंकारशास्त्र हाथ जोड़कर उसके पीछे-पीछे दौड़ने के लिए विवश हो गया है।'' कहना न होगा कि सूरकाव्य का यह सहज सौन्दर्य मनुष्यता की उच्चतम मनोभूमि की पहचान है। **कबीर** का मूल्यांकन करते हुए द्विवेदी जी की दृष्टि शास्त्रीय कतई नहीं है। किन्तु 'उपसंहार' में उन्होंने **छन्दोयोजना, उक्ति-वैचिज्य, अलंकार-विधान** तथा **ध्वनित, व्यंजना, ध्वनन** आदि शब्दों का प्रयोग किया है। उनकी दृष्टि में ''कबीर ने कविता लिखने की प्रतिज्ञा करके अपनी बातें नहीं कही थीं। उनकी

छान्दोयोजना, उक्तिवैचित्र्य और **अलंकार-विधान** पूर्ण रूप से स्वाभाविक और अयत्नसाधिक है।'' (कबीर उपसंहार, पृ. 217) इसी क्रम में द्विवेदी जी ने आगे चलकर कहा है, ''वाणी द्वारा उन्होंने उस निगूढ़ अनुभवैकगम्य तत्त्व की ओर इशारा किया है, उसे ध्वनित किया है। ऐसा करने के लिए उन्हें भाषा के द्वारा रूप खड़ा करना पड़ा है और अरूप को रूप के द्वारा अभिव्यक्त करने की साधना करनी पड़ी है। काव्यशास्त्र के आचार्य इसे ही कवि की सबसे बड़ी शक्ति बताते हैं। रूप के द्वारा अरूप की **व्यंजना** कथन के जरिये अकथ्य का **ध्वनन**, काव्य-शक्ति का चरम निदर्शन नहीं तो क्या है?'' (कबीर, पृ. 220) आधुनिक हिन्दी-साहित्य शीर्षक अपनी छोटी सी पुस्तक में द्विवेदी जी ने चार आधुनिक कवियों—सियारामशरण गुप्त, महादेवी, रामकुमार वर्मा, दिनकर की—समीक्षा की है। यह समीक्षा यद्यपि रागात्मक प्रभाव की दृष्टि से ही की गई है किन्तु इसमें भी **सरस, करुणरस, स्थायी, संचारी, रसाभास, व्यंग्य रूपक, लाक्षणिकप्रयोग, रसबोध** जैसे शास्त्रीय शब्द आवश्यकतानुसार सहज ही प्रयुक्त हुए हैं। सियारामशरण गुप्त का 'पाथेय' द्विवेदी जी को 'एक ही साथ सरस और नीरस रचनाओं का अद्भुत संग्रह' प्रतीत हुआ है। महादेवी की 'नीरजा' का मूल्यांकन करते हुए द्विवेदी जी ने प्राचीन आलंकारिकों द्वारा निरूपित अनुभूति के तीन भेदों **सात्त्विक, राजस** और **तामस** का उल्लेख करते हुए बताया है कि सात्त्विक अनुभूति में ही रस का परिपाक होता है और लक्षित किया है कि महादेवी की कविताओं में **राजस** और **सात्त्विक** अनुभूतियाँ पास-ही-पास दिखाई देती हैं। तात्पर्य यह कि उनकी कविताओं में **रस-परिपाक हुआ भी है और नहीं भी हुआ है।** रामकुमार वर्मा की 'चित्ररेखा' की समीक्षा करते हुए द्विवेदी जी को महाकवि भवभूमि के 'एकोरस: **करुण** एव' की याद हो आई है। 'दिनकर' की 'रेणुका' की समीक्षा करते हुए द्विवेदी जी ने अनुभव किया है कि, ''वर्तमान युग का कवि **रस-परिपाक** की ओर उतना ध्यान नहीं देता, जितना **स्थायी** या **संचारी** भावों को खील-खील कर **निरतिशय वाच्य रूप** में प्रकट करने की ओर।'' उन्होंने यह भी लक्षित किया है कि आज का कवि रस को व्यंग्य करने पर ध्यान न देकर एकतरफा प्रेम का इजहार करता है। प्राचीनों ने 'एकतरफा प्रेम की अनुभयनिष्ठा रति को **रस नहीं रसाभास' कहा है।** महादेवी की 'नीहार' की समीक्षा करते हुए द्विवेदी जी का ध्यान दो बातों की ओर गया है। एक तो यह कि यदि यह ध्यान न रखा जाए कि उनका प्रिय एक असीम और रहस्यमय प्रिय है, तो **रसबोध** में पद-पद पर बोधा पहुँचती रहेगी 'दूसरे यह कि वर्तमान हिन्दी-कविता में **रूपकों** की जटिलता बढ़ती जा रही है और लाक्षणिक

शब्दों का प्रयोग तो कभी-कभी बड़ा अप्रिय मालूम पड़ता है। उपरोक्त प्रयोगों पर ध्यान देने से स्पष्ट है कि **आधुनिक कविता प्राचीन अलंकारशास्त्र का अनुसरण नहीं करती।** वह प्राचीन सिद्धान्तों का अतिक्रमण करती है और माँग करती है कि उसके लिए नवीन नियमों का सन्धान किया जाए।

कालिदास की लालित्य-योजना पर विचार करते हुए द्विवेदी जी ने अनेक पारिभाषिक शब्दों की उद्‌भावना की है। यद्यपि यह उद्‌भावना कालिदास की रचनाओं में प्रयुक्त विशिष्ट शब्दावली के आधार पर ही की गई है किन्तु द्विवेदी जी की व्याख्या मौलिक है। **लालित्य** के अनुसन्धान और सम्यक बोध के लिए **छन्द, अन्यथाकरण, अन्वयन, विनिवेशन, भावानुप्रवेश, यथालिखितानुभाविता, करणविगम, अबोधपूर्वा** आदि पारिभाषिक शब्दों की सही जानकारी अपेक्षित है। छन्द की व्याख्या करते हुए द्विवेदी जी कहते हैं, ''छन्द कोई बाह्य वस्तु नहीं है। बाह्य जगत में दिन-रात ऋतु-परिवर्तन और भू-चक्र का नियतावर्तन चल रहा है। मानव शरीर में नाड़ियों का स्पन्दन, श्वास-प्रश्वास की क्रिया नियम ताल पर चल रही है। इस नियतानुवर्तन को हम अनुक्रमता कहेंगे। इदन्ता प्रधान बाह्य जगत में परिदृश्यमान अनुक्रमता जब अहंता प्रधान मानव के अन्तर्जगत में प्रतिभासित अनुक्रमता के ताल-से-ताल मिलाकर चलती है तो लय और ताल की अनुभूति होती है। **यही छन्द है।**'' (कालिदास की लालित्य योजना, पृ. 56) इसे समष्टिगत चित्‌शक्ति की सर्जनेच्छा या सिसृक्षा कह सकते हैं। समष्टि-चेतना स्वभावत: सर्जनात्मक है। रचनाकार के रूप में व्यक्ति को विश्वात्मा की मूल सर्जनेच्छा (जिसे आजकल प्रकृति कहा जाता है) के अनुकूल सृष्टि करनी चाहिए। **समष्टिचेतना की अनुकूलता ही सौन्दर्य है। 'छन्द' इसी अनुकूलता के विधान का नाम है।** चित्रकार (रचनाकार) को ठीक-ठीक चित्र बनाने के लिए बाह्यजगत से गृहीत सामग्री में काफी कुछ जोड़ना-घटाना पड़ता है। बहुत कुछ फेर-बदल करना पड़ता है। **इस कौशल को अन्यथाकरण कहते हैं।** अन्यथाकरण के द्वारा श्रेष्ठ रचनाकार बाह्यजगत के सौन्दर्य को हू-ब-हू प्रस्तुत न करके उसे और सुन्दर और समृद्ध बना देता है। चित्रकार या रचनाकार जब सार्थक चित्र-रचना या कला-सृष्टि करता है तो उसमें भाव-परम्परा दीर्घ-काल तक द्रष्टा या पाठक के चित को प्रभावित करती रहती है। यह क्रिया ठीक उसी प्रकार होती है। जिस प्रकार हलका सा आघात पाकर भी वीणा के तार देर तक अनुरणित होते रहते हैं। **देर तक मानसिक भाव-परम्परा को प्रभाव-क्षम बनाऐ रखने की प्रक्रिया ही 'अन्वयन' है। कला-रचना के उपादानों की प्रकृति का अध्ययन करके उनका उचित**

सन्निवेश की 'विनिवेशन' है। प्रत्येक प्रकार की कला-रचना (चित्र-नृत्य, काव्य आदि) के माध्यम से **व्यक्त और व्यंजित होनेवाले भाव में रचनाकार का विलीन हो जाना ही 'भावानुप्रवेश' है।** इस स्थिति में नर्तक नर्तितव्य विषय के साथ एकमेक हो जाता है। चित्रकार चित्रितव्य के भावों को चित्र में उच्छ्वसित कर देता है और कवि अपने पात्रों के साथ तादात्म्य स्थापित करके उन्हें सजीव और प्राणवान बना देता है। '**यथालिखितानुभाव**' का शाब्दिक अर्थ है जैसा लिखा हो वैसा ही अनुभव करना। **लिखित अर्थात् चित्रित को सत्य अनुभव करने के कारण चित्तगत विकार और उसने उत्पन्न स्वेद-रोमांच होना यथालिखितानुभावित की स्थिति है। भावानुप्रवेश** और **यथालिखितानुभाव** दोनों को एक साथ स्पष्ट करते हुए द्विवेदी जी कहते हैं—"प्रेमी चित्रकार की दो अवस्थाओं को कालिदास ने बताया है। प्रथम अवस्था में वह अपने को भूल जाता है और प्रेमिका के भावों में प्रवेश करता है। दूसरी अवस्था में वह चित्र को वास्तविक समझता है और उसे देखकर उसके चित्त जैसे ही सात्त्विक अनुभाव उत्पन्न होते हैं जैसे कि वास्तविक प्रेमिका को देखने से होते। इन दोनों अवस्थाओं के लिए कालिदास ने दो पारिभाषिक शब्दों का प्रयोग किया है। प्रथम अवस्था का नाम **भावानुप्रवेश** है और दूसरी अवस्था का **यथालिखितानुभाविता।**" (कालिदास की लालित्य योजना, पृ. 96-97) करण-विगम को स्पष्ट करते हुए द्विवेदी जी कहते हैं, "'करणविगम' का सीधा-सादा अर्थ है **इन्द्रियों को उलटी दिशा में मोड़ना।** परवर्ती सन्त-साहित्य में जिसे **धारा को उलटना कहते हैं** अर्थात् इन्द्रियों को बाहरी विषयों की ओर से मोड़कर अन्तर्मुखी करना।" (कालिदास की लालित्य योजना, पृ. 99) द्विवेदी जी **रसानुभूति** के लिए 'करणविगम' की प्रक्रिया को आवश्यक मानते हैं। वे कहते हैं, "किसी सुन्दर वस्तु के रस की अनुभूति 'करणविगम' से ही होती है, फिर यदि वह सचमुच सुन्दर हुई तो उसकी छाप मन पर पड़ती है। **इसी मानसिक छाप का नाम ही भाव है।**" (कालिदास की लालित्य योजना, पृ. 101) सौन्दर्याधायक वस्तु के साक्षात्कार से मानव-चित्त में दबी हुई कोई पुरानी स्मृति उभर आती है। इस उभरी हुई स्मृति को कालिदास ने **अबोधपूर्वा** कहा है। आलंकारिकों ने इसे ही **वासना-रूप में स्थित भाव** कहा है। ये भाव ही रसास्वाद के मुख्य हेतु होते हैं। कहना न होगा कि भारतीय सौन्दर्यशास्त्र के निर्माण की दृष्टि से उपरोक्त शब्दावली का विशेष महत्त्व है। यह हमारा दुर्भाग्य है कि द्विवेदी जी द्वारा प्रयुक्त और व्याख्यायित ये शब्द आज भी हिन्दी-साहित्य के पारिभाषिक शब्दकोश में स्थान नहीं पा सके हैं।

आचार्य द्विवेदी जी द्वारा प्रयुक्त आधुनिक शब्दावली को हम दो वर्गों में रख सकते हैं। एक तो वह जो आचार्य शुक्ल द्वारा व्यवहृत और प्रयुक्त होने के बाद सामान्यत: सर्व-स्वीकृत हो चुकी थी, दूसरी वह जो शुक्लोत्तर समीक्षा के विकास क्रम में नई पद्धतियों के स्वीकृत होने के कारण चलन में आई थी। आचार्य द्विवेदी द्वारा विभिन्न आलोच्य-कृतियों के मूल्यांकन-क्रम में प्रयुक्त **एकान्तिक, समास-पद्धति, स्वच्छन्दतावाद, प्रगीत मुक्तक, चित्रभाषा-शैली, प्रतीकपद्धति, रूप-व्यापार-योजना, बिम्बग्रहण, 'प्रेषणीयता', विषयी प्रधान**' आदि शब्द प्रथम वर्ण में आते हैं। **प्रकृतिवाद, अतियथार्थवाद, प्रगतिवाद, परम्परा, आधुनिकता, प्रतीक, बिम्ब, रूढ़ि, अभिप्राय, मिथक** आदि पारिभाषिक शब्द दूसरे वर्ग में। प्रथम वर्ग के शब्दों का प्रयोग करते हुए आचार्य द्विवेदी ने अपनी ओर से बहुत कम जोड़ा-घटाया है किन्तु दूसरे वर्ग के पारिभाषिक शब्दों की व्याख्या में उन्होंने अपनी मौलिक दृष्टि का परिचय दिया है। हम यहाँ इन शब्दों की द्विवेदी जी द्वारा प्रस्तुत व्याख्या देना चाहेंगे। द्विवेदी जी की दृष्टि में **यथार्थवाद** उपन्यास और कहानी का प्राण है। यह मानने पर भी वे कहते हैं,''मुझे ऐसा लगता है कि **'यथार्थवाद' को हमारे लेखकों ने उस अर्थ में नहीं लिया जिस अर्थ में 'मुझे वह प्रिय है।**'' (ग्रन्थावली 10, पृ. 147) द्विवेदी जी के अनुसार यथार्थवाद का वास्तविक मर्म है, ''**आगे बढ़े हुए ज्ञान और पीछे के आदर्शों से चिपटी हुई आचार-परम्परा इन दोनों के व्यवधान को पाटते रहने का निरन्तर प्रयत्न।**'' (ग्रन्था, 10, पृ. 150) 'यथार्थवाद' की व्याख्या के क्रम में ही द्विवेदी जी ने **साम्प्रदायिक यथार्थवाद** और **प्रकृतिवाद** का उल्लेख किया है। उसके अनुसार, ''इतिहास और भौतिक विज्ञान के क्षेत्र में गाणतिक पद्धतियों का जब अधिक प्रयोग होने लगा तो उनकी देखा-देखी उपन्यास-साहित्य में भी दलील और सनद उपस्थित करने की प्रवृत्ति बढ़ी। यही **साम्प्रदायिक यथार्थवाद** की ओर जानेवाली प्रवृत्ति है।'' (ग्रन्था. 10, पृ. 150) सनदों और दलीलों का अधिक प्रयोग करके उपन्यासकार पाठक पर यह प्रभाव डालना चाहता है कि वह यथार्थ जीवन में घटनेवाली सच्ची बात कह रहा है। द्विवेदी जी **प्रकृतिवाद** को **यथार्थवाद** का ही एक रूप मानते हैं, जो मनुष्य की बाह्य प्रकृति को प्रधानता देवेवाले विज्ञान से विशेषकर प्रणिविज्ञान से प्रभावित था। वे कहते हैं, ''वस्तुत: **प्रकृतिवादी सिद्धान्त जो मनुष्य की शारीरिक भूख के विविध रूपों पर ही आश्रित है, प्राणिविज्ञान की बढ़ती हुई मर्यादा के साथ ही बढ़ा है और घटती हुई मर्यादा के साथ घटा है।**'' (ग्रन्था. 10, पृ. 150) द्विवेदी जी यह स्वीकार करते हैं कि हिन्दी में ही नहीं पूरे भारतवर्ष में

इसके प्रधान होने की नौबत कभी आई ही नहीं। **अतियथार्थवाद** का उल्लेख द्विवेदी जी ने कविता के भविष्य की चर्चा करते हुए किया है। किन्तु इसकी कोई व्याख्या नहीं की है। उनका मानना है कि आधुनिक कविता क्रमशः सुर, अलंकार, ध्वन्यात्मकता, झनकार और पद्यबन्ध से तो मुक्त हो ही गई थीं, **अतियथार्थवादी सम्प्रदाय** में आकर पढ़ने के सम्बन्ध से भी मुक्त हो रही है। वे कहते हैं, ''**अतियथार्थवादी सम्प्रदाय के कवियों की रचनाएँ, पढने के रहे-सहे सम्बन्ध को भी तोड़ रही हैं। इन कविताओं में गणित शास्त्रीय तथा अन्य शास्त्रीय, इतने तरह के चिह्न व्यवहृत होने लगे हैं कि उनका पढ़ा जाना असम्भव ही है।** वे केवल देखने और समझने की चीज हो गई हैं। जो लोग काव्यगत पुराने संस्कारों से मुक्त नहीं हैं— इन पक्तियों का लिखनेवाला ऐसा ही अभागा है— वे काव्य की इस प्रगति को निराशा के साथ देख सकते हैं, पर वह मार्ग है जिस पर से कविता आगे बढ़ रही है यह सत्य है'' (ग्रन्था. 10, पृ. 158) आचार्य द्विवेदी ने **प्रगतिवाद** की चर्चा सन्दर्भों में की है। 'साहित्य के साथी' में 'साहित्यिक समालोचना और निबन्ध' पर विचार करते हुए उन्होंने प्रगतिवादी साहित्य की चर्चा की है और कहा है—''**प्रगतिवादी साहित्य मार्क्स के प्रचारित तत्त्व-दर्शन पर आधारित है।** इस विचारधारा के अनुसार 1. संसार का स्वरूप भौतिक है। यह किसी चेतन सर्वसमर्थ सत्ता का विवर्त या परिणाम नहीं है। 2. उसकी प्रत्येक अवस्था रहस्यमयी या उलझनदार नहीं है। 3. इस मत में समाज निरन्तर विकासशील संस्था है। आर्थिक विधानों के साथ-साथ समाज में भी परिवर्तन होता है।'' (ग्रन्थावली 7, पृ. 271) **प्रगतिवाद** के सम्बन्ध में यह आचार्य का अपना मत नहीं है। यह तो उन्होंने उसके प्रगतिवादियों द्वारा निरूपित रूप का परिचय दिया है। वे स्वयं वर्ग--संघर्ष में विश्वास नहीं करते। वे कहते हैं—''**प्रगति आन्दोलन के नेताओं ने हरदम क्लास, वर्ग और श्रेणी का नाम लेकर भी अपना वक्तव्य धूमिल बना दिया है। वे ऐसी बहुत सी बातें कहते हैं जो वर्ग-भावना के बिना भी समझाई जा सकती थीं, परन्तु उनका उद्देश्य उस बात को समझाना शायद कम होता है, और वर्ग-संघर्ष की भावना को परिचित बनाना अधिक।**'' (ग्रन्था. 7, पृ. 288) इसी क्रम में वे आगे कहते हैं—''ज्ञान का जिस प्रकार एक स्थिर या शाश्वत रूप है जो वर्ग-स्वार्थ के परे है, उसी प्रकार काव्य-सौन्दर्य का भी है। उसको **ब्रह्मानन्द सहोदर** कहकर समझने की चेष्टा किए बिना ही मजाक उड़ा देना आसान है, पर उससे मिलते-जुलते शब्द का व्यवहार किए बिना उसे समझाया नहीं जा सकता।'' (ग्रन्था. 7, पृ. 288) आचार्य द्विवेदी को मार्क्सवादी साहित्य में सबसे अच्छी

बात यह लगती है कि **वह मनुष्य को दृढ़ चित्त बनाने का कार्य करता है। और उसे केवल नियति का गुलाम नहीं मानता।** (ग्रन्था. 10, पृ. 120) उन्हें इस बात का दु:ख है कि सभी मार्क्सवादी दृढ़चित्त और संघर्षशील चरित्रों का निर्माण नहीं करते, वे प्राय: उसे प्रसुप्त वासनाओं का प्रतिफलन बना देते हैं। तात्पर्य यह है कि आचार्य द्विवेदी **प्रगतिवाद** के महत्त्व को एक सीमा तक ही स्वीकार करते हैं। जहाँ तक यह साहित्य मनुष्य को दृढ़चित्त और संघर्षशील बनाकर मंगल-पथ में अग्रसर करता है। वहाँ तक उन्हें स्वीकार्य है। उसके आगे नहीं। आचार्य द्विवेदी ने '**परम्परा और आधुनिकता**' पर विस्तार से विचार किया है। उनके अनुसार 'परम्परा' का शब्दार्थ है, ''**एक का दूसरे को, दूसरे का तीसरे को दिया जानेवाला क्रम।** वह अतीत का समानार्थक नहीं है। **परम्परा जीवन्त प्रक्रिया है जो अपने परिवेश के संग्रह-त्याग की आवश्यकताओं के अनुरूप निरन्तर क्रियाशील रहती है।** कभी-कभी इसे गलत ढंग से अतीत के सभी आचार-विचारों का बोधक मान लिया जाता है।'' (ग्रन्थावली, 9, पृ. 358) अपनी बात को स्पष्ट करने के लिए वे भाषा का उदाहरण प्रस्तुत करते हैं—''भाषा हमें परम्परा से प्राप्त हुई है। वह वैदिक-युग की भाषा नहीं है, अपभ्रंश-युग की नहीं है, यहाँ तक कि वह आज से 25 वर्ष पूर्व की भी नहीं है, काल-प्रवाह में बहती हुई, समकालीन सन्दर्भ से निखरती हुई, (अनावश्यक बातों की घटती करती हुई, नए उपादानों में बढ़ती और बदलती हुई, वह जिस रूप में इस पीढ़ी को प्राप्त हुई है, वही आज का परम्परा प्राप्त रूप है।'' (ग्रन्था., 9, पृ. 358) अपनी बात को सूत्रवत प्रस्तुत करते हुए वे कहते हैं— **खड़ा पैर परम्परा है, चलता पैर आधुनिकता।** (ग्रन्था. 9, पृ. 359) उपरोक्त व्याख्या से स्पष्ट है कि द्विवेदी जी परम्परा को रूढ़ि से भिन्न एक गतिशील प्रक्रिया मानते हैं। उनकी व्याख्या सन्तुलित, स्पष्ट और भिन्न है। **आधुनिकता** के सम्बन्ध में द्विवेदी जी का मत है, ''**आधुनिकता अपने आप में कोई मूल्य नहीं है। मनुष्यों ने अनुभवों द्वारा जिन महनीय मूल्यों को उपलब्ध किया है, उन्हें नए सन्दर्भ में देखने की दृष्टि आधुनिकता है।**'' (ग्रन्था. 9, पृ. 362) द्विवेदी जी आधुनिकता के तीन लक्षण मानते हैं। 1. ऐतिहासिक दृष्टि, 2. इसी दुनिया में मनुष्य को सब प्रकार की भीतियों और पराधीनता से मुक्त करके सुखी बनाने का आग्रह, 3. व्यक्तिमानव के स्थान पर समष्टिमानव या सम्पूर्ण मानव-समाज की कल्याण-कामना । द्विवेदी जी आधुनिकता को 'सम्प्रदाय' से अलग करते हुए उसे एक गतिशील प्रक्रिया मानते हैं। वे कहते हैं, ''**आधुनिकता सम्प्रदाय का विरोध करती है।** क्योंकि

आधुनिकता गतिशील प्रक्रिया है और सम्प्रदाय स्थिति संरक्षक।'' (ग्रन्था. 9, पृ. 362) कहना न होगा कि द्विवेदी जी की व्याख्या अन्य समीक्षकों और विचारकों की उलझी हुई व्याख्याओं से अलग स्पष्ट और निजी है। प्रतीक और रूढ़ि की व्याख्या एक साथ करते हुए द्विवेदी जी स्पष्ट करते हैं, **''प्रत्येक शब्द, प्रत्येक मूर्ति, प्रत्येक रेखा और प्रत्येक चिह्न जब तक अपने पीछे के तत्त्व चिन्तन के साथ आते हैं तो प्रतीक होते हैं, परन्तु जब उनके पीछे काम करनेवाले तत्त्व-चिन्तन भुला दिए जाते हैं तो वे रूढ़ हो जाते हैं।''** (मध्यकालीन बोध का स्वरूप, पृ. 19) रूढ़ि के साथ ही द्विवेदी जी ने **अभिप्राय** (Motive) पर भी विचार किया है। वे कहते हैं जब **निश्चित उद्‌देश्य से किसी बात का वर्णन किया जाता है तो 'अभिप्राय' कहा जाता है।** (कालिदास की लालित्य योजना, पृ. 158) 'रूढ़ि' में प्रायः 'अभिप्राय' नहीं होता। द्विवेदी जी ने उदाहरण के तौर पर बताया है, **''विरहावस्था में नामाक्षरों के गिनने की बात 'अभिप्राय' रूप में आई है।** इससे कवि नायिका के **अभिलाषभाव की तीव्रता व्यंजित करना चाहता है।'** आचार्य द्विवेदी ने **मिथक** और **बिम्ब** पर भी विचार किया है। उनके अनुसार, ''अर्थ' वस्तुतः बाह्य-जगत में विद्यमान होते हैं। मनुष्य का मस्तिष्क उनका **बिम्ब**-ग्रहण करता है और उन बिम्बों के लिए किसी 'शब्द' की रचना करता है। (ग्रन्था. 7, पृ. 83) दूसरी स्थिति हमारे अन्तर्जगत के भावों की है। वे बाह्यजगत के पदार्थों के बिम्ब नहीं होते। इसलिए उनके **बिम्ब** को अभिव्यंजक शब्दों द्वारा व्यक्त करना कठिन होता है। उदाहरण के लिए **डाह** शब्द लीजिए । मन में जो 'डाह' है, उसे कैसे व्यक्त किया जाए? द्विवेदी जी कहते हैं—**''जलन या डाह' स्पर्श बिम्ब है।** इसी स्पर्श बिम्ब के माध्यम से मनुष्य अपनी मानसिक ईर्ष्या के भाव को अभिव्यक्त करना चाहता है। उसे ईर्ष्या को दाह या जलन कहना अमूर्त अनुभूति को किसी-न-किसी प्रकार मूर्त बिम्बों में अनुवाद करना है।'' (ग्रन्था. 7, पृ. 85) **रूप** को **मधुर** या सौन्दर्य को **लावण्य** कहकर व्यक्त करना भी इसी प्रकार का प्रयास है। तर्क द्वारा यह कहा जा सकता है कि **रूपगत सुन्दरता न माधुर्य है न लावण्य।** यह तो बिलकुल झूठ है लेकिन वक्ता को या कवि और रचनाकार को इस झूठ का सहारा लेना पड़ता है। द्विवेदी जी कहते हैं—**सच पूछिये तो यही मिथकत्व है।** निष्कर्ष रूप में वे कहते हैं—**''मिथकत्व वस्तुतः भाषा का पूरक है।''** सारी भाषा ही इसके बल पर खड़ी है। आदि मानव के चित्त में संचित अनेक अनुभूतियाँ मिथक के रूप में प्रकट होने के लिए व्याकुल रहती हैं, परन्तु भाषा के माध्यम से जब वह प्रकट होती हैं तो ऊपर-ऊपर से एकांगी, तर्कहीन, और मिथ्या जान पड़ती हैं।

किन्तु **गहराई से देखने से वे मनुष्य के अन्तर्जगत को अभिव्यक्त करने का एकमात्र साधन है।** (ग्रन्था. 7, पृ. 85) द्विवेदी जी ने आरम्भिक काल के मिथकत्व और काव्य के मिथकत्व में अन्तर किया है। आरम्भिक काल में जो मिथक रचे जाते हैं वे **बहिर्जगत की तर्कसंगत व्यवस्था का बहुत कम अनुसरण करते हैं** किन्तु काव्य-रचना इसका बहुत कुछ अनुसरण करती है यह होने पर भी काव्य-रचना के पीछे काम करनेवाली **रचनात्मक शक्ति वह मूल आदिम मनोभाव हैं जिन्हें मिथक कहकर ही व्यक्त किया जा सकता है।** ''इस प्रकार **मिथक** वस्तुत: उस सामूहिक मानव की भाव-निर्मात्री शक्ति की अभिव्यक्ति है जिसे कुछ मनोविज्ञानी 'आर्किटाइपल इमेज'' (आदिम बिम्ब) कहकर सन्तोष कर लेते हैं।'' (ग्रन्था. 7, पृ. 85)

आचार्य द्विवेदी ने कुछ ऐसे पारिभाषिक शब्दों के प्रयोग भी किए हैं जिन्हें मौलिक कहा जा सकता है। यों तो उन्होंने कालिदास की कृतियों में प्रयुक्त जिन विशिष्ट शब्दों को सामने रखकर लालित्य-तत्त्व की व्याख्या की है वे सभी मौलिक कहे जा सकते हैं क्योंकि उनकी व्याख्या द्विवेदी जी की अपनी है। इसी प्रकार सन्त साहित्य में प्रयुक्त **शून्य, सहज, अनहद, सूछमवेद, मन्त्र, तन्त्र, यन्त्र, नाद, बिन्दु, सुरति, निरति, खसम** आदि शब्दों की व्याख्या में द्विवेदी जी ने अपनी मौलिक दृष्टि का परिचय दिया है और इन शब्दों को सामाजिक सन्दर्भ से जोड़कर असाम्प्रदायिक बना दिया है किन्तु यह स्वतन्त्र अध्ययन का विषय है। यहाँ हम उनके द्वारा प्रयुक्त कुछ ऐसे शब्दों को प्रस्तुत करना चाहेंगे जो इतिहास और आलोचना से सीधे सम्बद्ध हैं। इनमें कुछ तो अंग्रेजी के पारिभाषिक शब्द हैं और द्विवेदी जी ने कहीं उनका सटीक अनुवाद करके और कहीं हिन्दी की प्रकृति के अनुकूल उनका उच्चारणं बदलकर उन्हें नया रूप प्रदान कर दिया है। किन्तु कुछ, उनकी मौलिक सृष्टि है। अंग्रेजी का एक शब्द है— **हिस्टोरिसिज़्म** (Historicism) सामान्यत: इसे **इतिहासवाद** कहा जाता है। व्यापक दृष्टि से किसी भी ऐतिहासिक घटना की प्रामाणिकता की जाँच में ऐतिहासिक ज्ञान के प्रयोग को **इतिहासवाद** कह सकते हैं। आचार्य द्विवेदी ने इसके लिए **तद्वृत्तिवाद** शब्द का प्रयोग किया है। 'साहित्य का इतिहास' शीर्षक निबन्ध में वे कहते हैं—''इस प्रसंग में कई पश्चिमी विचारकों का **तद्वृत्तिवाद** या **हिस्टोरिसिज़्म** भी विचारणीय है। इस मत के अनुसार हर युग के लेखक या ग्रन्थ के सम्बन्ध में विचार करते समय उसी युग और उसी श्रेणी की मान्यताओं के अनुसार ही विचार किया जाना चाहिए, आधुनिक दृष्टि से नहीं।'' (ग्रन्था. 10, पृ. 111) इसी प्रकार अंग्रेजी का एक शब्द **मिडिएवलिज़्म**

(Medievalism) है। इसका अर्थ **कालपरक से अधिक मनोवृत्तिपरक** हो गया है। द्विवेदी जी के शब्दों में इसका प्रयोग **कुंठित मनोवृत्तिपरक** अर्थ में होता है। द्विवेदी जी ने इसके लिए **स्तब्धमनोवृत्ति** या **जबदी हुई मनोवृत्ति** शब्द का प्रयोग किया है। यह **स्तब्धमनोवृत्ति** शब्द का प्रयोग अधिक समीचीन प्रतीत होता है। अंग्रेजी के **लीजेंड्स** (Legends) के लिए कोई उपयुक्त शब्द न्‌ा सूझने पर द्विवेदी जी ने इसके लिए **निजन्धरी कथा** चला दिया। यहाँ मात्र उच्चारण बदलकर मूलशब्द को हिन्दी की प्रकृति के अनुकूल ढाल दिया गया है। उन्होंने, ''पृथ्वीराज रासो' और 'पद्मावत' को ऐतिहासिक और निजन्धरी कथाओं का मिश्रण माना है।'' (ग्रन्था. 3, पृ. 627) द्विवेदी जी ने **शब्द** और **अर्थ** इन दोनों शब्दों के माध्यम से युग-प्रवृत्ति का बोध कराकर इन्हें सर्वथा मौलिक स्वरूप प्रदान कर दिया है। उन्होंने स्थापित किया है कि **ऊर्जा, उत्साह, नवीनता, समृब्धि और वैविध्य से भरपूर युग के साहित्य में 'अर्थ' प्रधान होता है,** इसके विपरीत **स्तब्ध कुंठित और शिथिल मनोवृत्ति के युग में 'शब्द' प्रधान हो जाता है और साहित्य में 'श्लेष', 'यमक' तथा 'उक्तिवैचित्र्य' पर विशेष बल दिया जाता है।** वे कहते हैं— विशेष ध्यान देने की बात यह है कि इस समृब्धि-काल (गुप्तों- वाकाटकों का काल) के साहित्य में **'शब्द' की अपेक्षा 'अर्थ' पर अधिक ध्यान दिया गया है।**'' (मध्यकालीनबोध का स्वरूप, पृ. 21) इसके विपरीत **परवर्ती काल में शब्द-प्रधान हो गया है**, अर्थ क्रमशः सिमटता गया है। ''**अर्थ से क्रमशः कटता हुआ शब्द, स्तब्ध और प्रयोग-विरहित शैथिल्य को ही जन्म दे सकता है।**'' (वही, पृ. 22) इस प्रसंग में यह ध्यान देने की बात है कि आचार्य शुक्ल ने भी साहित्य में **शब्द परम्परा** और **अर्थ परम्परा** की चर्चा की है और दोनों के सामंजस्य पर बल दिया है और यह भी कहा है कि इस सामंजस्य में यदि बाधा पड़ी तो, ''**साहित्य देश की प्राकृतिक जीवन धारा से विच्छिन्न हो जाएगा और जनता के हृदय को स्पर्श न कर सकेगा।**'' (चिन्तामणि, 3, पृ. 240) इस प्रकार आचार्य शुक्ल ने शब्द और अर्थ का सम्बन्ध देश की प्राकृतिक जीवनधारा से जोड़ा है। आचार्य द्विवेदी ने थोड़ा और आगे बढ़कर इनके माध्यम से युग-विशेष की मनोवृत्ति का निदर्शन किया है और इन्हें एक विशेष अर्थवत्ता प्रदान कर दी है। आचार्य द्विवेदी का एक और मौलिक प्रयोग **परिवृत्ति सहत्व** है। संस्कृत में परिवृत्ति एक अलंकार है। आचार्य मम्मट के अनुसार, ''**पदार्थों का समान अथवा असमान** (उत्तम अथवा हीन) **पदार्थों के साथ जो परिवर्तन है, वह 'परिवृत्ति' अलंकार कहलाता है।**'' (काव्यप्रकाश, उल्लास 10, सूत्र 171) द्विवेदी जी

ने इसके साथ **सहत्व** को जोड़कर इसे **परिवर्तनीय** के अर्थ में प्रयुक्त किया है। सम्भव है, संस्कृत में इस प्रकार का प्रयोग होता हो किन्तु उन्होंने इसे नए सन्दर्भ से जोड़ दिया है। 'साहित्य का इतिहास' शीर्षक निबन्ध में उन्होंने उन विद्वानों का तर्क प्रस्तुत किया है जो यह मानते हैं कि सच्चे साहित्य का विकास नहीं दिखाया जा सकता और कहते हैं, ''एक तर्क यह भी दिया जाता है कि **सच्ची साहित्य कृति में 'परिवृत्तिसहत्व' नहीं होता,** अर्थात् उसके शब्द, पद- संघटना, छन्द, वाक्य विन्यास जरा भी परिवर्तन नहीं सह सकते। जो परिवर्तनीय नहीं है उसका विकास कैसे दिखाया जा सकता है?'' (ग्रन्था. 10, पृ. 108) आचार्य द्विवेदी के विचार प्रधान निबन्धों में इस प्रकार के प्रयोग और भी लक्षित किए जा सकते हैं। हम यह नहीं कहते कि इन प्रयोगों की कोई पूर्वपरम्परा थी ही नहीं। हम इतना ही कहना चाहते हैं कि द्विवेदी जी ने संस्कृत के अनेक विशिष्ट प्रयोगों को आधुनिक चिन्तन से जोड़कर उनमें नवीन अर्थवत्ता उत्पन्न कर दी है और हिन्दी आलोचना की पारिभाषिक शब्दावली को समृद्ध बना दिया है।

अंग्रेजी शब्दों के प्रयोग की प्रवृत्ति द्विवेदी जी में अपेक्षाकृत कम है। फिर भी उन्होंने **पाजिटिविज़्म** (Positivism), **मॉडर्निज़्म** (Modernism), **न्यूह्यूमनिज़्म** (New humanism), **हिस्टोरिसिज़्म** (Historicism), **स्ट्रक्चर** (Structure), **परमुटेशन एंड काम्बिनेशन** (Permutation and combination), **मिडिएवलिज़्म** (Medievalism), **विकेरिअसली** (Vicariously) जैसे अनेक शब्दों का प्रयोग यथास्थान अपनी बात को प्रभावपूर्ण बनाने के लिए किया है। इन शब्दों के प्रयोग में कोई नवीनता तो नहीं है किन्तु इससे यह अवश्य प्रमाणित होता है कि वे निरन्तर नई-से-नई विचारधारा से परिचित होने की चेष्टा करते थे। इससे उनकी मानवतावादी विचारधारा युग-सन्दर्भ से जुड़ती और परिष्कृत होती रही है।

ऊपर के समस्त विवेचन के आधार पर हम कह सकते हैं कि **आचार्य द्विवेदी का समस्त काव्य-चिन्तन मनुष्यधर्मा है।** उनकी दृष्टि में धर्म, दर्शन, अध्यात्म, विज्ञान तथा विविध प्रकार की कला-साधनाएँ मनुष्य की जययात्रा की साक्षी हैं। साहित्य में उसकी जययात्रा की कहानी अपने पूरे रागात्मक प्रभाव के साथ व्यक्त होती है। मनुष्य की जिजीविषा अपराजेय है। वह उसे निरन्तर गतिशील रखती है। अपनी यात्रा के क्रम में मनुष्य ने जब स्फूर्ति, उत्साह का अनुभव किया है और समृद्धि एवं वैभव के दौर से गुजरा है तब उसका साहित्य **अर्थ-प्रधान** जीवन्त और प्रेरणाप्रद हुआ है, इसके विपरीत जब कभी

वह शिथिल, निरुत्साह और कुंठित हुआ है तब उसका साहित्य **शब्द प्रधान** हुआ है। उसमें शाब्दिक चमत्कार की प्रवृत्ति प्रधान हुई है। साहित्य के प्राचीन प्रतिमानों को इसी दृष्टि से देखना उचित होगा। **साहित्य के नए प्रतिमान यदि मनुष्य हित से प्रेरित नहीं हैं तो अग्राह्य हैं।** जो साहित्य मानव हित को केन्द्र में रखकर नहीं रचा जाता वह कोरा शब्द-जाल है। साहित्य में **समष्टिमानव** (पूरे मानव-समाज) **की हित-चिन्ता ही केन्द्रीय तत्त्व है।** आचार्य द्विवेदी द्वारा प्रयुक्त पारिभाषिक शब्दावली इसी मनुष्यधर्मा चिन्तन से प्रेरित, प्रभावित और आलोकित है।

प्रगतिवादी (मार्क्सवादी) समीक्षा : सन्दर्भ एवं दृष्टि (1)

(पारिभाषिक शब्दावली का साक्ष्य)

डॉ. रामविलास शर्मा

घोषित रूप से हिन्दी में प्रगतिवादी समीक्षा का आरम्भ सन् 1936 ई. से स्वीकार्य है। इसी वर्ष अप्रैल, 1936 में लखनऊ में 'प्रगतिशील-लेखक-संघ' की पहली बैठक प्रेमचन्द की अध्यक्षता में सम्पन्न हुई थी। यह सर्वविदित है कि प्रगतिशील समीक्षा का प्रेरक आधार मार्क्सवादी जीवन-दर्शन है। यद्यपि सन् 1926 ई. में ही भारतीय राष्ट्रीय कम्युनिस्ट पार्टी की स्थापना हो चुकी थी और 1929 ई. में क्रान्तिकारी भगतसिंह मार्क्सवाद के प्रति अपनी निष्ठा प्रकट कर चुके थे किन्तु राजनीति की मुख्यधारा महात्मा गाँधी के विचारों और आदर्शों के अनुकूल ही प्रवाहित हो रही थी। 1934 ई. में 'कांग्रेस सोशलिस्ट पार्टी की स्थापना' से वामपन्थी विचारधारा को थोड़ा बल अवश्य मिला किन्तु स्वतन्त्रता-प्राप्ति के आन्दोलन का नेतृत्व 'भारतीय राष्ट्रीय कांग्रेस' ही करती रही। हिन्दी-आलोचना के क्षेत्र में इस समय तक आचार्य शुक्ल का विराट व्यक्तित्व छाया हुआ था। उनकी नैतिक मान्यताओं का विरोध करते हुए 'छायावाद' के समर्थन में नन्ददुलारे वाजपेयी के कुछ निबन्ध अवश्य प्रकाशित हुए थे। यह दूसरी बात है कि हिन्दी नवजागरण के आलोक में साहित्य की जो प्रगतिशील और यथार्थोन्मुखी धारा भारतेन्दु के समय से प्रवाहित हुई थी वह स्वतन्त्रता-संग्राम से प्रेरित और प्रभावित होकर अपना व्यापक जनाधार बना चुकी थी किन्तु साहित्य के समग्र प्रवाह में प्रगतिशील और प्रतिक्रियावादी दोनों ही प्रकार के तत्त्व कार्य कर रहे थे। ऐसी स्थिति में संघबद्ध होकर सुनियोजित ढंग से प्रगतिशील विचारधारा के प्रचार-प्रसार का संकल्प निश्चय ही बड़ी बात थी। अपने अध्यक्षीय भाषण में प्रेमचन्द ने कहा था—''जिस साहित्य से हमारी सुरुचि न जागे, आध्यात्मिक और

मानसिक तृप्ति न मिले, हममें शक्ति और गति न पैदा हो, हमारा सौन्दर्य-प्रेम न जाग्रत हो—जो हममें सच्चा संकल्प और कठिनाइयों पर विजय पाने की सच्ची दृढ़ता न उत्पन्न करे, वह आज हमारे लिए बेकार है, वह साहित्य कहाने का अधिकारी नहीं।'' (साहित्य का उद्देश्य, पृ. 13) अपने वक्तव्य का अन्त करते हुए उन्होंने कहा था, ''हमारी कसौटी पर वही साहित्य खरा उतरेगा जिसमें उच्च चिन्तन हो, स्वाधीनता का भाव हो, सौन्दर्य का सार हो, सृजन की आत्मा हो, जीवन की सच्चाइयों का प्रकाश हो—जो हममें गति, संघर्ष और बेचैनी पैदा करे, सुलाए नहीं क्योंकि अब और ज्यादा सोना मृत्यु का लक्षण है।'' (साहित्य का उद्देश्य, पृ. 26) इस वक्तव्य में प्रेमचन्द ने साहित्य को **जीवन की आलोचना** माना था, **सुन्दरता की कसौटी** बदलने की बात कही थी, **मनुष्यता की परिधि के विस्तार** पर बल दिया था, तथा 'जीवन की सच्चाइयों को स्वीकारने और व्यक्तिवाद के रंग को उतारने का आग्रह किया था। उन्होंने यहाँ तक कहा था कि, ''**जो दलित हैं, पीड़ित हैं, वंचित हैं— चाहे वह व्यक्ति हो या समूह—उसकी हिमायत और वकालत करना उसका** (साहित्य का) **फर्ज है।**'' (साहित्य का उद्देश्य, पृ. 13) प्रेमचन्द ने 'प्रगतिशील' साहित्य से जो अर्थ समझा था वह उनके अपने जागृत व्यक्तित्व की उद्भावना थी। वह उस यथार्थोन्मुख जीवन-दृष्टि की परिणति थी 'जिसका बीज भारतेन्दु ने हिन्दी नव जागरण के साथ वपन किया था। इसके ठीक एक वर्ष बाद मार्च, 1937 ई. के 'विशालभारत' में 'शिवदानसिंह चौहान' का लेख 'भारत में प्रगतिशील साहित्य की आवश्यकता' प्रकाशित हुआ। इस निबन्ध में प्रगतिशीलता के सम्बन्ध में जो सैद्धान्तिक बातें कही गई हैं वे तो ठीक हैं किन्तु उनके आलोक में हिन्दी-साहित्य की जो व्याख्या की गई है, वह खेदपूर्ण है। शिवदानसिंह चौहान ने लिखा है— ''भक्तिकाल में केवल आत्मसमर्पण, भक्ति में तल्लीनता आदि भाव ही हमारे तुलसी, सूर आदि के साहित्य में भर पाए थे। उनके बाद रीतिकाल में विचारधारा तो दूर, हमारे कवि कविताबद्ध कोकशास्त्र लिखने लगे।'' छायावादी कवियों के सम्बन्ध में उन्होंने लिखा, ''इनमें से कुछ स्वभावत: प्रगतिशील भी हैं, लेकिन उनकी कविताएँ प्रगतिशील न होकर प्रतिक्रियावादी होती हैं। इस 'छायावाद' की धारा ने हिन्दी के साहित्यिकों को जितना धक्का पहुँचाया उतना शायद ही हिन्दू-महासभा या मुस्लिम लीग ने भारत को पहुँचाया हो।'' (हिन्दी-आलोचना, विश्वनाथ त्रिपाठी, पृ. 179 पर उद्धृत) कहना न होगा कि शिवदानसिंह ने अतिरिक्त उत्साह में अपनी पूरी परम्परा को न केवल नकारा है वरन उसके सम्बन्ध में अपना अज्ञान भी प्रकट किया है। यहाँ यह स्मरणीय है कि 'प्रेमचन्द'

जी ने अपने वक्तव्य में प्राचीन धर्म प्रवर्तकों, ''बुद्ध', 'ईसा', 'मुहम्मद' आदि—द्वारा देखे गए मानवीय एकता के सपने को स्वीकार करके आगे बढ़ने की बात कही है। उन्होंने लिखा है, ''क्या हम इस सपने को उत्तेजित मस्तिष्क की सृष्टि समझकर भूल जाएँगे तब तो मनुष्य की उन्नति और पूर्णता के लिए कोई, आदर्श ही बाकी न रह जाएगा।'' (साहित्य का उद्देश्य, पृ. 20) प्रेमचन्द केवल यह चाहते थे कि धर्म और नीति का दामन पकड़कर हमारे महापुरुषों ने 'समानता' का जो आदर्श रखा है, उसे मात्र नैतिक आधार पर प्रतिष्ठित करने का प्रयत्न न करके हमें अधिक व्यावहारिक और ठोस आधार प्रदान करना चाहिए। उन्होंने कहा था—''हमें एक ऐसे नए संगठन को सर्वांगपूर्ण बनाना है, जहाँ समानता केवल नैतिक बन्धनों पर आश्रित न रहकर अधिक ठोस रूप प्राप्त कर ले। हमारे साहित्य को उसी आदर्श को अपने सामने रखना है।'' (साहित्य का उद्देश्य, पृ. 20) कहना न होगा कि यदि 'प्रगतिवाद' के प्रतिष्ठापकों ने प्रेमचन्द की परम्परा को आगे बढ़ाया होता तो प्रगतिशील चिन्तन अधिक लोकप्रिय हुआ होता। शिवदानसिंह चौहान के उपरोक्त लेख के सम्बन्ध में डॉ. रामविलास शर्मा ने लिखा है, **''किसी मार्क्सवादी लेखक ने इसका समर्थन किया हो, याद नहीं, सामान्य हिन्दी लेखकों और पाठकों में इसके विरुद्ध तीव्र प्रतिक्रिया हुई, यह निश्चित है।''** (मार्क्सवाद और प्रगतिशील साहित्य, भूमिका) सन् 1940 ई. में कलकत्ता से 'अभिनव भारती ग्रन्थमाला' के अन्तर्गत सच्चिदानन्द हीरानन्द वात्स्यायन के सम्पादकत्व में 'आधुनिक-हिन्दी साहित्य' नामक पुस्तक प्रकाशित हुई। इसमें शिवदानसिंह चौहान का एक लम्बा निबन्ध 'छायावादी कविता में असन्तोष भावना' प्रकाशित हुआ। इसमें 'छायावाद' के सम्बन्ध में उनका दृष्टिकोण बदला हुआ है। उन्होंने लिखा है, ''हिन्दी की आधुनिक, पूँजीवादी, छायावादी कविता का जन्म भी स्वतन्त्रता की भावना लेकर हुआ। रीतिकाल की कविता की संकीर्णता, स्थविरता नष्टकर 'छायावाद' ने अपने प्रारम्भिक काल में व्यापक दृष्टिकोण और प्रगतिशील भावनाओं की अभिव्यक्ति की, सामन्ती युग की समाज-शृंखलाओं और रूढ़ियों की दासता के विरुद्ध संघर्ष कर, जिसके कारण मनुष्य के व्यक्तिगत विकास के समस्त द्वार बन्द हो चुके थे, उसने व्यक्ति की श्रेष्ठता प्रतिपादित की।'' (आधुनिक हिन्दी-साहित्य, पृ. 146) इस निबन्ध के आरम्भ में कविता का दर्शन भी प्रस्तुत किया गया है। चौहान जी ने कहा है, ''वह (कविता) जीवन-श्रम या संघर्ष को भावों के रस से सींचकर मधुर बनाती जाती है। कविता का यही उद्देश्य रहा है। वह सामाजिक जीवन और सामाजिक श्रम के साथ मनुष्य का 'मानवी लगाव' उत्पन्न करती है। यह कार्य,

कविता, मनुष्य के भावों को एक नवीन श्रेष्ठतर कल्पनात्मक संसार में अवतरित कर करती है। इस कल्पनात्मक संसार की वास्तविकता अवास्तविक नहीं होती, वरन एक उच्चकोटि की वास्तविकता होती है। कविता का जन्म ही इस श्रेष्ठतर वास्तविकता की कल्पनात्मक रूपरेखा अंकित करने से होता है.।'' (वही, पृ. 141) इसी निबन्ध में चौहान जी ने **सामूहिक भाव** (Collective emotion) शब्द का प्रयोग किया जो क्रिस्टोफर काडवेल (Christopher Caudwell) के प्रसिद्ध ग्रन्थ 'अल्युजन एंड रियल्टी'' (Illusion and Reality) के प्रथम अध्याय 'दी बर्थ ऑफ पोएट्री'' (The Birth of poetry) में प्रयुक्त है। चौहान जी ने लिखा है, ''भौतिक जगत के समान मनुष्य के सामाजिक जीवन में भी परिवर्तन अनिवार्य है, केवल बाह्य जीवन में ही नहीं, वरन उसके आन्तरिक जीवन या भाव-जगत में भी। इसीलिए समाज के **सामूहिकभाव समाज** के विकास के साथ-साथ परिवर्तित होते जाते हैं। यह आवश्यक नहीं कि उनके परिवर्तन की गति समान ही हो। अत: कला की भी यह विशेषता है कि वह परिवर्तनशील और प्रगतिशील है।'' (वही, पृ. 141) काडवेल ने कला जगत की व्याख्या करते हुए कहा है, "For this world of art is the world of social emotion—of words and images which have gathered as a result of the life experiences of all emotional associations common to all, and its increasing complexity reflects the increasing allaboration of social life." इसी क्रम में उसने कहा था— "The emotion common to all change with the development of society". (Illusion and Reality, page 27)

चौहान जी का उपरोक्त कथन काडवेल के निष्कर्ष का अनुवाद है। काडवेल की पुस्तक 1937 ई. में प्रकाशित हुई थी। इससे यह निष्कर्ष निकलता है कि चौहान जी मार्क्सवादी चिन्तन के विकास से निरन्तर परिचित रहने के लिए सचेष्ट थे और इसीलिए उनकी हिन्दी साहित्य सम्बन्धी व्यावहारिक समीक्षा के निर्णयों में भी क्रमश: परिवर्तन होता जा रहा था। सन् 1941 ई. में डॉ. रामविलास शर्मा की पुस्तक 'प्रेमचन्द' प्रकाशित हुई। इसमें उन्होंने प्रेमचन्द को प्रगतिशील और यथार्थवादी प्रमाणित करते हुए लिखा—''एक ओर उनमें बीते युग की **आदर्शवादी** भावना है जो ठीक-ठीक बुद्धिवादी दृष्टिकोण से यथार्थ का सामना करने से हिचकती है, दूसरी ओर उनका **यथार्थवादी** दृष्टिकोण है जो सामाजिक और राजनीतिक जीवन पर तीव्र प्रकाश डाल उसकी वीभत्स नग्नता को हमारे सामने ला खड़ा करता है।'' (प्रेमचन्द, पृ. 13) इस द्वन्द्व में भी प्रेमचन्द का झुकाव यथार्थ की ओर है। डॉ. शर्मा के शब्दों में—''**उनकी आन्तरिक**

मनोवृत्ति यथार्थवाद की ओर थी।'' इसका प्रमाण यह है कि, ''अन्य आदर्शवादियों की भाँति उन्होंने एक निश्चित परिणाम की सिद्धि के लिए अपने आधार को ही नहीं तोड़ा मरोड़ा।'' (वही, पृ. 14) डॉ. शर्मा का निर्णय है, ''केवल नाम का बिल्ला लगाने से कोई प्रगतिशील या अन्य रूप से महान साहित्यिक नहीं हो जाता, **प्रेमचन्द के लिए साहित्य का ही अर्थ प्रगति था।**'' (वही, पृ. 183) इसके दो वर्ष बाद फरवरी-मार्च, 1943 ई. में 'हंस' का प्रगति अंक प्रकाशित हुआ। इसमें डॉ. रामविलास शर्मा ने प्रगतिशील साहित्य की परम्परा का नैरन्तर्य स्पष्ट किया और 'कबीर', 'तुलसी', 'भारतेन्दु', 'महावीरप्रसाद द्विवेदी', 'मैथिलीशरण गुप्त', 'प्रेमचन्द', 'पन्त', 'निराला', 'नरेन्द्र शर्मा', 'शिवमंगल सिंह सुमन' आदि का उल्लेख करते हुए हिन्दी-साहित्य की प्रगतिशील परम्परा को रेखांकित किया। इसी अंक में अमृत- राय ने **समाजवादी यथार्थवाद** की व्याख्या करते हुए लिखा—''यथार्थ के गरल को पीकर, जनक्रान्ति और सर्वहारा वर्ग की जीत में आस्था बनाए रखना **समाजवादी यथार्थवाद** का मुख्य गुण है। इस आस्था का आधार है इतिहास का वैज्ञानिक अध्ययन।'' (हंस, प्रगति अंक 1, पृ. 410-11) इसी क्रम में उन्होंने यह भी कहा—''**सच्चा यथार्थवाद अनिवार्यत: समाजवादी होता है।** समाजवादी शब्द का प्रयोग सम्भवत: 'यथार्थवाद' या 'प्रकृतिवाद' या 'फोटोवाद' या 'अक्सवाद' से अन्तर बचाने के लिए किया जाता है। 'फोटोवाद' या 'अक्सवाद' जीवन को जैसा देखता है वैसा ही उसे चित्रित करता है।'' (वही, पृ. 411) अप्रैल-मई, 1943 में 'प्रगति अंक भाग 2' और जून, 1943 में भाग 3, प्रकाशित हुआ। भाग 2 में, अंचल, सत्येन्द्र, गुलाबराय, यशपाल, उदयशंकर भट्ट, और उपेन्द्रनाथ 'अश्क' ने 'प्रगतिवाद ही क्यों" शीर्षक से 'प्रगतिवाद' के समर्थन में निबन्ध लिखे और भाग 3, में मुख्य रूप से अमेरिका, चीन, सोवियत रूस, स्पेन, और इंग्लैंड के युद्धकालीन और सर्वहारा साहित्य का विवेचन किया गया। भाग 2 में 'प्रगतिवाद' के विवेचन में सभी लेखक एक मत नहीं हैं किन्तु सभी ने साहित्य की नवीनता, प्रगतिशीलता और लोक-मंगलवादिता का समर्थन किया है और इन विशेषताओं को 'प्रगतिवाद' से सम्बद्ध करने की कोशिश की है। 1943 ई. में ही **रामविलास शर्मा की 'भारतेन्दु-युग'** पुस्तक प्रकाशित हुई। डॉ. शर्मा भारतेन्दु-युग के लेखकों से इसलिए विशेष प्रभावित थे कि, ''इन्होंने सामान्य जनता में सामाजिक चेतना या राजनीतिक चेतना फैलाने के लिए किस तरह से साहित्य रूपों को इस्तेमाल किया, किस तरह की भाषा लिखी, गद्य में किस तरह अनेक विधाओं का उपयोग किया और यह सब इस बात की चिन्ता किए बिना कि यह शाश्वत मूल्योंवाला

साहित्य है कि नहीं, यह सब इससे आज भी सीखा जा सकता है।'' (मार्क्सवाद और प्रगतिशील साहित्य, पृ. 324) डॉ. शर्मा भारतेन्दु-युग से इसलिए भी प्रभावित थे कि उस युग के लेखकों ने **सामन्तवाद के साहित्यिक प्रतिबिम्ब 'रीतिवाद' से मुक्त होने और समाज से नया नाता जोड़ने का मार्ग दिखाया है**। साहित्य में जनवादी क्रान्ति का प्रतिफलन कैसे हो? इसका जो मार्ग प्रगतिशील आन्दोलन खोज रहा था उसे भारतेन्दु-युग के लेखक अपनी सीमाओं में पहले ही दिखा चुके थे। सन् 1945 ई. में अमृतराय ने 'आलोचना का मार्क्सवादी आधार' शीर्षक एक लम्बा निबन्ध लिखा। इसमें उन्होंने मार्क्स, एंगेल्स, लेनिन, लुनाचार्स्की, काडवेल, एफ.डी. कुंलिजेंडर आदि मार्क्सवादी विचारकों का हवाला देते हुए आलोचना के मार्क्सवादी आधार को स्पष्ट करने की कोशिश की। उन्होंने 'मार्क्सवादी आलोचना' को परिभाषित करते हुए कहा—''**मार्क्सवादी आलोचना साहित्य की वह समाजशास्त्रीय आलोचना है जो साहित्य की ऐतिहासिक व्याख्या करते हुए समाज और साहित्य के अन्योन्याश्रय तथा गतिशील सम्बन्ध का उद्घाटन करती है** और सचेतन रूप में समाज को बदलनेवाले साहित्य की सृष्टि की और लेखक का ध्यान आकर्षित करती है।'' (नई समीक्षा, पृ. 5) इस निबन्ध में **मार्क्सवादी आलोचना** और **यान्त्रिक मार्क्सवादी आलोचना** का अन्तर भी स्पष्ट किया गया है। अमृतराय ने **विचारधारा, सामूहिकभाव, संवेदनीयता, मानववाद, सामान्य मानवता, प्रगतिवाद, प्रतिक्रियावाद** आदि पारिभाषिक शब्दों के सहारे अपनी मान्यताओं को स्पष्ट किया है। इस निबन्ध में काडवेल के 'सामूहिक-भाव' को भारतीय रस-सिद्धान्त के **साधारणीकरण व्यापार** के साथ रखकर देखा गया है और यह प्रतिपादित किया गया है कि **साधारणीकरण** को मनोविज्ञान के आधार पर ग्रहण करने से **सामूहिकभाव** और **साधारणीकरण** दोनों एक दूसरे के पूरक हो जाते हैं।'' (नई समीक्षा, पृ. 24) अमृतराय ने बताया कि 'सामूहिक भाव से काडवेल का अभिप्राय उस भावकोष से है जो परिस्थितियों तथा संस्कारों के कारण किसी देश काल में विशाल जन-समाज के हृदय में अपनी स्थिति बना लेता है। **सामूहिक भाव** की स्थिति **लोक-हृदय** में होती है (वही, पृ. 21) जनता के सामूहिकभावों की पहचान और लोक-हृदय की पहचान दोनों में तात्त्विक अन्तर नहीं है। रसोद्बोधन के लिए **साधारणीकरण** आवश्यक है। **साधारणीकरण** तभी सम्भव है जब काव्य में वर्णित आलम्बन (विषय) के प्रति पाठक मात्र उसी भाव का अनुभव करता है जो भाव उसके प्रति आश्रय या कवि के मन में होता है। इस प्रकार का आलम्बन वही खड़ा कर सकता है जिसे लोक-हृदय या जन-

समाज के 'सामूहिकभाव' की सही पहचान हो। इस तर्क से **साधारणीकरण** और **सामूहिक भाव** में अभेद स्थापित करके अमृतराय ने कहा है, ''मैं समझता हूँ कि मार्क्सवादी आलोचकों को **साधारणीकरण** या **रस** को मान लेने में कोई कठिनाई न होगी। लेकिन वे उसे स्वीकार करेंगे मनोविज्ञान की भूमि पर अन्य किसी लोकोत्तर भूमि पर नहीं।'' (नई समीक्षा, पृ. 23) इस प्रकार अमृतराय ने मार्क्सवादी (प्रगतिवादी) आलोचना को भारतीय रस- सिद्धान्त-केन्द्रित आलोचना के निकट लाने का प्रयत्न किया। सन् 1946 ई. में शिवदानसिंह चौहान की प्रसिद्ध पुस्तक 'प्रगतिवाद' प्रकाशित हुई। इसमें शिवदानसिंह की सैद्धान्तिक मान्यताएँ पर्याप्त सन्तुलित हैं। उन्होंने यदि रचना-विशेष की प्रेरक सामाजिक परिस्थितियों के आलोक में रचना के विश्लेषण पर बल दिया है तो रचना की सौन्दर्य-शक्ति का समाज पर जो प्रभाव पड़ता है, उसको जाँचन-परखने की बात भी कही है। उन्होंने कहा है, ''**अतः 'प्रगतिवाद' यदि किसी लेखक के सामाजिक सूत्रों को प्रकाश में लाता है अर्थात् उन सामाजिक परिस्थितियों का विश्लेषण करता है जिन्होंने लेखक को एक विशेष प्रकार से प्रभावित करके अपनी रचना के लिए प्रेरित किया तो वह उस रचना द्वारा समाज की बदली हुई परिस्थितियों पर पड़े प्रभावों का भी मूल्यांकन करता है।**'' (प्रगतिवाद, पृ. 5) इसी क्रम में उन्होंने आगे कहा है—''प्रगतिशील समीक्षा के सामने केवल यही प्रश्न नहीं रहता कि अमुक रचना किस युग की उपज है, इसके सामने यह प्रश्न भी रहता है कि अमुक रचना की सौन्दर्य-शक्ति का क्या कारण है? अर्थात् वह रचना आज भी क्यों सौन्दर्यबोध कराने में सफल है, आज भी वह हमारे रागों को जगाने में अपने संवेदनों को झंकृत करने में क्यों इतनी सशक्त है?'' (प्रगतिवाद, पृ. 5) सितम्बर, 1947 के 'हंस' में अमृतराय ने 'प्रगतिशील साहित्य' के सम्बन्ध में कुछ महत्त्वपूर्ण प्रश्न प्रकाशित किए। इन प्रश्नों में 'प्रगतिशील साहित्य के स्वरूप', 'साहित्य और समाज के सम्बन्ध', 'प्रगतिशील साहित्य और श्रेष्ठ साहित्य के अन्तर्सम्बन्ध', 'रचना में विषयवस्तु और रूप-तत्त्व के अन्तर्सम्बन्ध', 'साहित्य पर फ्रायड के प्रभाव के सम्बन्ध में प्रगतिशील मान्यता', 'संस्कृति और परम्परा' तथा 'संस्कृति और जातीयता का सम्बन्ध', 'हिन्दुस्तान के बँटवारे का संस्कृति पर प्रभाव' आदि मुद्दों पर संघ की शाखाओं, पत्र-पत्रिकाओं एवं पुस्तकों में खुलकर बहस करने का आह्वान किया गया था। डॉ. रामविलास शर्मा ने इन सभी प्रश्नों पर अपने सुचिन्तित विचार व्यक्त किए। यह विचार उनके सन्दर्भ में ही नहीं साहित्य के प्रति प्रगतिशील दृष्टि के सन्दर्भ में भी अत्यन्त महत्त्वपूर्ण है। इन्हें सूत्ररूप में इस प्रकार प्रस्तुत किया जा सकता

है— **1. प्रगतिशील साहित्य** से मतलब उस साहित्य से है जो समाज को आगे बढ़ाता है, मनुष्य के विकास में सहायक होता है। साहित्य की **प्रगतिशीलता** का प्रश्न वास्तव में समाज पर साहित्य के शुभ और अशुभ प्रभाव का प्रश्न है। 2. साहित्य और समाज का सम्बन्ध निर्विवाद है। यह सम्बन्ध यान्त्रिक न होकर संश्लिष्ट होता है। सामाजिक जीवन का यथार्थ अपने संश्लिष्ट रूप में ही साहित्य और कला में प्रतिबिम्बित होता है। **3. प्रगतिशील साहित्य** तभी प्रगतिशील है जब वह साहित्य भी है। यदि वह मर्मस्पर्शी नहीं है, पढ़नेवाले पर उसका प्रभाव नहीं पड़ता, तो वह श्रेष्ठ साहित्य क्या साधारण साहित्य भी नहीं हो सकता। 4. रूप और विषयवस्तु का सम्बन्ध अभिन्न और अन्योन्याश्रित है। **प्रगतिशील साहित्य** रूप-सौष्ठव का तिरस्कार करके दो कदम आगे नहीं चल सकता। 5. मार्क्सवाद मनोविज्ञान का विरोधी नहीं है। वह भाव-जगत की सत्ता को महत्त्व देता है। किन्तु फ्रायड के अन्तर्मन के विश्लेषण का कायल नहीं है। जो मनोविज्ञान समाज को छोड़कर व्यक्ति के अन्तर्मन का विश्लेषण करता है, वह अपने विज्ञान को पहले ही अवैज्ञानिक बना देता है। 6. संस्कृति और परम्परा का सम्बन्ध अविच्छेद्य है। परम्परा को छोड़कर हम नई संस्कृति का निर्माण नहीं कर सकते। प्रगतिशील साहित्यकारों का कर्तव्य है कि वे **पुराने संस्कृति के तत्त्वों को समेटकर नई संस्कृति का निर्माण करें**। एक भू-खंड में साथ रहने, एक ही आर्थिक ढाँचे में बँधे रहने, एक सा मानसिक गठन तथा एक भाषा तथा संस्कृति होने से एक जाति बनती है। इस दृष्टि से तमिल, कन्नड़, मलयाली, पंजाबी, बंगाली आदि जातियाँ अलग-अलग हैं और इनकी विशिष्ट संस्कृतियाँ भी हैं। किन्तु **भारतीय संस्कृति** नाम की एक वस्तु भी है जो इन अनेक खंडों से मिलकर बनी है। 7. हिन्दुस्तान के बँटवारे ने हमारे सामाजिक जीवन पर गहरा प्रभाव डाला है। उससे हमारा सांस्कृतिक जीवन भी प्रभावित हुआ है। इससे हमारे जन-आन्दोलन की शक्ति क्षीण हुई है। हमें संगठित और सशक्त जन-आन्दोलन के माध्यम से अपनी संस्कृति को समृद्ध और विकसित करना चाहिए। **देश के स्वतन्त्र होने के साथ प्रगतिवादी आन्दोलन का एक दौर समाप्त हो जाता है**। इस दौर के अन्य आलोचकों में प्रकाशचन्द्र गुप्त, राहुल सांकृत्यायन, यशपाल, रांगेय राघव आदि उल्लेखनीय हैं। इन आलोचकों का 'मार्क्सवाद का अध्ययन चाहे जितना गम्भीर रहा हो, अपनी व्यावहारिक समीक्षाओं में इन लोगों ने प्राचीन भारतीय साहित्य का मूल्यांकन भोंडे ढंग से किया। इनकी दृष्टि में वाल्मीकि और कालिदास राजाओं की प्रशस्तियाँ गानेवाले कवि थे और तुलसीदास उच्च वर्ग की कृपा प्राप्त करके हाथी पर चढ़ने लगे थे। इस दौर की

समाप्ति के बाद 1936 से लेकर 1947 ई. तक के प्रगतिवादी आन्दोलन की प्रकृति का विश्लेषण करके हम कुछ निष्कर्ष निकाल सकते हैं। 1. इस प्रथम दौर की मार्क्सवादी समीक्षा ने परम्परा का मूल्यांकन करने में विवेक का परिचय नहीं दिया। 2. इस दौर के समीक्षक मुख्यत: प्रगतिवाद के स्वरूप और सीमा के विश्लेषण में ही लगे रहे। 3. इनमें आपस में मतैक्य नहीं था। 4. इस दौर में मूल्यांकन का आधार **यथार्थवाद, समाजवादी यथार्थवाद, प्रतिक्रियावाद, वर्ग चेतना, सामूहिक भाव, मानवतावाद, जनवाद** आदि पारिभाषिक शब्द थे और साहित्यकार- विशेष की विचारधारा के अन्वेषण पर विशेष बल दिया गया।

'छायावादी' काव्यधारा के क्षीण होने के बाद प्रारम्भ में ऐसा लगा था कि 'प्रगतिवाद' से प्रेरित नई प्रगतिशील काव्यधारा हिन्दी-काव्य की मुख्यधारा बन जाएगी क्योंकि निराला, पन्त, नरेन्द्र शर्मा, दिनकर, अंचल, अज्ञेय, शिवमंगलसिंह सुमन, प्रभाकर माचवे, केदारनाथ अग्रवाल, गिरिजाकुमार माथुर, नागार्जुन, त्रिलोचन, मुक्तिबोध आदि पुरानी-नई दोनों पीढ़ी के कवि इस ओर आकृष्ट थे किन्तु ऐसा नहीं हुआ। 1943 ई. में 'अज्ञेय' के सम्पादकत्व में गजाननमाधव मुक्तिबोध, नेमिचन्द्र जैन, भारतभूषण अग्रवाल, प्रभाकर माचवे, गिरिजाकुमार माथुर, रामविलास शर्मा और 'अज्ञेय' की कविताओं का एक संग्रह **तारसप्तक** नाम से प्रकाशित हुआ। इसकी भूमिका में 'अज्ञेय' ने कहा, ''तारसप्तक में सात कवि संगृहीत हैं। सातों एक-दूसरे से परिचित हैं—बिना इसके इस ढंग का सहयोग कैसे होता? किन्तु इससे यह परिणाम न निकाला जाए कि वे कविता के किसी 'स्कूल' के कवि हैं, या कि साहित्य-जगत के किसी गुट अथवा दल के सदस्य या समर्थक हैं।'' (तारसप्तक, भूमिका, पृ. 11) इसी भूमिका में आगे चलकर आपने कहा, ''**काव्य के प्रति एक अन्वेषी का दृष्टिकोण उन्हें समानता के सूत्र में बाँधता है।**'' (वही, पृ. 12) काव्य के प्रति अन्वेषी होने के कारण 'अज्ञेय' ने इन कवियों को **प्रयोगशील** कहा। इसी शब्द को लेकर **प्रयोगवाद** शब्द प्रचलित हुआ और इसे **छायावाद** और **प्रगतिवाद** के बीच काव्य की नई राह का अन्वेषी मान लिया गया। डॉ. रामविलास शर्मा इसे काव्य की स्वस्थ प्रवृत्ति नहीं मानते। उनके अनुसार, ''सन् 1947 में 'प्रतीक' के प्रकाशन से शुरू होनेवाली **नई कविता प्रयोगवादी कविता है** जो समाजपरक प्रगतिशीलता का विरोध करती है, जो कुंठा और घुटन से संघर्ष को आवश्यक न मानकर उन्हें जीवन-मूल्यों के रूप में स्वीकार करती है।'' (मार्क्सवाद और प्रगतिशील साहित्य, पृ. 305) **सन् 1954 ई. तक 'प्रयोगवादी कविता' के स्थान पर 'नई**

कविता' का प्रयोग प्रचलित हो गया। इस समय तक 'प्रगतिशील साहित्यिक आन्दोलन' बिखर चुका था। इसका कारण यह था कि द्वितीय महायुद्ध के बाद अमेरिका ने पूरी शक्ति से **सांस्कृतिक स्वतन्त्रता** के नाम पर रूस और उसकी प्रगतिशील विचारधारा का विरोध करना आरम्भ कर दिया था और हिन्दी का युवा साहित्यकार उससे प्रभावित हो रहा था। डॉ. रामविलास शर्मा ने स्वीकार किया है, ''1954 के बाद 'नई कविता' का आन्दोलन जोर पकड़ रहा था और उससे अनेक मार्क्सवादी लेखक भी प्रभावित हुए थे। प्रगतिशील साहित्यिक आन्दोलन समाप्त-सा हो गया था।'' (मार्क्सवाद और प्रगतिशील साहित्य, भूमिका, पृ. 6) प्रगतिशील साहित्यिक आन्दोलन कुछ दिनों के लिए भले ही बिखर गया हो किन्तु मार्क्सवादी जीवन-दर्शन और उसमें निहित मानव-कल्याण की भावना का आकर्षण बना रहा। साहित्य का उद्‌देश्य मानव-कल्याण है, दलित मानवता के उत्थान के लिए संघर्ष-चेतना जागृत करना उसका धर्म है, इन आधारभूत बातों का विरोध नहीं किया जा सकता। इसीलिए वर्ग-संघर्ष से सहमत न होते हुए भी हजारीप्रसाद द्विवेदी और नन्ददुलारे वाजपेयी जैसे पुरानी पीढ़ी के समीक्षक प्रगतिशील विचारधारा से पूरी तरह असहमत नहीं हुए। सन् '60 के बाद 'नई कविता' का दौर भी कमजोर पड़ने लगा। युवा साहित्यकारों में वर्तमान व्यवस्था के प्रति असन्तोष उभरने लगा और काव्य में **सामाजिक यथार्थवादी** प्रवृत्ति सक्रिय हो उठी। प्रगतिशील समीक्षा का नया दौर शुरू हुआ। इस नए दौर में मुक्तिबोध, नामवर सिंह, शिवकुमार मिश्र, रमेशकुन्तल मेघ, धनंजय वर्मा, 'चन्द्रबली सिंह, विश्वम्भरनाथ उपाध्याय, बच्चन सिंह, कर्णसिंह चौहान, नन्दकिशोर नवल, खगेन्द्र ठाकुर आदि का नाम उल्लेखनीय है। 'प्रगतिवादी' समीक्षा के पूरे उतार-चढ़ाव से सम्बद्ध डॉ. रामविलास शर्मा आज भी सक्रिय हैं। प्रगतिवादी समीक्षा और उसकी पारिभाषिक शब्दावली के विकास की दृष्टि से तीन नाम विशेष रूप से उल्लेखनीय हैं, डॉ. रामविलास शर्मा, गजाननमाधव मुक्तिबोध और डॉ. नामवर सिंह। इन्हें केन्द्र में रखकर प्रगतिवादी समीक्षा और उसमें प्रयुक्त पारिभाषिक शब्दावली का विवेचन प्रामाणिक और विश्वसनीय होगा।

रामविलास शर्मा की आलोचना का चरम विकास उनकी प्रसिद्ध कृति **निराला की साहित्य-साधना** (1972 ई.) में लक्षित होता है। इस कृति के आधार पर उनकी आलोचना-दृष्टि का विकसित रूप और उनके द्वारा प्रयुक्त पारिभाषिक शब्दावली दोनों का निदर्शन भलीभाँति हो सकता है। डॉ. शर्मा **प्रारम्भ से ही 'निराला' से प्रभावित थे। सन् 1946 ई. में ही उन्होंने 'निराला' पर एक पुस्तक लिखी थी जिसका प्रकाशन 1947 ई. में हुआ। इसकी पृष्ठभूमि**

स्पष्ट करते हुए वे कहते हैं, ''इसकी पृष्ठभूमि यह है कि जितने **रीतिवादी** थे वे तो 'निराला' पर आक्रमण करते ही थे, बहुत-से तथाकथित **राष्ट्रवादी** भी यह समझते थे कि हमारा 'महाकवि' वाला आसन 'निराला' छीने ले रहे हैं। वास्तव में ये 'सुधारवादी' लोग थे जो एक ही साँस में गाँधी जी और जार्ज पंचम की जय बोलते थे। 'निराला' पर वे ही लोग आक्रमण कर रहे थे जो 'प्रेमचन्द' पर करते थे। दुर्भाग्य से उनके साथ कुछ मार्क्सवादी भी थे जो आगे चलकर प्रयोगवादी के रूप में प्रसिद्ध हुए। इन्होंने 'नई कविता' का आन्दोलन चलाया।'' (मार्क्सवाद और प्रगतिशील साहित्य, पृ. 326-27) **निराला की साहित्य-साधना** तीन खंडों में लिखी गई है। पहले खंड में 'निराला' की जीवनी है। जीवनी में डॉ. शर्मा ने यह दिखाने की कोशिश की है कि, ''निराला' की गाथा हमारे हिन्दी साहित्य की, संघर्ष की गाथा है। जो सारी शक्ति हमारी हिन्दीभाषा और साहित्य की है, वह निराला में आकर जैसे केन्द्रित हो गई है। वे उसके एकमात्र प्रतिनिधि नहीं हैं पर वे उसके सबसे बड़े प्रतिनिधि हैं।'' (मार्क्सवाद और प्रगतिशील साहित्य, पृ. 327) दूसरे खंड में 'निराला' की **विचारधारा** और **कला** का विवेचन किया गया है। इस खंड में 'निराला' की दार्शनिकता और उनके काव्य में 'रहस्यवाद' की भूमिका का विवेचन करने के साथ ही डॉ. शर्मा ने यह भी बताया है कि, ''**उनकी विचारधारा कहाँ सामन्त-विरोधी और साम्राज्य-विरोधी थी।**'' (वही, पृ. 328) इस खंड में 'निराला' के कलात्मक सौन्दर्य का भी गम्भीर विवेचन किया गया है। इस विवेचन-क्रम में डॉ. शर्मा ने यह भी बताने की कोशिश की है कि, ''**निराला के कलात्मक सौन्दर्य का गहराई से विश्लेषण करने पर मार्क्सवादी सौन्दर्यशास्त्र को किन समस्याओं का सामना करना पड़ेगा।**'' (वही, पृ. 328) तीसरे खंड में 'निराला' के पत्र-साहित्य का संग्रह किया गया है। यह खंड जितना उनके युग को आलोकित करता है, उतना ही उनके मनोजगत को भी प्रकाशित करता है। इसके बिना 'निराला' का अध्ययन निश्चय ही अधूरा रह जाता।

'निराला' का गम्भीर अध्ययन करके डॉ. शर्मा ने कुछ अत्यन्त महत्त्वपूर्ण निष्कर्ष निकाले हैं। 'निराला' का किसान-जीवन से गहरा सम्बन्ध था इसलिए उनकी राष्ट्रीय चेतना अधिक सशक्त और गहरी थी। भारत में ब्रिटिश साम्राज्यवाद के मुख्य सहायक राजा, जागीरदार और जमींदार थे। इनके द्वारा किसानों का शोषण होता था। इन्हें संगठित करके ही साम्राज्यवाद के सामाजिक आधार को नष्ट किया जा सकता था। 'निराला' को इसकी समझ थी। उन्होंने इसी समझ के चलते बादल राग में किसान से क्रान्ति का सम्बन्ध जोड़ा है। 'निराला' के

चिन्तन की विशेषता को लक्षित करते हुए डॉ. शर्मा कहते हैं, ''निराला के चिन्तन की यह विशेषता थी कि वह **राजनीतिक, सामाजिक, साहित्यिक आन्दोलनों को एक ही सम्बद्ध इकाई के विभिन्न पक्षों के रूप में देखते थे।** स्वाधीनता-आन्दोलन की विजय के लिए वह समाज और साहित्य में व्यापक परिवर्तन चाहते थे। अंग्रेजी राज खत्म न होगा जब तक जमींदारी खत्म न होगी, जमींदारी खत्म न होगी, जब तक किसान संगठित न होंगे, किसान संगठित न होंगे, जब तक उनमें ऊँच-नीच का भेद-भाव बना रहेगा, इसके लिए क्रान्तिकारी युवकों को किसानों के बीच रहकर उनमें शिक्षा-प्रचार करना चाहिए, सामाजिक रूढ़ियों को तोड़ने में उनकी सहायता करनी चाहिए। राष्ट्र के पूरे विकास के लिए स्त्री को स्वाधीन और शिक्षित होना चाहिए। हिन्दुओं और मुसलमानों को आपसी भेद-भाव भूलकर नहीं, धार्मिक भेद-भाव मिटाकर नई मनुष्यता की भूमि पर एक होना चाहिए। 'निराला' की विचारधारा के अध्ययन का यह महत्त्व है कि स्वाधीनता-आन्दोलन के विभिन्न पक्ष कैसे एक दूसरे से जुड़े हुए हैं, यह समझने का अवसर मिलता है।'' (निराला की साहित्य-साधना द्वितीय खंड, पृ. 543) **'निराला' का 'छायावाद' स्वाधीनता-आन्दोलन से प्रेरित है।** इसीलिए उनके काव्य में सरस्वती, लक्ष्मी, महावीर, निर्गुण ब्रह्म ये सभी 'भारत' से अभिन्न हो जाते हैं। वेदान्त का सारा ज्ञान स्वाधीनता आन्दोलन से जुड़कर नए अर्थ ग्रहण करता है। 'निराला' **ब्रह्म को नहीं प्रकृति को एकमात्र सत्य मानते हैं।** डॉ. शर्मा के शब्दों में, ''प्रकृति सत्य है, इसलिए मानव जीवन सत्य है, नारी का सौन्दर्य, पुरुष और नारी का प्रेम सत्य है। इस तरह 'निराला' का **भावबोध** उनकी **विचारधारा** से जुड़ा हुआ है, प्रकृति और नारी से सम्बन्धित उनकी रचनाएँ उनकी विचारधारा से सम्पृक्त हैं।'' (निराला की साहित्य-साधना, द्वितीय खंड, पृ. 544) 'निराला' प्रकृति को परिवर्तनशील मानते हैं।, ''**इस परिवर्तनशील प्रकृति को वे 'शून्य' अथवा 'आकाश' में लय कर देते हैं, उस आकाश को ऊर्जा में, ऊर्जा को पदार्थ में परिवर्तित होते दिखाते हैं।**'' (निराला की साहित्य-साधना, द्वितीय खंड, पृ. 544) ऐसा वे सम्भवत: इसलिए कर सके हैं कि उनकी दृष्टि में तत्त्व एक है।, ''भारतीय दर्शन में जो पाँच प्रसिद्ध तत्त्व हैं वे सब शक्ति के प्रतीक हैं, शक्ति के विभिन्न रूप है। शक्ति एक है, अद्वितीय है, इसलिए ये पाँच तत्त्व देखने में पाँच हैं, वास्तव में तत्त्व एक है। जो आकाश है, वही बदलकर पृथ्वी बनता है, जो पृथ्वी है, वही जल बनती है, जो जल है, वह हवा अथवा आकाश बन जाता है। **यह 'निराला' का प्रकृति अद्वैत दर्शन है जो अनेक कविताओं में तरह-तरह से चित्रित हुआ**

है।'' (निराला की साहित्य-साधना, द्वितीय खंड, पृ. 176) प्रकृति अर्थात् शक्ति की ही यह विशेषता है कि वह रूप, रस, गन्ध, शब्द, स्पर्श के द्वारा मनुष्य को अपना परिचय देती है। प्रकृति सत्य है तो रूप, रस, गन्ध, शब्द, स्पर्श-युक्त यह सारा संसार सत्य है। **इस प्रकार 'निराला' संसार की सत्यता प्रमाणित करके परम्परागत अद्वैतवाद से अपने को अलग कर लेते हैं। यह दर्शन उनकी प्रगतिशील चेतना का परिचायक है।**

'निराला' की एक बड़ी विशेषता उनका श्रेष्ठ **ट्रैजिक** कवि होना है। जो कवि आत्मपीड़ा में सुख पाते हैं वे ट्रैजिडी की रचना नहीं कर सकते। जिनमें जीवन के अन्तर्विरोधों को देखने की शक्ति होती है, वे ही **ट्रैजिडी** की रचना में सफल होते हैं।, ''**उदात्त करुणा, संघर्ष की क्षमता, दु:ख का गहन बोध, ट्रैजिडी के मूल उपकरण हैं। 'निराला' को ये उपकरण सघन मात्रा में प्राप्त थे। वह अपने युग के सबसे बड़े ट्रैजिक कवि हैं।''** (निराला की साहित्य-साधना, द्वितीय खंड, पृ. 546) 'निराला' मानवतावादी कवि हैं। उनका **मानवतावाद** क्रमश: गहरा होता गया है। उन्होंने 'अतिमानव' की सृष्टि नहीं की है। उन्होंने जिस मनुष्य की सृष्टि की है वह दु:ख, पराजय, संघर्ष और मार्ग की कठिनाइयों से भलीभाँति परिचित हैं। राम की शक्ति-पूजा के **राम**, 'जागो फिर एक बार' के **गुरुगोविन्द सिंह**, 'शिवाजी' का पत्र के **शिवाजी**, 'बादलराग' का विप्लवी **वीर बादल**, 'आवाहन' कविता की देवी श्यामा ये सभी मानव-शक्ति के प्रतीक है।, ''इन सभी में मानवीय दुर्बलताएँ भी हैं। यह अतिमानव नहीं है जिनकी इच्छा ही विजय का पथ प्रशस्त कर देती है। **'निराला' हिन्दी साहित्य में नए 'मानवतावाद' के प्रतिष्ठापक हैं।''** (निराला की साहित्य-साधना, द्वितीय खंड, पृ. 159)

विचारधारा के बाद डॉ. शर्मा ने 'निराला' के **भावबोध** और **कला** पर विचार किया है। उनके अनुसार, ''मार्क्सवाद भावबोध को बहुत महत्त्व देता है। मार्क्स ने मनुष्य की चेतना पर सामाजिक परिस्थितियों के प्रभाव पर जोर दिया था। इस **चेतना में मनुष्य के विचार और भाव दोनों शामिल हैं।''** (भाषा युगबोध. और कविता, पृ. 148) 'निराला' के काव्य में 'भावबोध' के अनेक स्तर हैं। आरम्भिक कविताओं में भावबोध का स्तर काफी हलका है। स्वाधीनता के लिए संघर्ष करनेवाले युवकों का उत्साह इन्हें उल्लसित कर देता है। यह 'उल्लास' सामान्य भावाभिव्यक्ति के रूप में प्रकट होता है किन्तु क्रमश: उनका भावबोध गहनतर होता गया है। उनका देश-प्रेम अनेक भावों को जन्म देता है। देशवासियों की पराधीनता देखकर कभी वे आत्मग्लानि से पीड़ित होते हैं, कभी उनका मन

अवसादग्रस्त हो जाता है, कभी वे पराधीनता से समझौता करनेवालों पर क्रुद्ध होते हैं और कभी पराधीन देशवासियों की मोहनिद्रा पर क्षुब्ध। इस क्षोभ से उनके मन में क्रान्ति की आकांक्षा जागृत होती है और वे **कहीं 'धारा' कहीं 'बादल' कहीं 'शिव' और 'काली'**, 'कहीं पुराने पत्तों के झरने और नए पत्तों के आने' जैसे प्रतीकों के माध्यम से क्रान्ति की आकांक्षा को व्यक्त करते हैं। निराला में भक्ति-भाव भी है किन्तु उनका कोई एक अधिष्ठान नहीं है। डॉ. शर्मा के शब्दों में, ''निराला' के लिए भक्ति का ऐसा कोई अच्युत आधार नहीं। कहीं राम, कहीं शिव, कहीं ब्रह्म, कहीं माया, भक्ति के अधिष्ठान परिवर्तनशील हैं। अपरिवर्तनशील है केवल दीन जनों के प्रति करुणा का भाव। इसमें आत्मकरुणा का बोध भी शामिल है।'' (निराला की साहित्य-साधना, द्वितीय खंड, पृ. 186) 'निराला' में काम-चेतना भी प्रबल है। उन्होंने नारी सौन्दर्य के अनेक चित्र अंकित किए हैं। इन चित्रों में वे भावावेश में आकर परम्परागत नैतिकता की सीमाएँ पार कर गए हैं किन्तु उनकी उत्तेजना रीतिवादी कवियों की तरह कामोत्तेजना का सामान नहीं जुटाती। उसे वे नियन्त्रित कर लेते हैं। इसीलिए **उनके शृंगार-काव्य में एक प्रकार की उदात्त भंगिमा के दर्शन होते हैं।** 'शृंगार के चित्र' 'निराला' ने प्रायः प्रकृति के प्रतीकों के माध्यम से अंकित किए हैं। कहीं **जूही की कली** प्रेमिका है, **पवन प्रेमी**, कहीं **शेफालिका प्रेमिका है, आकाश प्रेमी**, कहीं **पृथ्वी प्रेमिका** है, **सूर्य प्रेमी** नारी सौन्दर्य के चित्रण में 'निराला' ने आँखों, अलकों और उरोजों को अधिक महत्त्व दिया है। प्रिया और प्रेमी के प्रणयव्यापार को 'निराला' शारीरिक मिलन तक ले गए हैं। इस मिलन के अनेक चित्र उनकी कविताओं में देखे जा सकते हैं। डॉ. शर्मा ने **सौन्दर्य** और **रसानुभूति** के सम्बन्धों पर भी विचार किया है। उनके अनुसार, ''सौन्दर्य यानी सुन्दर वस्तु से पुरुष को हुई प्रेरणा नारी नामक प्रेरणा-केन्द्र पुरुष को चिरकाल से बाधित करता रहा है। नारी हुई 'स्टीमुलस', पुरुष की रसानुभूति हुई 'रिफ्लेक्स'। **रस** और **सौन्दर्य** का यही मौलिक सम्बन्ध है।'' (विरामचिह्न, पृ. 207) प्रकृति के उपादानों में प्रणय-व्यापार का चित्रण प्राचीन रस-सिद्धान्त के अनुसार रसनिष्पत्ति की सीमा में नहीं आता किन्तु 'निराला' के **ये प्रतीकात्मक प्रणय-चित्र इतने मुखर और प्रभल्म हैं कि उन्हें शृंगार के अतिरिक्त और कुछ कहा ही नहीं जा सकता।** भावबोध के बाद डॉ. शर्मा ने 'निराला' की कला का विवेचन किया है। यह कार्य अपेक्षाकृत कठिन है। डॉ. शर्मा यह स्वीकार करते हैं कि किसी भी साहित्यकार की कला का विवेचन कठिन कार्य है। बहुत-सी सैद्धान्तिक समस्याएँ विवेचन आरम्भ होने से पहले अपना समाधान चाहती हैं। साहित्यकार भी स्थापत्यकार की तरह अपना निर्माण-कौशल

प्रदर्शित करता है। इस कौशल को हम कैसे परखें?, ''निर्माण कौशल के लिए उसकी रचना-सामग्री क्या है? भाषा, शब्दों का अर्थ, उनकी ध्वनि, छन्द-प्रवाह, मूर्तिविधान, इनका परस्पर-सम्बन्ध क्या है? काव्य की संरचना से इनका सम्बन्ध क्या है? इस तरह के प्रश्नों से उलझते हुए पुस्तक के तीसरे अंश में 'निराला' की कला—मुख्यत: उनकी काव्य-कला का विवेचन किया गया है।'' (निराला की साहित्य-साधना, द्वितीय खंड भूमिका) **कला** का यह विवेचन 'वक्तृत्वकला', 'स्वगत', 'संवाद', 'कविता का नक्शा', 'स्थापत्य', 'स्वप्नदृष्टि', 'रूप-रस-गन्ध', 'प्रतीक-योजना', 'संश्लिष्टबिम्ब', 'अनुप्रास-प्रेम', 'ध्वनि-प्रवाह', 'सघोष अल्पप्राण', 'स्वर-साधना', 'तत्सम-तद्भव', 'कवित्वपूर्ण शब्दावली', 'मौलिक शब्द-योजना', 'नियम-भंग', 'अभिनव-प्रयोग', 'अलंकरण', 'अर्थ-चमत्कार', 'मुक्तछन्द', 'मात्रिकछन्द', 'गीत और लोकसंगीत', 'छायावाद यथार्थवाद' शीर्षकों के अन्तर्गत किया गया है। निराला की काव्य-कला के विश्लेषण के सन्दर्भ में यह ध्यान देने की बात है कि उपरोक्त प्रतिमान अलग से निराला की कविता पर आरोपित नहीं है वरन निराला की कविता के वैशिष्ट्य-विवेचन-क्रम में उसके भीतर लक्षित किए गए हैं। डॉ. शर्मा ने इन्हें क्रमबद्ध करके 'निराला' की कला की मौलिकता प्रमाणित की है। इनमें कुछ शीर्षकों को देखकर लगता है कि इनमें 'कला' का नहीं विषय-वस्तु का विवेचन किया गया होगा किन्तु बात ऐसी नहीं है। उदाहरण के लिए 'रूप-रस-गन्ध' शीर्षक को लीजिए। ये कला के तत्त्व नहीं हैं ये तो इन्द्रिय-बोध हैं। इस सम्बन्ध में डॉ. शर्मा के विचार ध्यातव्य हैं। वे कहते हैं, ''निराला की काव्य-कला की नियामक हैं उनकी वृत्तियाँ, रूप-रस-गन्ध-स्पर्श-शब्द के संसार को ग्रहण करने की विधि, इस संसार के प्रति उसके भावबोध की प्रक्रिया। कविता की 'विषय-वस्तु' और 'कला' यहाँ मिल जाती हैं, यह वह भूमि है जहाँ यह कहना कठिन होगा, 'यह तो 'निराला' का प्राथमिक काव्येतर अनुभव है और यहाँ उस अनुभव को काव्यरूप देनेवाली कला आरम्भ होती है।' कला में **मूर्ति-विधान** है, शब्दों का **ध्वनि-प्रवाह** है, गठन और **संरचना** है। 'निराला' काव्य में मूर्ति-विधान किस प्रकार है? यह उसी गोचर संसार की ग्रहण-प्रक्रिया पर निर्भर है। शब्दों का ध्वनि-प्रवाह अपने में गोचर अनुभव है, उसका नियंत्रण, उसकी गति, उसकी गहराई, उन्हीं वृत्तियों के आश्रित हैं जिनसे निराला का संसार-बोध नियमित है।'' (निराला की साहित्य-साधना, द्वितीय खंड, पृ. 313) इसके बाद इस अध्याय में डॉ. शर्मा ने 'निराला' के प्रतीकों, चित्रों और मूर्ति-विधानों से उनकी वृत्तियों की रुझान के संश्लिष्ट सम्बन्ध की सोदाहरण व्याख्या की है। इसी प्रकार इस अध्याय का अन्तिम शीर्षक है **छायावाद-यथार्थवाद**। इसके अन्तर्गत

डॉ. शर्मा ने 'निराला' के कलात्मक विकास को रेखांकित किया है। **छायावाद** और **यथार्थवाद** कला के विकास-क्रम को निर्दिष्ट करने के लिए दो बिन्दुओं के रूप में उल्लिखित हुए हैं। डॉ. शर्मा के शब्दों में, "**कुल मिलाकर यथार्थवादी प्रवृत्ति सन्, 36 के बाद निराला काव्य में दृढ़ होती है। यह प्रवृत्ति प्रकृति और नारी से लेकर सामाजिक जीवन के चित्रण तक दिखाई देती है।**" (वही, पृ. 448) क्रमशः यथार्थ की ओर बढ़ते हुए भी निराला की छायावादी प्रकृति कभी भी पूर्णतः नहीं बदलती। डॉ. शर्मा ने लक्षित किया, "साथ ही यह भी समझना चाहिए कि 'निराला' की छायावादी प्रकृति, यथार्थ अनुभव का रूप-परिवर्तन करने, यथार्थ जीवन से फैंटेसी की दुनिया में पहुँचने की शक्ति कभी खत्म नहीं होता।" (वही, पृ. 450) डॉ. शर्मा ने निराला की **कला** के विवेचन में **पुराने मानदंड 'अलंकरण'** पर भी विचार किया है। उन्होंने लक्षित किया है कि, "'निराला' को **अनुप्रास, उपमा** और **रूपक** अलंकार प्रिय हैं। किन्तु ये **अलंकार उनकी भाव-संरचना के अभिन्न अंग हैं।** सानुप्रास पदावली के द्वारा निराला ने जो उदात्त या **अनुदात्त ध्वनि-प्रवाह** पैदा किया है वह भाव-संवेदनों के उतार-चढ़ाव के साथ आगे बढ़ता है। इसी प्रकार **उपमा, रूपक** आदि अलंकार 'निराला' के रूप-रस-बोध का परिचय देते हुए काव्य-तत्त्व को निखारते हैं। उनकी **प्रतीक-योजना** संसार के प्रति उनकी व्यापक दार्शनिक दृष्टि के सहारे काव्य में नया उत्कर्ष पैदा करती है।" (वही, पृ. 414) कला के विवेचन में **प्रतीक-योजना** और **बिम्ब-विधान** की चर्चा अपेक्षाकृत नई है। डॉ. शर्मा ने कला के उत्कर्ष-विधायक इन प्रतिमानों पर भी गम्भीरता से विचार किया है। उन्होंने लक्षित किया है कि, "निराला परम्परागत प्रतीकों को नई दृष्टि से देखते हैं। **उनकी भाव-शक्ति परिचित प्रतीक को बदलकर सजीव चित्र बना देती है।** वे एक ही प्रतीक को विरोधी भावों से सम्बद्ध कर देते हैं। उदाहरण के लिए वर्षा उनके लिए सृजन और नाश दोनों का प्रतीक है। यही नहीं अनेक भाव-स्थितियों से सघन-संश्लिष्ट परिवेश को मूर्त करने के लिए वे अनेक प्रतीकों को एक ही स्थान पर एकत्र कर देते हैं। राम की शक्ति-पूजा के पूर्वार्द्ध में त्रास, पराजयबोध, निराशा, विजय के लिए प्रयास आदि अनेक भावों से संकुल परिवेश को मूर्त करने के लिए उन्होंने सूर्यास्त, अन्धकार, निशाचर, पर्वत, सिंह, गरजता हुआ समुद्र, उस समुद्र को चुनौती देता हुआ दूसरा समुद्र, ये सारे प्रतीक एक साथ, एक जगह, प्रयुक्त किए हैं। निराला की **प्रतीक-योजना यथार्थ पर टिकी रहती है। इसीलिए उनके प्रतीक निर्जीव न रहकर सजीव भाव चित्र बन जाते हैं।**

'निराला' का रूप-रस-गन्ध-बोध परिवर्तनशील हैं। वे अन्धकार को 'देखते' ही नहीं 'सुनते' भी हैं। पेड़ों के नए पत्तों में वे डालियों का स्वर सुनते हैं। आकाश के इन्द्रधनुष के सात रंग उन्हें सात स्वर प्रतीत होते हैं। वे रूप, रस, गन्ध सभी में शब्द सुनते हैं। **बिम्ब-विधान बहुत कुछ इन्द्रियबोध पर आधृत होता है।** इन्द्रियबोध में संश्लेष होने के कारण **निराला का बिम्ब-विधान भी संश्लिष्ट है।** डॉ. शर्मा के शब्दों में, "साधारणत: जिस तरह आलोचना में घ्राणबोध, रूपबोध, शब्दबोध आदि तरह-तरह के बोध मूर्ति-विधान के विश्लेषण में गिनाए जाते हैं, वह गिनती बहुत सीमित रूप में उपयोगी हैं, 'निराला' काव्य में उस तरह अलग-अलग इन्द्रिय-बोध गिनाना भ्रामक भी हो सकता है। कारीगरों से भिन प्रतिभाशाली कवियों की विशेषता यह है कि उनकी चेतना इन्द्रिय-बोध के स्तर पर संश्लिष्ट रूप में कार्य करती है, एक प्रकार का बोध नहीं, अनेक प्रकार के बोध सक्रिय हो उठते हैं। **परस्पर विरोधी बिम्ब भी एक ही अनुभव में सन्तुलित और सम्बद्ध होते हैं। जहाँ चित्र स्थिर न होकर गतिशील है, वहाँ इस तरह के विरोधी बिम्बों का आना स्वाभाविक है।**" (निराला की काव्य-साधना, द्वितीय खंड, पृ, 334-35) **कला** के अन्य उपादानों के विवेचन में डॉ. शर्मा ने यह प्रतिपादित करना चाहा है कि 'निराला' के काव्य में उनकी सत्ता स्वतन्त्र नहीं है। वे **यथार्थबोध** से प्रेरित हैं। **वस्तु** और **भाव-संरचना** के अंग हैं। **प्रेषणीयता** की वृद्धि में सहायक हैं और परिवेश को सघन, संश्लिष्ट, मूर्त और गतिशील बनाने में सक्रिय भूमिका अदा करते हैं।

'नई कविता और अस्तित्ववाद' (1978 ई.) में 'नई कविता' का इतिहास भी प्रस्तुत किया गया है। डॉ. शर्मा के अनुसार **सन् 1947 तक 'नई कविता' समाजवाद** और **यथार्थवाद** वाली कविता को ही कहते थे। कविता में **यथार्थवाद** के स्वर सन् 1938 में ही मुखर हो चुके थे। **प्रयोगवाद** की शुरुआत 'तारसप्तक' (1943 ई.) से नहीं सन् 1947 में 'प्रतीक' के प्रकाशन से हुई है। वे कहते हैं, "जहाँ तक मुझे मालूम है, सन्, 47 से पहले **प्रयोगवाद** शब्द का व्यवहार नहीं हुआ। सन्, 46 में शमशेर ने तारसप्तक की जो आलोचना 'नया साहित्य' में की थी उसमें प्रयोगों का जिक्र है। **प्रयोगवाद** का नहीं। **'प्रयोगवाद' शब्द की जरूरत तब हुई जब प्रगतिवाद के विरोध में एक नए 'वाद' को स्थापित करना जरूरी हुआ।**" (नई कविता और अस्तित्ववाद, पृ. 28) सन्, 47 के बाद एक ओर, "सामाजिक दायित्व से बचकर साहित्य रचने की प्रवृत्ति पन्त के 'रहस्यवाद' और भारतभूषण आदि के 'प्रयोगवाद' में बलवती हुई तो दूसरी ओर प्रगतिशील साहित्य में उग्र और संकीर्णतावादी रुझान प्रबल हुए।"

(वही, पृ. 29) प्रगतिशील कविताओं में चीत्कार-फूत्कार तो बहुत होता था किन्तु न तो उनमें जीवन की वास्तविकता होती थी न कलात्मक सौन्दर्य। ऐसी स्थिति में उन लोगों को साहित्य को प्रगति-विरोधी दिशा में ले जाने का अवसर मिल गया जो काव्य में प्रयोगों पर बल दे रहे थे। सन् 1954 में डॉ. जगदीश गुप्त ने **नई कविता** पत्रिका का प्रकाशन आरम्भ किया। 'अज्ञेय' ने 'नई कविता' को आशीर्वाद दिया। सन् 1958 तक आते-आते 'नई कविता' से टूटकर **नवलेखन** का एक दल अलग हो गया। श्रीकान्त वर्मा और नरेश मेहता ने इसका नेतृत्व किया। इन्होंने 'कृति' नामक मासिक पत्रिका का प्रकाशन आरम्भ किया। इन्हें एक ओर 'नई कविता' की **आधुनिकता** और **क्षणवाद** से शिकायत थी तो दूसरी ओर प्रगतिवादियों की मनुष्य की आत्मा को कुचलकर लोहे के टुकड़े पूजने की प्रवृत्ति से। **नवलेखन** का उद्देश्य तो अच्छा था किन्तु व्यावहारिक स्तर पर वह कुछ खास नहीं कर सका। सन् 1961 ई. तक आकर 'नई कविता' का आन्दोलन मृतप्राय हो गया। सन् '67 में राजीव सक्सेना ने लिखा, "**अब (सन् 1967 ई. में) तो किसी को यह कहने का साहस नहीं है कि नई कविता जीवित है।**" (वही, पृ. 34 पर उद्धृत) इस प्रकार डॉ. शर्मा ने 'नई कविता' का पूरा इतिहास प्रस्तुत करते हुए यह बताना चाहा है कि जिसे सामान्यत: 'नई कविता' समझा जाता है और नई विशेषण पर बल दिया जाता है उसमें अनेक अन्तर्धाराएँ प्रवाहित हैं। 'नई कविता' का इतिहास और उसकी मूल प्रवृत्ति का विवेचन करने के साथ ही इस पुस्तक में डॉ. शर्मा ने 'अज्ञेय', 'मुक्तिबोध', 'शमशेर' और 'नागार्जुन' का मूल्यांकन भी किया है। 'अज्ञेय' को डॉ. शर्मा 'छायावाद' की औपचारिक समाप्ति के बाद **छायावादी भावधारा** को सबसे अधिक प्रवाहित करनेवाला कवि मानते हैं। उनके अनुसार—'अज्ञेय' में आरम्भ से ही **रहस्यवादी** प्रवृत्ति रही है। सन् 1941 की 'विश्ववाणी' में उन्होंने एक लेख लिखकर यह प्रतिपादित किया था कि विज्ञान मानव-विकास की सोद्‌देश्यता सिद्ध करने में असफल रहा है। अप्रैल, 1939 के 'हंस' में उन्होंने **रहस्यवाद** पर एक कविता लिखी थी। इसमें उन्होंने अपने सीमित अहं की शक्ति को असीम शक्ति से जोड़ना चाहा था। इस समय वे अरविन्द दर्शन से प्रभावित थे। 'अज्ञेय' को यह पता है कि पश्चिम के अनेक वैज्ञानिक मानव विकास की सोद्‌देश्यता सिद्ध करने के लिए **नवरहस्यवाद** का सहारा ले रहे हैं। अज्ञेय को इस रहस्यवाद ने प्रभावित किया है। वे जब **चेतना के संस्कार** की बात कहते हैं तब वे उसके ऊर्ध्व संचरण का समर्थन करके **नवरहस्यवाद** की पुष्टि करते हैं। 'अरी ओ करुणा प्रभामय' शीर्षक काव्य-संग्रह में उन्होंने ऐसी कविताएँ लिखी हैं जिनमें 'क्षण' में 'अखंड

काल' और 'रूप में अरूप' की सत्ता का साक्षात्कार किया है। उनकी कविता जड़ाऊ कविता है। वे शिल्प को सँवारने और माँजने में बहुत श्रम करते हैं। वे 'प्रसाद' से प्रभावित हैं किन्तु 'प्रसाद' जहाँ अनुभूति को दर्शन में परिणत करते हैं, वहाँ वे दर्शन को अनुभूति में उतारते हैं। डॉ. शर्मा ने यह प्रतिपादित किया है कि **'अज्ञेय' की कविता प्रगति-विरोधी और रहस्यवादी है।** मुक्तिबोध के सम्बन्ध में डॉ. शर्मा का मत है कि आरम्भ से ही उन पर **भाववादी** विचारकों का प्रभाव रहा है । 1942 ई. में उन्होंने मार्क्सवाद को अपनाया किन्तु **भाववाद** के प्रभाव से मुक्त नहीं हो सके। उनके काव्य में **अस्तित्ववाद** का **लघुमानव** भी है और **रहस्यवाद** का विराट पुरुष भी। मुक्तिबोध के आत्मसंघर्ष की व्याख्या करते हुए शर्मा कहते हैं, ''उनके आत्मसंघर्ष के अनेक स्तर है। **एक स्तर है—** निम्नवर्ग की भूमि को छोड़कर सर्वहारा वर्ग से तादात्म्य स्थापित करने का। **दूसरा स्तर है—** मन के दुःस्वप्नों—पापबोध, मृत्युचिन्तन, असामान्य मानसिक स्थिति से निकलकर हुए स्वयं को और संसार को वस्तुगत रूप से देखने का। **तीसरा स्तर है—** अपनी काव्यकला को निरन्तर विकसित करने का।'' (नई कविता और अस्तित्ववाद, पृ. 23) मुक्तिबोध का यह आत्म-संघर्ष उनकी मृत्यु के साथ ही समाप्त हुआ। उनकी कविता इसी अन्तर्विरोध और आत्मसंघर्ष की कविता है। **शमशेर** के सम्बन्ध में डॉ. शर्मा का मत है कि **उनका काव्य रीतिवादी रूमानी सौन्दर्य बोध और मार्क्सवादी विवेक के द्वन्द्व का काव्य है।** उनके मन में 'मार्क्सवाद' और इलियट-एजरापाउंड को लेकर जो द्वन्द्व सन्, 47 के पहले था, वह बाद को भी बना रहा। इलियट और पाउंड का भाव सौन्दर्य उन्हें अपनी ओर खींचता था और उनका मार्क्सवादी विवेक उन्हें उस व्यक्तिवादी प्रपंच से दूर रहने की हिदायत देता था। शमशेर **नव्यरहस्यवाद** से भी प्रभावित है। उनकी कविता में भी मौन का अनुपात कम नहीं है। उनके काव्य-जगत में भी गर्दगुबार कम है किन्तु वे अस्तित्ववादी नहीं हैं। यदि वे **अपने रीतिवादी रूमानी सौन्दर्यबोध और मार्क्सवादी विवेक से संगति बैठा सके होते तो एक यथार्थवादी रचनाकार होते।** 'भुवनेश्वर' पर लिखी शमशेर की एक कविता पर विचार करते हुए डॉ. शर्मा कहते हैं कि वह मूलतः **यथार्थवादी** कवि हैं जिनके हृदय में करुणा का स्रोत है जो कभी-कभी फूटकर बहता भी है। मन के गोचर-अगोचर घेरे तोड़कर जब करुणा का यह स्रोत बह चलता तब शमशेर भुवनेश्वर पर इस कविता जैसी रचनाएँ करते हैं। **यथार्थवाद** का यह भी एक रूप है जिसकी ओर हिन्दी की नई कविता का विकास सम्भव है। **नागार्जुन** के सम्बन्ध में डॉ. शर्मा का मत है कि, ''भविष्य में जब नई कविता का **अस्तित्ववादी** सैलाब

सूख चुका होगा, जब मध्यवर्ग और किसानों और मजदूरों में भी जन्म लेनेवाले कवि दृढ़ता से अपना सम्बन्ध जन-आन्दोलन से कायम करेंगे, तब उनके सामने लोकप्रिय साहित्य और कलात्मक सौन्दर्य के सन्तुलन की समस्या फिर पेश होगी और तब साहित्य और राजनीति में उनका सही मार्ग-दर्शन करनेवाले, अपनी रचनाओं के प्रत्यक्ष उदाहरण से उन्हें शिक्षित करनेवाले, उनके प्रेरक और गुरु होंगे कवि नागार्जुन।'' (नई कविता और अस्तित्ववाद, पृ. 141) डॉ. शर्मा की दृष्टि में नागार्जुन का काव्य इसलिए महत्त्वपूर्ण है कि उसमें दृढ़ क्रान्ति भावना है, वह लोक-संस्कृति के निकट है, उसमें प्रखर राजनीतिक चेतना और गहरा व्यंग्य है, उसमें यथार्थ-जीवन के मार्मिक चित्र हैं और उसमें कथ्य के अनुकूल भाषा की सहज गति और लय को आधार बनाकर विविध प्रकार के प्रयोग किए गए हैं। डॉ. शर्मा का यह विश्वास है कि नागार्जुन की सारी कविताओं के एक जगह प्रकाशित होने पर आधुनिक हिन्दी-कविता के विकास का सही ज्ञान हिन्दी पाठकों को हो जाएगा। ''**हिन्दी साहित्य की जीवन्त परम्परा और भारतीय जनता के साहसी अभियान के प्रतीक हैं कवि नागार्जुन** ।'' (वही, पृ. 152)

डॉ. शर्मा ने गद्य-साहित्य का भी मूल्यांकन किया है। इस मूल्यांकन में उन्होंने मुख्य रूप से लेखकों की प्रवृत्ति और विचारधारा परखने का ही प्रयत्न किया है। 'निराला' के कथा साहित्य का मूल्यांकन करते हुए वे कहते हैं, ''जो **यथार्थवादी** धारा 'अप्सरा', 'अलका' के छायालोक में धुँधलो थी **वह यहाँ (देवी, चतुरी चमार) पूरी शक्ति से यथार्थ की धरती पर प्रवाहित है।**'' (निराला की साहित्य-साधना, द्वितीय खंड, पृ. 469) कुल्लीभाट के सम्बन्ध में उनका निष्कर्ष है, ''रेखाचित्र, संस्मरण, आत्मचरित्र, जीवनचरित, लघु उपन्यास, अनेक विधाओं के तत्त्व लेकर रची कुल्लीभाट की कथा हिन्दी में **यथार्थवादी** साहित्य के विकास में नई कड़ी साबित हुई।'' (वही, पृ. 477) वृन्दावनलाल वर्मा के कथा-साहित्य के सम्बन्ध में उनका मत है। ''वर्मा जी की कला **यथार्थवाद** और **रोमांटिक कल्पना** का सम्मिश्रण है।'' (परम्परा का मूल्यांकन, पृ. 172) प्रेमचन्द की कर्मभूमि के सम्बन्ध में उनका निर्णय है, ''प्रेमचन्द की **क्रान्तिकारी यथार्थता** व्यक्त हुई है दमन के चित्रण में।'' (परम्परा का मूल्यांकन, पृ. 153) उपरोक्त निष्कर्षों पर ध्यान देने से यह स्पष्ट हो जाता है कि जिस शब्द को केन्द्र में रखकर डॉ. शर्मा ने कथा-साहित्य का मूल्यांकन किया है वह है **यथार्थवाद**। यह शब्द प्रवृत्ति और विचारधारा दोनों का द्योतक है। डॉ. शर्मा को यथार्थ की धरती प्रिय है। जहाँ उन्हें इस धरती की गन्ध मिलती है वे आकृष्ट होते हैं। किन्तु जहाँ यथार्थ की धरती ओझल हो जाती है

और कल्पना का छायालोक झिलमिलाने लगता है, वे सतर्क होकर उसमें निहित पलायन या रहस्यवृत्ति का विरोध करने लगते हैं।

डॉ. शर्मा की समीक्षा के बीज-शब्द

किसी आलोचक की समीक्षा-दृष्टि को समझने और परखने के लिए उसके जीवन-दर्शन और विचारधारा का ज्ञान, उसके द्वारा किया गया समीक्ष्य-वस्तु का चयन, उसकी विवेचन-पद्धति और मूल्यांकन तथा उसके समीक्षा के आधार-तत्त्वों—कला, सौन्दर्य, शिल्प आदि—की व्याख्या का अनुशीलन तो आवश्यक है ही, इन सबके साथ उसके द्वारा प्रयुक्त पारिभाषिक शब्दावली का विवेचन भी आवश्यक है। किसी भी समीक्षक द्वारा व्यावहारिक मूल्यांकन-क्रम में प्रयुक्त पारिभाषिक शब्दावली भी उसकी दृष्टि, विवेक और प्रवृत्ति की परिचायिका होती है। आलोचक पारिभाषिक शब्दावली का चयन कई स्रोतों से करता है। कुछ शब्द वह परम्परा से ग्रहण करता है, कुछ अपनी समसामयिक समीक्षा से लेता है, कुछ उन महान देशी-विदेशी समीक्षकों से ग्रहण करता है जिनकी चिन्तन-पद्धति और विचारधारा से वह प्रभावित होता है और कुछ शब्द वह स्वयं समीक्ष्य-वस्तु के विवेचन-क्रम में अपने विवेक से गढ़कर प्रयुक्त करता है। किन्तु ये सभी शब्द उसकी समीक्षा-दृष्टि का प्रतिनिधित्व नहीं करते, क्योकि अनेक शब्दों का प्रयोग वह दूसरों के मतों को उद्धृत करते हुए उनसे असहमति व्यक्त करने के लिए करता है। समीक्षक-विशेष की समीक्षा-दृष्टि का प्रतिनिधित्व करनेवाले शब्द वे होते हैं, जिनको केन्द्र में रखकर वह अपने निर्णय को प्रासंगिक और युक्तियुक्त बनाता है, जो उसके द्वारा समीक्ष्य-प्रवृत्तियों, कृतियों और रचनाकारों के मूल्यांकन-क्रम में बार-बार सामने आते हैं और जिनका प्रयोग किए बिना वह अपनी बात ठीक से व्यक्त नहीं कर पाता। यहाँ हम डॉ. शर्मा की समीक्षा में प्रयुक्त बाज-शब्दों का उल्लेख करते हुए उनके आधार पर उनकी समीक्षा-दृष्टि को समझने की कोशिश करेंगे।

हिन्दी-आलोचकों में डॉ. शर्मा सबसे अधिक आचार्य शुक्ल से प्रभावित हैं। उनके मूल्यांकन के सहारे डॉ. शर्मा ने हिन्दी-साहित्य के पूरे विकास का मूल्यांकन किया है। इसलिए डॉ. शर्मा की समीक्षा में सबसे अधिक वे शब्द प्रयुक्त हुए हैं जो आचार्य शुक्ल के यहाँ पहले से विद्यमान हैं। ये सभी शब्द डॉ. शर्मा की समीक्षा-दृष्टि के परिचायक नहीं हैं किन्तु इनका उल्लेख इसलिए आवश्यक है कि इनको आधार बनाकर डॉ. शर्मा अपने समीक्षा-कर्म में प्रवृत्त हुए हैं। ये शब्द हैं—व्यक्तिवादी, भाववाद, वस्तुवाद, अनुभूति, आत्मगत, वस्तुगत,

रसानुभूति, विकासवाद, रस-ग्राहिका-शक्ति, कलावाद, रीतिवाद, लोक-सामान्य-भूमि, व्यक्ति-वैचित्र्यवाद, साधारणीकरण, भाव-व्यापार, इद्रियबोध, मूर्तिविधान, कल्पनावाद, यथार्थवाद, सौन्दर्यबोध, सौन्दर्यशास्त्र, आत्मवाद, रहस्यवाद, अध्यात्मवाद, प्रतिक्रियावाद, अभिव्यंजनावाद, रूप-विधान,अप्रस्तुतविधान, भावभूमि, विभावन-व्यापार, अर्थमीमांसा, अर्थग्रहण, बिम्बग्रहण, लोक-हृदय, रूप-विधान, लोक-मंगल, चमत्कारवाद, प्रकृत काव्य-भूमि, प्रतीक-योजना, अलंकार-विधान, संश्लिष्ट काव्य-वस्तु, लाक्षणिक वैचित्र्य, बुद्धिव्यवसायात्मक ज्ञान, इतिवृत्तामक शैली, काव्य-दृष्टि, विरुद्धों का सामंजस्य आदि। इनमें से कुछ शब्दों के प्रयोग में डॉ. शर्मा ने सन्दर्भगत अनौचित्य लक्षित किया है; कुछ के पाश्चात्य आधार की ओर संकेत करते हुए यह बताया है कि शुक्ल जी ने कैसे पाश्चात्य विचारकों का आधार लेते हुए अपने को उनसे अलग कर लिया है और बहुसंख्यक शब्दों के उचित और सटीक प्रयोग की सराहना की है। कुछ शब्द ऐसे भी हैं जिनके आधार पर डॉ. शर्मा ने अपने प्रयोग गढ़े हैं। आचार्य शुक्ल की **भावप्रेरित-वक्रता** के वज़न पर डॉ. शर्मा ने **भाव-प्रेरित-प्रतीक-योजना** का प्रयोग किया है। डॉ. शर्मा ने **रस, भाव, विभाव, साधारणीकरण, अलंकार** आदि परम्परागत पारिभाषिक शब्दावली के संस्कार आचार्य शुक्ल से ही ग्रहण किए हैं। आचार्य शुक्ल के समस्त निर्णयों से डॉ. शर्मा सहमत नहीं हैं और उपरोक्त शब्दों में से अनेक शब्दों का प्रयोग डॉ. शर्मा ने आचार्य शुक्ल को उद्धृत करते हुए किया है, वे डॉ. शर्मा की निजी समीक्षा-दृष्टि के परिचायक नहीं हैं। यह अवश्य है कि इन शब्दों के प्रयोग और समझ से डॉ. शर्मा की समीक्षा समृद्ध हुई है और हिन्दी-साहित्य के पूरे विकास को वे अपने सामने रख सके हैं।

डॉ. शर्मा द्वारा प्रयुक्त पारिभाषिक शब्दावली का दूसरा स्रोत 'नई कविता' के सन्दर्भ में प्रयुक्त समसामयिक समीक्षकों की शब्दावली है। यह शब्दावली भी उनकी दृष्टि का प्रतिनिधित्व नहीं करती। इसमें से बहुसंख्यक शब्दों का प्रयोग उन्होंने असहमति व्यक्त करते हुए किया है। यह उनकी समीक्षा के पूर्व-पक्ष का प्रतिनिधित्व करती है। इसके आधार पर डॉ. शर्मा ने 'नई कविता' के पाश्चात्य वैचारिक आधार को स्पष्ट किया है। ये शब्द हैं— **आधुनिकताबोध, सन्त्रास, अनास्था, लघुमानव, महामानव, अतियथार्थवाद, देहबोध, देहरस, दायित्वबोध, नवरहस्यवाद, अस्तित्ववाद, द्वन्द्व, तनाव, अमूर्तन, तथ्य और सत्य, सह-अनुभूति, अर्थ की लय, सपाट-बयानी, आत्मविसर्जन, प्रयोगवाद, आत्मग्रस्तता, आत्मसंवेदन, यान्त्रिकभौतिकवाद, फैंटेसी, इम्प्रेशनिस्ट, उपचेतन का साधारणीकरण, व्यक्तित्व का रूपान्तरण,**

एस्थेटिक इमोशन, रेजिमेंटेशन, अस्मिता आत्मनिर्वासन (सेल्फ-एलिएनेशन), **आत्मविभाजन** तथा इसी परम्परा के कुछ और शब्द। इन शब्दों का प्रयोग डॉ. शर्मा ने या तो अन्य समीक्षकों का मत उद्धृत काते हुए किया है या अज्ञेय, मुक्तिबोध, शमशेर आदि कवियों का भटकाव निदर्शित करने के लिए किया है। अनेक अवसरों पर उन्होंने विस्तार से इनके यूरोपीय उद्गम-स्रोत का भी उल्लेख किया है और यह भी स्पष्ट किया है कि जिस विचारधारा का ये प्रतिनिधित्व करते हैं, वह स्वस्थ और प्रगतिशील नहीं है। कई स्थलों पर उन्होंने यह भी बताया कि 'नई कविता' के सन्दर्भ में प्रयुक्त होनेवाले **आधुनिकताबोध, दायित्वबोध, यथार्थबोध, सेल्फ-एलिएनेशन** आदि शब्दों का मार्क्सवादी-समीक्षा में वही अर्थ नहीं है जो तथाकथित नई-समीक्षा में प्रचलित है। अनेक अवसरों पर उन्होंने आधुनिक कविता के ऐतिहासिक विकास का विस्तार से उल्लेख करते हुए कुछ पारिभाषिक शब्दों के प्रयोग का इतिहास भी प्रस्तुत किया है। सबसे बड़ी बात यह है कि डॉ. शर्मा ने इन शब्दों के मूल में विद्यमान आत्मगत-चिन्तन और वस्तुगत-चिन्तन के वैचारिक द्वन्द्व को बराबर ध्यान में रखा है।

डॉ. शर्मा द्वारा प्रयुक्त पारिभाषिक शब्दावली का तीसरा स्रोत है उनका मार्क्सवादी चिन्तन, विस्तृत साहित्यानुशीलन और भारतीय लोक-संस्कृति का गहन बोध। उनकी समीक्षा-दृष्टि का प्रतिनिधित्व करनेवाले 'बीज शब्द' मुख्यत: इसी स्रोत से आए हैं। कुछ शब्द ऐसे अवश्य हैं जो आचार्य शुक्ल की समीक्षा से गृहीत हैं किन्तु डॉ. शर्मा के समीक्षा-विवेक के इतने अनुकूल हैं कि उनके बिना उनका काम नहीं चलता। सब मिलाकर जिन शब्दों को डॉ. शर्मा की समीक्षा-दृष्टि का प्रतिनिधि कहा जा सकता है, वे निम्नलिखित हैं—

यथार्थवाद, वैज्ञानिकदृष्टि, प्रगतिशीलतत्त्व, जनसंस्कृति, वर्ग-आधार, जातीय संस्कृति, विचारधारा, वैज्ञानिक-भौतिकवाद, जनवाद, आस्था, वस्तुवाद, इन्द्रियबोध, भावबोध, मापवतावाद, जातीयगठन, लोक-जागरण, जन-जागरण, नव-जागरण, आधुनिकता, यथार्थबोध, द्वन्द्वात्मकपद्धति, सापेक्ष-स्वाधीनता, वक्तृत्वकला, ध्वनि-प्रवाह, संश्लिटबिम्ब, नवमानवतावाद, ट्रैजिडी आदि। इन शब्दों के अतिरिक्त आचार्य शुक्ल की समीक्षा से गृहीत कुछ शब्द भी डॉ. शर्मा की समीक्षा के 'बीज शब्द' बन गए हैं। वे शब्द हैं—**मूर्तिविधान, प्रतीक-योजना, अप्रस्तुत-विधान, विभाव, साधारणीकरण, विरुद्धों का सामंजस्य** आदि। जिस एक शब्द को डॉ. शर्मा ने सर्वाधिक महत्त्व दिया है वह है—**यथार्थ।** इस शब्द के पीछे अन्य

शब्दों को जोड़कर उन्होंने कई शब्द गढ़ लिए हैं। **यथार्थवाद, यथार्थ-चित्रण, यथार्थ-जीवन, यथार्थबोध, यथार्थ का बढ़ाव, यथार्थवाद की बुलन्दी, क्रान्तिकारी यथार्थवाद, नयायथार्थवाद, आलोचनात्मक यथार्थवाद, संश्लिष्ट यथार्थ** आदि अनेक प्रयोग उनकी समीक्षा में देखे जा सकते हैं। डॉ. शर्मा ने प्रेमचन्द की समीक्षा सबसे पहले की थी। डॉ. शर्मा द्वारा उनकी रचना के महत्त्व के स्वीकार का मूल आधार है—उनकी कला का **यथार्थवादी** होना। 'सेवासदन' प्रेमचन्द का पहला महत्त्वपूर्ण एवं चर्चित उपन्यास है। इसमें 'सुमन' के माध्यम से भारतीय नारी की पराधीनता की समस्या को उभारा गया है। 'सुमन' के पिता 'कृष्णचन्द्र' की मृत्यु के बाद उसके मामा उसके ब्याह की चिन्ता में वर देखने के लिए गाँवों में जाते हैं। उस समय गाँवों में हलचल मच जाती थी उसका प्रेमचन्द द्वारा किया गया पूरा चित्रण उद्धृत करने के बाद डॉ. शर्मा टिप्पणी करते हैं, "हिन्दी उपन्यासों में यह एक **नया यथार्थवाद** है जिसे प्रेमचन्द जन्म दे रहे थे।" (प्रेमचन्द और उनका युग,पृ. 33)

प्रेमचन्द के 'प्रेमाश्रम' का महत्त्व प्रतिपाविदत करते हुए डॉ. शर्मा कहते हैं—"प्रेमचन्द की कला इस बात में है कि वे हिन्दुस्तान के बदले हुए किसान का चित्र खींच सके हैं, घटनाएँ साधारण लेकिन उनसे वह अपने पात्रों का पुरानापन और नयापन, उनको पीछे ठेलनेवाली और आगे बढ़ानेवाली विशेषताएँ प्रकट करते हैं। पहाड़ की तस्वीर खींचना आसान है। नदी के बहाव को चित्रित करना मुश्किल। प्रेमचन्द ने **यथार्थ के बहाव** को पकड़ लिया है।"(प्रेमचन्द और उनका युग, पृ. 54) निर्मला' की प्रशंसा में डॉ. शर्मा कहते हैं, "कहानी अपने निर्मम तर्कसंगत परिणाम की तरफ अविराम गति से बढ़ती है। उन्होंने कहानी लिखने में **यथार्थवाद** को पूरी तरह निबाहा है। यह **क्रन्तिकारी यथार्थवाद** नहीं है; निर्मला और मंसाराम में काफी निष्क्रियता है; सुमन की तरह वे अन्याय का प्रतिकार करने नहीं बढ़ते। फिर भी **यथार्थवाद** को लाने और पुष्ट करने में 'निर्मला' का महत्त्वपूर्ण स्थान है।" (वही,पृ. 62) 'गबन' के सम्बन्ध में डॉ. शर्मा का कहना है, "निर्मला के बाद 'गबन' हिन्दी-साहित्य के **यथार्थवाद** में एक और आगे बढ़ा हुआ कदम है। वह जीवन की असलियत की छानबीन और गहराई से करता है।" (वही, पृ. 69) 'कायाकल्प' की कमजोरी उसका चमत्कारों से भरा हुआ भाग है, यह बताने के बाद डॉ. शर्मा कहते हैं, "इस उपन्यास के जोरदार हिस्से वे हैं जहाँ प्रेमचन्द ने हड़-मांस के आदमियों के इस जीवन पर दृष्टि केन्द्रित करके उनके चरित्र की अच्छाइयों-बुराइयों को चित्रित किया है। इससे पता चलता है कि प्रेमचन्द की कलम की ताकत **यथार्थ** जीवन

को आँकने से पैदा हुई थी।'' (वही, पृ. 70) 'कर्मभूमि' में प्रेमचन्द की कला की परख करते हुए डॉ. शर्मा कहते हैं—''प्रेमचन्द को **यथार्थ** का गहरा अनुभव भी प्राप्त था। इसलिए वह यथार्थ का शुष्क विवेचन नहीं करते, वह एक श्रेष्ठ कलाकार की तरह उसका मार्मिक चित्रण करते हैं।''(वही,पृ. 89) अपनी समीक्षा को समाप्त करते हुए वे एक बार फिर कहते हैं—''कर्मभूमि में प्रेमचन्द का **यथार्थवाद** और बुलन्दी पर पहुँचा है।''(वही,पृ. 95) 'युग-निर्माता प्रेमचन्द' शीर्षक छोटे से निबन्ध में डॉ. शर्मा कहते हैं, ''वह एक **यथार्थवादी** कलाकार थे। वह जीवन की सच्चाई आँकना चाहते थे। जीवन के भ्रमों का खंडन करना चाहते थे। 'सेवासदन' से 'गोदान' तक उन्होंने कथा-साहित्य में **यथार्थवाद** को इस तरह विकसित किया कि जिस तरह एक ही साहित्यकार बहुत कम कर पाता है।'' (वही, पृ. 150) प्रेमचन्द के ही नहीं भारतेन्दु-युग के मूल्यांकन में भी डॉ. शर्मा यथार्थ को ही आधार बनाते हैं। भारतेन्दु के सम्बन्ध में वे कहते है, ''प्रेमजोगिनी में भारतेन्दु **यथार्थ** के अधिक समीप आ गए हैं।'' (भारतेन्दु और हिन्दीभाषा की परम्परा, पृ. 47) इसी क्रम में वे आगे कहते हैं—''नीलदेवी उनका ऐतिहासिक नाटक है परन्तु वह **यथार्थ जीवन** की ही एक आवश्यकता की पूर्ति के लिए लिखा गया है।'' (वही पृ. 48) 'भारत दुर्दशा' के सम्बन्ध में डॉ. शर्मा की टिप्पणी है, ''भारत दुर्दशा के पाँचवें अंक में प्रतीक-व्यंजना को छोड़कर भारतेन्दु **यथार्थ चित्रण** की भूमिका पर आ गए हैं।'' (भारतेन्दु-युग और हिन्दी-भाषा की विकास परम्परा, पृ. 50) प्रतापनारायण मिश्र के 'कलिकौतुक' रूपक के विषय में डॉ. शर्मा का स्पष्ट मत है, ''यह एक **यथार्थवादी** नाटक है।'' (वही,पृ. 51) भारतेन्दु-युग के नाटककारों के सम्बन्ध में एक साथ निर्णय देते हुए डॉ. शर्मा कहते हैं, ''भारतेन्दु-युग के अधिकांश नाटककार अपने पात्रों के अनुरूप ही संवाद की भाषा रखते थे, इससे इनका **यथार्थवाद** की ओर झुकाव प्रकट होता है।'' (वही, पृ. 57) बालकृष्ण भट्ट डॉ. शर्मा के प्रिय लेखक हैं। उसका एकमात्र कारण है उनकी दृष्टि की वैज्ञानिकता और यथार्थोन्मुखता। उसके उपन्यास 'सौ अजान एक सुजान' की दाद देते हुए डॉ. शर्मा कहते हैं, ''**यथार्थ चित्रण** की यह वही भूमि है जिस पर बाद में प्रेमचन्द ने कथा-साहित्य के विशाल प्रासाद का निर्माण किया।'' (वही, पृ. 95)

बालकृष्ण भट्ट और प्रेमचन्द के बीच महावीरप्रसाद द्विवेदी का साहित्यिक प्रदेय अत्यन्त महत्त्वपूर्ण है। उनके सम्बन्ध में डॉ. शर्मा कहते हैं—''द्विवेदी जी अंग्रेजी को शिक्षा का माध्यम बनाने के प्रबल विरोधी थे। वह **बुद्धिवाद**

और वैज्ञानिक विचार-पद्धति के समर्थक थे और **रहस्यवाद** के विरोधी थे।'' (महावीरप्रसाद द्विवेदी और हिन्दी नवजागरण, भूमिका, पृ. 18) रहस्यवाद के विरोधी थे। अर्थात् **यथार्थवाद** के समर्थक थे। इसी ग्रन्थ में पृ. 159 पर डॉ. शर्मा बालकृष्ण भट्ट, महावीरप्रसाद द्विवेदी, रामचन्द्र शुक्ल, जयशंकर प्रसाद, प्रेमचन्द और 'निराला' के माध्यम से गतिशील साहित्य-धारा सम्बन्ध में कहते हैं, ''हिन्दी-साहित्य की मुख्यधारा **यथार्थजगत** की ओर उन्मुख है।'' कहना न होगा कि डॉ. शर्मा द्विवेदी जी के समग्र चिन्तन को किसी भी मार्क्सवादी विचारक के चिन्तन से अधिक वैज्ञानिक और प्रगतिशील मानते हैं।

कवियों की आलोचना करते समय भी डॉ. शर्मा मुख्यत: उनके रचना की **यथार्थवादी** भूमि की ही तलाश करतें हैं। तुलसी के सम्बन्रध में वे अपने विचार व्यक्त करते हुए कहते हैं, ''मध्यकालीन समाज-व्यवस्था में जनता की गरीबी, भुखमरी, महामारी आदि का वास्तविक चित्रण करनेवाले तुलसी उस युग के सबसे बड़े **यथार्थवादी** कवि हैं, इसमें सन्देह नहीं है।''(आचार्य रामचन्द्र शुक्ल और हिन्दी आलोचना, पृ. 906) 'निराला' के सम्बन्ध में उनका कहना है, ''उनका मूर्तिविधान खंड-सत्य प्रस्तुत न करके मानव-प्रकृति का **संश्लिष्ट यथार्थ** गहराई से चित्रित करता है।''(निराला की साहित्य-साधना, पृ. 336) समग्र दृष्टि से विचार करते हुए वे कहते हैं—''कुल मिलाकर **यथार्थवादी** प्रवृत्ति सन् '36 के बाद निराला काव्य में दृढ़ होती है।''(वही, पृ. 448) 'अणिमा' से लेकर 'सान्ध्यकली' तक 'निराला' काव्य में **यथार्थवादी** धारा का व्यापक विकास है जिसमें प्रकृति, नारी, जनजीवन, दु:ख और मृत्यु को देखने और चित्रित करने की पद्धति बदली हुई है।'' (वही, पृ. 450) इसके बाद वे कहते हैं, ''निराला 'नएपत्ते' की रचनाओं में जिस तरह का **यथार्थवाद** प्रतिष्ठित कर रहे थे, उसका पूर्ण विकास उनकी कविता में नहीं, गद्य में है।''(वही, पृ. 451) गद्य में यह विकास है अवश्य किन्तु वहाँ भी वह एकाएक विकसित नहीं हुआ है क्योंकि वहाँ भी आरम्भिक कृतियों में **छायालोक** भी है। यथार्थ का उभार छायालोक को कमजोर करके होता है। इसे लक्षित करते हुए वे कहते हैं—''अलका में छायालोक कमजोर है किन्तु यथार्थवाद पूरी ताकत से उभरकर नहीं आया।'' (वही, पृ. 464) 'देवी' और 'चतुरी चमार' की चर्चा करते हुए कहतें है, ''जो **यथार्थवादी धारा** 'अप्सरा-अलका' के छायालोक में धुँधली थी, वह यहाँ पूरी शक्ति से **यथार्थ** की धरती पर प्रवाहित है।'' (वही, पृ. 469) 'कुल्लीभाट' के सम्बन्ध में निर्णय देते हुए डॉ. शर्मा कहते हैं, ''रेखाचित्र, संस्मरण, आत्मचरित, जीवनचरित, लघु उपन्यास, अनेक विधाओं

के तत्त्व लेकर रची हुई कुल्लीभाट की कथा हिन्दी के **यथार्थवादी** साहित्य के विकास में नई कड़ी साबित हुई है।'' (वही, पृ. 447) डॉ. शर्मा की दृष्टि में मुक्तिबोध अस्तित्ववाद, रहस्यवाद और मार्क्सवाद का समन्वय करनेवाले कवि हैं। उनकी मूल समस्या का निदर्शन करते हुए डॉ. शर्मा कहते हैं, ''मुक्तिबोध प्रयास करते हैं कि वह निज को बहलाना बंद करें, विवेक की आँखों से यथार्थ को देखें। **यथार्थ** को बदलने की समस्या और स्वयं को बदलने की समस्या मुक्तिबोध के लिए एक दूसरे से गुँथी हुई है।'' (नई कविता और अस्तित्ववाद, पृ.136) 'शमशेर' में भी डॉ. शर्मा **यथार्थ** की तलाश करते हैं किन्तु वे पाते हैं कि, ''वहाँ **यथार्थ** नहीं, स्वप्न है, स्वप्न में रूमानी रंग गहरा है, यथार्थ का स्पर्श कम है।''(वही, पृ.185)

'नई कविता' के सन्दर्भ में नागार्जुन की काव्य-कला की समीक्षा करते हुए डॉ. शर्मा कहते हैं, ''और कवियों में जहाँ **छायावादी** कल्पनाशीलता प्रबल हुई है, नागार्जुन की छायावादी काव्य-शैली कभी की खत्म हो चुकी है। अन्य कवियों में रहस्यवाद और यथार्थवाद को लेकर द्वन्द्व हुआ है, नागार्जुन का व्यंग्य और पैना हुआ है, क्रान्तिकारी आस्था और दृढ़ हुई है, उनके **यथार्थ चित्रण** में अधिक विविधता और प्रौढ़ता आई है।''(वही, पृ. 140) रचनात्मक साहित्य में ही नहीं आलोचना के आधार-तत्त्व की तलाश करते हुए भी डॉ. शर्मा यथार्थ को ही महत्त्व देते हैं। आचार्य शुक्ल को वे इसलिए महत्त्व देते हैं कि वे हिन्दा-आलोचना में **यथार्थवाद** के संस्थापक हैं। वे कहते हैं—''जगत के वास्तविक दृश्य, जीवन की वास्तविक दशाएँ, भावों की व्यंजना में वास्तविकता का आधार आलोचना में शुक्ल जी के ये मूल-सूत्र हैं। संसार के प्रति उनका दृष्टिकोण मूलत: वस्तुवादी हैं; ये सूत्र उसी का स्वाभाविक परिणाम हैं। इसीलिए शुक्ल जी को हिन्दी-आलोचना में **यथार्थ का संस्थापक** मानना उचित होगा।''(आचार्य रामचन्द्र शुक्ल और हिन्दी आलोचना, पृ. 104) आचार्य शुक्ल द्वारा 'जायसी' की की गई आलोचना की दाद हेते हुए वे कहते हैं, ''यथार्थ की भूमि से उन्होंने जायसी का मूल्यांकन करके उर्दू-हिन्दी दोनों की दरबारी कविता की अस्वाभाविकता दिखलाई और जायसी को मानव-सुलभ-प्रेम का कवि घोषित किया।'' वही, पृ. 82)

डॉ. शर्मा के अनुसार यथार्थवादी दृष्टिकोण का जनवादी-दृष्टि और लोक-संस्कृति से जुड़ना स्वाभाविक है। आचार्य शुक्ल के सन्दर्भ में ही वे कहते हैं, ''आलोचना में वह जिस **यथार्थवादी** और **जनवादी** दृष्टिकोण की प्रतिष्ठा कर रहे थे उसके अनुसार लोक-संस्कृति की ओर उनका ध्यान जाना ही चाहिए था। (वही, पृ. 96)

शुक्ल जी के साहस की प्रशंसा करते हुए वे कहते हैं, ''यह साहस शुक्ल जी ही में था जो उन्होंने भारतीय काव्य के लिए यह दावा किया कि भारतीय कवियों की मूल प्रवृत्ति वास्तविकता की ओर ही रही है।'' आचार्य शुक्ल के इस दावे को दृष्टि में रखकर डॉ. शर्मा यह निष्कर्ष निकालते हैं, ''**भारतीय साहित्य की सबसे शक्तिशाली और मौलिकधारा यथार्थवाद की ओर उन्मुख रही।**'' (वही, पृ. 103)

'यथार्थ' और 'यथार्थवाद' डॉ. शर्मा की आलोचना के केन्द्र में यों ही नहीं है। यह उनकी आलोचना का 'बीज शब्द' इसलिए है कि एक ओर यह **रहस्यवाद, नवरहस्यवाद, मायावाद, रीतिवाद, कलावाद, अतीन्द्रियकल्पनावाद, व्यक्तिवाद, चमत्कारवाद, परोक्षवाद** आदि का विरोध करता है; दूसरी ओर **वस्तुवाद, लोकवाद, विवेकवाद, बुद्धिवाद, वैज्ञानिकवाद दृष्टिकोण, जनवाद, लोकसंस्कृति, इन्द्रियबोध, स्वाभाविक भाव-व्यंजना और मूर्तिमत्तावाद** आदि का समर्थन। डॉ. शर्मा की आलोचना-दृष्टि का प्रतिनिधित्व करनेवाले प्राय: सभी शब्द इसके आलोक से दीप्त हैं।

डॉ. शर्मा का एक निबन्ध है, 'विज्ञान और यथार्थवाद।' इसमें वे कहते हैं—''साहित्य के विकास के लिए **प्रौद्योगिकी से अधिक आवश्यक है वैज्ञानिक विचारधारा**। इस विचारधारा के प्रसार से नि:सन्देह साहित्य में **यथार्थवाद** का विकास हुआ है।''(हिन्दी जाति का साहित्य, पृ. 121)

आचार्य शुक्ल यथार्थ को इसीलिए महत्त्व दे सके कि उनकी दृष्टि वैज्ञानिक थी। वैज्ञानिक दृष्टि भौतिक जगत को वास्तविक मानती है। भौतिक जगत सत्य है तो इन्द्रियबोध सत्य है। डॉ. शर्मा के अनुसार—''**बाह्य-जगत का इन्द्रियबोध और मनुष्य के मन का भावजगत एक ही यथार्थ के दो पक्ष हैं जो एक दूसरे से पूर्णत: स्वतन्त्र न होकर परस्पर सम्बद्ध हैं।**'' (आस्था और सौन्दर्य, पृ. 31)

जब मनुष्य का भावजगत यथार्थ के साथ जुड़ा हुआ है तो उसका सौन्दर्यबोध भी यथार्थ से जुड़ा है। डॉ. शर्मा के अनुसार —''**विचारधारा के साथ भावधारा भी है, भावधारा के साथ इन्द्रियबोध है, इन सबके साथ हमारा सौन्दर्यबोध है जो कथा के गठन से लेकर वाक्य-रचना तक मूर्तिविधान से लेकर छन्दयोजना तक प्रकट होता है।**'' (आस्था और सौन्दर्य, पृ. 170)

मनुष्य के मन का भावजगत या मानव-चेतना यदि यथार्थ जगत या भौतिक जगत का ही एक पक्ष है तो यह स्वीकार किया जा सकता है कि मनुष्य के विचार उसकी सामाजिक स्थिति को प्रतिबिम्बित करते हैं अर्थात् मनुष्य के विचार

उसकी वर्ग-गत-स्थिति के द्योतक हैं। डॉ. शर्मा इसे पूरी तरह सत्य नहीं मानते। वे कहते हैं, ''किन्तु मानव चेतना में यह क्षमता है कि वह इस सामाजिक स्थिति से ऊपर उठ सके, चिन्तन की भौतिक सीमाओं से ऊपर उठकर अपेक्षाकृत स्वतन्त्र स्तर पर विकसित हो सके।'' (आस्था और सौन्दर्य, पृ. 34)

इस मूल समस्या —मनुष्य की चेतना और उसके विचार सामाजिक परिवेश के प्रतिबिम्ब हैं या उस परिवेश से अपेक्षाकृत स्वतन्त्र होने की क्षमता भी उनमें है—का समाधान करते हुए वे कहते हैं, ''**इसका उत्तर यही हो सकता है कि वे अपेक्षाकृत स्वतन्त्र भी हैं।**'' (वही, पृ. 35)

मनुष्य की चेतना और उसके विचारों के सम्बन्ध में डॉ. शर्मा का यह **सापेक्ष स्वाधीनता** का सिद्धान्त अत्यन्त महत्त्वपूर्ण है। यह ध्यान देने की बात है कि सापेक्ष स्वाधीनता के इस सिद्धान्त से विचारों का वर्गगत आधार समाप्त नहीं हो जाता है। पहली बात तो यह है कि यह स्वाधीनता पूरी नहीं है सापेक्ष है, और दूसरे, **यह है नहीं, भी है।** इसीलिए डॉ. शर्मा प्रत्येक रचनाकार की विचारधारा को परखना आवश्यक समझते हैं। यह **विचारधारा** भी उनकी समीक्षा-दृष्टि का प्रतिनिधित्व करनेवाला शब्द है। यह आकस्मिक नहीं है कि डॉ. शर्मा प्रत्येक कवि और साहित्यकार की रचना के मूल में विद्यमान उसकी विचारधारा को लक्षित करना आलोचना-कर्म का अनिवार्य तत्त्व मानते हैं। समस्त मध्यकालीन भक्त कवियों की रचनाओं के मूल में वे दो प्रकार की विचारधाराएँ लक्षित करते हैं। एक वह जो जगत को **मिथ्या** मानती है और दूसरी वह जो जगत को **सत्य** मानती है। वे यह भी लक्षित करते हैं कि एक सीमा तक तुलसी पर भी जगत को मिथ्या माननेवाली **विचारधारा** का प्रभाव था। दूसरी ओर कबीर भी शुद्ध निर्गुणवादी नहीं थे। डॉ. शर्मा कहते हैं, ''रहस्यवाद के प्रभाव के कारण बहुत से विद्वान् मध्यकालीन साहित्य में विचारधाराओं के संघर्ष को समझने में प्राय: असमर्थ रहे हैं। उन्होंने मत-मतान्तरों के पेचदार विवेचन में इस मूल संघर्ष को भुला दिया है। ये दो विचारधाराएँ कौन-सी थीं? **एक विचारधारा संसार को मिथ्या समझने की थी, दूसरी उसे सत्य समझने की थी।**'' (आचार्य रामचन्द्र शुक्ल और हिन्दी-आलोचना, पृ. 90)

इसी क्रम में वे आगे कहते हैं, ''सूर तुलसी पर मायावाद का बिलकुल असर न हुआ हो, यह बात नहीं है। उन पर उसका भी असर है, लेकिन उससे उनकी मूल प्रवृत्ति कुंठित नहीं होती और **वह मूल प्रवृत्ति मायावाद का प्रतिषेध है।** शुक्ल जी ने कबीर को इस धारा से प्राय: बाहर रखा है, **लेकिन कबीर ने भी शुद्ध निर्गुणवाद का बहुत जगह विरोध किया है।**'' (वही, पृ. 91)

डॉ. शर्मा इन विचारधाराओं के वर्ग-आधार की ओर भी संकेत करते हैं। वे कहते हैं, "यह समाज ऐसा था जिसमें नए व्यापारी वर्ग की बढ़ती के साथ-साथ कारीगरों, जुलाहों और किसानों में मुक्ति की आकांक्षा बढ़ रही थी। हर सामन्ती समाज में पुरोहितों ने जनता को परलोक के लिए जीना, इस लोक के जीवन के दु:खों का कारण अपने पापों में ढूँढ़ना सिखाया है। जीवन की अस्वीकृति के विरोध में, सामन्ती शिकंजा जरा ढीला होने पर जब जनता को साँस लेने का अवकाश मिला तब उसने जीवन में अपनी आस्था प्रकट करना शुरू किया।" (वही, पृ. 96)

इससे प्रकट है कि सामान्य जनता की भावनाएँ भक्ति-साहित्य के माध्यम से व्यक्त हुई हैं और संसार के मिथ्यात्व तथा शुद्ध निर्गुण-तत्त्व के प्रतिपादन और प्रचार को सामन्ती समाज का समर्थन प्राप्त रहा है। 'नई कविता' के वैचारिक आधार पर विचार करते हुए वे कहते है, "लेकिन आप समझ लीजिए कि छायावादी और नई कविता की रचना-प्रक्रिया में जो भेद किया जाता है उसके पीछे एक दर्शन है। **वह दर्शन नामवर सिंह को अज्ञेय से, अज्ञेय को सार्त्र से, सार्त्र को किर्केगार्ड से, किर्केगार्ड को यूरोप के अनेक भाववादी दार्शनिकों से प्राप्त हुआ है।** इन सबके चिन्तन की विशेषता यह है कि वे मनुष्य की चेतना से स्वतन्त्र किसी भी वस्तु की सत्ता स्वीकार नहीं करते। 'मूँदहु आँखि कतहुँ कछु नाहीं।' आँख खोलने पर भी जो दिखाई दे, वह केवल **तथ्य** है। **सत्य** वह जिसे आपका मन कहे कि सत्य है। इसलिए सत्य **वस्तुगत** नहीं होता, सदा **आत्मगत** होता है।" (नई कविता और अस्तित्ववाद, पृ. 51)

यहाँ यह सम्भव नहीं है कि हम डॉ. शर्मा द्वारा प्रत्येक कवि की विचारधारा के निदर्शन को उद्धृत करें। हम इतना ही कहना चाहते हैं कि वे प्रत्येक रचनाकार की विचारधारा को लक्षित अवश्य करते हैं और यह स्पष्ट कर देते हैं कि वह वस्तुगत है या आत्मगत।

डॉ. शर्मा की आलोचना में आनेवाले उनके और प्रिय शब्द हैं—**जनवाद, जनसंस्कृति, जातीयसंस्कृति, लोकसंस्कृति** आदि। ये सभी शब्द एक ही चिन्तन-सरणि से जुड़े हैं। डॉ. शर्मा को जनता की शक्ति पर अटूट विश्वास है। वे यह मानते हैं कि एक दुनिया सामन्तों, पूँजीवादियों और साम्राज्यवादियों की है और दूसरी दुनिया सामान्य जनता—किसानों, श्रमिकों, कारीगरों आदि की है। इन दोनों स्तरों पर रहनेवालों की चेतना और सौन्दर्यबोध में अन्तर स्वाभाविक है। इनके स्वार्थ भी अलग-अलग हैं। डॉ. शर्मा यह भी मानते हैं कि भारत में अंग्रेजों के साम्राज्यवाद को यहाँ के सामन्तवाद से पोषण और शक्ति मिल रही थी।

उनकी यह धारणा दृढ़ है कि सामन्त-विरोधी क्रान्ति के बिना भारत का साम्राज्य-विरोधी आन्दोलन सफल नहीं हो सकता। सामन्त-विरोधी क्रान्ति के लिए भारत की गरीब जनता और निम्नतम जातियों का संगठित होना आवश्यक है। उन्होंने यह लक्षित किया है कि हिंदीभाषी जनता की अपनी एक विशिष्ट सांस्कृतिक पहचान है। ठीक इसी तरह 'बंगला', 'मराठी' आदि भाषा-भाषियों की भी एक विशिष्ट जातीय पहचान है। इन जातियों का निर्माण वे व्यापारिक पूँजीवाद के अभ्युदय—लगभग तेरहवीं शताब्दी से मानते हैं। सामन्तों और निम्नवर्गीय जातियों के बीच में व्यापारी वर्ग के आने से सामन्ती ढाँचे में शिथिलता आई और निम्नवर्गीय जातियों में सामन्त-विरोधी स्वर उभरा। इस प्रकार हिन्दी-जाति के निर्माण के साथ जन-शक्ति के उभार का सहज सम्बन्ध है। इसीलिए वे **जनवाद, जनसंस्कृति और लोकसंस्कृति** को विशेष महत्त्व देते हैं। हिन्दी की जातीय चेतना और जन-चेतना एक नहीं है। हिन्दी-जाति के साहित्य में भक्ति-साहित्य और **रीति-साहित्य दोनों आते हैं। रीति-साहित्य सामन्तवादी परिवेश की उपज है। भक्ति-साहित्य का मूल स्वर जनात्मक है।** उसमें जन-चेतना और जन-संस्कृति के तत्त्व विद्यमान हैं। 'निराला' के सम्बन्ध में विचार करते हुए डॉ. शर्मा ने लिखा है, ''यहाँ वह जाति, जातीयता, जातीत्व आदि शब्दों का प्रयोग किसी प्रदेश के निवासियों, उनकी भाषा और संस्कृति की विशेषताओं के लिए करते हैं।''(निराला की साहित्य-साधना, पृ. 69) 'जातीयता और हिन्दी' शीर्षक परिच्छेद के अन्तर्गत वे कहते हैं, ''भारत में अनेक भाषाएँ बोली जाती हैं। इन भाषाओं के अपने-अपने प्रदेश हैं। इन प्रदेशों में रहनेवाले लोगों को **जाति** की संज्ञा दी जाती है। वर्ण-व्यवस्थावाली जाति-पाँति से इस जाति का अर्थ बिलकुल भिन्न है।''(वही, पृ. 67)

डॉ. शर्मा को यह शब्द इतना प्रिय है कि उन्होंने 'हिन्दी-जाति का साहित्य' शीर्षक एक पुस्तक ही लिख डाली है। सामान्य जनता के साथ डॉ. शर्मा का मानसिक तादात्म्य है। इसीलिए वे **जनवादीसाहित्य** और **जनवादीसंस्कृति** के हिमायती हैं। सन्त-साहित्य को वे जनवादी साहित्य मानते हैं। उन्होंने लिखा है, ''सन्त-साहित्य एक जनवादी सांस्कृतिक आन्दोलन था। उसका आधार सामन्ती अत्याचार से पीड़ित जनसाधारण की मुक्ति-कामना थी।'' (आचार्य रामचन्द्र शुक्ल और हिन्दी-आलोचना, पृ. 71)

डॉ. शर्मा इस तथ्य से भी परिचित हैं कि कुछ लोग 'जनवाद' का छद्म ओढ़कर अपने हितों की रक्षा करते हैं। प्रेमचन्द की 'रंगभूमि' में एक पात्र हैं, राजा महेन्द्र प्रताप। वे कहते हैं—''यों मैं स्वयं जनवादी हूँ और उस नीति का हृदय से समर्थन करता हूँ, पर जनवाद के नाम पर जो अशान्ति फैली हुई है,

उसका मैं घोर विरोधी हूँ। ऐसे जनवाद से,'धनवाद', एकवाद', सभी वाद अच्छे हैं। (प्रेमचन्द और उनका युग, पृ. 79)

जिस 'जनवाद' से 'धनवाद' और 'एकवाद' भी अच्छे होंगे वह जनवाद कैसा होगा? इसे समझा जा सकता है। प्रगतिशील आलोचना भक्ति-आन्दोलन के जनवादी स्वरूप को स्पष्ट करना चाहती है। डॉ. शर्मा का कहना है कि, "**वह आन्दोलन किस तरह ऊँच-नीच का भेद मिटाकर मनुष्यमात्र को एक करनेवाला है, यह शुक्ल जी के विवेचन से भी स्पष्ट है।**"(आचार्य रामचन्द्र शुक्ल और हिन्दी-आलोचना, पृ. 94)

डॉ. शर्मा **जनसंस्कृति** और **लोकसंस्कृति** को एक मानते हैं। जायसी के सम्बन्ध में शुक्ल जी का हवाला देते हुए वे कहते हैं—"यह सही है कि शुक्ल जी ने प्रेम-तत्त्व और माधुर्यभाव की भारतीय पृष्ठभूमि का उल्लेख किया है और जायसी के मूलाधार **जनसंस्कृति** के तत्त्वों की ओर भी संकेत किया है।" (वही, पृ. 183) सूर के सम्बन्ध में विचार करते हुए वे फिर शुक्ल जी के उसी सन्दर्भ का हवाला देते हुए कहते हैं—"जायसी के सम्बन्ध में हम देख चुके हैं कि मध्यकालीन कवियों के अध्ययन में शुक्ल जी ने **लोकसंस्कृति** के प्रभाव का उल्लेख किया था।" (वही, पृ. 96) पृष्ठ 83 की **जनसंस्कृति** पृष्ठ 96 पर **लोकसंस्कृति** बन गई है। इससे जाहिर है कि डॉ. शर्मा दोनों में कोई तात्त्विक भेद नहीं मानते। जिस लोकसंस्कृति को डॉ. शर्मा मध्यकालीन कवियों में आचार्य शुक्ल के हवाले से देखते हैं उसे वे आधुनिक कवियों में नागार्जुन में देखते हैं। वे कहते हैं, "उनकी कविताएँ लोकसंस्कृति के इतना नजदीक हैं कि उसी का एक विकसित रूप मालूम देती हैं।" (नई कविता और अस्तित्ववाद, पृ. 140)

डॉ. शर्मा के दो अन्य प्रिय शब्द हैं—**लोकजागरण** और **नवजागरण।** इन दो शब्दों के माध्यम से उन्होंने हिन्दी-साहित्य के इतिहास में नई स्थापनाएँ की हैं। हिन्दी-नवजागरण को ही दृष्टि में रखकर उन्होंने भारतेन्दु-काल और द्विवेदी-काल का मूल्यांकन किया है। उनके अनुसार द्विवेदी-काल हिन्दी-नवजागरण का तीसरा चरण है। डॉ. शर्मा की मान्यता है कि, "**जिस सामाजिक इकाई में नवजागरण के कार्य सम्पन्न होते हैं उसे हम 'जाति' की संज्ञा देते हैं।**" (भारतेन्दु हरिश्चन्द्र और हिन्दी नवजागरण की समस्याएँ, पृ. 21) 'नवजागरण' का सम्बन्ध **आधुनिकता** से है। डॉ. शर्मा यह मानते हैं कि बारहवीं-तेरहवीं शती में सामन्तवादी ढाँचे की छाया में व्यापारिक पूँजीवाद का विकास भारत में हो चुका था। इस व्यापारिक पूँजीवाद ने हिन्दी-जाति का निर्माण किया। जाति-निर्माण के साथ नवजागरण की प्रक्रिया शुरू हुई। हिन्दी भक्ति-काव्य इसी

'नवजागरण' की देन है। यह नवजागरण एक प्रकार का **लोकजागरण** था। 'लोकजागरण और हिन्दी-साहित्य की भूमिका' में वे लिखते हैं, 'कबीर, जायसी, सूर और तुलसी का युग लोकजागरण का युग है।' इसकी शुरुआत वे विद्यापति और खुसरो से मानते हैं। नवजागरण आधुनिकता का लक्षण है, इसलिए हिन्दी-साहित्य के **भक्तिकाल को आधुनिक काल कहना चाहिए।** इस लोकजागरण में प्रेमगर्भित मानवीय एकता की भावना प्रबल थी। मानव-मूल्यों पर बल दिया गया। कबीर, जायसी, सूर, तुलसी आदि कवि **मानववादी** थे। **यह मानववाद सामन्तीय सामाजिक मूल्यों के लिए एक चुनौती था।** सामन्तीय ढाँचे में दरबारी या रीतिवादी कविता लिखी जाती है। भक्तिकालीन **लोकजागरण** के समय सामन्तीय ढाँचा टूटा नहीं था। इसलिए दरबारी और रीतिवादी कविता भी लिखी जा रही थी। **इस काल का मुख्य अन्तर्विरोध 'निर्गुण' और 'सगुण' या 'शूद्र' और 'द्विज' का नहीं भक्ति और रीति का है।** भक्ति और रीति ये दो अलग-अलग कालखंड नहीं, साथ-साथ प्रवाहित होनेवाली प्रवृत्तियाँ हैं। 1857 ई. का स्वतन्त्रता-संग्राम हमारा जातीय-राष्ट्रीय संग्राम है। हिन्दी-प्रदेश में 'नवजागरण' का आरम्भ यहीं से मानना चाहिए। भारतेन्दु हरिश्चन्द्र का युग इसकी दूसरी मंजिल है। भक्तिकालीन लोकजागरण और 1857 ई. से आरम्भ होनेवाला नवजागरण जातीय चेतना के विकास की दृष्टि से एक दूसरे से सम्बद्ध हैं। डॉ. शर्मा लेनिन का हवाला देते हुए कहते हैं, ''लेनिन ने लिखा है, प्रत्येक जाति के भीतर दो जातियों का अस्तित्व होता है, प्रत्येक जातीय संस्कृति में दो जातीय संस्कृतियाँ होती हैं।'' लेनिन ने जातीय संस्कृति के वर्गीय आधार और वर्गीय स्वरूप को स्पष्ट करते हुए लिखा है कि प्रत्येक जातीय संस्कृति में **जनवादी** और **समाजवादी** तत्त्व मौजूद होते हैं, भले ही वे अल्प विकसित रूप में हों, क्योंकि प्रत्येक जाति में श्रमजीवी और शोषित जनता होती है, जिसके जीवन की परिस्थितियों से **जनवाद** और **समाजवाद** की विचारधारा पैदा होती है।'' (भारतेन्दु हरिश्चन्द्र और हिन्दी नवजागरण की समस्याएँ, पृ. 30) उपरोक्त कथन पर ध्यान देने से यह निष्कर्ष निकलता है कि जब-जब साहित्य में जातीय चेतना का उन्मेष होता है, तब-तब **जनवादी-स्वर** उभरकर सामने आता है। इसीलिए भक्तिकाल और भारतेन्दु-काल दोनों में जनवादी स्वर स्पष्ट लक्षित होता है।

जैसा कि हम पीछे कह आए हैं, डॉ. शर्मा की व्यावहारिक समीक्षा का चरम उत्कर्ष 'निराला की साहित्य साधना' में देखा जा सकता है। इस कृति में उनकी समीक्षा के प्राय: सभी 'बीज-शब्द' प्रयुक्त हुए हैं। डॉ. शर्मा ने 129 पृष्ठों

में निराला की **विचारधारा** का विवेचन किया है और उसके बाद लगभग 113 पृष्ठों में **भावबोध** का निदर्शन किया है। कला का विवेचन उन्होंने 178 पृष्ठों में किया है। यहाँ पहली बार हम डॉ. शर्मा को कला का विवेचन पूरे मनोयोग से करते हुए देखते हैं। यहाँ यह द्रष्टव्य है कि 'निराला' के **यथार्थबोध** से उनकी कला-चेतना पूरी तरह नियन्त्रित है। निराला संसार को यथार्थ मानते हैं। इसलिए वे इसके सौन्दर्य को ज्ञानेन्द्रियों के माध्यम से पूरी शक्ति से ग्रहण करते हैं। सौन्दर्य-ग्रहण करने में उनका इन्द्रियबोध सजग है। डॉ. शर्मा लिखते हैं, ''निराला की काव्य-कला की नियामक है उनकी वृत्तियाँ, रूप-रस-गन्ध-स्पर्श-शब्द के संसार को ग्रहण करने की विधि, इस संसार के प्रति उनके भावबोध की प्रक्रिया। कविता की विषय-वस्तु और कला यहाँ मिल जाती है।'' इसी क्रम में वे आगे कहते हैं, **''कला में मूर्ति-विधान है, शब्दों का ध्वनि-प्रवाह है, गठन और संरचना है।''** डॉ. शर्मा यह भी लक्षित करते हैं कि, ''निराला काव्य में मूर्ति-विधान किस प्रकार का है, यह उसी गोचर संसार क्री ग्रहण-प्रक्रिया पर निर्भर है।'' (निराला की काव्य-साधना, पृ. 313)

इन्द्रियबोध गोचर-जगत का है और इसी गोचर-संसार की ग्रहण-प्रक्रिया पर मर्तिविधान निर्भर है। अर्थात् प्रधानता वस्तु की है, पूरा स्थापत्य या शिल्प वस्तु से नियन्त्रित है। डॉ. शर्मा कहते हैं, ''शब्दों का ध्वनि-प्रवाह अपने में गोचर अनुभव है; उसका नियन्त्रण, उसकी गति, उसकी गहराई उन्हीं वृत्तियों के आश्रित हैं जिनसे निराला का संसार-बोध नियमित है।'' (वही, पृ. 313)

डॉ. शर्मा ने निराला की **प्रतीक-योजना, संश्लिष्ट बिम्ब-विधान, अनुप्रास-प्रेम, ध्वनि-प्रवाह, शब्द-योजना, अलंकार, अर्थ-चमत्कार, छन्द-योजना** आदि पर अलग-अलग विचार किया है और उनकी मौलिकता का निदर्शन किया है। यह सब कुछ गोचरजगत की अनुभूतियों को मूर्त करने की प्रक्रिया का ही अंग है। डॉ. शर्मा यह कहना नहीं भूलते कि, **''निराला की प्रतीक-योजना यथार्थवादी मूर्तिविधान की विरोधी नहीं, उसी के आश्रित होकर सार्थक होती है।''** (निराला की साहित्य-साधना, पृ. 329) इसी प्रकार बिम्ब-विधान के सम्बन्ध में वे कहते हैं, ''उनका मूर्ति-विधान-खंड सत्य प्रस्तुत न करके मानव-प्रकृति का **संश्लिष्ट-यथार्थ** गहराई से चित्रित करता है।'' (वही, पृ. 336)

तात्पर्य यह कि चाहे **प्रतीक-योजना** हो चाहे संश्लिष्ट **बिम्ब-विधान** या मूर्ति-विधान की कोई अन्य पद्धति, यथार्थ का नियन्त्रण प्रत्येक स्थिति में है। डॉ. शर्मा ने निराला के मूल्यांकन में **रस, अलंकार, छन्द** जैसी परम्परागत शब्दावली

का भी प्रयोग किया है। इस शब्दावली का प्रयोग वे नागार्जुन के मूल्यांकन में भी करते हैं। इससे यह प्रकट होता है कि यदि कवि की प्रवृत्ति या वैशिष्ट्य-निदर्शन के लिए आवश्यक हो तो परम्परागत शब्दावली का भी प्रयोग किया जा सकता है। हाँ, यह शर्त अवश्य है कि **पारम्परिक प्रतिमान यथार्थ की सहज भूमि पर प्रतिष्ठित हों।** डॉ. शर्मा की समीक्षा के दो महत्त्वपूर्ण शब्द और हैं जो हमारा ध्यान खींचते हैं एक **ट्रैजिडी** और दूसरा **औदात्य।** निराला में ये दोनों हैं। डॉ. शर्मा मानते हैं कि निराला दु:ख, संघर्ष और मृत्यु के कवि हैं। इसी सन्दर्भ में वे आगे पैथेटिक और ट्रैजिक इन दो शब्दों का अन्तर सपष्ट करते हैं और कहते हैं, ''काव्य की श्रेष्ठता उसके **ट्रैजिक** होने में है, **पैथेटिक** होने में नहीं। जहाँ संघर्ष है, परिवेश का विरोध सशक्त है, उससे टक्कर लेनेवाले व्यक्ति का मनोबल दृढ़ है वहाँ उदात्त स्तर पर मानव-करुणा व्यक्त होती है। वही ट्रैजिडी है।' '(वही, पृ. 239)

कहना न होगा कि 'निराला' में ये सारी विशेषताएँ हैं और वे **ट्रैजिडी** के श्रेष्ठ कवि हैं। निराला **औदात्य** के कवि भी हैं। ट्रैजिडी में उदात्त स्तर पर करुणा व्यक्त होती है। इसके अतिरिक्त निराला की वक्तृत्वकला में भी **औदात्य** है। डॉ. शर्मा के अनुसार, ''सम्राट एडवर्ड अष्टम के प्रति **उदात्त** शैली में 'निराला' का अन्यतम भाषण है।'' (निराला की साहित्य-साधना, पृ. 270) ध्यान देने की बात है कि प्रेमचन्द की अन्यतम कृति 'गोदान' भी एक **ट्रैजिक** रचना है। 'होरी की ट्रैजिडी तभी शुरू हो गई थी जब उसने भोला की गाय खरीदने का विचार किया था।'' (प्रेमचन्द और उनका युग, पृ. 243) डॉ. शर्मा द्वन्द्वात्मक चिन्तन-पद्धति को बहुत महत्त्व देते हैं। काव्य में उदात्ततत्त्व के व्याख्याता लोंगिनुस की, ''द्वन्द्वात्मक चिन्तन पद्धति को डॉ. शर्मा ने रीतिवादी साहित्यशास्त्रियों और नवीनता के व्यक्तिवादी अनुसन्धानकर्ताओं दोनों के लिए मननीय कहा है।'' (आस्था और सौन्दर्य, पृ. 44) इसी प्रकार डॉ. शर्मा ऋग्वेद के नासदीय सूक्त की तर्क-पद्धति में भी **डायलेक्टिकस** या **द्वन्द्ववाद** देखते हैं। वे कहते है, ''इसका अर्थ है कि **जिसे डायलेक्टिस या द्वन्द्ववाद कहते हैं। उसकी शुरुआत ऋग्वेद में हो चुकी थी। यह ऋग्वेद का असाधारण महत्त्व है।**'' (इतिहास दर्शन, पृ. 278)

इस प्रसंग को समाप्त करने के पहले हम यह स्पष्ट कर देना चाहते हैं कि हमारा यह दावा कत्तई नहीं है कि डॉ. शर्मा के विशाल समीक्षा-साहित्य की समस्त विशेषताओं को कुछ थोड़े से शब्दों के माध्यम से समझा जा सकता है, लेकिन हम यह अवश्य कहना चाहेंगे कि प्रत्येक विचारक और समीक्षक

के चिन्तन की कोई धुरी अवश्य होती है। जिस तरह वाल्मीकीय रामायण का **बीजभाव** 'करुणा' है, जिस तरह आचार्य शुक्ल की समीक्षा का मूल आधार **लोकमंगल** है उसी तरह डॉ. शर्मा की समीक्षा का बीज शब्द **यथार्थ** और **यथार्थवाद** है। डॉ. शर्मा 'यथार्थ' को वास्तविकता का पर्याय मानते हैं। वे इसकी शास्त्रीय परिभाषा में नहीं उलझते। कुछ सन्दर्भों में उन्होंने इसके पहले **क्रान्तिकारी, आलोचनात्मक, समाजवादी** विशेषण अवश्य लगाए हैं किन्तु इन शब्दों के विश्लेषण में प्रवृत्त नहीं हुए हैं। यदि शब्द में अर्थ-बिम्ब प्रस्तुत करने की क्षमता है और वह इन्द्रियबोध को मूर्त कर सकता है और साहित्य के भावजगत के एक छोर पर विचार और बौद्धिक चिन्तन तथा दूसरे छोर पर **इन्द्रियबोध** और **मूर्तिमत्ता है तो 'बीजशब्द' के सहारे विचार और चिन्तन की धूरी को लक्षित किया जा सकता है।** यह तो प्रकट है कि डॉ. शर्मा मार्क्सवादी विचारक हैं। ऐतिहासिक भौतिकवाद के व्याख्याता हैं। पदार्थवादी और भौतिकवादी हैं किन्तु हिन्दी-साहित्य के पूरे विकास को रेखांकित करते समय वे पूरी परम्परा और विरासत को किस तरह समेटते हैं? किस तरह रूढ़ियों के अम्बार के भीतर से प्रगतिशील-तत्त्वों को रेखांकित करते हैं? किस तरह मुख्य और गौण अन्तर्विरोधों की व्याख्या करते हैं? किस तरह सांस्कृतिक इतिहास के भीतर विचारधाराओं की टकराहट लक्षित करते हैं? किस तरह **यान्त्रिक** और **वैज्ञानिक भौतिकवाद** को स्पष्ट करते हैं? किस तरह संघर्ष-चेतना को अवरुद्ध करनेवाली व्याख्याओं के छद्‌म का उद्‌घाटन करते हैं? किस तरह उपेक्षित रचनाकारों के जीवन-संघर्ष को उजागर करते हुए उनके मूल्यवान प्रदेयों की प्रासंगिकता प्रमाणित करते हैं? और यह सब करते हुए उनके सामने किस तरह की कठिनाइयाँ आती हैं? यह सब देखने के लिए उनके द्वारा अत्यन्त सूझ-बूझ के साथ प्रयुक्त किए गए पारिभाषिक शब्दों की छानबीन अत्यन्त आवश्यक है। यदि डॉ. शर्मा **भौतिकवाद** और **अध्यात्मवाद** इन दो शब्दों के सहारे मध्यकाल की व्याख्या करते तो सारा भक्ति-साहित्य महत्त्वहीन हो जाता। उन्होंने जगत के मिथ्यात्व का प्रतिपादन और उसका निषेध करनेवाली विचारधाराओं को यथार्थवादी बताया और बड़ी सूझ-बूझ के साथ प्रगतिशील-चेतना को लक्षित और रेखांकित किया। यह सूझ-बूझ उनके पूरे समीक्षा-कर्म में विद्यमान है। तात्पर्य यह कि यदि सूझ-बूझ और विवेक के साथ डॉ. शर्मा द्वारा प्रयुक्त पारिभाषिक शब्दों की छानबीन की जाए तो कुछ **बीजशब्दों** के सहारे उनकी समीक्षा-दृष्टि को सही सन्दर्भ में समझा जा सकता है।

मार्क्सवादी समीक्षा : सन्दर्भ एवं दृष्टि (2)

(पारिभाषिक शब्दावली का साक्ष्य)

मुक्तिबोध

आधुनिक मार्क्सवादी विचारकों में मुक्तिबोध का स्थान विवादास्पद किन्तु महत्त्वपूर्ण है। वे भले ही भाववादी चिन्तन से प्रभावित रहे हों और भले ही उनमें अन्त तक भाववादी चिन्तन के संस्कार उनके आत्मसंघर्ष को बढ़ाते और तीव्र करते रहे हों, यह निर्विवाद है कि उन्होंने आधुनिक साहित्य-चिन्तन को मार्क्सवादी आधार देने में महत्त्वपूर्ण भूमिका अदा की है। इतना तो डॉ. रामविलास शर्मा भी स्वीकार करते हैं कि, ''**मुक्तिबोध को इस बात का श्रेय है कि हिन्दी के बुद्धिजीवियों में जिस नए अवसरवाद का विकास हुआ, उसे उन्होंने पहचाना। उन्होंने साम्राज्यवाद से उसके सम्बन्ध का उल्लेख एक से अधिक बार किया और उसकी प्रगति-विरोधी स्थापनाओं का खंडन किया।**'' (नई कविता और अस्तित्ववाद, पृ. 232) यही नहीं मुक्तिबोध ने स्वाधीनता-आन्दोलन और छायावादी काव्य इन दोनों के प्रति सकारात्मक रुख अपनाया। डॉ. शर्मा के शब्दों में, ''यह स्पष्ट है कि अस्तित्ववादियों के विपरीत छायावादी साहित्य के प्रति मुक्तिबोध का दृष्टिकोण सकारात्मक था, वह उस साहित्य की गरिमा स्वीकार करते थे।'' (वही, पृ. 232) यही सही है कि हिन्दी की आधुनिक प्रगतिवादी-समीक्षा से मुक्तिबोध सन्तुष्ट नहीं थे और वे यह मानते थे कि प्रगतिवादी समीक्षक नई पीढ़ी की वास्तविक जिन्दगी के संघर्ष को नजरअन्दाज कर देते हैं और उनको तभी महत्त्व देते हैं जब वे 'प्रगतिवादीभावों' को उन्हीं के ढर्रे पर प्रकट करें। वे लिखते हैं, ''जब यह पीढ़ी निरशा, घुटन, उदासीनता, प्रणय, स्नेह, सौन्दर्य, आश्चर्य, साहस, उत्साह, संघर्ष और विजय की भावनाओं का मनोवैज्ञानिक चित्रण करती है, तो उन्हें वह आत्मबद्ध, आत्मग्रस्त, कुंठामय, अवरुद्ध और व्यक्तिनिष्ठ, अहंवादी और गतिरुद्ध प्रतीत होती है। कुल मिलाकर नतीजा यह है कि ये आलोचक साहित्य की वास्तविक जन्मदात्री पीढ़ी की जिन्दगी समझ ही नहीं पाते।'' (मुक्तिबोध

रचनावली, पृ. 71) किन्तु यह भी सत्य है कि, 'मार्क्सवाद' पर उनकी आस्था किसी भी अन्य जीवन-दर्शन से कहीं अधिक थी। उन्होंने स्पष्ट शब्दों में कहा है—"**मार्क्सवाद मनुष्य की अनुभूति को ज्ञानात्मक प्रकाश प्रदान करता है। वह उसकी अनुभूति को बाधित नहीं करता, वरन बोधयुक्त करते हुए उसे अधिक परिष्कृत और उच्चतर स्थिति में ला देता है।**" (रचनावली 5, पृ. 88) यही नहीं मुक्तिबोध ने मानवचेतना, कला, सौन्दर्यानुभूति, वस्तु और रूप तथा साहित्य के उद्देश्य आदि के सम्बन्ध में जो विचार व्यक्त किए हैं, उन पर मार्क्सवादी चिन्तन की छाप स्पष्ट है। साहित्य जीवन-सापेक्ष्य होता है। इसलिए साहित्य की सही समझ के लिए जीवन की समझ आवश्यक है। जीवन की व्याख्या करते हुए मुक्तिबोध ने कहा है, "हमारा जीवन त्रिकोणात्मक है। उसकी एक भुजा हमारे बाह्यजगत यानी मानव-सम्बन्धों के विशिष्ट क्षेत्र अर्थात् वर्ग-जगत और उस जगत के विविध जीवन-मूल्यों और आदर्शों के बीच से होती हुई, उस छोर तक पहुँच जाती है, जिसे हम देश और जाति की राजनीतिक सामाजिक स्थिति कह सकते हैं, कि जो स्थिति मानवेतिहास के विकास के एक विशेष स्तर और विशेष अवस्था का नाम है। इस त्रिकोण की दूसरी भुजा हमारा वह अन्तरंग जीवन है कि जो अन्तर्जीवन बाल्यकाल से ही बाह्य को, बाह्य की क्रियाओं और रुपों को आत्मसात् करता हुआ, उस बाह्य के विरुद्ध या अनुकूल प्रतिक्रियाएँ करता हुआ, उन प्रतिक्रियाओं के विभिन्न संवेदनात्मक पुंज बनाता हुआ और उन पुंजों के सहारे जीवन-ज्ञान का विकास करता हुआ और उस जीवन-ज्ञान के सहारे स्वयं को बाह्य से मिलाने और बाह्य को अपने से मिलाने अर्थात् उस बाह्य के साथ स्वयं को द्वन्द्व-रूप में या सामंजस्य रूप में अथवा इन दोनों स्थितियों के संगत-असंगत सम्मिलित रूप में स्थापित करने, बाह्य को काट-छाँटकर उसे अपने अनुकूल बनाने या स्वयं ही काट-छाँटकर अपने को उसके अनुसार बनाने का प्रयत्न करता रहता है। हमारे जीवन के इस त्रिभुज की आधार-रेखा हमारी अपनी चेतना है, कि जो चेतना उपरोक्त दो भुजाओं के बिना अपना स्वरूप और आकार ही स्थापित नहीं कर सकती।" (रचनावली 4, पृ. 215-216) मुक्तिबोध की उपरोक्त मान्यता का निष्कर्ष है—"मनुष्य के अन्तर्जीवन का इतिहास बाह्य द्वारा दिए गए तत्त्वों से बना हुआ होता है।" (वही, पृ. 215) और उसकी **चेतना के तत्त्व** बाह्य के आत्मसात्कृत बिम्ब हैं।, "**उनका आधार बाह्यगत है, आकार बाह्यगत है किन्तु उनकी अग्नि और उनका तेज आत्मगत है।**" (वही, पृ. 216) जहाँ तक साहित्य और कला का प्रश्न है, मुक्तिबोध उसकी-सापेक्ष स्वतन्त्रता स्वीकार करते हैं, वे कहते हैं,

''कला चाहे वह यथार्थवादी कला ही क्यों न हो, एक आत्मपरक प्रयास है, वरन उसकी अपनी एक सापेक्ष-स्वतन्त्रता है। वह व्यक्ति-सापेक्ष्य है, जीवन-सापेक्ष्य है, वर्ग-सापेक्ष्य है, युग-सापेक्ष्य है। वह स्वतन्त्र भी है। वह स्वतन्त्र इस अर्थ में है कि जो भाव-बीज कलाकार के अन्त:करण में उदित होकर उसके सहारे संवेदनों और अनुभवों द्वारा परिपोषित होकर, विस्तार ग्रहण करके, उसके अन्तर्मन को आच्छादित करते हुए अपनी अभिव्यक्ति-लक्ष्य की ओर विकास-यात्रा करता है, तो उस भाव-बीज की विकास-यात्रा और उसकी अभिव्यक्ति अपने आप में विभिन्न और अनुकूल विपरीत तत्त्वों का एक गतिशील किन्तु संगतिबद्ध और सामंजस्यबद्ध रूप बन जाती है।'' (वही, पृ. 360)

मुक्तिबोध ने **सौन्दर्यानुभूति की दशा** को आत्मबद्ध-दशा से परे इस जिन्दगी से हटकर मन को मुक्त या स्वतन्त्र-संचरण की दशा माना है। वे कहते हैं, ''सौन्दर्यानुभव अर्थात् कलात्मक अनुभव के लिए मनुष्य को क्षणभर के लिए ही क्यों न सही, अपनी दृष्टि बदलनी पड़ती है। आत्मबद्ध-दशा के भीतर रहकर जो हमारी दृष्टि होती है, वह बद्धता से मुक्ति की दशा में प्राप्त दृष्टि से भिन्न है। संक्षेप में क्षण भर के लिए ही क्यों न सही, आत्मबद्ध-दशा के बाहर जाने, अर्थात् अपने पार जाने, या इस जिन्दगी से जरा हटकर दृष्टि का कोण बदलने के उपरान्त बाह्य प्रत्यक्ष अथवा मानस-प्रत्यक्ष में भीगने और रमने से ही आत्मबद्धता से रहित वह मुक्ति की अवस्था प्राप्त होती है, जब हमारे मन का स्वतन्त्र संचरण होता है और संवेगात्मक उद्देश्यों के अनुसार, उद्दीप्त कल्पना-शक्ति जीवनानुभवों को विशेष पैटर्न में उपस्थित करती हुई उन्हें संवेदनात्मक उद्देश्यों की पूर्ति की ओर ले जाती है।'' (रचनावली 5, पृ. 265) उपरोक्त कथन का सारांश यह है कि जब रचनाकार आत्मबद्ध-दशा से मुक्त होकर बाह्य-प्रत्यक्ष अथवा मानस-प्रत्यक्ष में भीगने रमने लगता है तब सौन्दर्य की अनुभूति करता है। इस दशा में उसकी कल्पना-शक्ति उद्दीप्त हो जाती है और वह जीवनानुभवों को विशेष पैटर्न में उपस्थित करती हुई संवेदनात्मक उद्देश्यों की पूर्ति की ओर ले जाती है। यहाँ यह ध्यान देने की बात है कि सौन्दर्यानुभूति के क्षणों में उद्दीप्त कल्पना-शक्ति जिस वस्तु को संवेदनात्मक उद्देश्यों की पूर्ति की ओर ले जाती है वह जीवनानुभव ही है। मुक्तिबोध यह नहीं मानते कि कला का प्रसव सौन्दर्यानुभूतियों के क्षण में ही होता है। वे कहते हैं, ''कला का प्रसव सौन्दर्यानुभूतियों के क्षण में ही होता है, यह एक आनवार्य नियम नहीं है यदि सचमुच वैसा होता तो महाकाव्य और खंड-काव्य न लिखे जाते।'' (रचनावली 5,पृ. 262) मुक्तिबोध यह मानते हैं कि, ''तत्सम्बन्धी सौन्दर्यवादी

सिद्धान्त नई कविता के क्षेत्र से किए गए शीतयुद्ध की उपज हैं और चूँकि वे एक विशेष प्रकार की मनोवृत्तिवाले कवियों के कुछ आन्तरिक आग्रहों को सन्तुष्ट करते थे, इसलिए उनका प्रचार भी काफी हुआ और अभी भी उनका पर्याप्त प्रभाव है।'' (वही, पृ. 262) इस प्रकार मुक्तिबोध 'नई कविता' के **क्षणवादी सिद्धान्त का विरोध करते हैं**। उन्होंने स्पष्ट कहा है, ''कलाकार को अपनी कलाकृतियों की रचना के लिए सौन्दर्यानुभूतियों के क्षण की प्रतीक्षा करने की, उस पर सर्वथा निर्भर रहने की, आवश्यकता नहीं होती है।'' (वही,पृ. 262) मुक्तिबोध ने 'वस्तु' और 'रूप' के स्वरूप और अन्तर्सम्बन्ध पर विस्तार से विचार किया है। **वस्तु-तत्त्व** को स्पष्ट करते हुए वे कहते हैं, ''सच तो यह है कि काव्य का वस्तु-तत्त्व वह मनस्तत्त्व है जो कि कलाभिव्यक्ति के लिए आतुर हो उठा है। हाँ, यह सही है कि इस मनस्तत्त्व का आधार-कारण कवि की प्रकृति और जीवन-जगत इन दोनों की परस्पर प्रतिक्रिया के गुम्फों से तैयार हुआ है।'' (रचनावली 5, पृ. 99) मुक्तिबोध **काव्य-वस्तु** और **काव्य-विषय** में अन्तर करते हैं। वे कहते हैं—''तुलसी का' 'मानस' और वाल्मीकि का 'रामायण' दोनों का विषय एक होते हुए भी मेरे ख्याल से, दोनों के काव्यगत वस्तुतत्त्व अलग-अलग हैं।'' (रचनावली 5, पृ. 99) काव्य की वस्तु अर्थात् मनस्तत्त्व कवि-मन के भीतर की अन्तर्तत्त्व-व्यवस्था का ही एक भाग होते हैं। वस्तुत: रचनाकार का संवेदनशील मन बाह्य जीवन-जगत का निरन्तर आभ्यन्तरीकरण करता रहता है। काव्यवस्तु उसी आभ्यन्तरीकृत तत्त्व का रचनाकार की प्रवृत्ति द्वारा संशोधित-सम्पादित-विकसित रूप होता है। अपनी पूरी स्थापना को तीन सूत्रों में प्रस्तुत करते हुए मुक्तिबोध कहते हैं, 1. अन्तर्तत्त्व संशोधित-सम्पादित आत्मसात्कृत बाह्य-जगत ही है। 2. मन का स्वातन्त्र्य सापेक्ष्य है। 3. मन की ऊर्जा में ही उसकी स्वतन्त्रता है, किन्तु वह ऊर्जा भी देह-स्थिति और वातावरण से नियन्त्रित है।'' (वही,पृ. 100) मन के भीतर अन्तर्तत्त्व को कला-वस्तु बनने के लिए मन की आँखों के सामने 1. तरंगायित, 2. उद्‌घाटित, 3. आलोकित, 4. अभिव्यक्ति के लिए आतुर होना आवश्यक है। इसी क्रम में मुक्तिबोध कला के तीन क्षणों की व्याख्या प्रस्तुत करके कला की रचना-प्रक्रिया को स्पष्ट करते हैं। वे कहते हैं—''तरंगायित होने का सम्बन्ध आवेग से है। उद्‌घाटित होने की अवस्था का सम्बन्ध बोध-पक्ष से है—ऐसे बोध-पक्ष से जो ज्ञानात्मक आधार पर स्थित होकर व्यक्ति-बद्धता की स्थिति से अनुभवकर्ता को ऊँचा कर देता है। वस्तुत: यहीं से रूप-पक्ष भी आरम्भ हो जाता है। मनस्तत्त्व यहाँ रूप लेकर प्रस्तुत होता है।'' (वही, पृ. 101) कला का **द्वितीय क्षण** तब से आरम्भ

होता है, जब वह मनस्तत्त्व अन्य अनुभवों से जुड़कर अधिक संश्लेषित और कल्पनालोकित हो जाता है। इस स्थिति में उसमें व्यापक अर्थ आ जाता है, वह अधिक सामान्य हो जाता है। व्यक्ति-बद्धता की स्थिति समाप्त हो जाती है और अनुभव कर्ता इस सामान्यीकृत मनस्तत्त्व को शब्द-स्वर-रंग में अभिव्यक्त करने के लिए आतुर हो जाता है। यहाँ से कला का **तीसरा क्षण** आरम्भ होता है। इस तीसरे क्षण में जब मनस्तत्त्व बाह्योन्मुख होकर अपने अनुकूल रूप लेकर मूर्त होता हे तब प्रथम और द्वितीय क्षणों में प्राप्त रूप-पक्ष बहुत कुछ बदल जाते हैं। परिणामत: पूर्ण की हुई कविता, पूर्ण की हुई कलाकृति, अपनी पूर्वगत तत्त्वानुभूति की वास्तविकता से बहुत कुछ भिन्न हो जाती है।'' (वही, पृ. 102) अपनी पूरी स्थापना को निष्कर्ष रूप में प्रस्तुत करते हुए मुक्तिबोध कहते हैं—''जिस प्रकार हम जीवन में बाह्य-जीवन-जगत को अपने आभ्यन्तर में संशोधित सम्पादित कर आत्मसात करते जाते हैं उसी तरह हम शब्दों द्वारा आत्मसात्कृत को बाह्यगत करते जाते हैं, चाहे ये शब्द साधारण बात-चीत में प्रकट हों, भाषणों में लेखों में प्रकट हों, अथवा छन्द-लय में उद्‌घाटित हों। **बाह्य का आभ्यन्तरीकरण और आभ्यन्तरीकृत का बाह्यीकरण यह एक चक्र है, जो अविरत है।''** (वही, पृ. 102) 'वस्तु और रूप' के अन्तर्सम्बन्धों की मनोवैज्ञानिक व्याख्या करते हुए भी मुक्तिबोध काव्य को केवल व्यक्तिगत मनोवैज्ञानिक प्रक्रिया नहीं मानते। वे उसे एक सांस्कृतिक प्रक्रिया मानते हैं। वे कहते हैं, ''फिर से कह दूँ कि काव्य-रचना केवल व्यक्तिगत मनोवैज्ञानिक प्रक्रिया नहीं है। **वह एक सांस्कृतिक प्रक्रिया है और फिर भी एक आत्मिक प्रयास है। उसमें जो सांस्कृतिक मूल्य परिलक्षित हैं, वे व्यक्ति की अपनी देन नहीं, समाज की या वर्ग की देन हैं।''** (रचनावली 5, पृ.195) मुक्तिबोध **नई कविता** के ऐसे पक्षधरों को प्रतिक्रियावादी मानते हैं जो **क्षणवाद** के समर्थक हैं और यह कहते हैं कि **चित्त का द्रवण-क्षण ही काव्य-रचना का वास्तविक क्षण है।** वे कहते हैं, ''नए कवियों को यह बताया गया है कि वे तथाकथित **एस्थेटिक इमोशन** तक ही सीमित रहें। हृदय में संचित वास्तविक जीवनानुभवों को यदि वे **एस्थेटिक इमोशन** के क्षण में वह कर नहीं पाते—व्यक्त करना गलत होगा। यह एक ऐसा सिद्धान्त है। जिसके पीछे न केवल विशेष सौन्दर्याभिरुचि है वरन विशेष प्रकार के विषय-संकलन का आग्रह भी है। किन्तु इस सिद्धान्त का मुख्य हेतु यह है कि व्यक्ति को **व्यक्तिबद्ध** बनाया जाए। यह **सिद्धान्त मनोवैज्ञानिक दृष्टि से अनुचित और व्यावहारिक दृष्टि से प्रतिक्रियावादी है।''** (वही, पृ. 194) वे लेखक की ईमानदारी इस बात में मानते हैं कि वह अपने प्रति और

अपने युग के प्रति उत्तरदायी हो। वे अन्तर्जीवन के चित्रण और आत्मपरकता को गलत नहीं मानते किन्तु वे यह चाहते हैं कि अन्त:करण में स्थित जीवनानुवों को उनके सम्पूर्ण बाह्य-सन्दर्भों के साथ उपस्थित किया जाए। वे एक प्रकार से चेतावनी देते हुए कहते हैं, ''प्रगतिवाद ने मनुष्य जीवन का केवल राजनैतिक पक्ष उठाया, उसने सम्पूर्ण मनुष्य को अपना काव्य-विषय नहीं बनाया। यदि इसी प्रकार 'नई कविता' (भिन्न प्रकार से) एकांगी हो जाती है तो उसके लिए यह कल्याणकर सिद्ध नहीं होगा।'' (वही, पृ. 195) जो लोग शुद्ध साहित्यिक सौन्दर्य की बात कहते हैं मुक्तिबोध उनसे कत्तई सहमत नहीं हैं। वे कहते हैं, ''**शुद्ध साहित्यिक सौन्दर्य, मात्र-सौन्दर्य, निरपेक्ष-सौन्दर्य की निरपेक्ष सत्ता स्वीकार करनेवाले लोग या तो स्वयं धोखे में हैं, अथवा धोखा देना चाहते हैं।**'' (वही, पृ. 45) **साहित्य के उद्‌देश्य** पर विचार करते हुए मुक्तिबोध ने जो कुछ कहा है उससे उनका दृष्टिकोण और स्पष्ट होकर सामने आया है। वे कहते हैं, ''**जनता के साहित्य** से अर्थ है ऐसा साहित्य जो जनता के जीवन-मूल्यों को जनता के जीवनादर्शों को, प्रतिष्ठापित करता हो, उसे अपने मुक्तिपथ पर अग्रसर करता हो, इस मुक्तिपथ का अर्थ राजनैतिक मुक्ति से लगाकर अज्ञान से मुक्ति तक है। अत: इसमें प्रत्येक प्रकार का साहित्य सम्मिलित है बशर्ते कि वह सचमुच उसे मुक्ति-पथ पर अग्रसर करे।'' (वही, पृ. 60)

मुक्तिबोध की साहित्य-दृष्टि को समझने के लिए उनके सिद्धान्त-विवेचन से अधिक उपयोगी उनकी व्यावहारिक समीक्षा है। उन्होंने 'कामायनी' और 'नई कविता' की विस्तृत समीक्षा की है। इसके अतिरिक्त उन्होंने 'त्रिलोचन', 'सुभद्राकुमारी चौहान', 'हरिशंकर परसाई', 'प्रेमचन्द', 'शमशेर', 'भारतभूषण अग्रवाल', 'सुमित्रानन्दन पन्त', 'धर्मवीर भारती', 'दिनकर' और 'कुँवरनारायण' की रचनाओं की भी समीक्षा की है। इन समीक्षाओं में व्यक्त उनके विचार और निष्कर्ष उन्हें समझने के लिए नितान्त आवश्यक हैं। मुक्तिबोध ने **कामायनी** की समीक्षा करते हुए यह प्रतिपादित किया है कि 'प्रसाद' में **जीवन यथार्थ** को समझने की क्षमता थी। उनकी संवेदनशीलता भी उच्चकोटि की थी किन्तु जीवन-यथार्थ से उत्पन्न समस्याओं का जो समाधान उन्होंने प्रस्तुत किया वह वायवीय है, अव्यावहारिक है। वह वैयक्तिक धरातल पर, अद्वैतवादी दर्शन की आदर्शवादी परिणति के आधार पर किया गया है। स्वयं मुक्तिबोध के शब्दों में, ''अधिक-से-अधिक, प्रसाद जी के सम्बन्ध में यह कहा जा सकता है कि उनका दर्शन एक **उदार पूँजीवादी व्यक्तिवादी दर्शन** है, जो यदि एक मुँह से वर्ग-विषमता की निन्दा करता है, तो दूसरे मुँह से वर्गातीत, समाजातीत,

व्यक्तिमूलक चेतना के आधार पर समाज के वास्तविक द्वन्द्वों का वायवीय तथा काल्पनिक प्रत्याहार करते हुए **अभेदानुभूति** के आनन्द का ही सन्देश देता है। निश्चय ही समाजातीत, वर्गातीत, व्यक्तिमूलक, आनन्दवादी, अद्वैतवाद, अपने अन्तिम निष्कर्षों में, उसी विषमतापूर्ण समाज की स्थिति में कुछ सतही ऊपरी परिवर्तन करके सन्तुष्ट हैं।'' (रचनावली 4, पृ. 236) **त्रिलोचन** की 'धरती' की समीक्षा 1946 ई. में प्रकाशित हुई थी और **सुभद्राकुमारी चौहान** का मूल्यांकन 1948 ई. में। उस समय तक प्रगतिवाद का आकर्षण कम हो गया था किन्तु 'नई कविता' का दौर आरम्भ नहीं हुआ था। 1946 में **त्रिलोचन** की संघर्षशील चेतना का उल्लेख करते हुए मुक्तिबोध ने कहा था, ''इसी संघर्ष ने उसकी चेतना को मात्र विकसित ही नहीं किया है, उसे प्रसरणशील भी बनाया और जीवन के विविध अंगों को समझने की शक्ति भी दी। इस वैविध्य के प्रति संघर्षात्मक प्रसरणशील अनुरक्ति ने उसके मन को वस्तून्मुख और बुद्धि-प्रधान भी कर दिया है। इसके कारण ही उसके काव्य में बेचैनी और विह्वलता नहीं है, बल्कि एक विशेष प्रकार की तटस्थता है।'' (रचनावली 5, पृ. 383) **सुभद्रा जी** के काव्य का मूल्यांकन करते हुए उन्होंने लिखा, ''प्रगतिशील आलोचकों तथा लेखकों के लिए सुभद्रा जी के काव्य में नवीन सामग्री है, आत्मसात करने के लिए विशेषकर उनकी काव्य-शैली में जीवन-प्रसंगों की भूमिका तथा कुछ कविताओं के नाटकीय-तत्त्व के साहित्यिक महत्त्व का आकलन आवश्यक है। साथ ही सर्वप्रधान वस्तु है, जीवन के वास्तविक धरातल पर बाह्य स्थिति-परिस्थितियों से मानसिक संवेदनात्मक प्रतिक्रिया और उसको काव्योचित महत्त्व प्रदान का कार्य, जो हिन्दी के बहुत थोड़े कवियों ने किया है।''(वही, पृ. 400) **श्री हरिशंकर परसाई** की विशेषता लक्षित करते हुए उन्होंने कहा, ''परसाई का सबसे बड़ा सामर्थ्य **संवेदनात्मक** रूप से **यथार्थ** का आकलन है, चाहे वह राजनीतिक प्रश्न हो या चरित्रगत। हमारे यहाँ की **साहित्यिक संस्कृति ने सच्चाई के प्रकटीकरण पर जो हदबन्दी करके रखी है, उसे देखते हुए श्री परसाई जी की कला सहज ही वामपक्षी हो जाती है।**'' (वही, पृ. 423) **प्रेमचन्द** का उनकी दृष्टि में, ''उत्थानशील भारतीय सामाजिक क्रान्ति के प्रथम और अन्तिम महान कलाकार थे।'' (वही, पृ. 426) प्रेमचन्द के कथा-साहित्य के नैतिक प्रभाव से वे मुग्ध थे। उन्होंने कहा है—''प्रेमचन्द का कथा-साहित्य पढ़कर आज हम एक उदार और उदात्त नैतिकता की तलाश करने लगते हैं, चाहने लगते हैं कि प्रेमचन्द के पात्रों के मानवीय गुण हममे समा जाएँ, हम उतने ही मानवीय हो जाएँ जितना कि प्रेमचन्द चाहते हैं।'' (वही, पृ. 246)

शमशेर की कई विशेषताएँ उन्होंने लक्षित की हैं। उनकी दृष्टि में शमशेर की मूल मनोवृत्ति एक **इम्प्रेशनिस्टिक** चित्रकार की है। वे **मनोवैज्ञानिक यथार्थवादी** हैं। वे प्रणय-जीवन के प्रसंगबद्ध **रसवादी** कवि हैं। वे विशिष्ट भाव-प्रसंग में विभिन्न संवेदनाओं के प्रभावकारी गुणों के चित्र इम्प्रेशनिस्टिक शैली में चित्रित करने में अन्यतम हैं। निष्कर्ष रूप में वे कहते हैं, ''असल में शमशेर की आत्मा एक **रोमैंटिक क्लासिकल** प्रकार की है। किन्तु इम्प्रेशनिष्टिव होने के कारण, उनका जोर संवेदन-विशिष्टता और संवेदनाघात पर और केवल इसी पर होने से वे नई कविता के एक अद्वितीय कवि के रूप में हमारे सामने आते हैं।'' (वही, पृ. 436) भारतभूषण अग्रवाल का काव्य उन्हें इसलिए प्रभावित करता है कि उसने, ''अनेक जीवन-सत्यों को उद्घाटित किया है। जीवन की असंगतियों का पर्दाफाश किया है। उनके ये उद्घाटन महत्त्वपूर्ण हैं, इसलिए उनका काव्य महत्त्वपूर्ण रहेगा।'' (वही, पृ. 44) **धर्मवीर भारती** के 'अन्धायुग' की उनकी समीक्षा अत्यन्त महत्त्वपूर्ण है। उन्होंने लिखा है—''पहली बात जो बार-बार दिमाग से टकराती है वह यह कि श्री भारती **ह्रास के लक्षणों को उसके कारणों से कन्फ्यूज कर देते हैं। नैतिक गिरावट स्वयं एक लक्षण है, जो अन्य घटनाक्रमों या अन्य मानसिक विकार-दृश्यों का कारण हो सकती है किन्तु इस गिरावट का कारण व्यक्तिगत और मनोवैज्ञानिक है या ऐतिहासिक-समाजशास्त्रीय? इस प्रश्न पर या तो श्री भारती ने विचार नहीं किया, या विचार करके उसे छोड़ दिया, उसकी तह में नहीं गए। स्पष्ट रूप से कहा जाए तो श्री भारती सभ्यता की आलोचना तो करते हैं किन्तु समाजशस्त्रीय जिज्ञासा के अभाव के शिकार होकर।**'' (वही, पृ. 443) यह होने पर भी उन्होंने स्वीकार किया है कि, ''अन्धायुग' नई साहित्यिक पीढ़ी का एक अत्यन्त मूल्यवान और महत्त्वपूर्ण प्रयास है।'' **सुमित्रानन्दन पन्त** का मूल्यांकन करते हुए मुक्तिबोध ने एक प्रकार से 'छायावाद' के सभी प्रमुख कवियों— निराला, प्रसाद, महादेवी—का मूल्यांकन कर दिया है। उन्होंने लक्षित किया है कि वास्तविक जीवनानुभव की जितनी सम्पन्नता 'निराला' और 'प्रसाद' में है (महादेवी में भी) उतनी उस हद तक, उस मात्रा में पन्त जी के पल्ले नहीं पड़ी। इसीलिए उनका काव्य मात्र **दृष्टिकाव्य** बनकर रह गया, **मर्म-काव्य** नहीं बन सका। वे कहते हैं—''जहाँ इस प्रकार दृष्टिकाव्य प्रकट हुआ वहाँ-वहाँ जीवन-तत्त्वों की रिक्तता सी प्रकट होने लगी।''(रचनावली 5, पृ. 447) यह होने पर भी मुक्तिबोध अनुभव करते हैं कि पन्त जी में, ''अद्भुत सहानुभूति-क्षमता है। **जनगण के प्रति उनकी सहानुभूति बौद्धिक नहीं है, छिछली नहीं है,**

सतही नहीं है। वह बहुत गहरी है।'' (वही, पृ. 451) 'पन्त' जी के काव्य की सबसे बड़ी विशेषता यह है कि उसमें **मनुष्य** चित्रित है। यह मनुष्य **अमूर्त नहीं है, वह साक्षात जनगण है।** मुक्तिबोध के शब्दों में, ''जहाँ पन्त जी इस जनगण से एकीभूत होकर भावना-स्तर पर बात करने लगते हैं, तब जिस प्रकृति-सौन्दर्य का वे चित्रण करते हैं उस सौन्दर्य में भी जन-जन के मुख झलकने लगते हैं। पन्त जी **मानवतावादी** नहीं। 'मानवतावाद' एक अरूपवाद है, एक ऐब्सट्रैक्शन है। पन्त जी **मनुष्यवादी** हैं, **जनवादी** हैं। उनका काव्य इसी नई भावना से उद्दीप्त हो उठा है।'' (वही, पृ. 455) **'दिनकर'** की 'उर्वशी' की समीक्षा करते हुए मुक्तिबोध ने बताया है कि यह एक कृत्रिम मनोविज्ञान पर आधारित है। **वस्तुत: कवि अपनी कामात्मक स्पृहाओं को उचित ठहराना चाहता है, इसलिए उसने आध्यात्मिक रहस्यवाद** का सहारा लिया है। मुक्तिबोध के शब्दों में, ''उर्वशी एक वृहत् कल्पना-स्वप्न है, जिसके द्वारा और जिसके माध्यम से लेखक अपनी कामात्मक सपृहाओं का आदर्शीकरण करता है, और उन्हें एक सर्वोच्च आध्यात्मिक औचित्य प्रदान करता है। कथानक की ऐतिहासिकता केवल एक भ्रम है।'' (वही, पृ. 464) यहाँ यह स्मरणीय है कि डॉ. रामविलास शर्मा ने 'उर्वशी' को 'दिनकर' का शिखर ग्रन्थ माना है और कहा है कि, ''सामयिक कविता की उपलब्धियाँ उसके आयाम और उसकी विधाएँ इस मेरु के आसपास उगे हुए झाड़-झंखाड़ जैसी लगती हैं। कल्पना और यथार्थ, दर्शन और शृंगार के अद्भुत सम्मिश्रण के कारण यह ग्रन्थ प्रत्येक मनीषी कवि और काव्य-प्रेमी के चिन्तन, अध्ययन और रसास्वादन का केन्द्र बनेगा।'' (भाषा युगबोध और कविता, पृ. 204) मुक्तिबोध ने कुँवरनारायण के काव्य 'परिवेश : हम तुम' की विस्तृत समीक्षा की है। उनके अनुसार, ''कुँवरनारायण की कविता में अन्तरात्मा की पीड़ित विवेक-चेतना और जीवन की आलोचना है।'' (रचनावली 5, पृ. 473) वे मूलत: आदर्शवादी कवि हैं। उन्होंने अपना एक शिल्प विकसित कर लिया है। ''जिसमें कहने की सादगी, संवेदन की तीव्रता, रंगों की गहराई और ख़्यालों की लकीरें साफ-साफ उभरकर आती हैं।'' (रचनावली 5, पृ. 473) उनकी कमजोरी यह है कि उन्होंने वर्तमान सभ्यता का जो विश्लेषण किया है, वह सही नहीं है। वह अपूर्ण है। कुँवरनारायण के लिए **वर्तमान सभ्यता, यन्त्र-सभ्यता है जबकि सत्य यह है कि यह सभ्यता अन्याय और शोषण पर आधारित पूँजीवादी सभ्यता है।** फिर भी कुँवरनारायण के शब्द-चित्र मुक्तिबोध को प्रिय हैं। वे कहते हैं, ''कवि कुवरनारायण ने जो बाह्यसौन्दर्य-चित्र प्रस्तुत किए हैं चाहे वे घर में आई किरन के हों, या नारी-रूप के, धूप के, अथवा

सिर्फ खुशी के, हमें यह कहना पड़ता है कि वे शब्द-चित्र बहुत प्रभावोत्पादक हैं और साथ ही 'नई कविता' के विकसित रूप को सूचित करते हैं।'' (वही, पृ. 477)

मुक्तिबोध द्वारा की गई उपरोक्त समीक्षात्मक टिप्पणियाँ ध्यान देने योग्य हैं। 'प्रसाद' की 'कामायनी' में प्रस्तुत दार्शनिक समाधान को **वायवीय** और **अव्यावहारिक** कहना, 'त्रिलोचन' के काव्य में उनकी **संघर्ष-चेतना** को लक्षित करना, सुभद्राकुमारी चौहान की कविता में **जीवन-प्रसंगों की भूमिका** को महत्त्व देना, परसाई द्वारा संवेदनात्मक रूप से किए गए **यथार्थ** के आकलन को उनकी सबसे बड़ी शक्ति बताना, प्रेमचन्द को **भारतीय सामाजिक क्रान्ति का प्रथम और अन्तिम महान कलाकार कहना,** शमशेर को प्रणय-जीवन का **प्रसंगबद्ध रसवादी कवि** कहना, **जीवन-सत्य** के उद्घाटन के कारण भारतभूषण अग्रवाल की कविता को महत्त्व देना, भारती में **समाजशास्त्रीय** जिज्ञासा का अभाव लक्षित करना, 'पन्त' की कविता में वास्तविक **जीवनानुभव का अभाव** देखना, 'दिनकर' की उर्वशी को **कृत्रिम मनोविज्ञान** पर आधारित बताना और कुँवरनारायण द्वारा किए गए वर्तमान सभ्यता के विश्लेषण को **अपूर्ण** मानना, मुक्तिबोध की प्रगतिशील-समीक्षा दृष्टि का सूचक है। यह अवश्य है कि मुक्तिबोध ने रचना के मनोवैज्ञानिक पक्ष पर भी ध्यान दिया है और रचनाकारों के शिल्प की भी सराहना की है। वे जितना महत्त्व 'रचना' को देते हैं उतना ही **रचना-प्रक्रिया** को भी। किन्तु उन्होंने **कहीं भी रचना के समाजशस्त्रीय पक्ष और उसके नैतिक प्रभाव की उपेक्षा नहीं की है।** रचना के मनोवैज्ञानिक पक्ष पर उचित महत्त्व देने के कारण उनका समाजशास्त्रीय विश्लेषण अधिक विश्वसनीय हो गया है। कृति-विशेष के सम्बन्ध में उनके निर्णय से असहमत हुआ जा सकता है किन्तु उनकी समीक्षा-दृष्टि की प्रगतिशीलता से इनकार नहीं किया जा सकता। इस सन्दर्भ में मुक्तिबोध द्वारा किया गया मध्ययुगीन भक्ति-आन्दोलन का विश्लेषण भी स्मरणीय है। हम यहाँ इस विवाद को नहीं उठाना चाहते कि निर्गुण मतवाद के जनोन्मुख रूप और उसकी क्रान्तिकारी जातिवाद-विरोधी भूमिका के विरुद्ध तुलसीदास ने पुराण मतवादी वर्णाश्रमधर्म के पुनर्विजय की घोषणा की या नहीं की, हम मुक्तिबोध की इस मूल स्थापना—''भक्ति-आन्दोलन का आविर्भाव एक **ऐतिहासिक-सामाजिक शक्ति के रूप में, जनता के दुःखों और कष्टों से हुआ**'' को पेश करना चाहते हैं। निश्चित रूप से यह स्थापना उनके सटीक समाजशास्त्रीय विश्लेषण और प्रगतिशील चिन्तन का प्रमाण है।

अपने समीक्षा-कर्म के क्रम में मुक्तिबोध ने मुख्यत: **आधुनिक भावबोध, यथार्थवाद, विचारधारा, सामाजिकयथार्थ, सापेक्ष-स्वतन्त्रता, यथार्थोन्मुख व्यक्तिवाद, वस्तुवादी यथार्थोन्मुखदृष्टि, मानवतावाद, आत्माभिव्यक्तिवाद, क्षणवाद, रचना-प्रक्रिया, अर्थ-बिम्ब, भाव-दृष्टि, मूर्तिविधान, फैंटेसी** आदि पारिभाषिक शब्दों का प्रयोग किया है। इनमें से अधिकांश शब्दों का प्रयोग उनके पूर्व और समसामयिक समीक्षकों ने भी किया है। मुक्तिबोध इन शब्दों के उद्भावक नहीं हैं। उनका महत्त्व इस दृष्टि से अवश्य मान्य है कि उन्होंने इन शब्दों को अपनी समीक्षा-दृष्टि के अनुकूल विशिष्ट अर्थ प्रदान किया है। उन्होंने कुछ पारिभाषिक शब्दों की उद्भावना भी की है। **विश्वदृष्टि, ज्ञानात्मकसंवेदन, संवेदनात्मकज्ञान, अमूर्तीकरण** आदि शब्द उनकी मौलिक उद्भावना के द्योतक हैं। उनके द्वारा प्रयुक्त उपरोक्त पारिभाषिक शब्दों में कुछ ऐसे **बीज-शब्द** हैं जिनकी उनके द्वारा की गई व्याख्याएँ ध्यान देने योग्य हैं क्योंकि उनका सम्बन्ध उनकी समीक्षा-दृष्टि से है। सबसे पहले **आधुनिकभावबोध** को लें। मुक्तिबोध इसे **नई कविता की आत्मा** मानते हैं। वे कहते है, ''**नई कविता की आत्मा है आधुनिक भावबोध।** आज का सुशिक्षित मनुष्य अपने परिवेश परिस्थितियों से जो संवेदनात्मक प्रतिक्रियाएँ करता है, वे संवेदनात्मक प्रतिक्रियाएँ या उनका सामान्यीकरण नई कविता में प्रकट होता है। ऐसे सुशिक्षित मनुष्य का दृष्टिकोण मध्ययुगीन धार्मिकदृष्टि से अनुप्राणित अथवा छायावादी भावुकता से परिपूर्ण कल्पना-प्रधान नहीं होता। विज्ञान के इस युग में, उसकी दृष्टि यथार्थोन्मुख तथा संवेदनशील होती है। वह यथार्थ-सम्बन्धों को ग्रहण कर यथार्थबोध द्वारा संवेदनात्मक प्रतिक्रिया करता है।'' (रचनावली 5, पृ. 312) उपरोक्त कथन का तात्पर्य यह है कि, **आधुनिक भावबोध, मध्ययुगीन धार्मिक दृष्टि तथा छायावादी भावुकता से भिन्न आज के वैज्ञानिक युग के सुशिक्षित मनुष्य की अपने परिवेश के प्रति संवेदनात्मक प्रतिक्रिया है।** जब यह प्रतिक्रिया सामान्यीकृत होकर 'नई कविता' में प्रकट होती है तब हम उसे **आधुनिक भावबोध** कहते हैं। मुक्तिबोध को खेद इस बात का है कि लोग यूरोप और अमरीका को आधुनिकता का आदर्शभूत अेश मानते हैं और वहाँ के कवियों के भावबोध की नकल करते हैं। वे कहते हैं, ''खेद की बात यह है कि आधुनिकता के आदर्शभूत देश यूरोप-अमरीका माने गए हैं। फलत: बहुत से कवि यूरोपीय-अमरीकी भव-तत्त्वों को भारतीय वेश में उपस्थित करते-से दिखाई देते हैं। अगर यूरोप-अमरीका का कवि उदास है, ओर उसका जी काट खाने का होता है, तो हमारे यहाँ के कवि भी उदासी को फैशनेबुल समझकर कविता में उदासी

का चित्रण करते हैं, यह गलत है।'' (रचनावली 5, पृ. 311-312) मुक्तिबोध 'आधुनिक-भावबोध' से क्या समझते थे यह एक दूसरे सन्दर्भ से अधिक स्पष्ट होता है। 'काव्य एक सांस्कृतिक प्रक्रिया' शीर्षक निबन्ध में वे कहते हैं, ''वस्तुत: 'आधुनिक-भावबोध' क्या है? मैं अपनी खुद की जिन्दगी और दोस्तों की जिन्दगी के तजुर्बे से बता सकता हूँ कि **अन्याय के खिलाफ आवाज बुलन्द करना, आधुनिक-भावबोध के अन्तर्गत है।** आधुनिक भावबोध के अन्तर्गत यह भी है कि मानवता के भविष्य-निर्माण के संघर्ष में हम और भी अधिक दत्त-चित्त हों तथा हम वर्तमान परिस्थिति को सुधारें, नैतिक ह्रास को थामें, उत्पीड़ित मनुष्य के साथ एकात्म होकर उसकी मुक्ति की उपाय-योजना करें। क्या यह **आधुनिक भावबोध** के अन्तर्गत नहीं कि मैं अपनी लेखनी द्वारा **किसी विशेष लोकादर्श के लिए कविता लिखूँ।**'' (वही, पृ. 192) यहाँ इतना लम्बा उदाहरण देने की आवश्यकता इसलिए पड़ी की **आधुनिक भावबोध** या **आधुनिकताबोध** और **यथार्थवाद** ये दोनों शब्द ऐसे हैं जिनका प्रयोग मार्क्सवादी और अस्तित्ववादी दोनों ही खेमों के विचारकों ने किया है किन्तु दोनों की व्याख्याओं में अन्तर है। **आधुनिक भावबोध** से जो अर्थ मुक्तिबोध ने लिया है उससे भिन्न अर्थ इन्द्रनाथ मदान ने लिया है। उन्होंने पूरे आधुनिक हिन्दी साहित्य में **आधुनिकताबोध** को पहचानने की कोशिश की है। वे आधुनिकता के बोध को अस्तित्ववादी चिन्तन तक सीमित तो नहीं मानते किन्तु उसके अन्तर्गत विसंगति, व्यर्थता, विडम्बना आदि तत्त्वों को समाहित मानते हैं। 'भारती' के काव्य 'अन्धायुग' में 'आधुनिकताबोध' के प्राय: सभी तत्त्वों को लक्षित करते हुए वे कहते हैं, ''आधुनिकता का बोध 'अन्धायुग' के रथ की धुरी है। 'रथ' और उसके भाग आधुनिता को उजागर करने के लिए बड़े काम के हैं। इनके माध्यम से **असंगति, विसंगति, व्यर्थता, निरर्थकता, विडम्बना** आदि के स्वर ध्वनित होते हैं। (आधुनिकता और हिन्दी-साहित्य, पृ. 24) तात्पर्य यह है कि **असंगति, विसंगति, व्यर्थता, विडम्बना** आदि का बोध आधुनिकताबोध में समाहित है। मुक्तिबोध **आधुनिकताबोध** की दूसरे खेमे द्वारा की जानेवाली व्याख्या से परिचित हैं। उसके रहस्य को स्पष्ट करते हुए वे कहते हैं, ''यह भावधारा कुछ इस प्रकार है। वर्तमान सभ्यता औद्योगिक सभ्यता है। चाहे वह साम्यवादी व्यवस्था क्यों न हो। उस व्यवस्था के अन्तर्गत, व्यक्तित्व का समुचित विकास नहीं होता, व्यक्तित्व का नाश होता है। अतएव व्यक्ति-नाश प्राय: अवश्यम्भावी है। अतएव जो कवि सामाजिक परिवेश के बारे में, सामाजिक अवस्था के सम्बन्ध में, सोचते हैं, उन्हें यह जानना चाहिए कि वर्तमान समाज-रचना में, वर्तमान जगत में मानव-दु:ख

अवश्यम्भावी है। यह औद्योगिक सभ्यता का दोष है। ऐसी सभ्यता में जो **आधुनिक भावबोध** है, वह है अनाशा और दु:ख-भावना का, ग्लानि और विरक्ति का, अगतिकता का। महान लोगों ने समाज में, समाज के साथ, बड़े-बड़े प्रयोग किए और असफल हो गए, इसलिए **अगतिकता मनुष्य का मूलभूत भाग्य है। उसे बदला नहीं जा सकता।**'' (रचनावली 5, पृ. 177) इस मुद्दे पर हम आगे चलकर 'नई समीक्षा' का विवेचन करते हुए पुनर्विचार करेंगे। अब हम दूसरे बीज-शब्द 'यथार्थवाद' को लेते हैं। मुक्तिबोध के अनुसार, ''**स्वान्तर्जगत और बाह्य-जगत की विरोधी स्थिति से उठकर, उन दोनों की साम्यावस्था से जनित जो व्यापक दृष्टिकोण है, वह यथार्थवाद की आत्मा है।** यथार्थवादी कला उस विरोधी स्थिति को मिटाने का प्रयत्न है, जिसको मैं **आध्यात्मिक** कहता हूँ।'' (रचनावली 5, पृ. 282) 'यथार्थ' का सम्बन्ध जन-जीवन से जोड़ते हुए वे कहते हैं, ''आज का यथार्थ जनता के जीवन का यथार्थ है जो हम स्वयं रोजमर्रा जीते हैं। यदि हमारी काव्य-प्रेरणा वस्तुत: जन-जीवन से उद्भूत हुई हो, तो जन-जीवन की वर्तमान परिस्थितियाँ और उसके कष्टों का कारण भी हमारे अनुभूति-क्षेत्र का अंग होगा।'' (वही, पृ. 285) मुक्तिबोध की पूरी समीक्षा-यात्रा में उनकी दृष्टि यथार्थ-केन्द्रित रही है। 'कामायनी' की समीक्षा कहते हुए उन्होंने **भाववादी कला** और **यथार्थवादी शिल्प** का प्रश्न उठाया है। उनके अनुसार—'यथार्थवादी शिल्प' के अन्तर्गत यथार्थ के बिम्ब, यथार्थ के स्वरूप और गति के नियमों में बँधकर प्रस्तुत होते हैं। दूसरे शब्दों में, **यथार्थवादी शिल्प के अन्तर्गत विभावपक्ष (वस्तुपक्ष) का चित्रण होता है, और उस पक्ष के आधार पर ही भाव-पक्ष का उद्घाटन।**'' (रचनावली 4, पृ. 219) इसके विपरीत 'भाववादी शिल्प' के अन्तर्गत **भाव-पक्ष का ही चित्रण होता है और विभावपक्ष नेपथ्य में डाल दिया जाता है।** भाववादी और यथार्थवादी शिल्प-भेद मानते हुए भी मुक्तिबोध जीवन को समझने की दृष्टि को इनकी सीमा में नहीं बाँधते। वे यह मानते हैं कि **भाववादी शिल्प** के अन्तर्गत भी जीवन को समझने की दृष्टि 'यथार्थवादी' हो सकती है, वे कहते हैं,''यह बहुत ही सम्भव है कि **यथार्थवादी शिल्प** के विपरीत जो **भाववादी शिल्प** है उस शिल्प के अन्तर्गत जीवन को समझने की दृष्टि **यथार्थवादी** रही हो। कवि के जीवन-ज्ञान के स्तर पर और कवि-व्यक्तित्व की अनुभव-सम्पन्नता के स्तर पर, उसकी दृष्टि पर, यह निर्भर है कि वह कहाँ तक वास्तविक जीवन-जगत को, उसके सारे वास्तविक सम्बन्धों के साथ ग्रहण कर, उसे वस्तुत: समझता है।'' (वही, पृ. 219) उपरोक्त कथन से यह निष्कर्ष निकलता है कि

वास्तविक जीवन-जगत का उसके सारे वास्तविक सम्बन्धों के साथ ग्रहण करनेवाली दृष्टि ही यथार्थवादी दृष्टि है। इस प्रकार वस्तुतः यथार्थवाद जीवन और जगत को उसके सारी जटिलताओं और वास्तविक सम्बन्धों के साथ देखने और समझने की दृष्टि है। मुक्तिबोध **मनोवैज्ञानिक यथार्थवाद** को भी महत्त्व देते हैं। उन्होंने **रचना की प्रक्रिया** को सांस्कृतिक और मनोवैज्ञानिक दोनों माना है। इसीलिए उन्होंने यथार्थ के मनोवैज्ञानिक पक्ष पर भी विचार किया है। उनके अनुसार **मनोवैज्ञानिक यथार्थवाद कलाकार वास्तविकता पर आधृत भाव-प्रसंग की महत्ता के अनुकूल अपनी संवेदनाओं की अभिव्यक्ति करता है।** भाव-प्रसंग की वास्तविकता पर अपने मन का रंग चढ़ाना 'मनोवैज्ञानिक यथार्थ' को विकृत करना है। इसी अर्थ में उन्होंने शमशेर को **मनोवैज्ञानिक यथार्थवादी** कवि माना है। तीसरा बीजशब्द, **'रचना-प्रक्रिया'** है। भारतीय काव्य-चिन्तन में 'रचना' और उसके 'प्रभाव' का विवेचन किया गया है, रचना-प्रक्रिया का नहीं। रचना-प्रक्रिया का विवेचन रचनाकार की मानसिक-यात्रा का विवेचन है। मुक्तिबोध ने कला के तीन क्षणों की व्याख्या में वस्तुतः रचना-प्रक्रिया का ही विवेचन किया है। 'रचना-प्रक्रिया' के विवेचन के ऐतिहासिक सन्दर्भ की ओर संकेत करते हुए वे कहते हैं, ''प्रगतिशील काव्य-दृष्टि के विरोध में, अथवा उसकी प्रतिकूल स्थिति में, नई काव्य-प्रवृत्ति में प्रकट 'स्व' के महत्त्व को स्थापित करने के लिए रचना-प्रक्रिया की स्वात्मकता को उठावदार-उभारदार बनाने के लिए, जिससे कि अन्य जनों का ध्यान उसकी स्वात्मकता पर खिंचे, रचना-प्रक्रिया के विश्लेषण की ओर प्रवृत्ति हुई, किन्तु आगे चलकर ज्यों ही प्रगतिशील पैटर्न और प्रवृत्ति क्षीण होकर तिरोहित होने लगी, रचना-प्रक्रिया के वास्तविक विश्लेषण से विमुखता होने लगी। यह विमुखता लाभकर नहीं हानिकर है।'' (रचावली 5, पृ. 259) मुक्तिबोध यह मानते हैं कि, ''रचना-प्रक्रिया का **तत्परक** (आब्जेक्टिव) विश्लेषण कठिन है। क्योंकि यह सृजन की मनोवैज्ञानिक प्रक्रिया है और कवि-स्वभाव, कवि-दृष्टि और विषयवस्तु (या कहिए कथ्य) के अनुसार, वह बनती-बदलती है।'' (वही, पृ. 249) 'रचना-प्रक्रिया' का विश्लेषण क्यों आवश्यक है? इस प्रश्न पर विचार करते हुए मुक्तिबोध ने मुख्यतः दो कारण बताए हैं। एक तो यह कि, ''उसके अन्तर्तत्त्वों के विश्लेषण से सौन्दर्य सम्बन्धी किसी सामान्य सिद्धान्त पर आया जा सकता है।'' दूसरे यह कि 'जीवन के विस्तृत क्षेत्र को साहित्य में लाने के लिए, अर्थात् उसके प्रभावोत्पादक चित्र प्रस्तुत करने के लिए 'प्रभावोत्पादकता के रहस्य' को समझना आवश्यक है। कुछ भी हो, काव्य की 'रचना-प्रक्रिया' के

विश्लेषण में मुक्तिबोध का योगदान अविस्मरणीय है। उनके इस विश्लेषण से नए साहित्य का सौन्दर्यशास्त्र समृद्ध हुआ है। चौथा 'बीजशब्द' **फैंटेसी** है। इस शब्द का प्रयोग तो पहले भी हुआ है किन्तु मुक्तिबोध ने अपनी कविता में इसके शिल्प का सार्थक प्रयोग और अपनी समीक्षा में इसके स्वरूप की विस्तृत विवेचना करके इसे नई अर्थवत्ता प्रदान की है। उन्होंने 'कामायनी' को एक **फैंटेसी** माना है, और इसी सन्दर्भ में उसकी व्याख्या करते हुए कहा है, "फैंटेसी के अन्तर्गत कवि-कल्पना जीवन की सारभूत विशेषताएँ प्रकट करते हुए एक ऐसी चित्रावली प्रस्तुत करती है कि जिससे वह तथ्यात्मक जीवन, जिसकी कि स्वानुभूत विशेषताएँ प्रोद्भासित की गई हैं, अधिकाधिक प्रच्छन्न, गौण और नेपथ्यवासी हो जाएँ। संक्षेप में फैंटेसी के अन्तर्गत भाव-पक्ष प्रधान और विभाव-पक्ष गौण और प्रच्छन्न तो होता ही है, साथ ही वह भाव-पक्ष, कल्पना को उत्तेजित करके, बिम्बों की रचना करते हुए, एक ऐसा मूर्त-विधान उपस्थित करता है कि जिस विधान में उस विधान के ही नियम होते हैं।" (रचनावली 4, पृ. 217) कहना न होगा कि फैंटेसी की यह व्याख्या स्वयं मुक्तिबोध की कविताओं को समझने में हमारी सहायता करती है। मुक्तिबोध यह मानते हैं कि **फैंटेसी** के प्रयोग से सुविधा-असुविधा दोनों होती है। सुविधा यह होती है कि हम भोगे गए जीवन की वास्तविकताओं को कल्पना के रंगों में प्रस्तुत करते हैं और वास्तविकता के प्रदीर्घ चित्रण से बच जाते हैं। असुविधा यह होती है कि उसमें जीवन-तथ्य इस प्रकार प्रस्तुत होते हैं कि उन्हें पहचानना मुश्किल होता है। मुक्तिबोध के कथन का तात्पर्य यह है कि, "**फैंटेसी** एक झीना परदा है जिसमें से जीवन-तथ्य झाँक-झाँक उठते हैं।" (रचनावली 4, पृ. 220) इसलिए फैंटेसी-शिल्प में रची गई कविताओं से जीवन-तथ्यों की पहचान कठिन होती है।

मुक्तिबोध ने अपने समीक्षा-कर्म से कुछ पारिभाषिक शब्दों की उद्भावना भी की है। इनमें एक शब्द है **विश्वदृष्टि।** इसका प्रयोग उन्होंने अनेक सन्दर्भों में किया है। मानव की 'विश्वदृष्टि' को वे उसकी चेतना का अंश मानते हैं। इसलिए इसे समझने के लिए 'चेतना' के स्वरूप को समझना आवश्यक है। 'चेतना' की व्याख्या करते हुए मुक्तिबोध कहते हैं, "मानव-चेतना, वस्तुतः मानव-सम्बन्धों से निर्मित तथा उससे उद्गत चेतना है। ये मानव-सम्बन्ध समाज के विकास के साथ परिवर्तित होते रहते हैं। तथा समाज की विशेष स्थितियों की उनमें विशेषताएँ प्रकट होती रहती हैं। विशेषता-संयुक्त ये मानव-सम्बन्ध, मानव-चेतना की मूलभूत नींवें हैं, जिनके आधार पर कला, दर्शन, धर्म तथा साहित्य की सृष्टि होती है। इन्हीं मानव-सम्बन्धों की अवस्था-विशेष के अनुसार

मानव की **विश्वदृष्टि** भी बनती है। निश्चय ही, उसकी यह विश्वदृष्टि उसकी चेतना का ही अंग है।'' (रचनावली 5, पृ. 26) मुक्तिबोध के कथन का तात्पर्य यह है कि जैसे-जैसे समात बदलता है वैसे-वैसे मानव-सम्बन्ध भी बदलते हैं। मानव-सम्बन्धों के बदलने से उसकी चेतना का स्वरूप भी बदलता है। चेतना के स्वरूप का परिवर्तन यान्त्रिक नहीं होता। उसके अपने नियम हैं। वे सापेक्ष्य रूप से स्वतन्त्र हैं किन्तु यह तय है कि उनके परिवर्तन के नियन्त्रक सामाजिक सम्बन्ध हैं। 'चेतना' का अंग होने के कारण मानव की **विश्वदृष्टि** भी परिवर्तित होती रहती है और उसका भी नियमन मानव-सम्बन्धों के आधार पर ही होता है। उदाहरण के लिए, ''प्रसाद जी ने अतीत की भावुक गौरव छायाओं से ग्रस्त, वेदोपनिषदिक आर्ष वातावरण से अनुप्राणित, समाजादर्श से प्रेरित होकर अपनी विश्वदृष्टि तैयार की। यह विश्वदृष्टि कामायनी में प्रकट हुई।'' (रचनावली 4, पृ. 224) प्रकट है कि 'प्रसाद' की विश्वदृष्टि उन्हीं मानव-सम्बन्धों पर आधृत है जो उनके युग की मानव-चेतना को प्रेरित और उद्‌बुद्ध कर रहे थे। विश्चय ही अतीत की गौरव-छाया प्रसादयुगीन-चेतना का एक केन्द्रीय तत्त्व था। मुक्तिबोध का एक बहु-प्रयुक्त शब्द है **संवेदनात्मक ज्ञान** और **ज्ञानात्मक संवेदन**। इन शब्दों का प्रयोग उन्होंने 'नई कविता' के सन्दर्भ में ही किया है। उनका कहना है कि रोमांटिक कवि भावों के आवेग को उनके स्वच्छन्द प्रवाह को नियन्त्रित नहीं करता था किन्तु नई कविता का कवि, ''अपने आवेश या व्याकुलता को बाँधकर नियन्त्रित कर, ऊपर उठाकर उसे **ज्ञानात्मक संवेदन** के रूप में या **संवेदनात्मक ज्ञान** के रूप में प्रस्तुत कर देता है।'' (रचावली 5, पृ. 189) उपरोक्त कथन से यह निष्कर्ष निकलता है कि **ज्ञानात्मक संवेदन** या **संवेदनात्मक ज्ञान** अभ्यन्तर वास्तविक (भाव-तत्त्व) का **विवेक-नियन्त्रित रागात्मक साक्षात्कार है**। इस साक्षात्कार के बिना न कोई बड़ा रचनाकार बन सकता है न सफल समीक्षक। मुक्तिबोध का एक अन्य महत्त्वपूर्ण प्रयोग है **अमूर्तीकरण**। इस शब्द का प्रयोग उन्होंने काव्य की रचना-प्रक्रिया के विश्लेषण-क्रम में ही किया है। उनके अनुसार जिया और भोगा जानेवाला जीवन विशिष्ट वस्तु है। जब हम काव्य में उसकी पुनर्रचना करते हैं तो 'विशेष' से 'सामान्य' की ओर जाते हैं। पुनर्रचित जीवन वास्तविक जीवन से सारत: एक होते हुए भी स्वरूपत: भिन्न होता है, विलग होता है। इस विलगीकरणकी प्रक्रिया में ही कला में एक प्रकार की **अमूर्तीकरण** या **सामान्यीकरण** की स्थिति उत्पन्न होती है। उन्हीं के शब्दों में, ''पुनर्रचित जीवन और वास्तविक जीवन के बीच जो अलगाव होता है, जो पृथक स्थिति होती है, उस अलगाव और पृथक स्थिति के कारण ही कला में एक अमूर्तीकरण और

सामान्यीकरण उत्पन्न होता है।'' (रचनावली 5, पृ. 242) 'विलगीकरण' की क्रिया द्वारा ही 'कला' अपना आत्मरूप प्राप्त करती है। वह स्वायत्त होती है। हम कह सकते हैं कि मुक्तिबोध का यह 'अमूर्तीकरण सिद्धान्त' **साधारणीकरण** के सिद्धान्त की मनोवैज्ञानिक व्याख्या है। निश्चय ही यह उनके काव्य-चिन्तन की मौलिकता का प्रमाण है।

ऊपर के समस्त विवेचन के आधार पर हम कह सकते हैं कि मुक्तिबोध का काव्य-चिन्तन किसी 'वाद' के घेरे में बँधकर नहीं रह गया है। वे मार्क्सवादी अवश्य हैं किन्तु वे व्यक्ति की सम्पूर्ण मानवीय गरिमा की स्थापना भी करना चाहते हैं। वे काव्य को एक सांस्कृतिक प्रक्रिया ही नहीं मनोवैज्ञानिक प्रक्रिया भी मानते हैं। वे अकेले मार्क्सवादी हैं जिन्होंने 'नई कविता' की एक धारा को महत्त्व दिया और उसे निम्न मध्यवर्गीय चेतना से सम्बद्ध मानकर उसकी व्याख्या की है। वे व्यक्ति स्वातन्त्र्य तथा साम्यमूलक समाज की स्थापना को एक ही सत्य के दो पहलू मानते हैं । उनकी दृष्टि में साहित्य-समीक्षा का आदर्श क्या था? यह उन्हीं के शब्दों में देखिए, ''इस पीढ़ी के संघर्षशील जीवन के स्नेह और मैत्री, बाधा और विजय, अनुत्साह और निराशा, उत्साह और विश्वास, लक्ष्य और आदर्श को जरा नजदीक से देखने पर पता चलेगा कि उसके द्वारा पैदा किए गए साहित्य की समीक्षा किस ढंग की होनी चाहिए एक ओर व्यक्ति-स्वातन्त्र्य और व्यक्तित्व की सम्पूर्ण मानवीय गरिमा की स्थापना और दूसरी ओर, सामाजिक प्रवंचनाओं तथा बाधावरोधों पर विजय की स्थिति की स्थापना, इस जिन्दगी का तकाजा है। व्यक्ति-स्वातन्त्र्य और व्यक्तित्व की सम्पूर्ण मानवीय गरिमा तथा नए साम्यमूलक शोषणविहीन मानवोचित समाज की स्थापना, एक ही सत्य के दो पहलू और दो तकाजे हैं, जो एक दूसरे पर अपनी पूर्ति के लिए, अपने विकास के लिए, अवलम्बित हैं। प्रश्न यह है कि यह सत्य जिन्दगी में किस प्रकार, किन मानसिक क्रिया-प्रतिक्रियाओं, स्थिति-प्रतिस्थितियों, आघात-प्रतिघातों द्वारा प्रकट होते हैं? इनका उद्‌घाटन करनेवाला साहित्य, इनका उद्‌घाटन करनेवाली समीक्षा, वस्तुतः महत्त्वपूर्ण साहित्य और महत्त्वपूर्ण समीक्षा होगी ।'' (रचनावली 5, पृ. 73) जाहिर है कि मुक्तिबोध ने इसी स्तर की समीक्षा प्रस्तुत करने का प्रयत्न किया है।

मार्क्सवादी समीक्षा : सन्दर्भ एवं दृष्टि (3)

(पारिभाषिक शब्दावली का साक्ष्य)

नामवर सिंह

मार्क्सवादी समीक्षा के विकास में नामवर सिंह का योगदान विशेष रूप से उल्लेखनीय है। आपकी कृति **हिन्दी के विकास में अपभ्रंश का योग** सन् 1952 में प्रकाशित हुई थी। इस कृति के अध्ययन से प्रकट है कि आपने अपभ्रंश के कवियों और हिन्दी साहित्य की आदिकालीन प्रवृत्तियों का विवेचन एक प्रगतिशील मार्क्सवादी विचारक की हैसियत से किया है। जैन कवियों द्वारा वर्णित रामकथा के सम्बन्ध में आपने लिखा है, ''इन्होंने (जैन कवियों ने) अति मानवीय प्रसंगों को बुद्धिसंगत और मानवीय रूप देने की चेष्टा की है, जैसे गंगा-उत्पत्ति, वानरों की उत्पत्ति, रावण का 'दशानन' होना आदि। इसी तरह रावण के चरित्र को जैन कवियों ने अधिक पराक्रम-युक्त दिखाया है और शूर्पणखा का चरित्र अपेक्षाकृत उज्ज्वल चित्रित किया है। यहाँ तक कि स्वयंभू ने उसका नाम 'चन्द्रनखी' दिया है।'' (हिन्दी के विकास में अपभ्रंश का योग, पृ.206) इसी प्रकार हिन्दी साहित्य के आदि काल की प्रवृत्तियों का विवेचन करते हुए आपने कहा है, ''हिन्दी साहित्य के आदिकाल में दो सपष्ट विरोधी साहित्यिक प्रवृत्तियाँ प्रचलित थीं। एक प्रवृत्ति वह थी जो क्रमश: क्षीयमाण थी दूसरी वह थी जो क्रमश: वर्धमान थी। पहली का सम्बन्ध राजस्तुति, सामन्तों के चरित-वर्णन, युद्ध-वर्णन, केलि-विलास, बहु-विवाह के लिए विजयोन्माद आदि से थी और दूसरी का सम्बन्ध नीची समझी जानेवाली जातियों के धार्मिक असन्तोष, रूढ़ि-विरोध, बाह्यडम्बर-खंडन, जाति-भेद की आलोचना, उच्चतर आधार, व्यापक भगवत्प्रेम, मानवीय आत्मगौरव आदि से था। एक का नाम तथाकथित 'वीरगाथा काव्य' है, दूसरी का तथाकथित योगधारा।'' (वही,पृ. 267) जैन कवियों द्वारा वर्णित रामकथा में अति मानवीय प्रसंगों को बुद्धिसंगत रूप देने की प्रवृत्ति और आदिकालीन हिन्दी साहित्य की क्षीयमाण और वर्धमान प्रवृत्तियों को लक्षित करके नामवर सिंह ने अपनी प्रगतिशील समीक्षा-दृष्टि का परिचय दिया है।

कहना न होगा कि इस समय प्रगतिशील आन्दोलन संकट के दौर से गुजर रहा था। 'अज्ञेय' द्वारा सम्पादित 'दूसरा सप्तक' (1951ई.) प्रकाशित हो चुका था। उन पर 'प्रयोगवादी' होने का आरोप लग चुका था। वे यह स्पष्ट कर चुके थे कि प्रयोग का कोई 'वाद' नहीं होता। प्रयोग तो सत्स के साक्षात्कार और उसकी अभिव्यक्ति का साधन है। वस्तु और शिल्प दोनों क्षेत्रों में 'प्रयोग' फलप्रद होता है। इस सन्दर्भ में उनकी 'दूसरासप्तक' की भूमिका का ऐतिहासिक महत्त्व है। इस मुद्दे पर हम 'नई समीक्षा' के विवेचन-क्रम में आगे विचार करेंगे। यहाँ हम इतना ही कहना चाहेंगे कि ऐसी परिस्थिति में साहित्य के प्रति प्रगतिशील दृष्टिकोण अपनाना और उस पर दृढ़ रहना साहस का कार्य था। सन् 1955 में आपकी **छायावाद** पुस्तक प्रकाशित हुई। इसमें 'छायावाद' के काव्य-सौन्दर्य का विवेचन करते हुए आपने प्रतिपादित किया है कि, ''यह सारा सैन्दर्य व्यक्ति की स्वाधीनता की भावना से उत्पन्न हुआ है और स्वाधीनता भी व्यक्ति के माध्यम से सम्पूर्ण समाज की स्वाधीनता की अभिव्यक्ति है।'' (छायावाद, भूमिका) 'छायावाद' के स्थायित्व का आधार स्पष्ट करते हुए आपने कहा— ''छायावाद' का स्थायित्व **उसके व्यक्तिवाद में नहीं, उसकी आत्मीयता में है, काल्पनिक उड़ान में नहीं, आत्म-प्रसार में है, समाज-भीरुता में नहीं, प्रकृति-प्रेम है, प्रकृति-पलायन में नहीं, नैसर्गिक जीवन की आकांक्षा में है, आवेगपूर्ण भावोच्छ्वास में नहीं, संवेदनशीलता में है, सौन्दर्य की कल्पना में नहीं, सौन्दर्य की भावना में है, स्वप्न में नही स्वप्न' की वास्तविक आकांक्षा में है, आज्ञात की जिज्ञासा में नहीं, ज्ञान के प्रसार में है, आदर्श में नहीं यथार्थ में है; कल्पना में नहीं वास्तविकता में है; दृष्टिकोण में नहीं दृष्टि में है, उक्ति-वैचित्र्य में नहीं, अभिव्यंजना के प्रसार में है।**'' (छायावाद, पृ. 156) 'छायावाद' के स्थायित्व और उसके आधार को स्वीकार करते हुए भी नामवर सिंह ने अनुभव किया था कि, '' इस (छायावाद काव्य में व्यक्त) काव्यगत स्वाधीनता को तत्कालीन स्वाधीनता-संग्राम के साथ मिलाकर देखने से पता चलता है कि 'छायावाद' में स्वाधीनता-संग्राम के कुछ पहलू छूट गए हैं और कहीं-कहीं छाया भी बहुत धुँधली और मूल से दूर चली गई है।'' (वही, भूमिका) कहना न होगा कि इस **'छाया' में मूल की और कल्पना में वास्तविकता की खोज नामवर सिंह की प्रगतिशील दृष्टि का ही परिणाम है**। सन् 1957 ई. में आपकी इतिहास और आलोचना पुस्तक प्रकाशित हुई। इसमें सन् 1952 का लिखा हुआ एक निबन्ध है 'इतिहास का नया दृष्टिकोण' अर्थात् 'ऐतिहासिक भौतिकवादी दृष्टिकोण।' इस दृष्टिकोण की विशेषता है—'इतिहास के अध्ययन

के लिए द्वन्द्वात्मक प्रणाली का प्रयोग।' इस प्रणाली की विशेषताओं को निर्दिष्ट करते हुए नामवर सिंह ने लिखा है—'' द्वन्द्वात्मक प्रणाली की पहली विशेषता है किसी वस्तु, व्यक्ति, घटना या विचार को अन्य वस्तुओं, व्यक्तियों, घटनाओं और विचारों के अविभाज्य प्रसंग में देखना।'' दूसरी विशेषता है, ''वस्तुओं, व्यक्तियों, घटनाओं और विचारों को गतिशील, परिवर्तनशील और क्रमबद्ध रूप में देखना।'' तीसरी विशेषता है, ''विकास-क्रम को ऊर्ध्वोन्मुख और अग्रसर रूप में देखना।'' चौथी विशेषता है—''वस्तुओं, व्यक्तियों, घटनाओं और विचारों में असंगति अथवा अन्तर्विरोध को पहचानना।'' (इतिहास और आलोचना, पृ. 140-42) नामवर सिंह ने इतिहास की इसी द्वन्द्वात्मक प्रणाली के आधार पर हिन्दी साहित्य के इतिहास के इतिहास-ग्रन्थों की संक्षिप्त समीक्षा भी की है। उन्होंने आचार्य शुक्ल के इतिहास की कमजोरियों को लक्षित करते हुए कहा है कि **इसमें हिन्दी साहित्य को पूर्ववर्ती साहित्य और अन्य भारतीय भाषाओं के समसामयिक साहित्य से विच्छिन्न करके देखा गया है और वस्तुओं, व्यक्तियों, घटनाओं एवं विचारों में असंगति अथवा अन्तर्विरोध को नहीं पहचाना गया है।** उन्होंने स्पष्ट किया है कि भाववादी दृष्टि से इतिहास की सही व्याख्या नहीं की जा सकती। इसी पुस्तक में एक निबन्ध **कलात्मक सौन्दर्य का आधार** है। यह निबन्ध 1953 में लिखा गया है। इसमें प्रयोगवादी कविता के सम्बन्ध में नामवर सिंह ने कहा है, ''प्रयोगों में सारा नया रूप-विधान, नए रागात्मक सम्बन्धों के नाम पर केवल समाज-निरपेक्ष मध्यवर्गीय व्यक्ति की मानसिक बीमारियों का सहानुभूतिपूर्ण और मोहक अलंकरण है।'' (इतिहास और आलोचना, पृ. 20) उन्होंने काव्य में विषय-वस्तु को महत्त्व देने पर बल दिया है और कहा है, ''साहित्य में विषय-वस्तु पर बल देने का अर्थ है यथार्थजगत के सत्य का पूर्ण और गहरा ज्ञान। जो लोग व्यक्ति-स्वातन्त्र्य का नारा देते हैं उनकी चर्चा करते हुए नामवर सिंह कहते हैं कि सामूहिक स्वातन्त्र्य में ही सच्चा व्यक्ति-स्वातन्त्र्य है, इस सत्य को वे नहीं समझ पाते।'' (वही, पृ. 25) ऐसे साहित्यकारों का **मानवतावाद** भी अमूर्त होता है क्योंकि जनता की यथार्थ शक्ति से उनका परिचय नहीं होता। इस पूरे निबन्ध में नामवर सिंह ने **व्यक्तिवाद** का निषेध किया है और **सामाजिक यथार्थ** के चित्रण पर बल दिया है। सन् 1962 ई. के आसपास नामवर सिंह की **आधुनिक साहित्य की प्रवृत्तियाँ** पुस्तक प्रकाशित हुई। इसमें आधुनिक हिन्दी साहित्य की चार प्रमुख प्रवृत्तियों 'छायावाद', 'रहस्यवाद', 'प्रगतिवाद' और 'प्रयोगवाद' का विवेचन किया गया है। **छायावाद** के सम्बन्ध में नामवर सिंह के विचारों का अनुशीलन हम उनकी स्वतन्त्र पुस्तक

के आधार पर कर चुके हैं अत: यहाँ **रहस्यवाद, प्रगतिवाद और प्रयोगवाद** के सम्बन्ध में उनके विचारों की व्याख्या ही अभीष्ट है। 'रहस्यवाद' सम्बन्धी विवेचन की सबसे बड़ी विशेषता यह है कि इसमें नामवर सिंह ने पहली बार मध्ययुगीन सन्तों के **रहस्यवाद** और यूरोपीय **प्रगतिवादी रहस्यवाद** से हिन्दी के आधुनिक रहस्यवाद की भिन्नता इनके सामाजिक आधार को दृष्टि में रखकर प्रतिपादित की है। आपने स्पष्ट किया है, ''**मध्ययुगीन सन्तों का 'रहस्यवाद' प्राय: जाति-प्रथा, ऊँच-नीच के विचार, पुरोहितों के अत्याचार एवं सामन्ती शेषण के विरुद्ध विद्रोह से जुड़ी है।**'' (आधुनिक साहित्य की प्रवृत्तियाँ, पृ. 68) 'आधुनिक यूरोप का रहस्यवाद' **पूँजीवादी सन्ध्या के हताश मध्यवर्ग की यथार्थभीरु प्रतिक्रियावादी विचारधारा से पोषित है।** (वही, पृ. 68) जबकि भारत के दूसरे दशक का रहस्यवाद, ''**अपनी स्वाधीनता के लिए लड़नेवाले मध्यवर्गीय बुद्धिजीवियों की जीवन-दृष्टि का अंग है।**'' (वही, पृ. 68) जाहिर है कि नामवर सिंह का यह विश्लेषण उनकी प्रगतिशील साहित्य-दृष्टि का ही परिणाम है। **प्रगतिवाद** पर विचार करते हुए उन्होंने कहा कि, ''प्रगतिवाद' और 'प्रगतिशील साहित्य' में भेद करना उचित नहीं है। 'प्रगतिवाद' का उद्भव और विकास अपनी ही सामाजिक और साहित्यिक परिस्थितियों में हुआ है।'' **प्रगतिशील साहित्य** की व्याख्या करते हुए आपने कहा—''प्रगतिशील साहित्य' कोई स्थिर मतवाद नहीं है, बल्कि यह एक निरन्तर विकासशील साहित्य-धारा है, जिसके लेखकों का विश्वास है कि **प्रगतिशील साहित्य लेखक की स्वयंभू अन्त:प्रेरणा से उद्भूत नहीं होता, बल्कि सामाजिक और सांस्कृतिक विकास के क्रम में वह भी परिवर्तित और विकसित होता रहता है और उसके सिद्धान्त उत्तरोत्तर स्पष्ट तथा अधिक पूर्ण होते चलते हैं।**'' (आधुनिक साहित्य की प्रवृत्तियाँ, पृ. 76) आपने लक्षित किया है कि, 'प्रगतिवाद' के इन बीस वर्षों का इतिहास साहित्य में स्वस्थ सामाजिकता, व्यापक भावभूमि और उच्च विचार के निरन्तर विकास का इतिहास है, जो **राजनीतिक जागरण से आरम्भ होकर क्रमश: जीवन की व्यापक समस्याओं की ओर, आदर्शवाद से** आरम्भ होकर क्रमश: **यथार्थ** की ओर, और **यथार्थवाद-नग्न यथार्थवाद** से आरम्भ होकर क्रमश: **स्वस्थ सामाजिक यथार्थ** की ओर अग्रसर होता जा रहा है।'' (वही, पृ. 76) **प्रयोगवाद** के सम्बन्ध में आपने अपना दो-टूक निर्णय देते हुए कहा कि **चरम व्यक्तिवाद ही प्रयोगवाद का केन्द्र- बिन्दु है।** उसके 15 वर्षों के इतिहास का हवाला देते हुए उन्होंने कहा, ''प्रयोगवाद के 15 वर्षों का इतिहास 'व्यक्तिवाद' के दो सीमान्तों के बीच फैला हुआ है। इनमें

से एक सीमान्त है—मध्यवर्गीय परिवेश के प्रति मध्यवर्गीय कवि का वैयक्तिक असन्तोष और दूसरा सीमान्त है—जन-जागरण से डरे हुए कवि की आत्मरक्षा की भावना। कुल मिलाकर यह चरम व्यक्तिवाद ही 'प्रयोगवाद' का केन्द्र-बिन्दु है और विभिन्न राजनीतिक, नैतिक, सामाजिक मान्यताओं के रूप में यह संकीर्ण व्यक्तिवाद अपने को व्यक्त करता रहता है।'' (वही, पृ. 121) 'प्रयोगवाद' में शामिल कवियों में नेमिचन्द्र जैन, मुक्तिबोध और भारतभूषण की विशेषताओं को निर्दिष्ट करते हुए आपने कहा, ''अज्ञेय की तरह इन कवियों में भी घोर असन्तोष था किन्तु अज्ञेय के विपरीत इन कवियों में अपनी मुक्ति के लिए नवीन जन-आन्दोलन से तादात्म्य स्थापित करने की आकांक्षा भी थी। इसीलिए इन कवियों में अज्ञेय के असन्तोष से थोड़ा भिन्न एक नए ढंग की 'कशमकश' दिखाई पड़ती है। यह 'कशमकश' है संस्कार और विवेक की, आत्मस्थ होने की चाह की—असमर्थता को विवेक द्वारा चीर डालने की कशमकश। नेमि और मुक्तिबोध में यह कशमकश अधिक तीव्र तथा मार्मिक है और इन **दोनों कवियों में भी 'मुक्तिबोध' में 'सक्रिय जीवन-शक्ति' और अधिक है।**'' (वही, पृ. 128) 'प्रयोगवाद' के विकास-क्रम में थोड़ा बाद में आनेवाले दो कवियों 'शमशेर' और 'रघुवीरसहाय' में भी नामवर सिंह ने 'नेमि' और 'मुक्तिबोध' वाला अन्तर्द्वन्द्व लक्षित किया किन्तु दोनों में सूक्ष्म भेद यह बताया कि रघुवीरसहाय में यह अन्तर्द्वन्द्व मर्मस्पर्शी दर्द और शक्ति अर्जित करने की वास्तविक आकांक्षा के रूप में व्यक्त होता है जबकि शमशेर में यह स्पष्टत: विभाजित दो व्यक्तियों के रूप में स्थायी बन गया है जिसमें अपने-अपने ढंग से **जनवादी** और **वैयक्तिक** दो प्रकार की भावनाएँ कविता का रूप ले लिया करती हैं—निस्सन्देह एक कोरे कर्तव्य-पालन के रूप में और दूसरी अनुभूतिप्रवण के रूप में।'' (वही, पृ. 128) यहाँ इतना लम्बा उद्धरण देने की आवश्यकता इसलिए हुई कि डॉ. रामविलास शर्मा ने भी 'मुक्तिबोध' और शमशेर की कशमकश का उल्लेख किया है। उनके अनुसार मुक्तिबोध के भीतरी तनाव का कारण, ''**उन पर अनेक भाववादी विचारों का प्रभाव** और 'शमशेर' की उलझन का कारण '**रीतिवादी रूमानी सौन्दर्यबोध और मार्क्सवादी विवेक की संगति का न बैठ पाना है।**'' कुछ भी हो, 'प्रयोगवाद' के मूल में 'चरमव्यक्तिवाद' की सत्ता स्वीकार करते हुए भी नामवर सिंह उसका एक विधेयात्मक पक्ष स्वीकार करते हैं। वे कहते हैं, ''कुल मिलाकर प्रयोगवादी कविताएँ ह्रासोन्मुख, मध्यवर्गीय जीवन का यथार्थ-चित्र हैं। इनमें मध्यवर्गीय हीनता, दीनता, अनास्था, कटुता, अन्तर्मुखता, पलायन आदि का मार्मिक चित्रण हुआ है।'' (वही, पृ. 150) यह दूसरी बात है कि इन

परिस्थितियों से निकलने का रास्ता न तो उन्हें (प्रयोगवादी कवियों) स्वयं मालूम है और न ये दूसरों को ही बतला सकते हैं। (वही, पृ. 151)

नामवर सिंह 'नई कहानी' के भी मर्मी समीक्षक हैं। उनकी **कहानी नई कहानी** पुस्तक में 1957 से 65 ई. के बीच लिखे गए कहानी-समीक्षा सम्बन्धी निबन्ध संगृहीत हैं। इन निबन्धों के माध्यम से नामवर सिंह ने एक व्यापक समीक्षा-पद्धति (ऐसी पद्धति जो कविता से इतर कथा-नाटक आदि साहित्य-रूपों का विधिवत विश्लेषण कर सके) विकसित की है। इस पुस्तक में स्वतन्त्रता-प्राप्ति के बाद उभरनेवाली प्रथम दौर की कहानियों और सन् 1959-60 के आसपास उभरनेवाली दूसरे दौर की कहानियों की समीक्षा विशेष रूप से हमारा ध्यान आकृष्ट करती है। नामवर सिंह ने इन दोनों दौर की कहानियों के **भावबोध** और **संवेदना** का अन्तर परिवर्तित-सामाजिक सन्दर्भ के परिप्रेक्ष्य में लक्षित और विश्लेषित किया है। नए कहानीकारों के सम्बन्ध में यह टिप्पणी आपकी प्रगतिशील समीक्षा-दृष्टि का परिचायक है। आपने कहा है—"चूँकि नए कहानीकार किसी पूर्वनिर्धारित जीवन-दर्शन द्वारा निर्दिष्ट 'सामाजिक दायित्व' के निर्वाह के खतरे से सशंकित हैं, इसलिए वे अपने अनुभवों के ही आधार पर रचना में सामाजिकता को व्यक्त करने की कोशिश करते रहे हैं। इस दृष्टि से यह तो सत्य है कि प्रगतिवादी दौर की तरह इन कहानियों में सर्वहारा के चित्र नहीं हैं और न वैसी प्रखर वर्ग-चेतना ही है किन्तु व्यापक रूप से आज के उपेक्षितों और कल के उपेक्षितों के साथ आत्मीय लगाव अवश्य है। किसी लेखक में कम तो किसी में ज्यादा। चूँकि ज्यादातर लेखक शहरी और गाँवों के निम्न मध्यमवर्ग की उपज हैं और हर लेखक का जोर साहित्य-रचना में निजी अनुभव पर है, इसलिए रचनाओं की विषय-वस्तु के साथ ही दृष्टिकोण का भी निम्न मध्यवर्गीय सामाजिक स्थिति की सीमा में सीमित हो जाना अनिवार्य है। वैसे, आज समाज में इस वर्ग की जो स्थिति और ऐतिहासिक भूमिका है, उसको देखते हुए इस वर्ग का सचेत लेखक प्रखर **आलोचनात्मक यथार्थ** साहित्य की सृष्टि कर सकता है। कहना न होगा कि 'नई कहानी' को परम्परा में सामाजिक आलोचना का यह स्वर काफी प्रबल रहा है।" (कहानी : नई कहानी, पृ. 224) उपरोक्त समीक्षात्मक टिप्पणी में **रचना में सामाजिकता को व्यक्त करने की कोशिश, उपेक्षितों के साथ आत्मीय लगाव,** तथा **प्रखर आलोचनात्मक यथार्थ** की सृष्टि की सम्भावना को लक्षित और संकेतित करके नामवर सिंह ने अपनी यथार्थोन्मुखी दृष्टि का परिचय दिया है। सितम्बर, सन् 1964 ई. में नामवर सिंह ने मुक्तिबोध की महत्त्वपूर्ण कृति **एक साहित्यिक की डायरी** की समीक्षा की। यह समीक्षा

विवेचना (संकलन) में प्रकाशित हुई और अब **वाद विवाद संवाद** में संगृहीत है। इस समीक्षा में नामवर सिंह ने यह स्थापित किया है कि, "**डायरी की सबसे बड़ी उपलब्धि एक विलक्षण कवि-व्यक्तित्व है जो अन्ततः पूरी डायरी से उभरकर सामने आता है।**" (विवेचना संकलन, पृ. 117) इस डायरी में उभरनेवाले विलक्षण कवि-व्यक्तित्व की बगल में 'अज्ञेय' के 'आत्मनेपद' में उभरनेवाले कवि-व्यक्तित्व को रखकर नामवर सिंह ने मुक्तिबोध के काव्य-वैशिष्ट्य को उजागर किया है। वे कहते हैं, "अज्ञेय के 'आत्मनेपद' के बहुत कुछ एक शब्द-साधक एस्थीट अथवा सौन्दर्य-जीवी का रूप सामने आता है जो एक दायरे में जीवन से पूरी तरह संसक्त होते हुए भी अपने रचना-जगत में सर्वथा निःसंग है : अमानुषिकता की हद को छूनेवाली कलात्मक निःसंगता। इसके विपरीत मुक्तिबोध की डायरी से उभरनेवाला कवि-व्यक्तित्व सामाजिक स्तर पर एक नितान्त सामान्य निम्न मध्यवर्गीय पारिवारिक प्राणी है जिसके लिए कविता अलग से किसी साधना की चीज नहीं, बल्कि जीने की जटिल क्रिया का ही एक सहज अंग है, जो समाज से लड़ते हुए भी उसकी सहकारिता को सबल के रूप में स्वीकार करता है। जितना कष्टप्रद इसका अस्तित्व-संघर्ष है उतना ही कष्टप्रद सर्जन-संघर्ष, और जो अपनी निजी पीड़ा को व्यापक मानवीय पीड़ा से अर्थपूर्ण बनाता चलता है।" (वही, पृ. 118) अपनी तुलना को निर्णयात्मक स्वर देते हुए नामवर सिंह कहते हैं, "**कुल मिलाकर मानवीय नितान्त मानवीय मुक्तिबोध ने डायरी में जिस प्रकार समकालीन साहित्य में प्रचलित 'एस्थीट' के विशिष्ट और अद्वितीय व्यक्तित्व पर प्रहार किया है, उससे साफ मालूम हो जाता है कि वे एक स्थापित कवि-प्रतिभा के स्थान पर साहित्य में एक नए कवि-व्यक्तित्व की प्रतिष्ठा करने के लिए कितने व्याकुल हैं।**" (वही, पृ. 11९) 1968 ई. में नामवर सिंह की प्रसिद्ध कृति **कविता के नए प्रतिमान** प्रकाशित हुई। इसकी भूमिका में नामवर सिंह ने लिखा है, "यह तथ्य अनदेखा नहीं किया जा सकता कि 'कविता के नए प्रतिमान' के केन्द्र में 'मुक्तिबोध' हैं। इसी क्रम में उन्होंने यह भी कहा कि, "**नई कविता में मुक्तिबोध की स्थिति वही है जो 'छायावाद' में 'निराला' की थी।**" वस्तुतः नामवर सिंह ने जब 'मुक्तिबोध' की रचना 'एक साहित्यिक की डायरी' की समीक्षा की थी तभी उन्हें स्पष्ट हो गया था कि जो 'नई कविता' निम्न मध्यवर्ग के जीवन-संघर्ष को यथार्थ के धरातल पर व्यक्त करती है उसके केन्द्र में 'अज्ञेय' नहीं 'मुक्तिबोध' हैं। **कविता के नए प्रतिमान** में उन्होने अपनी इस पूर्व मान्यता को नए प्रतिमानों की मीमांसा के रूप में स्थापित किया। पुस्तक में दो खंड हैं। स्वयं

लेखक के साक्ष्य पर कहा जा सकता है कि **प्रथम खंड** में विशेषत: 'तारसप्तक', 'कामायनी', 'उर्वशी' आदि कृतियों और सामान्यत: छायावादोत्तर कविता की उपलब्धियों को लेकर पिछले दो दशकों (1948-68 ई. तक) में जो विवाद हुए हैं उनमें टकरानेवाले मूल्यों की पड़ताल की गई है, और इसी प्रसंग में नए दावे के साथ प्रस्तुत 'रस-सिद्धान्त' की प्रसंगानुकूलता पर भी विचार किया गया है। **दूसरे खंड** में 'कविता के नए प्रतिमान' के नाम पर प्रस्तुत **अनुभूति की प्रामाणिकता, ईमानदारी, जटिलता, द्वन्द्व, तनाव, विसंगति, विडम्बना, सर्जनात्मक भाषा, बिम्बात्मकता, सपाटबयानी, फैंटेसी, नाटकीयता** आदि आलोचनात्मक पदों की सार्थकता का परीक्षण किया गया है। सबसे पहले **अनुभूति की प्रामाणिकता** और **ईमानदारी** को लें। अनुभूति की सच्चाई का प्रश्न पहले भी उठाया गया था। आचार्य शुक्ल ने स्वयं छायावादी कवियों की रहस्यानुभूति की सच्चाई पर सन्देह किया था। अनुभूति की सच्चाई कविता की श्रेष्ठता की द्योतक पहले भी मानी जाती थी। 'नई कविता' के सन्दर्भ में जब नामवर सिंह ने इसे एक प्रतिमान के रूप में प्रस्तुत किया तो उन्होंने मुक्तिबोध के कथन का सहारा लिया। मुक्तिबोध ने कहा था, ''व्यक्तिगत ईमानदारी वहाँ लक्षित होगी जहाँ वस्तु का वस्तुमूलक आकलन करते हुए लेखक इस आकलन के आधार पर वस्तु-तत्त्व के प्रति सही-सही मानसिक प्रतिक्रिया करे। यदि वह ऐसा नहीं करता तो उसकी प्रतिक्रिया में सत्यत्व का आविर्भाव नहीं होगा।'' इस उद्धरण के बाद नामवर सिंह की टिप्पणी है, ''इस प्रकार मुक्तिबोध ने ईमानदारी को आत्मनिष्ठता के दलदल से निकालकर वस्तुनिष्ठता की ठोस भूमि पर प्रतिष्ठित किया और ईमानदारी में 'सत्यता' के प्रश्न को जोड़कर मूल्यांकन के लिए एक वस्तुनिष्ठ वैज्ञानिक औजार प्रदान किया।'' (कविता के नए प्रतिमान, पृ. 201-202) **अनुभूति की जटिलता और तनाव** के प्रतिमान के सामाजिक-सन्दर्भ की ओर संकेत करते हुए नामवर सिंह कहते हैं—''ऐतिहासिक सन्दर्भ को देखते हुए भी कविता में आज द्वन्द्व और संघर्ष के मूल्य पर जोर देना अप्रासंगिक नहीं है। आज संघर्ष से घबड़ानेवाले वही होंगे, जो सत्ताधारी वर्ग के साथ यह सोचते हैं कि स्वाधीनता-प्राप्ति के बाद जीवन में सारे संघर्षों का अन्त हो गया।'' (वही, पृ. 192) तात्पर्य यह कि नई कविता में जो **अनुभूति की जटिलता** और **तनाव** है उसका कारण रचनाकारों की संघर्ष-चेतना और रचना की संघर्षमूलता है। यहाँ भी नामवर सिंह को मुक्तिबोध याद आते हैं और वे 'नई कविता के आत्मसंघर्ष' से उनका यह कथन उद्धृत करते हैं, ''काव्य या तो बाह्य जीवन-जगत के साथ सामंजस्य में या उसके अनुकूल उपस्थित होता है अथवा उसके

साथ द्वन्द्व रूप में प्रस्तुत होता है अथवा काव्य-प्रवृत्ति एक स्तर या क्षेत्र में सामंजस्य और दूसरे स्तर या क्षेत्र में द्वन्द्व को लेकर प्रस्तुत होती है। संक्षेप में, अभ्यन्तर या बाह्यीकरण; विश्वव्यापी सामंजस्य या द्वन्द्व अथवा दोनों के भिन्न रूप में उपस्थित होता है। आज की कविता में उक्त सामंजस्य से अधिक **द्वन्द्व** ही है। इसलिए उसके भीतर **तनाव** या **घिराव** का वातावरण है।'' (कविता के नए प्रतिमान, पृ.192) नई कविता, के सन्दर्भ में बहुचर्चित प्रतिमान **विसंगति और विडम्बना** के सूत्रों को पूर्ववर्ती काव्य-परम्परा से जोड़ते हुए नामवर सिंह उसकी स्थिति **'निराला' के शोक-गीत 'सरोजस्मृति', और लम्बी व्यंग्य रचना 'कुकुरमुत्ता' में लक्षित करते हैं और उसके बाद रामविलास शर्मा की कविता 'सत्यं शिवं सुन्दरम्', भवानीप्रसाद मिश्र की कविता 'गीतफरोश', रघुवीर सहाय के कविता-संग्रह 'आत्महत्या के विरुद्ध' तथा श्रीकान्त वर्मा, प्रभाकर माचवे, कुँवरनारायण, लक्ष्मीकान्त वर्मा, 'भारती' और 'धूमिल' आदि सभी कवियों में उसकी पूरी परम्परा की विस्तार से चर्चा करते हुए अन्त में मुक्तिबोध पर आते हैं और कहते हैं,** ''मुक्तिबोध की **चम्बल की घाटी में,** और **अँधेरे में** जैसी भयावह त्रासदीय रंग की नाटकीय कविताओं के अन्तर्गत काले बादलों को चीरकर बिजली की कौंध के समान हलके-फुलके संक्षिप्त प्रसंग झलक जाते हैं, जिनसे विडम्बना के सर्जनात्मक उपयोग का गहरा एहसास होता है।'' (वही, पृ. 174) **विसंगति** और **विडम्बना** को कविता के प्रतिमान के रूप में महत्त्व न मिलने का कारण नामवर सिंह की दृष्टि में यह है कि, ''एक तो ये कविताएँ रोमानी सुरुचि के आलोचकों के लिए ज्यादा तेज पड़ती हैं, दूसरे इन कविताओं में एक प्रकार की आक्रामकता है।'' इस आक्रामकता को नामवर सिंह साहित्येतर मानते हैं और कहते हैं, 'कविता के प्रतिमान' में अब तक यदि इस **क्रीड़ा-भाव से उत्पन्न होनेवाली विडम्बना** को उचित स्थान नहीं मिला, तो साहित्यिक कारणों के अतिरिक्त एक साहित्येतर कारण भी है और वह है इन कविताओं की आक्रमण-क्षमता का भय।'' (वही, पृ. 174) प्रगतिशील नई कविता में 'भाषा' को मात्र माध्यम न मानकर कवि की **बोध-शक्ति का प्रमाण माना गया**। इसलिए **काव्यभाषा** को विशेष महत्त्व प्राप्त हुआ और भाषिक-विश्लेषण पर बल दिया जाने लगा। **काव्यभाषा** कवि की सर्जनात्मक क्षमता का प्रतिमान बन गई। नामवर सिंह ने भी काव्यभाषा के प्रतिमान को महत्त्व देते हुए उस पर गम्भीरता से विचार किया किन्तु यहाँ भी वे मात्र भाषिक-विश्लेषण तक ही नहीं रुक गए, उनके अनुसार, ''**शब्द-प्रयोग की सार्थकता सन्देह से परे है किन्तु उसके साथ अनुभव-खंड या जीवन**

की वास्तविकता भी सम्पृक्त है।'' यदि कथ्य की उपेक्षा करके कथन तक ही अपने को सीमित कर लिया गया तो सारे विवेचन के रूपवादी हो जाने का खतरा है। वे कहते हैं—''कथ्य को कथन के रूप में नि:शेष कर देने में, नि:सन्देह आलोचना के अन्तर्गत रूपवादी रुझान का खतरा है क्योंकि **कुछ आलोचक कथन की भाषागत विशेषताओं के विश्लेषण को ही समूची काव्य-कृति का विश्लेषण समझने की भूल कर सकते हैं**। किन्तु जो जागरूक समीक्षक शब्द के गिर्द बननेवाले समस्त अर्थवृत्तों तक फैलते जाने का विश्वासी है वह सन्दर्भ के अनुसार शब्द में निहित सभी अर्थापत्तियों को पकड़कर काव्यभाषा के आधार पर ही काव्य का पूर्ण मूल्यांकन कर सकता है, जिसमें उसका नैतिक मूल्यांकन निहित है।'' (कविता के नए प्रतिमान, पृ. 115-16) जहाँ तक **बिम्ब** और **प्रतीक** का सम्बन्ध है नामवर सिंह इन्हें प्रतिमान के स्तर पर विशेष महत्त्व नहीं देते। नई कविता के दौर में **काव्य-बिम्ब** के प्रचलन की ऐतिहासिक पृष्ठभूमि प्रस्तुत करते हुए उन्होंने बताया कि 'छायावाद' के अन्त में **जब कविता भाव से विचार की ओर और कल्पना से वास्तविकता की ओर मुड़ी तो कविता में वक्तव्य देने की बाढ़ आ गई**। इसके बाद **नई कविता** में जब **लघुमानव** और **क्षण** के दर्शन के सहारे **नए मानव** और **नए मूल्यों** की प्रतिष्ठा का प्रयत्न किया जाने लगा तो फिर वक्तव्यवादी कविताओं की बाढ़ आई। इसी ऐतिहासिक पृष्ठभूमि में **तीसरे सप्तक** के कवि केदारनाथ सिंह ने घोषित किया कि कविता में मैं, ''**सबसे अधिक ध्यान देता हूँ बिम्ब-विधान पर। बिम्ब-विधान का सम्बन्ध जितना काव्य की विषय-वस्तु से होता है, उतना ही उसके रूप से भी। विषय को वह मूर्त और ग्राह्य बनाता है, रूप को संक्षिप्त और दीप्त।**'' (वही, पृ. 124) इस प्रकार 'नई कविता' में **बिम्ब** आया तो एक ऐतिहासिक आवश्यकता की पूर्ति के लिए, ''किन्तु आगे चलकर **सायास बिम्ब-योजना** का परिणाम यह हुआ कि आलोचकों का ध्यान **समूची कविता पर न जाकर कुछ चमकते हुए बिम्बों पर ही केन्द्रित हो गया।**'' (वही, पृ. 127) अंग्रेजी साहित्य का हवाला देते हुए नामवर सिंह कहते हैं, ''अंग्रेजी साहित्य में इधर बिम्ब-विधान के विरुद्ध इतनी गहरी प्रतिक्रिया हुई कि अब इस आलोचना की भाषा से निकाल देने का प्रस्ताव किया जा रहा है।'' (वही, पृ. 138) अपने पूरे विवेचन का निष्कर्ष प्रस्तुत करते हुए वे कहते हैं, ''निष्कर्ष यह कि कविता बिम्ब का पर्याय नहीं है सामान्यत: जिसे **बिम्ब** कहा जाता है उसके बिना भी कविताएँ लिखी गई हैं और वे बिम्बधर्मी कविताओं से किसी भी तरह कम अच्छी नहीं कही जा सकतीं।'' (वही, पृ. 139) बिम्बों पर

अधिक बल देने से बोल-चाल की सहज लय खंडित हुई है, क्रियाएँ उपेक्षित हुई हैं, विशेषणों का भार अनावश्यक रूप से बढ़ा है और काव्य कथ्य की ताकत कम हुई है। नामवर सिंह यह मानते हैं कि, ''इन कमजोरियों को दूर करने के लिए कविता में तथाकथित **सपाटबयानी** अपनाई जा रही है।'' (वही, पृ. 139) नामवर सिंह ने 'नई कविता' की संरचना पर भी विचार किया है। उनके अनुसार 'नई कविता' की संरचना दो प्रकार की है। **प्रगीतात्मक** और **नाटकीय**। नई कविता के मूल्यांकन-क्रम में लम्बी नाटकीय कविताएँ उपेक्षित रह गई हैं। प्रगीतात्मक कविताओं की संरचना भी कई तरह की हैं। 'निराला' के 'प्रगीतों' का विन्यास अखंड है। उनकी कला समग्रता में है। महादेवी के गीतों में 'तार्किक अन्विति' पर विशेष बल दिया गया है। पन्त के प्रगीतों में खंड-चित्र हैं। 'नई कविता' की संरचना स्फटिक या क्रिस्टल जैसी ठोस और घनी है। 'लम्बी कविता' भी प्रगीतात्मक हो सकती है। 'अज्ञेय' की 'असाध्यवीणा' आकार में लम्बी होने पर भी 'भावबोध' के स्तर पर अनुचिन्तनात्मक है और उसकी संरचना भी वर्तुलाकार है।'' (वही, पृ. 151) प्रगीतात्मक कविताओं से भिन्न मुक्तिबोध को लम्बी कविता **अँधेरे में नाटकीय एकालाप** है। इसकी पटभूमि विशाल है। यह स्वप्न-चित्रों की एक लड़ी है। इसमें फैंटेसी-शिल्प का प्रयोग किया गया है। कुल मिलाकर इस कविता का संसार एक साथ ही **दहशत-भरा और उम्मीद-भरा दोनों ही है**। यह फैंटेसी का दुहरा प्रयोग है। **कवि ने यथार्थ पर अँधेरे की एक चादर डालकर उसके अन्दर से एक जीती-जागती स्पष्ट गोचर दुनिया को उभारकर रख दिया है जो यथार्थ से भी अधिक यथार्थ मालूम होती है**।'' वही, पृ. 159) इसी क्रम में नामवर सिंह ने फैंटेसी के शिल्प पर भी विचार किया है। **फैंटेसी** प्रयोग से कथा चित्रात्मक और सघन हो जाती है। साथ ही देश और काल की दृष्टि से असम्बद्ध वस्तुओं को भी एक साथ एकत्र रखा जा सकता है। नामवर सिंह यह मानते हैं कि '**फैंटेसी**' का शिल्प अयथार्थवादी है किन्तु वे मानते हैं कि भाववादी शिल्प के अन्तर्गत भी जीवन को समझने की दृष्टि यथार्थवादी हो सकती है।'' यहाँ भी वे मुक्तिबोध का ही आधार लेते हैं। 'कामायनी : एक पुनर्विचार' में मुक्तिबोध ने कहा है, ''यथार्थवादी शिल्प और यथार्थवादी दृष्टिकोण में अन्तर है। यह बहुत ही सम्भव है कि यथार्थवादी शिल्प के विपरीत, जो भाववादी शिल्प है उस शिल्प के अन्तर्गत जीवन को समझने की दृष्टि यथार्थवादी रही हो।'' (वही, पृ. 240) नामवर सिंह द्वारा स्थापित इन प्रतिमानों के सन्दर्भ में एक विशेष ध्यान देनेवाली बात यह है कि मुक्तिबोध को केन्द्र में रखते हुए भी उन्होंने इनके सूत्र को पूर्ववर्ती काव्य में लक्षित किया है।

इनके आधार पर अन्य कवियों की रचनाओं की समीक्षा की है और इन्हें समसामयिक राजनीतिक सन्दर्भ से जोड़ने की कोशिश भी की है। इस समीक्षा-क्रम में उनका ध्यान निरन्तर कलात्मक उपादानों के माध्यम से जीवन-यथार्थ को उद्घाटित करने पर केन्द्रित रहा है। **रस** की प्रासंगिकता के सम्बन्ध में नामवर सिंह यह मानते हैं कि रस का निर्णय **अर्थ-मीमांसा** पर निर्भर करता है। अर्थगत मतभेद के कारण छन्द-विशेष के रस-निर्णय में मतभेद दिखाई पड़ता है। आचार्य शुक्ल ने रस के प्रतिमान को महत्त्व देते हुए अर्थ-मीमांसा पर भी बल दिया था। डॉ. नगेन्द्र के 'रस-सिद्धान्त' नामक प्रसिद्ध ग्रन्थ की ओर संकेत करते हुए वे कहते हैं, ''यह आकस्मिक नहीं है कि जिस 'रस-सिद्धान्त' नामक ग्रन्थ में रस को शाश्वत एवं सार्वभौम काव्य-सिद्धान्त बनाने के लिए जैसे आकाश-पाताल एक कर दिया गया है उसी में सम्पूर्ण अर्थ-मीमांसा तो दर किनार **ध्वनि** पर भी एक अध्याय नहीं है। सभी जानते हैं कि संस्कृत काव्यशास्त्र में अन्तिम रूप से रस की प्रतिष्ठा, 'रसध्वनि' के रूप में हुई है, इसलिए ध्वनि के बिना रस की स्थापना निराधार है।'' (वही, पृ. 47) जिस समय नामवर सिंह की यह उस समय इसको दृष्टि में रखकर नामवर सिंह की समीक्षा में **रूपवादी प्रवृत्ति के बढ़ते हुए प्रभाव की शिकायत की गई थी।** 1974 ई. में नामवर सिंह ने अपनी पुस्तक के दूसरे संस्करण में इसका जवाब देते हुए कहा, ''जो मार्क्सवादी आलोचना के विकास के लिए प्रयत्नशील हैं वे जानते हैं कि अंग्रेजी 'नई समीक्षा' को 'साम्राज्यवादी साजिश' या 'पतनशील' पाश्चात्य प्रवृत्ति कहकर टाला नहीं जा सकता।'' (द्वितीय संस्करण, भूमिका, पृ. 11) नामवर सिंह का पक्ष यह है कि मार्क्सवादी समीक्षा को अधिक संगत, प्रभावी और पूर्ण बनाने के लिए अंग्रेजी 'नई समीक्षा' की रूप-तत्त्व पद्धति को स्वीकार करने में कोई हानि नहीं है। अंग्रेजी के मार्क्सवादी समीक्षक आर्नाल्ड केटल ने भी नए समीक्षक डॉ. एफ. आर. लीविस का ऋण स्वीकार किया है। इधर (22,23 अप्रैल, 1989 को) इलाहाबाद विश्वविद्यालय के हिन्दी-विभाग द्वारा आयोजित 'निराला व्याख्यानमाला' के अन्तर्गत 'कविता के नए प्रतिमान : पुनर्विचार' विषय पर अपना वक्तव्य देते हुए नामवर सिंह ने अपनी पूर्व स्थापनाओं में संशोधन किया है। उनका कहना है, ''नई कविता के चलते यह आम धारणा बनी कि बड़ा कवि वह है, सार्थक और महत्त्वपूर्ण कवि वह है, जो 'आइडियालॉजिकल' नहीं है। **विचारधारा** कविता की दुश्मन है। **अनुभूति की प्रामाणिकता** की मुख्य आधारशिला यही थी कि कविता में विचारधारा महत्त्वपूर्ण नहीं है। महत्त्वपूर्ण है—**अनुभूति की प्रामाणिकता।** और 'अनुभूति' की प्रामाणिकता के आधार पर

वह कविता महत्त्वपूर्ण है जिसमें अनेक विरोधी विचारों का बहुत ही नाजुक सन्तुलन हो। कवि स्पष्ट रूप से अपना पक्ष प्रकट न करे। **बल्कि विभिन्न विचारधाराओं का द्वन्द्व, उनकी टकराहट दिखाए, उनका तनाव दिखाए।**'' (कथ्य-रूप, पृ. 6) इसी क्रम में नामवर सिंह ने स्वीकार किया है कि दूसरे महायुद्ध के बाद 'नई आलोचना' अमरीकी विश्वविद्यालयों की सरकारी विचारधारा बन गई थी। इसे एक प्रकार से शीतयुद्ध का काव्यशास्त्र कहा जा सकता है। वे कहते हैं—''तो यह है शीतयुद्ध का काव्यशास्त्र, **कोल्डवार पोयटिक्स। अमरीका 'नई समीक्षा' की सारी शब्दावली विचारधारा के अन्त की शब्दावली है।** यानी जहाँ एक खास तरह का धुँधलका हो, 'एम्व्यूगिटी' हो, एक जमाने में रघुवीर सहाय ने इसके लिए एक बड़ा ही अच्छा शब्द दिया था 'उभय-सम्भव'; यानी यह भी सम्भव, वह भी सम्भव। कविता में एक खास तरह की जटिल अनिश्चयता। इस अनिश्चयता की सुविधा और दर्द में अनेक कविताएँ लिखी गईं। तो यह **जटिलता, विसंगति, विडम्बना, तनाव** ये सभी अमरीकी प्रचार-तन्त्र के अंग थे। यह **शीत-युद्ध की स्ट्रेटजी थी और मित्रों, यह हमारी तत्कालीन भारतीय परिस्थितियों के अनुकूल पड़ती थी।**'' 'कविता के नए प्रतिमान' के सम्बन्ध में वे स्पष्ट रूप से स्वीकार करते हैं, ''कविता के नए प्रतिमान' का रूपवाद यह है कि उसमें रूपवाद की आलोचना भी रूपवादी ढंग से की गई है अर्थात् तार्किक आधार पर उसका खंडन किया गया है, ऐतिहासिक आधार पर नहीं किया गया है। 'जटिलता', 'विसंगति', 'अनुभूति' की प्रामाणिकता आदि के मूल में जो राजनीति काम कर रही है, उसका खंडन नहीं किया गया है।'' (कथ्य-रूप,पृ. 5) सन् 1982 ई. में नामवर सिंह की पुस्तक **दूसरी परम्परा की खोज** प्रकाशित हुई। यह पुस्तक आचार्य हजारीप्रसाद द्विवेदी को केन्द्र में रखकर लिखी गई है। इसमें आचार्य द्विवेदी द्वारा संकेतित उस मौलिक इतिहास-दृष्टि को प्रतिष्ठित करने की चेष्टा की गई है जिसके आधार पर आचार्य द्विवेदी ने भारतीय संस्कृति और साहित्य की लोकोन्मुखी क्रान्तिकारी परम्परा को जीवित करने का प्रयत्न किया था। नामवर सिंह इधर 'कविता की दूसरी परम्परा' का अनुसन्धान कर रहे हैं। उनके अनुसार, ''**नई कविता' के भीतर जो दूसरी परम्परा थी उसके वाहक मुक्तिबोध थे और नई कविता के बाहर जो दूसरी परम्परा है उसके वाहक नागार्जुन और त्रिलोचन हैं।**'' नामवर सिंह की नवीनतम प्रकाशित पुस्तक **वाद विवाद संवाद** (1989) है। इसमें समकालीन भाषा, साहित्य और आलोचना-कर्म की बुनियादी चिन्ताओं से सम्बद्ध विषयों—'जनतन्त्र और समालोचना', 'आलोचना की

स्वायत्तता', 'आलोचना की संस्कृति और संस्कृति की आलोचना', 'कविता की राजनीति', 'आलोचना और संस्थान', 'मार्क्सवादी सौन्दर्यशास्त्र के विकास की दिशा', 'प्रगीत और समाज', 'आलोचना की भाषा', 'प्रगतिशील साहित्य धारा में अन्धलोकवादी रुझान'—पर विचार किया गया है। वस्तुतः इन निबन्धों में प्रगतिशील चिन्तन को वर्तमान सन्दर्भ में आगे बढ़ाया गया है और मार्क्सवादी समीक्षा पर जो अनेक कोणों से प्रत्यक्ष-प्रच्छन्न प्रहार हो रहे हैं उसका सतर्क, साधार, जवाब दिया गया है। कई प्रच्छन्न प्रहार 'पूर्वग्रह' पत्रिका की ओर से किए गए हैं। इसीलिए 'जनतन्त्र और समालोचना', 'आलोचना की स्वायत्तता', 'आलोचना की संस्कृति और संस्कृति की आलोचना' आदि कई निबन्धों के केन्द्र में 'पूर्वग्रह' पत्रिका और उसमें मार्क्सवादी समीक्षा के प्रतिपक्ष में प्रस्तुत अशोक वाजपेयी के वक्तव्य हैं। 'जनतन्त्र और समालोचना' में अशोक वाजपेयी के इस कथन—'**विकल्पों की सम्भावना जनतन्त्र का मूलाधार है**'—का उत्तर देते हुए नामवर सिंह कहते हैं—**विकल्पों की सम्भावना अराजकता है और यह अराजकता उसके लिए अत्यन्त अनुकूल होती है जो राजसत्ता में हैं।**'' (वाद विवाद संवाद, पृ. 34) इसी क्रम में वे कहते हैं, ''विकल्पों की सम्भावना जनतन्त्र का मूलाधार नहीं, 'बहुलतावाद' (प्लूटोलिज़्म) है।'' (वही, पृ. 34) यह 'बहुलतावाद' अमरीकी राजनीति का प्रधान अस्त्र है। नामवर सिंह के अनुसार अमरीकी बहुलतावाद का मुख्य शत्रु मार्क्सवाद है और इस मामले में अशोक वाजपेयी पीछे नहीं हैं, ज्यादा सही यह है कि अमरीका के पीछे-पीछे हैं। (वही, पृ. 35) वस्तुतः **बहुलतावाद, विचारधारा** (आइडियॉलाजी) मात्र का विरोधी है। 'आलोचना की स्वायत्तता' का प्रश्न भी 'पूर्वग्रह' ने उठाया था। नामवर सिंह अनुभव करते हैं कि यह प्रश्न भी **विचारधारा** के विरोध में ही उठाया गया है। किन्तु विडम्बना यह है कि **स्वायत्तता** शब्द स्वयं अमरीकी राजनीति विचारधारा की देन है। स्वायत्तता ही नहीं एक समय नई आलोचना के बहुप्रचलित सभी पारिवारिक शब्द **टेंशन, विडम्बना, जेस्चर, एम्यूनिटी, कम्प्लेक्सिटी** आदि गैर साहित्यिक प्रयोजनों की सिद्धि करते रहे हैं। नामवर सिंह के शब्दों में, ''शीतयुद्ध से ग्रस्त अमरीकी समाज में इन शब्दों ने राजनीतिक भूमिका भी निभाई थी। यह बात उस समय भले ही प्रकाश में न आई हो, आज स्वयं अमरीकी आलोचना में खुलकर कही जा रही है।'' (वही, पृ. 36) इस निबन्ध में नामवर सिंह ने अत्यन्त संक्षेप में **विचारधारा** को परिभाषित भी किया है। उन्होंने कहा है—''**विचारधारा विचार मात्र नहीं, बल्कि अनुभूतियों की ऐसी संरचना है जिसमें अनेक प्रतीक, मिथक आदि भी घुले-मिले रहते हैं।**

विचारधारा बहुत कुछ संस्कार की तरह समूचे अस्तित्व का ऐसा अंग बन जाती हैं कि उससे आसानी से छुटकारा सम्भव नहीं होता।'' (वही, पृ. 36) 'आलोचना की संस्कृति और संस्कृति की आलोचना' निबन्ध भी अशोक वाजपेयी के एक सम्पादकीय के प्रतिवाद में लिखा गया है। अशोक वाजपेयी ने लिखा था, ''साहित्य अपनी विशिष्ट संस्कृति भी विकसित करता है। यह **साहित्यिक संस्कृति** साहित्य में सक्रिय शक्तियों और दृष्टियों के बीच संवाद का शील-निरूपण करती है। सीमाएँ निर्धारित करती हैं, खेल के नियम बनाती हैं ताकि कुछ सीमाओं का अतिक्रमण न हो सके।'' (वही, पृ. 41) नामवर सिंह के अनुसार साहित्य की संस्कृति का यह नारा एक प्रकार का **संस्कृतिवाद** है यह **संस्कृतिवाद** सन्तुलन और सामंजस्य के नाम पर वस्तुत: अभिजात वर्ग की सत्ता को चुनौती देनेवाले नए वर्ग के उदय और उसके कारण उत्पन्न संघर्ष-चेतना का शमन करता है। संस्कृति की मूल अवधारणा को संकुचित बनाता है, और साहित्य में 'कलावाद' और 'रूपवाद' का पोषण करता है। नामवर सिंह के शब्दों में, ''**संस्कृतिवाद एक ऐसी विचारधारा है जो जीवन की सारी समस्याओं को समेटकर संस्कृति की समस्या बना देती है क्योंकि उसके अनुसार जीवन की तमाम समस्याएँ सिर्फ संस्कृति की समस्याएँ हैं।**'' (वही, पृ. 47) इस पुस्तक का एक महत्त्वपूर्ण निबन्ध 'मार्क्सवादी सौन्दर्यशास्त्र के विकास की दिशा' है। इसमें नामवर सिंह ने यह स्पष्ट करना चाहा है कि 'मार्क्सवाद' का जन्म एक आलोचनात्मक दर्शन के रूप में हुआ है। इसलिए **खंडन-मंडन उसकी प्रकृति है। उसके सौन्दर्यशास्त्र को सूत्रबद्ध करने से सरलीकरण का खतरा है।** रूस का उदाहरण देते हुए वे कहते हैं, ''पहला उदाहरण है सोवियत संघ में 'समाजवादी यथार्थवाद' का शास्त्र निर्माण। शास्त्र बनते ही सामाजिक यथार्थ भी सूत्रबद्ध हो गया और उस यथार्थ को अभिव्यक्त करने की शैली भी। देखते-देखते एक नया **रीतिवाद** चल पड़ा। रचना में भी आलोचना में भी।'' (वही, पृ. 75) तात्पर्य यह है कि **मार्क्सवादी सौन्दर्यशास्त्र आज विकास की जिस अवस्था में है, उसको देखते हुए उसके शास्त्र का निर्माण घातक होगा।**

युवालेखन का आकलन तो नामवर सिंह बराबर करते रहे हैं। इधर के युवा-लेखन के विषय में उनका कहना है, ''युवा-लेखन का रचना-संसार निस्सन्देह बेहद खूँखार, भयावह और अजनबी है किन्तु अपनी सृजनशीलता के द्वारा वह यह भी व्यंजित कर देता है कि **यह यथार्थ नहीं बल्कि यथार्थ का कलात्मक भ्रम है और यह मायावीपन ही उसकी कलात्मकता का रहस्य है।**'' (वाद

विवाद संवाद, पृ. 126) उन्होंने यह भी लक्षित किया है कि युवा-लेखन का युगबोध खंडित नहीं है। वे कहते हैं, ''युवा-लेखन कविता और कथा दोनों विधाओं में व्यक्त होनेवाला एक समेकित आन्दोलन है, पिछल युग के नवलेखन के समान 'नई कविता' में कुछ और तथा नई कहानी में कुछ और जैसे विभक्त और खंडित युगबोध नहीं।'' (वही, पृ.126) वस्तुत: आज की युवापीढ़ी को न तो आजादी की लड़ाई में हिस्सा लेने का मौका मिला, न स्वाधीन भारत के निर्माण की सुविधा मिली। इस प्रकार वह इतिहास से बाहर रही। इसलिए युवा-लेखन में निहित मानव में गहरे स्तर पर **अपनी नगण्यता का बोध** बद्ध-मूल है। आत्म-दया, असहायता, आक्रोश, जिज्ञासा, उदासीनता आदि सभी मन:स्थितियाँ इस नगण्यता से ही उत्पन्न और परिचालित होती हैं। (वाद विवाद संवाद, पृ. 121) नामवर सिंह ने ' साहित्य में प्रगतिश्ील आन्दोलन की ऐतिहासिक भूमिका' पर भी विचार किया है। इस निबन्ध में हिन्दी में प्रगतिशील आन्दोलन का इतिहास देने के साथ ही उन्होंने **प्रगतिवाद** के **विकासवाद** और **यथार्थ** की व्याख्या भी की है। मुक्तिबोध के साक्ष्य पर डार्विन के विकासवाद से प्रगतिवाद के **विकासवाद** को अलग करते हुए वे कहते हैं—''दार्शनिक दृष्टि से **प्रगतिवाद** ऐसे विकासवाद में विश्वास करता है जो डार्विन के विकासवाद से भिन्न है क्योंकि वह कार्य-कारणवाद को यान्त्रिक अर्थ देता है। इस विकासवाद के विपरीत **प्रगतिवाद का विकास द्वन्द्वात्मक गतिविधि द्वारा आविर्भूत और अधिक स्वतन्त्र है।** तात्पर्य यह है कि **विकास में इच्छा-शक्ति की भूमिका का महत्त्व है।**'' (वही, पृ. 17) **यथार्थ** को स्पष्ट करते हुए वे कहते हैं, ''यह यथार्थ कोई वाद नहीं है। यह न तो कोई अमूर्त विचार है, न मनुष्य-निरपेक्ष कोई भौतिक वस्तु। अगर कुछ है तो **मनुष्यों के माध्यम से जीवन में व्यक्त होने वाली सच्चाई।** प्रगतिशील 'कला-व्यवस्था' यथार्थ की इसी समझ से सम्भव है।'' (वही, पृ. 17) आज वामपन्थ के गहरे संकट का एहसास करते हुए नामवर सिंह लक्षित करते हैं—''आज प्रगतिशील शिविर में भी परम्परावाद का नया उभार स्पष्ट दिखाई पड़ रहा है—साहित्य में भी और राजनीति में भी। इतिहास बनानेवाले इतिहास लिखने में व्यस्त हैं। दृष्टि आगे की ओर नहीं पीछे की ओर है। अतीत की रक्षा में ही भविष्य की आशा दिखती है। भविष्य इतना अनिश्चित हो चला है कि आस्था टिकाने के लिए अतीत का ही आधार रह गया है। लोग भूलते जा रहे हैं कि परम्परा की रक्षा प्रगति से ही सम्भव है।''(वही, पृ.98) नामवर सिंह की समीक्षा-दृष्टि को समझने के लिए 'आलोचना' पत्रिका में समय-समय पर प्रकाशित उनकी टिप्पणियाँ और लेख भी विचारणीय हैं।

उनकी एक सम्पादकीय टिप्पणी है, 'एक नया काव्यशास्त्र त्रिलोचन के लिए'। इसमें नामवर सिंह ने प्रतिपादित किया है कि, **त्रिलोचन की कविता हिन्दी की जातीय कविता है। उनकी कविता में मानवीय सामाजिक सम्बन्धों की गरमाई के बीच मनुष्य की वैयक्तिकता भी अक्षुण्ण है।** उन्होंन पश्चिमी आधुनिकता को पीठ देकर अपनी काव्य-यात्रा शुरू की थी। **उनकी कविता हिन्दी की अपनी परम्परा से निकली हुई 'नई कविता' है जो जीवन्त शब्दों की दीप्ति से दमक रही है।** नामवर सिंह के शब्दों में, ''उस दौर की आधुनिकतावादी कविताओं के साथ रखकर देखें तो प्रयोग और प्रगति के नाम पर लिखी जानेवाली कविताओं से कितनी अलग। हर तरफ की अंग्रेजियत के खिलाफ। भाव में भी, भाषा में भी। यह है ठेठ हिन्दी की कविता। हिन्दी की 'नई कविता' हिन्दी की अपनी परम्परा से निकली हुई। आधुनिक लेकिन भारतीय। न पश्चिम से आयातित न आतंकित।'' यहाँ यह स्मरणीय है कि नामवर सिंह ने यह टिप्पणी सन् 1987 में लिखी है जबकि लगभग यही बात **ताप के तापे हुए दिन** की समीक्षा करते हुए सन् 1981 में केदारनाथ सिंह ने कही थी। उन्होंने कहा था, ''त्रिलोचन एक खास अर्थ में आधुनिक हैं और सबसे आश्चर्यजनक बात तो यह है कि वे आधुनिकता के सारे प्रचलित साँचों को अस्वीकार करते हुए भी आधुनिक हैं। दरअसल वे आज की हिन्दी कविता में उस धारा का प्रतिनिधित्व करते हैं जो आधुनिकता के सारे शोर-शराबे के बीच हिन्दी-भाषा और **हिन्दी-जाति की चेतना की गहरी जड़ों को सींचती हुई चुपचाप बहती रही है।''** ('मेरे समय के शब्द', पृ. 78) इस प्रकार इधर 'त्रिलोचन' की काव्य-यात्रा का आकलन करते हुए नामवर सिंह की दृष्टि 'नई कविता' के बाहर हिन्दी की अपनी जातीय-परम्परा से विकसित उस 'नई कविता' पर भी गई है जिसकी ओर केदार जी पहले संकेत कर चुके थे।

किसी भी लोचक की आलोचना-दृष्टि को परखने के लिए उसके द्वारा प्रयुक्त पारिभाषिक शब्दों का विवेचन-विश्लेषण भी आवश्यक है। प्रत्येक पारिभाषिक शब्द किसी-न-किसी मूल्यबोध या विचारधारा से जुड़ा होता है और सन्दर्भ-विशेष में प्रयुक्त होकर अपने को संगत और सार्थक बनाता है। समीक्षक प्रत्येक शब्द को तौलकर, उसके प्रयोगगत-औचित्य का आकलन करके तथा उसके मूल में विद्यमान जीवन-दृष्टि को समझकर उसे अपनी समीक्षा में स्थान देता है। इसलिए जीवन-दृष्टि सम्पन्न समीक्षक की मानसिक-यात्रा को सूत्रबद्ध करने और उसकी रुझान की सही पहचान के लिए उसके द्वारा प्रयुक्त पारिभाषिक शब्दों पर दृष्टिपात करना आवश्यक है।

अपने पूरे समीक्षा-कर्म में नामवर सिंह ने जिन पारिभाषिक शब्दों का प्रयोग किया है अपने प्रयोगगत सन्दर्भ में वे **निश्चय ही उनकी प्रगतिशील समीक्षा-दृष्टि के परिचायक हैं।** उन्होंने भाववादी कला-दृष्टि से सम्बद्ध पारिभाषिक शब्दों का प्रयोग भी किया है किन्तु वे प्राय: प्रतिपक्ष की विचार-दृष्टि को सामने रखकर उसका प्रतिवाद करने की दृष्टि से प्रयुक्त हुए हैं। उनके द्वारा प्रयुक्त पारिभाषिक शब्दों में **व्यक्तिवाद, प्रगतिवाद, यथार्थवाद, मानवतावाद, सामाजिक यथार्थ, भाववादी-दृष्टि, भावबोध, प्रयोगवाद, वर्गचेतना, द्वन्द्वात्मक प्रणाली, आलोचनात्मक यथार्थवाद, अनूभूति की प्रामाणिकता, जटिलता, एम्व्यूगिटी, द्वन्द्व, तनाव, विसंगति, विडम्बना, वस्तुनिष्ठता, बोधशक्ति, सर्जनात्मकभाषा, बिम्बात्मकता, सपाटबयानी, फैंटेसी, नाटकीयता, संरचना, प्रगीतात्मकता, एकालाप, अर्थमीमांसा, रसध्वनि, विचारधारा, बहुलतावाद, स्वायत्तता, संस्कृतिवाद, कलावाद, रूपवाद, आधुनिकतावाद, समाजवादी यथार्थवाद, परम्परावाद** आदि प्रमुख हैं। इन शब्दों का तात्पर्य उनके द्वारा व्यक्त विचारों के सन्दर्भ-वैशिष्ट्य से जुड़कर अपने आप खुलता गया है। बीच-बीच में उन्होंने कुछ शब्दों की व्याख्या भी की है। इन शब्दों के प्रयोग-क्रम में उन्होंने इनके सामाजिक-राजनीतिक परिवेश को भी स्पष्ट करने का प्रयत्न किया है। 'कविता के नए प्रतिमान' लिखते समय अमरीकी 'नई समीक्षा' से गृहीत पारिभाषिक शब्दों के पीछे कार्य करनेवाली राजनैतिक चेतना का उद्घाटन उन्होंने उस समय नहीं किया था, उसे अब खोलकर रख दिया है। **विचारधारा** (आइडियोलॉजी) की व्याख्या इधर मार्क्सवादी-समीक्षा में विशेष रूप में की जा रही है। इसको जिस रूप में नामवर सिंह ने अत्यन्त संक्षेप में स्पष्ट किया है, वह उनकी सूक्ष्म-दृष्टि का परिचायक है। विचारों को सूत्रबद्ध करके उन्हें शास्त्र का रूप दे देने से किस प्रकार '**रीतिवाद**' का खतरा पैदा हो जाता है और मार्क्सवादी चिन्तन भी उस रीतिवाद का शिकार हुआ है, इस ओर हमारा ध्यान आकृष्ट करके उन्होंने अपनी सजगता का परिचय दिया है। वामपन्थी चिन्तन को निरन्तर गतिशील रखने और उसे परम्परा मोह से बचाने की दिशा में उनका प्रयास सराहनीय है। नामवर सिंह ने मार्क्सवादी और भाववादी दोनों ही प्रकार की समीक्षाओं का गहरा अध्ययन किया है। दोनों क्षेत्रों की नवीनतम गतिविधियों से उनका घनिष्ठ परिचय है। नई-से-नई रचना को परखने और उसकी तह में प्रवेश करने की उनकी क्षमता अद्भुत है। उनकी इस क्षमता का मार्क्सवादी प्रगतिशील समीक्षा को पूरा लाभ मिला है। उन्होंने अंग्रेजी के पारिभाषिक शब्दों का भी आवश्यकतानुसार निस्संकोच प्रयोग

किया है किन्तु यह प्रयोग अभिव्यक्ति को सार्थक, प्रामाणिक और प्रासंगिक बनाने के लिए ही किया गया है। उनकी मान्यता है कि 'आलोचना' इतिहास का अंग नहीं है, इतिहास ही आलोचना का अंग है। हमारा विश्वास है, अपनी आलोचना से वे हिन्दी का नया इतिहास बनाने में सफल होंगे।

नई समीक्षा : सन्दर्भ एवं दृष्टि

(रचना की पूर्ण स्वायत्तता का प्रश्न) (1)

(पारिभाषिक शब्दावली का साक्ष्य)

नई समीक्षा अब अपना निश्चित इतिहास बना चुकी है। हिन्दी साहित्य में भी लगभग सन् 1954 से नए काव्य-सृजन के समानान्तर जो समीक्षा-पद्धति विकसित हुई है; वह आँग्ल अमरीकी साहित्य में प्रतिष्ठित नई समीक्षा से बहुत कुछ प्रेरित और प्रभावित है। इसलिए अब यह सर्वथा उचित है कि 'नई समीक्षा' की सार्थकता को रेखांकित किया जाए और उसकी सीमाओं को भी सही ढ़ंग से पहचानने की कोशिश की जाए।

यह समझा जाता है कि 'नई समीक्षा' शब्द का प्रयोग सबसे पहले कोलम्बिया विश्वविद्यालय के तुलनात्मक साहित्य के प्रोफेसर स्पिनगार्न ने 1910 ई. में अपने एक लेख में किया था। स्पिनगार्न ने नए समीक्षकों से यह अपेक्षा की थी कि वे समीक्ष्य-विषय पर ही अपना ध्यान केन्द्रित रखें, क्योंकि ऐतिहासिक-सामाजिक सन्दर्भों से रचना का सीधा सम्बन्ध नहीं होता। आगे चलकर टी.एस. इलियट की 'द सेक्रेड वुड' (1920 ई), मिडलटन मरे की 'द प्राब्लम ऑफ स्टाइल' (1922 ई.) और आई.ए. रिचर्ड्स की 'प्रिन्सिपुल्स ऑफ लिटरेरी क्रिटिसिज्म' (1924 ई.) जैसी समीक्षा-कृतियों में 'नई समीक्षा' के अधारतत्त्वों का विकास हुआ। 1936 ई. में एफ.आर. लीविस ने 'रीवैल्युएशन्स' नामक अपनी समीक्षा-पुस्तक प्रस्तुत करते हुए स्पष्ट किया कि उसने परम्परा से हटकर नई पद्धति को स्वीकार किया है। सन् 1941 ई. में जॉन क्रो रेन्सम की नई आलोचना नामक पुस्तक प्रकाशित हुई। यहीं से 'नई समीक्षा' को प्रतिष्ठा प्राप्त हुई। रेन्सम के अतिरिक्त एलेन टेट, आर.पी. ब्लैकमर, क्लीन्थ बुरक्स, केनेथ बर्क, विलियम के. विमसाट आदि समीक्षकों ने नई समीक्षा को विकसित और पुष्ट किया। नई समीक्षा की मूल प्रतिज्ञा यह है कि साहित्यिक कृति अपने में पूर्ण संरचना है।

इसलिए नए समीक्षक को अपना ध्यान रचनाकार के व्यक्तित्व और युग-सन्दर्भ से हटाकर कृति पर ही केन्द्रित रखना चाहिए।

(New critics seek to concentrate attention on the literary opus as autonomous work of art; rather than on its author's personality or the age in which it was written.—(The Reader's Encyclopedia of American Literature, p.789)

इस मूलप्रतिज्ञा की पुष्टि में जो आधारभूत सिद्धान्त-सूत्र विकसित हुए हैं वे निम्नलिखित हैं—

1. काव्य को स्वत: पूर्ण संरचना मानने के कारण नई समीक्षा ऐतिहासिक, समाजशास्त्रीय, मार्क्सवादी, मनोविश्लेषणवादी और दार्शनिक समीक्षाओं को महत्त्व नहीं देती।

2. नई समीक्षा रचना की आन्तरिक संगति के विश्लेषण पर बल देती है।

3. नई समीक्षा के अनुसार काव्य भाषिक सर्जना मात्र है। इसलिए भाषा के सर्जनात्त्क तत्त्वों का विश्लेषण ही समीक्षा का मुख्य धर्म है।

4. नई समीक्षा सम्प्रेषण या आस्वाद के प्रश्न को महत्त्व नहीं देती। वह कृति के मूल्यांकन में भी विश्वास नहीं करती। वह कृति के घनिष्ठ पाठ पर ही सर्वाधिक बल देती है।

क्लीन्थ ब्रुक्स ने नई समीक्षा-दृष्टि को स्पष्ट करते हुए कहा है, ''यह बात एकदम सही है कि आधुनिक आलोचकों की वृत्ति फिर से कृति के पाठ पर ध्यान केन्द्रित करने की ओर हो गई है यानी कविता को कविता की तरह देखना न कि उसे कवि की जीवनगाथा के परिशिष्ट के रूप में, या उसके अध्ययन के प्रतिबिम्ब के रूप में, या विचारों के इतिहास के उदाहण के रूप में। इस बात पर बल देने का अर्थ स्वाभावत: कृति के घनिष्ठ पाठ पर जोर देना होता है। चूँकि कविताएँ शब्दों में लिखी जाती हैं, इसलिए सावधानी से भाषा पर ध्यान देने पर ही इसका बल रहता है।''

काव्य को मूलत: भाषिक संरचना मानने और काव्यभाषा के सर्जनात्मक स्वरूप के विश्लेषण को समीक्षा का मूल मुद्दा मानने का परिणाम यह हुआ कि समीक्षकों का ध्यान भाषागत उस वैशिष्ट्य के अनुसन्धान पर केन्द्रित हो गया जो काव्य को कलात्मक पूर्णता प्रदान करता है। ब्रुक्स के अनुसार इस भाषागत वैशिष्ट्य को **विसंगति** (पैराडाक्स) और **विडम्बना** (आइरनी) कहा जा सकता है। एलेन टेट इसे तनाव के रूप में निर्दिष्ट करता है और **रेन्सम** के अनुसार यह **टेक्सचर** और **स्ट्रक्चर** के द्वन्द्व से उत्पन्न **तनाव** है। ब्लैकमर ने

काव्यभाषा के इस वैशिष्ट्य को **जेश्चर** (सांकेतिकता) बताया है। मतभेद के बावजूद ये सभी समीक्षक इस बात से सहमत हैं कि **शब्द-रचना की आन्तरिक संगति (इंटरनल कान्सिस्टेन्सी) ही काव्य है।** इस सन्दर्भ में यह ध्यातव्य है कि भारतीय काव्यशास्त्र के मर्मज्ञों ने यह प्रमाणित करने की कोशिश की है कि कुन्तक का **वक्रोक्तिसिद्धान्त** भाषिक संरचना का ही सिद्धान्त है और **वक्रोक्ति** में **संरचना** को ही महत्त्व दिया गया है। डॉ. बच्चन सिंह के अनुसार—"कुन्तक काव्य की संरचना को अधिक महत्त्व देनेवाले आचार्य हैं। उन्होंने काव्य-गुण को संरचनाश्रित माना है जबकि वामन संरचना को गुणाश्रित मानता है।" (आलोचक और आलोचना, पृ. 78) काव्य को भाषिक संरचना माननेवाला एक अन्य समीक्षा-सम्प्रदाय शैली-विज्ञानियों का भी है। **शैलीविज्ञान**, काव्यशास्त्र और भाषाविज्ञान की संकरता का परिणाम है। अपनी स्थापनाओं में यह नई समीक्षा की मान्यताओं के अत्यन्त निकट है। फिर भी नई समीक्षा और शैलीविज्ञान में अन्तर किया जा सकता है। नए समीक्षकों ने काव्यभाषा सम्बन्धी जिन विशेषताओं को लक्षित किया है, वे उनकी काव्य-सौन्दर्य अन्वेषिणी-अन्तर्दृष्टि के परिणाम हैं। उनके पीछे कोई भाषाशास्त्रीय दृष्टि नहीं है, जबकि शैलीविज्ञान के निर्णय निश्चित वैज्ञानिक तर्क पर आधृत हैं। 'शैलीविज्ञान' के सम्बन्ध में भी भारतीय काव्यशास्त्र के मर्मज्ञों का यही मत है कि, "संस्कृत काव्यशास्त्र में, शब्द-भेद से शैलीविज्ञान के प्राय: सभी तत्त्व उपलब्ध हैं।" (शैलीविज्ञान, डॉ. नगेन्द्र, पृ. 98)

नई समीक्षा की सीमाओं का बोध स्वयं अमरीकी समीक्षकों को बहुत शीघ्र ही हो गया। 1952 ई. तक आते-आते शिकागो स्कूल के आलोचकों ने आर.एम. क्रेन के नेतृत्व में नए समीक्षकों का विरोध किया। उन्होंने प्रमाणित किया कि नई समीक्षा की मान्यताओं के आधार पर छोटी कविताओं का विश्लेषण भले कर लिया जाए किन्तु प्रबन्ध-रचनाओं, नाटकों और कथा-कृतियों की समीक्षा के लिए यह दृष्टि उपयोगी नहीं है। इसके अतिरिक्त वस्तुपरक विश्लेषण-दृष्टि अपनाने के प्रयत्न में यदि आलोचना गणित और विज्ञान बन जाती है तो इसे कैसे स्वीकार किया जा सकता है। आलोचना मानविकी का ही एक विषय है। वैज्ञानिक बनाने के प्रयत्न में यदि इसे इसकी मूल प्रकृति से ही अलग कर दिया गया तो वह कैसे मान्य हो सकती है? (The most fundamental objection of the Chicago school to the programme and activities of the New critics is that in their enthusiasm to rehabilitate humanities, they sought to reduce literary criticism to the status of a physical science, at the cost of its character as a discipline in humanities—Essays in Modern Criticism, p-65)

हिन्दी में यों तो जब अमृतराय ने अपने सन् 1940 से 50 तक लिखे गए निबन्धों का संग्रह पहली बार प्रकाशित कराया था तो उसका नाम 'नई समीक्षा' रखा था किन्तु पश्चिमी तर्ज की 'नई समीक्षा' की शुरुआत 'नई कविता' की प्रतिष्ठा के साथ ही मानना ही उचित होगा। अमृतराय की नई समीक्षा का वैचारिक आधार मार्क्सवादी था और उसे उसी अर्थ में नई कहा गया था जिस अर्थ में रूपाभ के प्रकाशन-काल के आसपास प्रगतिशील कविताओं को 'नई कविता' कहने का चलन था। 'नई कविता' की शुरुआत दूसरा सप्तक (1951 ई.) के प्रकाशन से मानी जाती है। इसकी भूमिका में 'अज्ञेय' ने नई कविता की केन्द्रीय संवेदना को जिन सूत्र-कथनों के सहारे समझाया था आगे चलकर नई समीक्षा में उन्हीं सूत्रों का पल्लवन किया गया।

दूसरे सप्तक की भूमिका में 'अज्ञेय' ने **आत्माभिव्यक्ति, प्रयोग** और **परम्परा, साधारणीकरण, तथ्य** (वस्तुसत्य) और **सत्य** (व्यक्ति सत्य), **नया रागात्मक सम्बन्ध, प्रासंगिकता, उलझी संवेदना** आदि विशिष्ट शब्दों के सम्बन्ध में जो विचार व्यक्त किए थे और इनके आधार पर जिस रूप में कविता की नई भावभूमि को समझाने का प्रयत्न किया था उसका प्रभाव नई कविता के परवर्ती समीक्षकों और नई कविता के या कविता के नए प्रतिमान के अन्वेषियों पर निश्चित रूप से पड़ा है। तीसरे सप्तक की भूमिका में भी उन्होंने **प्रेषणीयता, विषय** और **वस्तु** तथा **मानववादी दृष्टि** के सम्बन्ध में जो विचार व्यक्त किए हैं, उन पर परवर्ती समीक्षकों ने गम्भीरतापूर्वक विचार किया है। सब मिलाकर अज्ञेय के चिन्तन में जो **अनुभव की अद्वितीयता** पर बल दिया गया है वह काव्य की 'स्वायत्तता' पर बल देनेवाले भाववादी समीक्षकों के लिए प्रेरक-तत्त्व के रूप में कार्य करता रहा है। 'अज्ञेय' ने 'नई कविता' के प्रति आलोचकों की उदासीनता लक्षित करते हुए 'तीसरे सप्तक' के कवियों को एक दूसरे का आलोचक बनकर सामने आने कां आह्वान किया था। डॉ. निर्मला जैन ने लक्षित किया है कि उन्होंने, **''छायावादी' कवियों से भी अधिक नई कविता के आस्वाद और मूल्यांकन के लिए उपरोक्त नई आलोचना के लिए आधार तैयार किया है।''** (हिन्दी आलोचना : बीसवीं शताब्दी, डॉ. निर्मला जैन, पृ. 77) 1954 ई. में 'नई कविता' पत्रिका के प्रकाशन के साथ नई कविता की पूर्ण प्रतिष्ठा हुई। उसी समय से नई कविता और उसमें निहित **आधुनिक भावबोध** की व्याख्या की परम्परा आरम्भ हुई। नई कविता के समर्थ समीक्षक

विजयदेवनारायण साही ने 1953 ई. में 'साहित्य में गतिरोध पर विचार करते हुए स्पष्ट किया था कि, "**यूरोपीय मध्यवर्ग या निम्न मध्यवर्ग की भाँति हूबहू हममें वह चारित्रिक अराजकता, अनास्था, व्यक्तित्व का बिखराव आ गया है, ऐसा कहना न केवल कुत्सित समाजशास्त्रीयता है, वरन हद दर्जे की निराशावादिता है।**" (छठवाँ दशक, पृ. 29) इसके साथ ही उन्होंने यह भी कहा था कि, "पिछले दशक में (1943-1953 ई. के बीच) पूरे हिन्दी-क्षेत्र के अनेक नगरों में आयोजित साहित्यिक सांस्कृतिक गोष्ठियों ने नए लेखकों को उनके विकास के लिए घातक संकीर्णता से भरे हुए वातावरण से मुक्ति देकर एक ऐसी भावभूमि पर ला खड़ा किया है जहाँ वे अपनी वैयक्तिकता को सुरक्षित रखते हुए भी सामाजिकता को आत्मसात कर सके ।" (वही, पृ. 22) कहना न होगा कि उस समय साही का लक्ष्य 'नई कविता' को कुत्सित समाजशास्त्रीय व्याख्या से मुक्त करना और नए लेखकों को ऐसी भावभूमि पर ले आना था जहाँ वे अपनी वैयक्तिकता को सुरक्षित रखते हुए सामाजिकता को आत्मसात कर सकें। **यह वैयक्तिकता और सामाजिकता का समन्वय प्रकारान्तर से अज्ञेय के 'तथ्य' (वस्तु सत्य) और 'सत्य' (व्यक्ति सत्य) का ही समन्वय था।** इसके बाद नई कविता और नवलेखन को केन्द्र में रखकर की जानेवाली समीक्षा का एक क्रमबद्ध सिलसिला चल पड़ा। 'नई कविता के प्रतिमान' (1957 ई.) और 'नए प्रतिमान पुराने निकष' (1966 ई.) **लक्ष्मीकान्त वर्मा**; 'हिन्दीनवलेखन' (1960 ई.) और 'भाषा और संवेदना' (1964 ई.) **रामस्वरूप चतुर्वेदी**; 'मानव-मूल्य और साहित्य' (1960 ई.) धर्मवीर भारती; 'साहित्य का नया परिप्रेक्ष्य' (1963 ई.) रघुवंश; 'नए साहित्य का सौन्दर्यशास्त्र' (1971 ई.) मुक्तिबोध, 'नई कविता, सीमाएँ और सम्भावनाएँ' (1966 ई.) गिरिजकुमार माथुर; 'कविता के नए प्रतिमान' (1968 ई.) नामवर सिंह आदि कृतियों के माध्यम से नई कविता का समीक्षा-शास्त्र निर्मित हुआ। नई कविता के समीक्षकों में आधुनिक भावबोध को केन्द्र में रखकर मानव-मूल्यों की प्रतिष्ठा करनेवाले भाववादी समीक्षक भी थे और यथार्थवाद को केन्द्र में रखकर पीड़ित मानवता को सभी प्रकार से शोषणों से मुक्ति दिलानेवाले मार्क्सवादी समीक्षक भी। आधुनिकताबोध को लेकर इनमें मतभेद भी था किन्तु उस समय ऐसा माहौल बना कि हिन्दी-काव्य के पूरे क्षितिज पर नई कविता छा गई। **गिरिजाकुमार माथुर** सन् 1940 ई. से लेकर 1965 ई. तक के काव्य-विकास को **आधुनिकता** की दृष्टि से ही समझना-समझाना चाहते हैं। वे कहते हैं, "आधुनिकता की प्रक्रिया का प्रथम उन्मेष सन् 1940 से सन् 1952 ई. तक मानना चाहिए और द्वितीय चरण सन् 1953 से अब तक।"

(हिन्दी आलोचना : पहचान और परख, पृ. 95) दोनों चरणों के प्रधान तत्त्वों को अलग-अलग रेखांकित करते हुए वे कहते हैं, ''मेरी दृष्टि में **प्रथम उन्मेष** के प्रधान तत्त्व थे—'परिवेश के प्रति गहरी जागरूकता', 'सामाजिक यथार्थ की चेतना', 'इतिहास का तीक्ष्ण बोध', 'भाव-जगत में सूक्ष्म प्रतिक्रियाओं की पहचान', 'युद्धगत संक्रान्ति की मानवीय संवेदना','अन्तरराष्ट्रीय उन्मुखता', 'नवरोमान और परिवर्तित मूल्यों की टकराहट'। **दूसरे चरण** में निकटतम सत्यों की संवेदना', 'आत्म-विश्लेषण एवं आत्मनिवेदन', 'संक्रान्ति की विडम्बनाओं का अहसास', 'व्यंग्य और विपर्यय', 'मूल्यगत विकृति की तीव्र चेतना', 'आत्महीनता', 'बौद्धिक अनास्था' प्रमुख स्वर हैं। (वही, पृ. 95) वे यह प्रस्ताव रखते हैं कि, ''दूसरे चरण को नई कविता के नाम से अभिहित करने के बदले उसे **आधुनिकता की विभिन्न प्रवृत्तियों के रूप में ही देखना अधिक संगत है।**'' (वही, पृ. 95) आधुनिकता के दूसरे चरण जिसके केन्द्र में नई कविता है के सूचक शब्दों पर ध्यान दें—**सत्यों की संवेदना, आत्म-विश्लेषण, आत्मनिवेदन, संक्रान्ति की विडम्बनाओं का एहसास, व्यंग्य और विपर्यय, मूल्यगत विकृति की चेतना, आत्महीनता और बौद्धिक अनास्था** ये सारे शब्द जिस विशेष मनोदशा के सूचक हैं उसमें उत्साह, आशा, क्रिया और संघर्ष के लिए कोई स्थान नहीं है। इसीलिए मुक्तिबोध ने पूरे विश्वास से **अन्याय के खिलाफ आवाज उठाने, मानवता के भविष्य-निर्माण के लिए संघर्ष करने, वर्तमान को सुधारने, नैतिक ह्रास को रोकने और उत्पीड़ित मनुष्य के साथ एकात्म होकर उसकी मुक्ति के लिए उपाय करने को भी आधुनिक भावबोध** के अन्तर्गत सम्मिलित किया था। और अमृतराय ने तथाकथित आधुनिकता को एक महारोग की संज्ञा देते हुए कहा था, ''**आधुनिकता का अर्थ केवल इतना है कि व्यक्ति अपने परिपार्श्व के संश्लिष्ट आधुनिक जीवन को नवीनतम ज्ञान-विज्ञान के आलोक में देखें।**'' (सहचिन्तन, पृ. 34) उन्होंने स्पष्ट किया था कि आधुनिकता का सम्बन्ध मन के संस्कार से है और मन की वह वृत्ति जो मध्ययुगीन रूढ़ियों और अन्धविश्वासों से नाता तोड़कर आधुनिकतम ज्ञान के आलोक में तर्क और विवेचना की कसौटी पर जीवन के हर व्यापार को परखती है और स्वयं अपने विवेक से किसी निष्कर्ष पर पहुँचती है, आधुनिकता है।'' (सहचिन्तन, पृ. 31) अमृतराय ने **आधुनिक भावबोध की संज्ञा** नामक एक पुस्तक ही रच डाली है। इसमें वे कहते हैं, ''**आधुनिक भावबोध, युगबोध, रागबोध, तत्त्वबोध यानी जितने तरह के आधुनिकबोध हैं और जो आधुनिक संवेदना है, उन सबका स्थायी भाव एक ही है, ऊब**

यानी बोरडम या उससे भी अधिक अर्थविस्तार लिए हुए सीधे फ्रेंच से अंग्रेजी में आनेवाला शब्द, 'आन्वी'। बड़े मजे की चीज है यह ऊब, इससे बड़ा बहुरूपिया कोई नहीं। साधारण सी, रोज की जानी-पहचानी ऊब से लेकर हत्या और आत्महत्या में पर्यवसित कठिनतम हताश तक उसका साम्राज्य फैला हुआ है।'' (आधुनिक भावबोध की संज्ञा, पृ. 110) निश्चित रूप से अमृतराय ने यहाँ 'आधुनिक भावबोध' को अस्तित्ववाद से प्रभावित मनोदशा माना है यह उन्होंने प्रथम दौर की 'नई कविता' समर्थकों के द्वारा स्वीकृत 'आधुनिक भावबोध' को समझाने के लिए कहा है। उनकी अपनी व्याख्या वही है जो पहले उद्धृत की जा चुकी है। हम देख चुके हैं कि मार्क्सवाद में आस्था रखनेवाले कवि समीक्षक मुक्तिबोध ने भी अस्तित्ववादी आधुनिक भावबोध से असहमति व्यक्त की है। यहाँ यह ध्यान देने की बात है कि मुक्तिबोध स्वयं 'नई के कविता' कवि थे और उन्होंने 'नई कविता' की उस धारा को पूरा समर्थन दिया था जिसका सम्बन्ध निम्न मध्यमवर्ग की पीड़ा,परेशानी और संघर्ष से था। किन्तु उन्होंने उस **आधुनिकता को प्रश्रय नहीं दिया जो मनुष्य की बौद्धिक क्षमता में अविश्वास प्रकट करती थी।** इसीलिए अनेक आलोचकों ने 'नई कविता' के पूरे इतिहास को मार्क्सवाद और अस्तित्ववाद के बीच चलनेवाले शीतयुद्ध के रूप में देखा है। 'नई कविता' के पुरोधाओं में से एक जगदीश गुप्त के कथन से भी कुछ ऐसा अहसास होता है कि 'नई कविता' और 'प्रगतिवाद' के बीच युद्ध जैसी स्थिति थी। वे कहते हैं, **''प्रगतिवादी खेमे ने उखड़ते-उखड़ते भी कई बार जमने की कोशिश की और कविता के क्षेत्र में, जहाँ वह धीमी लड़ाई लड़ने में नाकामयाब साबित हुआ, उसने 'गुरिल्ला वारफेयर' का तरीका अपनाया।** कविता की कई किस्मों में उसकी घुसपैठ, इधर-उधर, दाएँ-बाएँ होती रही मगर मोरचा कुछ ठीक नहीं हो सका। 'नई कविता' पर उसकी ओर से पहला हमला 'काव्यधारा' निकालकर 'जनि चूकै चौहान' ने किया। उसकी सफलता के बाद 'संकेतों' से कहा-सुनी होती रही। कुछ और पत्र-पत्रिकाएँ ताकत आजमाती रहीं। मगर कुछ हो नहीं सका। मई, 65 में प्रकाशित 'सन्दर्भ' का प्रतिबद्धता विशेषांक ऐसा ही प्रयत्न था।'' (नई कविता, स्वरूप और समस्याएँ, पृ. 211) कुछ भी हो, अब तो तथाकथित 'नई कविता' इतिहास की वस्तु बन गई है और उसके साथ महत्त्व प्राप्त करनेवाली 'नई समीक्षा' (न्यू क्रिटिसिज़्म) का दौर भी समाप्त हो गया है किन्तु दोनों आधुनिक हिन्दी साहित्य के इतिहास में अपनी अमिट छाप छोड़ गए हैं। यह भारतीय संस्कारों की विजय ही कही जाएगी कि ठीक उसी अर्थ में हिन्दी में इसकी

प्रतिष्ठा नहीं हुई, जिस अर्थ में अमरीकी समीक्षकों ने इसे परिभाषित किया है। हिन्दी के नए समीक्षकों ने काव्य के सन्दर्भ में भाषा के महत्त्व को स्वीकार किया। उसकी सर्जनात्मक विशेषताओं को लक्षित करने की चेष्टा की। कवि के अनुभव-संसार के विस्तार और भाषा-संसार के प्रसार की अनिवार्य समानान्तरता का निरूपण किया। काव्यभाषा के सन्दर्भ में 'बिम्ब-वैविध्य', 'द्वन्द्व', 'तनाव', 'विसंगति' एवं 'विडम्बना' को स्पष्ट करने की चेष्टा की। शब्द-प्रयोग एवं ध्वनि-संयोजन से उत्पन्न चमत्कार को सराहा, काव्य के संवेद्य-तत्त्व और रूप-पक्ष के सम्बन्धों का विश्लेषण किया, किन्तु **कविता को ऐतिहासिक सन्दर्भ से काटकर देखने के आग्रह को महत्त्व नहीं दिया।** नई समीक्षा (अमरीकी) ने हिन्दी के नए समीक्षकों को निश्चित रूप से प्रभावित किया है, किन्तु अपने प्रभाव के आवेग में उन्हें बहा नहीं ले गई है। हिन्दी के **प्रखर मार्क्सवादी समीक्षक और कवि भी इससे प्रभावित हुए हैं। यह इसकी शक्ति का द्योतक है, किन्तु इसके साथ ही हिन्दी के शुद्ध साहित्यिक समीक्षक भी इसे आत्यन्तिक महत्त्व नहीं दे सके हैं, यह इसकी दुर्बलता का सूचक है।**

नई समीक्षा-पद्धति का (अमरीकी) हिन्दी की वर्तमान समीक्षा पर कितना प्रभाव पड़ा है, इसका अनुमान लगाने के लिए डॉ. रामविलास शर्मा की प्रसिद्ध कृति 'निराला की साहित्य-साधना' द्रष्टव्य है। निराला-काव्य का विश्लेषण करते हुए डॉ. शर्मा ने निराला की काव्यभाषा की सर्जनात्मक विशेषताओं का गहन विवेचन किया है। उन्होंने निराला की **प्रतीक-योजना, संश्लिष्ट बिम्ब-विधान, अनुप्रास-प्रेम, ध्वनि-प्रवाह, मौलिक शब्द-योजना, अर्थ-चमत्कार** आदि का विस्तारपूर्वक विवेचन किया है। उन्होंने पुस्तक की भूमिका में लिखा है, ''साहित्यकार भी स्थापत्यकार की तरह अपना निर्माण-कौशल प्रदर्शित करता है। इस कौशल को हम कैसे परखें? **निर्माण-कौशल के लिए रचना-सामग्री क्या है? भाषा, शब्दों का अर्थ, उनकी ध्वनि, छन्द-प्रवाह, मूर्ति-विधान इनका परस्पर सम्बन्ध क्या है? काव्य की संरचना से इनका सम्बन्ध क्या है? इस तरह के प्रश्नों से उलझते हुए निराला की कला-मुख्यतः उनकी काव्य-कला-का विवेचन किया गया है।''** कहना न होगा कि काव्यभाषा के सघन पाठ के अभाव में इस प्रकार का विवेचन सम्भव नहीं है। अतः नई समीक्षा की यह शर्त कि काव्यभाषा का सघनपाठ समीक्षा के लिए अनिवार्य है, डॉ. शर्मा ने स्वीकार कर ली है, किन्तु कृति को युग-सन्दर्भ से काटकर और रचनाकार के विचार और भावबोध से अलग करके देखने की बात उन्हें मान्य नहीं है। इसीलिए निराला-काव्य के मूल्यांकन-क्रम में उन्होंने उनके **स्वाधीनता-प्रेम,**

उनकी **दार्शनिक मान्यताओं**, उनके **जीवनसंघर्ष**, उनके **भावबोध** एवं उनके आस्था-केन्द्र को स्पष्ट करते हुए उनके मानसिक विकास को जीवन-सन्दर्भों के परिप्रेक्ष्य में रेखांकित किया है। दूसरे मार्क्सवाद समीक्षक डॉ. नामवर सिंह ने 'कविता के नए प्रतिमान' में **काव्यभाषा की सृजनशीलता, काव्य-बिम्ब, काव्य-संरचना, काव्यानुभूति की जटिलता और तनाव, विसंगति और विडम्बना** आदि का विस्तृत विवेचन करते हुए एक प्रकार से 'नई समीक्षा' के रूपवादी झुकाव और 'भाषावादी दृष्टिकोण' के स्वीकार का ही परिचय दिया है। श्री नेमिचन्द्र जैन ने इस कृति के सम्बन्ध में अपना निष्कर्ष देते हुए कहा भी है, ''नामवर सिंह का विश्लेषण उस प्रवृत्ति को समर्थन देता जान पड़ता है जो कहती है कि **कविता की दुनिया एक स्वायत्त दुनिया है, जिसका मूल्यों से, किसी सामाजिक सार्थकता से कोई सम्बन्ध नहीं**।'' डॉ. नामवर सिंह ने उसका उत्तर देते हुए दूसरे संस्करण की भूमिका में कहा है, ''मार्क्सवादी आलोचना के उस रूप-तिरस्कार की क्षतिपूर्ति के लिए 'कविता के नए प्रतिमान' में काव्य के रूप-पक्ष पर अतिरिक्त बल दिया गया है। मार्क्सवादी समीक्षा का **रूप-पक्ष की ओर यह झुकाव साहित्य की स्वायत्तता को सम्मान देने के उपक्रम का ही परिणाम है**।

डॉ. रघुवंश प्रयोगशील और नई कविता के समर्थकों में हैं। उन्होंने 'अज्ञेय' को इसीलिए विशेष महत्त्व दिया है कि, ''उनका सुशिक्षित और सुसंस्कृत मस्तिष्क तथा संवेदनशील और संयत विद्रोही व्यक्तित्व ही काव्य को छायावादी शब्द-जाल प्रगतिवादी व्यक्तित्वहीनता तथा उत्तर छायावादी रोमांटिकों के भावावेश से मुक्त कर युग के यथार्थ से सम्पृक्त और व्यक्ति की अद्वितीयता तथा विशिष्टता से सम्पन्न करने में समर्थ हुआ।'' (समसामयिकता और आधुनिक हिन्दीकाव्य, पृ. 20) वैचारिक धरातल पर रघुवंश जी अनुभव करते हैं कि पूँजीवादी व्यवस्था और समाजवादी समाज-रचना दोनों में अन्ततः मानव-व्यक्तित्व का विकास बाधित होता है। वे कहते हैं, ''पूँजीवादी व्यवस्था के अन्तर्गत जिस व्यक्तिगत स्वतन्त्रता की माँग अधिकारशास्त्र ने प्रस्तुत की थी उसमें वस्तुतः व्यक्ति-स्वातन्त्र्य की सिद्धि नहीं वरन सीमा ही अधिक प्रत्यक्ष थी।'' (साहित्य का नया परिप्रेक्ष्य, पृ. 21) इसी प्रकार—''द्वन्द्वात्मक भौतिकवाद' की ऐतिहासिक प्रक्रिया में मार्क्सवादी विचारधारा ने समाज की न केवल एक निश्चित दिशा स्वीकार कर ली वरन मानव-भाग्य को निश्चित और निर्धारित मान लिया है।'' (वही, पृ. 22) 'मानव-स्वातन्त्र्य को विशेष महत्त्व देनेवाले रघुवंश जी का 'साहित्य की स्वायत्तता' पर बल देना स्वाभाविक है किन्तु उन्होंने भी अपनी

व्यावहारिक समीक्षा में अमरीकी नई समीक्षा की इतिहास-निरपेक्ष दृष्टि स्वीकार नहीं की। उन्होंने सर्वेश्वर की **सरकंडे की गाड़ी, पीस पैगोडा, कलाकार और सिपाही, पोस्टर और आदमी** आदि कविताओं का हवाला देकर बताया कि, "**सर्वेश्वर में युग-जीवन के प्रति गहरी सम्पृक्ति है।** उन्होंने अपने युग के व्यापक सन्दर्भ में आज की राजनीति, युद्धनीति तथा गुटबन्दियों में कुंठित होते जन-मानस तथा मानव-व्यक्तित्व की स्वतन्त्रता के लिए तीखे व्यंग्य के रूप में विरोध प्रस्तुत किया है।" (वही, पृ. 181) इधर **संरचनावादी समीक्षा** की चर्चा होने पर यह मानते हुए भी कि अमरीकी अर्थ में हिन्दी का कोई समीक्षक **संरचनावादी** नहीं है उन्होंने आलोचना की इस पद्धति का समर्थन किया है। संरचनात्मक समीक्षा में रचना के संघटनात्मक-तत्त्वों के विश्लेषण द्वारा उसके सौन्दर्य की व्याख्या की जाती है। रघुवंश जी इसे इसलिए महत्त्व देते हैं कि इसमें, "**वातावरण, परिस्थिति, युग-जीवन, सांस्कृतिक मूल्य, रचना-प्रक्रिया, कवि की मन:स्थिति आदि वहीं तक महत्त्व रखते हैं जहाँ तक वे कृति के संरचनात्मक संघटन के अंग या तत्त्व बन सके हैं।**" (आलोचना, जुलाई, सितम्बर, 67) इससे यही सिद्ध होता है कि रघुवंश जी युग-जीवन, वातावरण, परिस्थिति आदि की नितान्त उपेक्षा के पक्ष में नहीं हैं। यह अवश्य है कि वे साहित्येतर मूल्यों को प्राथमिकता नहीं देना चाहते।

वस्तुत: डॉ. रघुवंश बड़े रचनाकार की श्रेष्ठता उसकी गहन और व्यापक मानवी सहानुभूति के आधार पर निर्दिष्ट करने के पक्षधर हैं। वे कहते हैं, "संसार के महान साहित्य की परम्परा की व्याख्या न तत्कालीन गतिशील शक्तियों की प्रतिक्रियाओं के रूप में हो सकती है और न उनके संघर्षों को प्रतिबिम्बित करने के अर्थ में। व्यास की यथार्थ की विराट कल्पना, शेक्सपियर की मानव-जीवन में सूक्ष्म अन्तर्दृष्टि और तुलसी की व्यापक वैष्णव-भावना इसलिए महान नहीं है कि उनहोंने मात्र अपने युग की प्रतिच्छाया को ग्रहण किया था अथवा उनमें वर्ग-चेतना के संघर्षशील वे स्तर परिलक्षित हुए हैं जो मानव-इतिहास के निश्चित विकास-क्रम के द्योतक हैं। उनकी वास्तविक महानता का अर्थ है—**वह व्यापक मानवीय सहानुभूति जिसने उनकी कृतियों में युग-जीवन को वर्गों और जातियों में विभक्त प्रतिबिम्बित करने के स्थान पर समग्र और अविभाज्य मानवता के रूप में ग्रहण किया है।**" (साहित्य का नया परिप्रेक्ष्य, पृ.52- 53)

इस सन्दर्भ में हिन्दी के अन्य नए समीक्षकों की मान्यताओं पर विचार करने के पूर्व हम यहाँ **शमशेर** की स्थापनाओं और समीक्षात्मक निर्णयों को अत्यन्त संक्षेप में प्रस्तुत करना चाहेंगे। शमशेर विचारों से प्रगतिशील और मार्क्सवादी

हैं किन्तु सर्जना के स्तर पर वे प्रयोगशीलता और शिल्प के प्रति सहज सजगता का सम्मान करते हैं। अंग्रेजी, उर्दू और हिन्दी की नवीन-प्राचीन सभी प्रकार की रचनाओं के मर्मी पाठक होने के कारण उनकी आस्वाद-सीमा भी विस्तृत है। यों तो उन्होने रहीम, इकबाल, लुईआरांगा (फ्रेंच कवि), गालिब, पन्त, निराला, सुभद्राकुमारी चौहान, नरेन्द्र शर्मा, बच्चन, बालकृष्ण राव, कैफी आजमी, घनश्याम अस्थाना, मुक्तिबोध, केदारनाथ अग्रवाल आदि अनेक कवियों का मूल्यांकन किया है और त्रिलोचन, रामविलास शर्मा, प्रभाकर माचवे, रामबहादुर सिंह 'मुक्त', रघुवीर सहाय, अज्ञेय, नागार्जुन, नरेश मेहता, नेमिचन्द्र जैन, गिरिजाकुमार माथुर, अनाम, श्रीकान्त वर्मा, कीर्ति चौधरी, इन्दुजैन, रमासिंह, विद्यावती कोकिल, प्रेमलता वर्मा, वीरेन्द्र मिश्र, प्रभातरंजन, उमाकान्त मालवीय, मलयज आदि लगभग दो दर्जन कवियों के प्रति अपना निजी पसन्दगी जाहिर की है किन्तु उनकी व्यावहारिक समीक्षा 'मुक्तिबोध' और 'केदारनाथ अग्रवाल' के मूल्यांकन में अपनी व्याप्ति और कलात्मक सजगता का पूरा अहसास कराती है। मुक्तिबोध के पूरे काव्य-विकास को रेखांकित करते हुए वे कहते है, "मुक्तिबोध ने छायावाद की सीमाएँ लाँघकर प्रगतिवाद से मार्क्सी दर्शन ले, प्रयोगवाद के अधिकांश हथियार सँभाल और उसकी स्वतन्त्रता महसूस कर स्वतन्त्र कवि रूप से, सब 'वादों' और पार्टियों से ऊपर उठकर, 'निराला' की सुथरी और खुली **मानवतावादी परम्परा** को बहुत आगे बढ़ाया।" (कुछ और गद्य रचनाएँ, पृ. 190) शमशेर के अनुसार मुक्तिबोध की मुख्य शक्ति इस बात में है कि उनके यहाँ **मुक्त छन्द की निरालीय गति में प्रस्तुत राजनैतिक-सामाजिक इतिहास का मूल्यांकन काव्य-तत्त्वों के माध्यम से होता चलता है।** मुक्तिबोध में अमूर्त को मूर्त करने की सहज शक्ति है। उनकी प्रसिद्ध कविता **अँधेरे में देश के आधुनिक जन-इतिहास का, स्वतन्त्रतापूर्व और पश्चात का एक दहकता इस्पाती दस्तावेज है।** इसमें काव्यात्मक शक्ति के अनेक तत्त्व घुलमिलकर एक महान रचना की सृष्टि करते हैं जो रोमानी होते हुए भी अत्यधिक **यथार्थवादी** और एकदम **आधुनिक** है। मुक्तिबोध के सीधे-साधे व्यक्तित्व में **भटकटैया के फूल जैसी एक अनोखी दृढ़ और स्थायी कोमलता है, जो कभी नहीं मुरझाएगी।** मुक्तिबोध की कविता एक्स्ट्रैट नहीं ठोस है। वह बहती हवाओं सी लिरिकल है। उसमें अनुभूति का यथार्थ है। मुक्तिबोध **मध्यवर्ग का निजी कवि है जो दुर्दान्त संघर्ष से अचेत होकर भी, किसी भी अर्थ में हारा हुआ नहीं है।** उनकी कविताओं में 'मस्तिष्कहीन कोरी भावुकता' (माइंडलेस फीलिंग) नहीं है। उनकी हर इमेज के पीछे शक्ति है। उनकी रचनात्मक-प्रक्रिया

में अद्भुत अनोख विद्युत्प्राण चमकता है। उनकी विशेषता यह है कि कभी-कभी उनकी कविताओं में साधारण जिज्ञासा के साथ-साथ असाधारण रहस्यमयता का योग ठीक वैसे ही होता है जैसे **यथातथ्यपरक चित्रण के साथ-साथ गुम्फित कल्पना-शैली का रेटारिकल योग**। कहना न होगा कि यह सारा मूल्यांकन अनुभूति के स्तर पर हुआ है। जैसे शमशेर मुक्तिबोध की कविताओं को एक कवि के रूप में जी रहे हों और सहज भाव से उनकी विशेषताओं को व्यक्त कर रहे हों। यही स्थिति केदार की समीक्षा में भी देखी जा सकती है। केदार के विषय में वे कहते हैं, ''**केदार बुनियादी तौर पर एक नार्मल रोमानी कवि हैं। छायावादी रोमानी नहीं**। शायद इसलिए छायावादोत्तर काल में वह शीघ्र ही प्रगतिशील और फिर **मार्क्सवादी विचाधारा** के कवि हो गए।'' (कुछ और गद्य रचनाएँ, पृ.197) वह इसलिए भी हुआ कि उनकी प्रतिभा की एक विशेषता रही है सहज सजगता। केदार आँखों से पान किए हुए सौन्दर्य के कवि और कलाकार हैं। इसीलिए उनकी कविता में **फूल नहीं रंग बोलते हैं**। उनकी कुछ बहुत अच्छी कविताओं में **इमेजिस्ट शिल्प** की प्रधानता है। यह शिल्प सभी प्रकार की काव्यात्मक स्थितियों के लिए आवश्यक नहीं है क्योंकि इससे कविता कभी-कभी चित्र-मात्र होकर रह जाती है। किन्तु केदार की **यथार्थपरकता** के लिए यह शिल्प अनुकूल पड़ता है। शमशेर केदार की कविताओं में आनेवाले हर परिवर्तन को लक्षित करते हैं। वे कहते हैं, ''इधर जरूर केदार के यहाँ एक 'नोस्टैल्जिया' सा आता जा रहा है और प्राकृतिक या मानवीय सौन्दर्य की एक करुण-शान्त सी परख विशिष्ट होती जा रही है। कभी-कभी **ऊब और उदासी का चित्रण तक**।''(कुछ और गद्य रचनाएँ, पृ. 204) हिन्दी के कुछ आलोचक केदार को **फार्मलिस्ट** (रूप-प्रकारवादी) कवि मानते हैं। शमशेर ने उसका प्रतिवाद किया है। वे कहते हैं कि केदार ने कभी भी किसी विशिष्ट **रूप-प्रकार** को अपने में एक उद्देश्य नहीं बनाया। यदि केदार को रूप-प्रकारवादी कहा जाएगा तो केदारनाथ अग्रवाल और केदारनाथ सिंह में कोई बुनियादी अन्तर नहीं रह जाएगा। वस्तुत: त्रिलोचन और केदार अपनी रचना में जो चीज खोजते हैं वह है अपने व्यक्तित्व का सामाजिक-व्यक्तित्व से सार्थक रचनात्मक सामंजस्य और उस सामंजस्य का अपने कवि-मानस के लिए कलात्मक रचनात्मक मूल्यांकन। और फिर उनका व्यक्तित्व उस आदर के रूप को भी तोड़ता हुआ सा लगता है, उसमें बँध नहीं पता, समा नहीं पाता।'' (कुछ और गद्य रचनाएँ, पृ. 207) केदार के मूल्यांकन का अन्त करते हुए वे कहते हैं, ''केदार जिस खोज की तरफ बढ़ा है वह है समाज का सत्य और प्रकृति का खुला नैसर्गिक सौन्दर्य। अन्याय के

खिलाफ और मेहनत के पक्ष में वह बेझिझक बोलता है उसके व्यंग्य में दोहरी-तिहरी धार नहीं, सीधी एक धार। मगर वह बहुत काफी होती है।'' (कुछ और गद्य कविताएँ, पृ. 214) केदार की इस आलोचना में भी शमशेर ने जो कुछ कहा है, महसूस करके कहा है। इसी स्तर पर आलोचना रचनात्मक होती है।

शमशेर की विशेषता यह है कि जब वे किसी विषय पर विचार करते हैं तो विषय की व्याप्ति का ध्यान रखते हुए गम्भीरतापूर्वक उसके सभी पक्षों का उद्घाटन करते हैं।'' 'मुक्तछन्द' आधुनिक युग की कविता की प्रमुख प्रवृत्ति है, क्योंकि इसका सम्बन्ध्ा सामाजिक मुक्ति और राष्ट्रीय स्वातन्त्र्य-चेतना से भी जोड़ा गया है। इस छन्द पर विचार करते हुए शमशेर इसका सम्बन्ध फ्रान्स की अधोमुख भावुकता (Decadence) से जोड़ते हैं। फ्रान्स के **इमेजिस्ट** कवि रिम्बो और प्रतीकवादी कवि मलार्मे की चर्चा करते हुए वे कहते हैं, ''अत्यधिक भावुक अथवा भावुकता के खोजी बल्कि श्रमिक होकर इन कलाकारों ने अपने ही व्यक्तित्व का मन्थन इस बेरहमी से किया—अपने ही मन के स्तरों में इस भीषण गम्भीरता से डूबे कि उनके भावलोक, उनका भाषा-संगठन, उनकी शब्द-व्यंजना, उनके संकेत-व्यापार स्वरारोहों के अर्थ अद्भुत चमत्कारपूर्ण, कभी-कभी तो दिव्य भी, मगर हमेशा विश्रृंखल, अगम्य और रहस्यमय और अनेकार्थयुक्त हो गए। फ्रान्स के **इमेजिस्ट** (रूपकवादी) कवि रिम्बो और प्रतीकवादी मलार्मे इस दिशा में विशेष महत्त्व रखते हैं।'' (शमशेर बहादुर सिंह की कुछ गद्य रचनाएँ, पृ. 68) इन कवियों ने अपने देश की विडम्बनापूर्ण सामाजिक परिस्थितियों का नक्शा अपने ही अचेतन या उपचेतन मन की पर्तों को उघाड़कर पेश किया। **कालान्तर में मुक्त-छन्द स्त्रैण अधोन्मुख भावुकता से मुक्त होकर राष्ट्रीय भविष्यवाद के पौरुषेय आदेश का साक्षी हुआ। यह प्रवृत्ति रूस के मायाकोवस्की में दिखाई पड़ी**। हिन्दी में 'निराला' की तुलना मायाकोवस्की से की जा सकती है। इस छन्द के विकास का विश्वव्यापी परिदृश्य प्रस्तुत करते हुए वे कहते हैं, ''फ्रान्सीसी प्रतीकवादियों का असर तो सर्वव्यापी था ही। जापानी 'टंका' छन्द और प्राचीन चीनी कवियों की वाणी ने भी काफी इन कवियों के प्रयोगों को प्रोत्साहित किया। चित्रकला की नई-नई विभिन्न प्रणालियों ने भी गहरा असर इन कवियों की शैलियों पर डाला—विशेषकर **घनवाद** (Cubism), **रूपकवाद** (Imagism), **परावस्तुवाद** (Su*rrealism) इत्यादि ने वैदिक ऋचाओं का प्रभाव भी—विशेषकर इलियट और पाउंड ने—अपनी रचनाओं में लिया है।'' (शमशेरबहादुर सिंह की कुछ गद्य रचनाएँ, पृ. 70)

शमशेर अपनी कमजोरियों को सहज भाव से स्वीकार करते हैं। वे कहते हैं, "**मेरा एक बहुत गलत रुझान (प्रगतिशील दृष्टि से), अमूर्त और अति प्रयोगवादी और सुर्रियलिस्ट कविता और चित्रकारी की तरफ कुछ रहा है। उसका नतीजा यह है कि अनाम जैसा गुम्फित फैंटेसी का अन्तश्चेतनावादी-रोमानी कवि मुझे बरबस लुभा देता है।**" (कुछ और गद्य रचनाएँ, पृ. 39)

शमशेर नई कविता के घोषित आलोचक नहीं हैं फिर भी उनके विचारों और निर्णयों को विस्तार से इसलिए प्रस्तुत किया गया कि उनकी काव्य-दृष्टि बहुत ही सन्तुलित है। न तो वे परम्परा का तिरस्कार करते हैं न नवीनता के प्रति आग्रह रखते हैं। इसी प्रकार काव्य में संघर्ष, यथार्थ-दृष्टि और प्रगतिशील-चेतना के महत्त्व को स्वीकार करते हुए भी वे फार्म या 'रूप-प्रकार' के महत्त्व को अस्वीकार नहीं करते। किसी भी बड़े कवि को जब 'रूप-प्रकार' सिद्ध हो जाता है, उसका संस्कार बन जाता है तब वह 'रूप-प्रकारवादी' नहीं रह जाता। वे केशव को **रूप-प्रकारवादी** मानते हैं, तुलसी को नहीं। कारण स्पष्ट है। 'रूप-प्रकार' केशव की सीमा बन गया है। उनका कवि उसी के चमत्कार में सिमटकर रह गया है। छन्दों और अलंकारों का प्रयोग तुलसी भी करते हैं किन्तु छन्द या अलंकार तुलसी की सीमा नहीं है। इस सन्तुलित दृष्टि और ईमानदारी के कारण शमशेर के प्रत्येक शब्द का महत्त्व है।

शमशेर द्वारा प्रयुक्त पारिभाषिक शब्दावली पर ध्यान दीजिए। उन्होंने खुली **मानवतावादी** परम्परा **अमूर्त को मूर्त करने की शक्ति, दहकता इस्पाती दस्तावेज, अत्यधिक यथार्थवादी, एक्स्ट्रैट नहीं ठोस, लिरिकल, मस्तिष्कहीनकोरी भावुकता, यथातथ्यपरक, रेटारिकल, नार्मलरोमानी, छायावादीरोमानी, इमेजिस्टशिल्प, नोस्टैल्जिया, फार्मेलिस्ट, रचनात्मकसामंजस्य, अधोमुख भावुकता, राष्ट्रीयभविष्यवाद, रहस्यवाद, अनेकार्थवाद, प्रतीकवाद, घनवाद, परावस्तुवाद, गुम्फितफैंटेसी, अन्तश्चेतनावाद** आदि शब्दों का प्रयोग किया है। ये शब्द उनकी उभयपक्षी रुझान और व्यक्तित्व के अन्तर्विरोध के द्योतक हैं। जब वे सचेत होकर प्रगतिशील वैचारिक धरातल पर सोचते हैं और निर्णय देते हैं तब वे **एक्स्ट्रैक्ट** के स्थान पर **ठोस** को **अमूर्त** की जगह **मूर्त** को, **छायावादीरोमान** की जगह **नार्मलरोमान** को, **रहस्यवाद** के स्थान पर **यथार्थवाद** को, और **अधोमुख-भावुकता** की जगह **स्वस्थ सामाजिक दृष्टि** को, महत्त्व देते हैं। किन्तु जब वे अपनी व्यक्तिगत अभिरुचि का इजहार करते हैं तब न केवल **गुम्फितफैंटेसी, अन्तश्चेतनावाद,**

घनवाद, परावस्तुवाद, इमेजिस्टशिल्प आदि के प्रभाव को स्वीकार करते हैं वरन इनके प्रति अपनी पसन्दगी का बखान भी करते हैं। कहना न होगा कि ये दोनों ही प्रवृत्तियाँ 'नई कविता' की प्रवहमान धारा में 'आधुनिक-भावबोध' और 'यथार्थबोध' के नाम से अपनी पहचान कायम करके प्रवाहित हुई हैं।

हिन्दी के नए समीक्षकों में **डॉ. रामस्वरूप चतुर्वेदी** मूलत: काव्यभाषा की सर्जनात्मकता को केन्द्र में रखकर समीक्ष कर्म में प्रवृत्त हुए हैं। उनकी दृष्टि में 'काव्य-भाषा' का प्रतिमान ही सर्वाधिक विश्वसनीय प्रतिमान है। इस प्रकार डॉ. चतुर्वेदी की समीक्षा-दृष्टि, नई समीक्षा-दृष्टि (अमरीकी) के अधिक निकट है, किन्तु उन्होंने भी मुक्तिबोध के बिम्ब-विधान का विश्लेषण करते हुए उसके माध्यम से भारतीय निम्न मध्यवर्गीय जिन्दगी का असली रूप पहचाना है। वे कहते हैं, ''मुक्तिबोध के बिम्बों में भय और आत्मीयता का एक विचित्र मिश्रण है, जो उनके लिए आज की औसत भारतीय निम्न मध्यवर्गीय जिन्दगी का असली रूप है। उनके काव्य की शक्तिमत्ता अधिकतर इस बिम्ब-विधान से उपजती है और गरबीली गरीबी के समूचे वैविध्य को रूपायित करती है।'' (आलोचना : अंक 12, जनवरी, 1970)

डॉ. चतुर्वेदी मुक्तिबोध की कविता के रचाव का विश्लेषण करते हुए उसमें संकेतित निम्न मध्यवर्गीय जिन्दगी के असली रूप को भी पहचानते हैं। इस पहचान में कहीं-न-कहीं मुक्तिबोध की जिन्दगी की पहचान भी काम करती है। इसी प्रकार श्री विजयदेवनारायण साही, श्रीअशोक वाजपेयी, श्री लक्ष्मीकान्त वर्मा, श्री रमेशचन्द शाह तथा अन्य नए समीक्षकों के निष्कर्षों को उदाहृत किया जा सकता है। **श्री विजयदेवनारायण साही** ने आधुनिक हिन्दीकविता की भाषिक एवं रूपात्मक विशेषताओं का विवेचन अवश्य किया है, किन्तु वे भाषा के छवि-जाल में ही उलझकर रह नहीं गए हैं, उसमें लक्षित होनेवाली सामाजिक चेतना को भी निर्दिष्ट किया है। शमशेर की 'काव्यानुभूति की बनावट' का विश्लेषण करते हुए उन्होंने फ्रान्स के प्रसिद्ध प्रतिक्रियावादी कवि 'मलार्मे' की सृजन-प्रक्रिया से शमशेर की सृजन-प्रक्रिया की तुलना की है। उनकी कविता में प्रयुक्त बिम्बों के वैविध्य और उस वैविध्य के मूल में विद्यमान भावभूमि की एकता को लक्षित किया है, किन्तु वे यहीं तक रुक नहीं गए हैं। निबन्ध का अन्त करते हुए उन्होंने कहा, ''इन कविताओं में अवतरित होता हुआ जो सौन्दर्य है, यथार्थ पर थपेड़े मारता हुआ चेतना का जो स्पन्दन है, यदि उसको धड़कन को कुछ अधिक गहराई से आप महसूस कर सकेंगे, तो मैं अपने इस प्रयास को सफल समझूँगा।'' (शमशेर, पृ. 38) यदि काव्य-समीक्षक भाषा के

सर्जनात्मक तत्त्वों के विश्लेषण के सहारे काव्य में निहित यथार्थ-बोध को लक्षित करता है तो उसके 'रूपवादी' होने या कविता के संसार को पूर्णत: स्वायत्त मानकर उसे ऐतिहासिक सन्दर्भों से काट देने का खतरा नहीं है। **श्री अशोक वाजपेयी** ने 'फिलहाल' में समकालीन आलोचना के सम्बन्ध में अपना मत देते हुए रचना को उसकी **तद्रूपता** और **अद्वितीयता** में देखने, पहचानने और परखने पर बल दिया है। उन्हें शिकायत है कि हिन्दी आलोचना गैर-साहित्यिक दबावों से आक्रान्त रही है। श्री वाजपेयी के इन कथनों से यह आशंका होती है कि वे कविता को ऐतिहासिक सन्दर्भों से पूर्णत: अलग करके देखेंगे, किन्तु इसी पुस्तक के 'दृश्यालेख' में आपने स्वीकार किया है कि 'कविता' को समकालीन मनुष्य की हालत उजागर करने, समझने और परिभाषित करने की कोशिश करनी चाहिए, **हालाँकि कविता उन शक्तियों में से नहीं रह गई है, जो आधुनिक समाज में उस हालत को प्रभावित कर या बदल सकें।**'' (फिलहाल, पृ. 18) **श्री लक्ष्मीकान्त वर्मा** ने नई कविता में लक्षित होनेवाली रूमानी भावुकता का विरोध किया है और कविता के लिए बौद्धिक वैज्ञानिक दृष्टि की माँग की है। अपनी व्यावहारिक समीक्षाओं में वे भी नई समीक्षा की मूल प्रतिज्ञा कविता की संरचना को **व्यंग्य, विडम्बना** और **तनाव** के आधार पर ही विश्लेषित किया जाए—की सीमा का पूरा-पूरा निर्वाह नहीं कर सके हैं। **श्री रमेशचन्द शाह** ने नई कविता का विश्लेषण करते हुए कवियों की रचना दृष्टि को अलग-अलग पहचानने की कोशिश की है। यद्यपि उनकी समीक्षा-दृष्टि मूलत: भाषा-दृष्टि ही है, किन्तु इन्होंने शब्द की **मनुष्य-सापेक्षता** को स्वीकार किया है और इसलिए जहाँ कहीं इन्हें काव्य में परिवेशगत असंगतियों से कविता की टकराहट का एहसास हुआ है, उसका स्पष्ट उल्लेख किया हैं। अर्थात् ऐतिहासिक सन्दर्भ के काव्य-सृजन पर पड़नेवाले दबाव को इन्होंने भी स्वीकार किया है। सच्चाई तो यह है कि कविता को पूर्ण स्वायत्तता की माँग और मात्र भाषिक विश्लेषण द्वारा उसके अन्तरंग की पहचान के आग्रह के मूल में एक खास तरह की विचारधारा कार्य कर रही थी जो छद्म रूप में 'प्रगतिशील चिन्तन और यथार्थवादी दृष्टि का विरोध कर रही थी। हिन्दी की नई कविता में **आधुनिक भावबोध** और **वैयक्तिक अद्वितीयता** पर बल देने के पीछे इसी विचारधारा की अनुगूँज सुनी जा सकती है। हिन्दी के परिचित कवि समीक्षक **परमानन्द श्रीवास्तव**, जिन्होंने अपना साहित्यिक जीवन 'निकष' में प्रकाशित होने के साथ आरम्भ किया था, अब यह स्वीकार करने लगे हैं, ''जहाँ **प्रगतिशील यथार्थवादी** कवि कविता का एक स्पष्ट सामाजिक प्रयोजन मानकर चलते हैं, **आधुनिकतावादी** प्राय:

कविता को ही अपने आप में स्वायत्त और पूर्ण घोषित करते हैं और कविता को ही अपने आप में प्रयोजन मानते हैं। कविता के लिए एक विशिष्ट भावक वर्ग की माँग के पीछे एक विशेष विचारधारा काम करती रही है जो वैयक्तिक अद्वितीयता और गूढ़ कलावाद की पक्षधरता के लिए जानी गई। **यह विचारधारा लोकप्रियता के विरोध में ही नहीं लोकोन्मुखता के भी विरोध में सक्रिय रही है।**'' (शब्द और मनुष्य, पृ. 203)

उपरोक्त विवेचन से स्पष्ट है कि हिन्दी में नई समीक्षा से जुड़े हुए नए— समीक्षकों ने अमरीकी नई समीक्षा की मूल प्रतिज्ञा का पूर्णत: परिपालन नहीं किया है। मार्क्सवादी दर्शन से प्रभावित समीक्षकों ने काव्य के सन्दर्भ में भाषा के महत्त्व को स्वीकार करते हुए भी काव्य की **सापेक्षिक स्वायत्तता** को ही मान्य ठहराया है, दूसरी ओर काव्य की **पूर्ण स्वायत्तता** का पक्ष प्रस्तुत करनेवाले समीक्षकों ने अपनी व्यावहारिक समीक्षाओं में काव्य पर पड़नेवाले ऐतिहासिक सन्दर्भ के दबाव को किसी-न-किसी रूप में स्वीकार करके उसकी पूर्ण स्वायत्तता के आगे स्वयं प्रश्न का चिह्न लगा दिया है।

जैसा कि हम कह आए हैं, नई समीक्षा की मूल प्रतिज्ञा को स्वीकार करके चलने वाली एक अन्य समीक्षा-दृष्टि **शैली विज्ञान** की है। शैलीविज्ञान भी काव्य को भाषा का ही एक रूप मानता है। शैलीविज्ञान की मान्यता है कि, ''सामान्य से अलग हटकर जिस विशिष्ट भाषा का प्रयोग कवि करता है, वही भाषा की काव्यात्मक शैली कही जाती है।" अनुभव के कथ्य-पक्ष का भाषा के रूप में उसके रीति-पक्ष के साथ अटूट सम्बन्ध है। काव्यात्मकता अपने को अपने माध्यम (काव्यभाषा) से मुक्त नहीं कर पाती। ऐसी स्थिति में भाषा की व्यवस्था को समझनेवाली भाषावैज्ञानिक दृष्टि का उपयोग काव्यात्मकता का विश्लेषण करने के लिए किया जा सकता है। इसी आधार पर शैलीविज्ञान काव्यात्मक विश्लेषण में प्रवृत्त होकर समीक्षा का एक अंग बन गया है। शैलीविज्ञान अभी विकास की प्रक्रिया में है। अनेक प्रतिष्ठित विद्वान उसके विषय में अभी निर्णयात्मक मत व्यक्त करने की स्थिति में नहीं है। प्रसिद्ध, ''आधुनिक समीक्षक रेने बेलेक के अनुसार, ''**शैलीविज्ञान कविता की संरचना को समझने में सहायक हो सकता है, पर वह आलोचना का एक अंग है, पूरी साहित्यिक आलोचना नहीं।**'' वस्तुत: जो समीक्षक काव्य-संरचना के घटक-तत्त्वों के विश्लेषण तक ही समीक्षा की गति और सीमा मानते हैं, वे शैलीविज्ञान को एक पूर्ण आलोचना-पद्धति के रूप में स्वीकारते हैं, किन्तु जो मूल्यों के अन्वेषण को आलोचना का मुख्य धर्म मानते हैं, वे अभी इसे पूरा समर्थन नहीं दे पा रहे हैं।

अब तक के विवेचन को दृष्टि में रखकर हम नई समीक्षा की शक्ति और सीमा दोनों को रेखांकित कर सकते हैं। नई समीक्षा की सबसे बड़ी शक्ति है, ''**काव्य-भाषा के सघन विश्लेषण द्वारा उसके सर्जनात्मक स्वरूप का अन्वेषण।**" इस अन्वेषण क्रम में नए समीक्षक रचना की आन्तरिक संगति के आधार-तत्त्व तक पहुँचने में बहुत दूर तक सफल हो सके हैं। इसी आधार पर उन्होंने अनुभव के कथ्यपक्ष और अभिव्यक्ति के शैली या रीतिपक्ष के अभिन्न सम्बन्ध को पहचानकर भाव और कला के द्वैत को अस्वीकार कर दिया है। इसी आधार पर वे यह घोषित कर सके हैं कि काव्यवस्तु भाषा के भीतर रहकर अपनी सत्ता को धारण करती है। **काव्य भाषा, काव्यवस्तु का माध्यम नहीं है वह स्वयं काव्य ही है।** यह घोषणा कुछ वैसी ही है, जैसी वक्रोक्तिकार की यह घोषणा कि **वक्रोक्ति ही काव्यजीवित है।** यही नई समीक्षा की सीमा भी है, क्योंकि इसी के चलते वह काव्य की पूर्ण स्वायत्तता घोषित करके उसे ऐतिहासिक सौन्दर्भ से काट देती है। इसी आधार पर वह मूल्यांकन की अपेक्षा विश्लेषण को महत्त्व देती है और इसी कारण वह काव्य के आस्वादन में विश्वास नहीं करती। काव्य यदि एक कलात्मक भाषिक संरचना है तो वह पाठक को अपने सौन्दर्य से अवश्य आकृष्ट करेगा। सौन्दर्य का प्रभाव न पड़े, यह कल्पना नहीं की जा सकती। सौन्दर्य से प्रभावित होना, सुन्दर वस्तु के आकर्षण से खिंचकर उसमें प्रवृत्त और तन्मय होना, आस्वाद ग्रहण करना ही है। ऐसी स्थिति में हम नई समीक्षा की इस मूल स्थापना को— '**कविता की स्वायत्त सत्ता** है और वह शाब्दिक संघटना मात्र हैं",— महत्त्वपूर्ण मानते हुए भी व्यावहारिक स्तर पर सापेक्षिक रूप में ही स्वीकार करना चाहेंगे। यह शुभ लक्षण है कि हिन्दी के नए समीक्षकों ने मेरी आँग्ल-अमरीकी नई समीक्षा की मूल प्रतिज्ञा को आत्यान्तिक रूप में कम-से-कम, व्यवहार के स्तर पर, स्वीकार नहीं किया है।

अब तो स्पष्ट रूप से स्वीकार किया जाने लगा है कि अमरीकी 'नई समीक्षा' तत्कालीन अमरीकी राजनीति का एक अस्त्र थी। कर्णसिंह चौहान ने पहले ही कहा था कि, ''दक्षिणी अमरीका के रूढ़िवादी तबके के प्रतिगामी सामाजिक-आर्थिक विचारों से परिचालित हो विज्ञान और प्रगति के सम्पूर्ण चिन्तन का विरोध करती हुई जो 'नई समीक्षा' साहित्य के रूपवादी मूल्यांकन को लेकर मैदान में आई उसके हाथ मान-मूल्यों की पद्धति के नाम पर कुछ विशिष्ट शब्दों की बटेर लगी जिसे उसके समर्थक ले उड़े।'' ('आलोचना के नए मान, कर्णसिंह चौहान, पृ. 77), कहना न होगा कि ये शब्द थे—**स्ट्रक्चर, टेक्सचर, टेन्शन, जेस्वर, आइरनी** आदि। अब तो नामवर सिंह भी कहने लगे

हैं कि 'नई समीक्षा' में जो जटिल काव्य-विधान पैदा किया गया वह शीत युद्ध की एक निश्चित विचारधारा के कारण हुआ। **एम्ब्यूगिटी, आइरनी, दूसरे महायुद्ध के बाद अमरीकी स्ट्रेटिजिकवार को सूट करती थी।** हेनरी केसिंगर ने उन्हीं दिनों तीन दस्तावेजों को लेकर एक किताब लिखी थी 'स्ट्रेटेजिकएम्ब्यूगिटी'। जिस डेनियल बेव ने 'ट ऑफ आइडियोलॉजी' लिखी उन्होंने ही यह कहा कि **एम्ब्यूगिटी, आइरनी, टेन्शन, काम्पेक्सटी आदि शब्द जो साहित्य की आलोचना में इस्तेमाल किए गए अमेरिका के राजनीति-विभाग के अंग थे।''** (कथ्यरूप, पृ. 8) तात्पर्य यह कि उस समय 'नई समीक्षा' ने साहित्य का जो सांस्कृतिक माहौल बनाया था उसका एक निश्चित उद्देश्य था। उसके पीछे प्रगतिशील विचारधारा के प्रभाव को क्षीण करने का एक अन्तर्निहित प्रयोजन था। मुक्तिबोध ने इसे लक्षित किया था। नामवर सिंह मुक्तिबोध से प्रभावित 'अवश्य थे किन्तु उन्होंने उस समय 'नई समीक्षा' की राजनीतिक रणनीति को स्पष्ट नहीं किया। कुछ भी हो, 'नई समीक्षा' का महत्त्व इस रूप में तो मान्य होना ही चाहिए कि उसने कविता के गहन-पाठ की ओर समीक्षकों का ध्यान आकृष्ट किया और काव्य की संरचना के घटक तत्त्वों के माध्यम से व्यक्ति और युग के विचारों को समझने का मार्ग प्रशस्त किया। जहाँ तक साहित्य की एक विशेष संस्कृति के निर्माण द्वारा शीतयुद्ध के संचालन का प्रश्न है, वह तो अब भी समाप्त नहीं हुआ है। कुछ साहित्य-संस्थानों के वक्तव्यों को सामने रखकर नामवर सिंह ने इधर जो टिप्पणियाँ लिखी हैं, उनसे यह बात अच्छी तरह समझी जा सकती है। खैर, अब तो कविता का माहौल बदल चुका है। युवक रचनाकार खुले मन से आज के सामाजिक सन्दर्भ को वाणी दे रहे हैं और समीक्षकों का ध्यान उन कवियों की ओर 'जाने लगा है जिनकी कविताओं में भारतीय जन-जीवन की धड़कन सुनाई पड़ती हैं। निश्चय ही यह शुभ लक्षण है।

नई समीक्षा : सन्दर्भ एवं दृष्टि

(भाषा और अनुभूति का अद्वैत) (2)

(पारिभाषिक शब्दावली का साक्ष्य)

रामस्वरूप चतुर्वेदी

हिन्दी के नए समीक्षकों में डॉ. रामस्वरूप चतुर्वेदी मुख्यत: काव्यभाषा को केन्द्र में रखकर समीक्षा-कर्म में प्रयुक्त हुए हैं। आपकी दृष्टि में 'अनुभूति' और 'भाषा' एक है। आपके शब्दों में 'अनुभव का अनुभव यानी कि अनुभूति या कि भाषा है।' उदाहरण देकर अपनी बात समझाते हुए आप कहते हैं, ''जाड़ा लगना' अनुभव है, और यह कि 'जाड़ा लग रहा है' अनुभव का अनुभव है, यानी कि अनुभूति या कि भाषा है।' फिर इस अनुभव के अनुभव का अनुभव कवि के यहाँ सम्भव होता है— 'शिशिर की शर्वरी, हिंस्त्र पशुओं भरी कविता की इस पंक्ति में 'जाड़ा लगना' यह मूल अनुभव त्रासद भावचित्र बन गया है। आपके अनुसार भाषा अपने में ऐसी प्रक्रिया है जहाँ परम्परा, परिवेश और व्यक्तित्व, विचार और अनुभव—जो काव्य-रचना के आवश्यक तत्त्व माने जाते हैं—एक दूसरे से टकराते और घुलते-मिलते रहते हैं। यह अवश्य है कि काव्यभाषा, सामान्य भाषा से भिन्न होती है। काव्यभाषा, बिम्बधर्मा होती है। भाषा का आधारभूत रूप रचनाकार समाज से प्राप्त करता है किन्तु काव्य-रचना करते समय वह उसे सर्जनात्मक बनाता है। भाषा का सर्जनात्मक स्तर बिम्ब-विधान की स्थिति में सर्वाधिक विकसित होता है। **बिम्ब** में अर्थ के कई स्तर संश्लिष्ट हो जाते हैं। जीवन के मूल सन्दर्भ काव्य में पहले **प्रतीक** बनकर आते हैं और उसके बाद **बिम्ब** का रूप लेते हैं। प्रतीकों को भाव चित्र या बिम्ब के रूप में 'संघटित करना कवि की सर्जनात्मक क्षमता पर निर्भर है।'' सफल बिम्ब-रचना न होने पर प्रतीक, कथानक रूढ़ि बन जाते हैं और अपनी सर्जनात्मक क्षमता खो देते हैं। डॉ. चतुर्वेदी उदाहरण देकर स्पष्ट करते हैं कि 'चक्रव्यूह' महाभारत का एक विशिष्ट सन्दर्भ है। बहुत समय तक 'चक्रव्यूह' शब्द के साथ महाभारत का पूरा परिवेश—गर्भवती सुभद्रा को व्यूह-रचना की जटिलता समझाना, गर्भस्थ शिशु के

रूप में अभिमन्यु का उसे सुनना आदि—जुड़ा हुआ था। कालान्तर में यह शब्द एक 'प्रतीक' बन गया और इससे मानसिक उलझनों में घिर जाने का अर्थ लिया जाने लगा। इसके बाद 'नई कविता' में 'चक्रव्यूह' जब भाव-चित्र या 'बिम्ब' के रूप में संक्रमित हुआ तो इसका बिम्बार्थ हुआ, ''मृत्यु के भय से युद्ध करता हुआ आधुनिक व्यक्ति-मन'' यहाँ आकर महाभारत के मूल सन्दर्भ से अलग कवि ने स्वयं एक अपना परिवेश निर्मित कर लिया। इस प्रकार सर्जनात्मक काव्यभाषा के विकास का चक्र पूरा हो गया। प्रतीकार्थ काव्यभाषा के विकास का एक स्तर है। इससे अधिक विकसित स्तर **बिम्ब-विधान** का है। यह कई अर्थों के संश्लेष को सघन भाव-चित्रों के माध्यम से व्यक्त करता है। इसका कोई एक सीमित, निर्दिष्ट, पूर्व-स्वीकृत और स्थिर अर्थ नहीं होता। बिम्ब-विधान का महत्त्व, मात्र 'चाक्षुषसंवेदन' के कारण भी नहीं होता। **चाक्षुषसंवेदन बाह्य रूपाकार की 'प्रतीति कराता है जबकि सफल बिम्ब आन्तरिक भाव स्थितियों को भी व्यंजित करता है**। चतुर्वेदी जी के अनुसार, ''चाक्षुष पक्ष यानी कि एक दृश्य प्रतिमा का निर्माण कर सकना वस्तुत: बिम्ब-विधान का एक प्राथमिक और गौण स्तर है। मुख्य बात यह है कि संश्लिष्ट गठन होने के कारण 'बिम्ब' में उसके विभिन्न तत्त्वों के बीच संपर्क और टकराहट से एक द्वन्द्वात्मक (डाइलैक्टिक) प्रक्रिया परिचालित होती है जो अर्थ को विकसनशील बनाती है। इस तरह 'बिम्ब' प्रधानत: और अनिवार्यत: एक अर्थ-संश्लेष है और इसलिए रचना में काव्यभाषा या कि काव्य बनने की मुख्य प्रक्रिया है।'' (सर्जन और भाषिक संरचना, पृ. 48)

भाषा और अनुभूति के अद्वैत को केन्द्र में रखकर समीक्षा के क्षेत्र में सक्रिय डॉ. चतुर्वेदी साहित्य में **संवेदना** को विशेष महत्त्व देते हैं। ये यह मानते हैं कि भाषा और संवेदना की स्थिति संश्लेषणात्मक है और भाषा और संवेदना दोनों का विकास युगपत होता है। संवेदना के विकास-स्तरों को भाषा के विकास-स्तरों के साथ पहचाना जा सकता है। उनकी मान्यता है कि **'चित्तवृत्तियों का संश्लेष ही संवेदन है।'** रचनाकार युग-विशेष की संवेदना को समझकर अपनी रचना में उसे प्रतिबिम्बित करता है। **संवेदना का बदलाव साहित्यिक गुणों के बदलाव का साक्षी होता है**। इसलिए चतुर्वेदी जी साहित्य के विकास के साथ-साथ संवेदना के विकास को रेखांकित करना इतिहासकार के कर्म का आवश्यक अंग मानते हैं। मानवीय संवेदना को सर्जनात्मक अभिव्यक्ति देने के कारण मानव जीवन में भाषा का विशेष महत्त्व है। सच्चाई तो यह है कि मानव की पशु-सुलभ-धरातल से ऊपर उठकर मनुष्य बनने की प्रक्रिया भाषा के आविर्भाव से ही शुरू हुई थी। चतुर्वेदी जी के शब्दों में 'आरम्भिक संवेदनों और सहजवृत्तियों पर निर्भरता से

ऊपर उठा वयस्क मनुष्य भाषा में अपनी चेतना को सदैव सक्रिय पाता है, यहाँ तक कि स्वप्न में भी उससे छुटकारा नहीं। तब क्या हम यह नहीं कह सकते कि **मनुष्य भाषा में जीता है, जीने का अनुभव करता है। और जब तक और जिस सीमा तक भाषा नहीं बनी थी तब तक और उस सीमा तक मनुष्य पशु ही था।''** (सर्जन और भाषिक संरचना, पृ. 17)

चतुर्वेदी जी काव्य की रचना को 'सर्जना' मानते हैं और इसे **उत्पादन** और **सृष्टि** से अलग करते हुए कहते हैं 'उत्पादन' में एकरूपता का भाव है, 'सृष्टि' में 'विशिष्टता' का और 'सर्जन' में 'अद्वितीयता' का यन्त्र से पदार्थों का उत्पादन होता है, सृष्टि जीवधारियों की होती है, और सर्जन कलाओं का होता है।'' (सर्जन और भाषिक संरचना, पृ. 1)

किसी विचार या अनुभव को दूसरे व्यक्ति में इस रूप में संक्रमित करना कि वहाँ उसका नया विकास सम्भव हो, सर्जन-प्रक्रिया का आरम्भिक चरण है। अनुभव या विचार का यह संक्रमण भाषा में ही सम्भव है। इसलिए सर्जन और भाषिक संरचना एक ही प्रक्रिया की दो संज्ञाएँ मानी जा सकती हैं। सर्जन में **अद्वितीयता** के भाव को विशेष महत्त्व देते हुए चतुर्वेदी जी 'अज्ञेय' की काव्य-दृष्टि के निकट पहुँच जाते हैं। **अनुभव की अद्वितीयता** अज्ञेय की काव्य-सम्वेदना का केन्द्र विन्दु है। इसलिए चतुर्वेदी जी यह अनुभव करते हैं कि, **'आधुनिक साहित्य में मानवीय व्यक्तित्व और उसकी सर्जनात्मकता की सबसे गहरी और सार्थक चिन्तना स. ही. वात्स्यायन 'अज्ञेय' के कृतित्व में मिलती है।''** (हिन्दी साहित्य और संवेदना का विकास, पृ. 231) कहना न होगा कि डॉ. चतुर्वेदी की समीक्षा यात्रा के केन्द्र में 'अज्ञेय' का साहित्य है। 'हिन्दी नवलेखन'' (1960 ई.) के रचनाकाल में उन्होंने **आधुनिकता** को समझने और व्याख्यायित करने की कोशिश की थी। डॉ. चतुर्वेदी के अनुसार, 'ऐतिहासिक दृष्टि से हिन्दी कविता में 'आधुनिकता' का प्रवेश 'अज्ञेय' द्वारा सम्पादित 'तारसप्तक'' (1943 ई.) के प्रकाशन के साथ होता है।'' (हिन्दी नवलेखन, पृ. 40) आधुनिकता को परिभाषित करते हुए चतुर्वेदी जी कहते हैं, 'आधुनिकता का प्रश्न अपने आप में बहुत उलझा हुआ है। फिर भी इतना तो कहा ही जा सकता है कि **आधुनिकता एक जड़ स्थिति न होकर विकास की स्थिति है। उसकी प्रकृति सदैव गत्यात्मक रहती है। नवीन परिस्थितियों के सन्दर्भ में अपने आप का संस्कार करना ही आधुनिकता है।** संस्कार करने की यह स्वचेतन प्रक्रिया आरोपित न होकर सहज स्वाभाविक होती है। **आधुनिकता संस्कृति की ग्रहणशीलता तथा विकासोन्मुखता की परिचायक दृष्टि है,** इसीलिए वह

समूची जीवन व्यवस्था को प्रभावित करती है, उसके किसी खंड-विशेष को नहीं। कुल मिलाकर **आधुनिकता एक भविष्योन्मुखी दृष्टि है वर्तमान के सन्दर्भ में।**'' (हिन्दी नवलेखन, पृ. 13)

चतुर्वेदी जी **आधुनिकता** और **समकालीनता** में भेद करते हैं। वे कहते हैं, प्रत्येक युग में आधुनिकता के सूचक उपकरण भिन्न-भिन्न रहे हैं। जो पहले आधुनिकता है, वह शायद आगे न रह सके। दृष्टि में आधुनिकता का यह विकास भविष्य की सम्भावनाओं को ध्यान में रखकर होता है। इसीलिए समसामयिक और आधुनिक में बराबर अन्तर बना रहता है।'' (हिन्दी नवलेखन, पृ. 226)

डॉ. चतुर्वेदी के अनुसार 'नवलेखन'' (मूलत: नई कविता) की तीन प्रधान प्रवृत्तियाँ हैं—आधुनिकता, स्वचेतनता तथा बौद्धिकता। अज्ञेय की प्रसिद्ध कविता—

यह दीप अकेला स्नेह भरा,
है गर्वभरा मदमाता, पर,
इसको भी पंक्ति की दे दो।

को उद्धृत करने के बाद वे कहते हैं, ''अज्ञेय की यह कविता आधुनिकता, स्वचेतनता तथा बौद्धिकता - नई कविता की तीनों प्रधान प्रवृत्तियों की सशक्त अभिव्यक्ति है।'' चतुर्वेदी जी अनुभव करते हैं कि कविता अज्ञेय के लिए आनन्द उपभोग की वस्तु न रहकर जीवन के गहन अर्थों तथा भाव-स्तरों के साथ सम्पृक्त हो गई है। 'अज्ञेय' की उपरोक्त कविता में निहित **व्यक्तित्ववाद** को स्पष्ट करते हुए वे कहते हैं, ''अज्ञेय को व्यक्तिवादी'' (Individualist) कहकर उनका तिरस्कार प्राय: किया गया है, पर ऐसा वे ही कर सके हैं जो अपनी सीमित दृष्टि के कारण व्यक्तिवादी'' (Individualist) तथा 'व्यक्तित्ववादी'' (Personalist) के बीच अन्तर को नहीं समझ सके। अज्ञेय की दृष्टि **व्यक्तित्व को प्रधान मानकर चलती है, ऐसा व्यक्तित्व जो 'गर्वभरा' तथा 'मदमाता' होने पर भी स्वत: 'विसर्जित' है।**'' (हिन्दी नवलेखन, पृ. 45) समग्रत: रचना के स्तर पर आधुनिक होने का प्रयास अज्ञेय का है। इस सूत्र को चतुर्वेदी जी ने कई जगह दुहराया है। वे बलपूर्वक कहते, ''विशिष्ट अर्थ में आधुनिक रचना के जो तत्त्व समझे जाते हैं—स्वचेतनता, बौद्धिकता, गैररोमैटिक वृत्ति और भाषिक सर्जनात्मकता पर बल, जिसके फलस्वरूप मितकथन और अमूर्तन का विकास होता है—इनका आरम्भिक विकास हमें 'अज्ञेय' के कृतित्व में मिलता है। इस दृष्टि से सही अर्थ में आधुनिक रचना की समस्या से सर्जनात्मक स्तर पर जूझने

का हिन्दी साहित्य के इतिहास में पहला महत्त्वपूर्ण उपक्रम अज्ञेय का है।'' (अज्ञेय और आधुनिक रचना की समस्या, पृ. 174-75)

आधुनिक रचना के उपरोक्त तत्त्वों के सामाजिक-सांस्कृतिक आधार का विश्लेषण भी चतुर्वेदी जी ने किया है। उनके अनुसार उन्नीसवीं शती में विज्ञान के विकास ने परम्परागत धार्मिक आस्था को विघटित कर दिया था। बीसवीं शती में दो महायुद्धों ने मानवीय संवेदना को झकझोरकर रख दिया। परम्परागत सारे नैतिक-सांस्कृतिक मूल्य विघटित हो गए। यन्त्र के सामने मनुष्य अपने को बौना समझने लगा है। मृत्यु की विभीषिका ने उसे अपने अस्तित्व के प्रति अधिक चिन्तातुर कर दिया। ईश्वर के प्रति आस्था समाप्त हो गई। **अभी तक नैतिक मूल्यों का स्त्रोत ईश्वर था। अब मनुष्य स्वयं में नैतिक मूल्यों के स्त्रोत का अनुसन्धान करने लगा।** विज्ञान ने हमारी जीवन-दृष्टि को अधिक बौद्धिक बना दिया। **धर्म और ईश्वर के स्थान पर 'व्यापक मानवतावाद'** की प्रतिष्ठा हुई। बौद्धिक चेतना के जागृत होने से 'गैररोमैटिक वृत्ति' विकसित हुई। इस वृत्ति ने अतीत और प्रकृति के सम्मोहन को समाप्त कर दिया, फलस्वरूप **तटस्थ निर्वैयक्तिक** दृष्टि विकसित हुई। रचनाकार के सामने **मानव** और **प्रकृति** के साथ ही **प्रविधि** से भी सामंजस्य स्थापित करने की समस्या उत्पन्न हुई। यन्त्रों के असन्तुलित विकास ने **मनुष्य को पदार्थ बना दिया।** मनुष्य की स्वतन्त्रता दो स्तरों पर सीमित होने की स्थिति में आ गई। राजनीतिक स्तर पर फास्ज़ूमि ने उसे निर्मूल करने की कोशिश की और वैज्ञानिक स्तर पर यान्त्रिकता ने। चतुर्वेदी जी के अनुसार **स्वातन्त्र्य की चेतना अज्ञेय के व्यक्तित्व और जीवन-दृष्टि का केन्द्रीय तत्त्व है।** 'नई कविता' और 'नवलेखन' की पूरी परम्परा इस समस्या से जूझती रही है। राजनीतिक परिवेश को दृष्टि में रखकर विचार करने पर प्रजात की मौलिक मान्यताएँ स्वातन्त्र्य-चेतना के अनुकूल हैं। फासिज़्म, टोटैलिटेरियनिज़्म, अधिनायकवाद तथा एकतन्त्रीय राज्य प्रणालियाँ इसके प्रतिकूल हैं। **'अज्ञेय' साम्यवादी विचारधारा का समर्थन इसीलिए नहीं कर पाते कि 'स्वातन्त्र्य के विभावन' की सीधी टकराहट साम्यवादी विचारधारा से होती है।** बौद्धिकता को चतुर्वेदी जी आज के परिवेश में एक अनिवार्यता मानते हैं। वे कहते हैं, ''आज का मानव जिस परिवेश में प्रतिष्ठित है, उसकी समस्याएँ प्रमुख रूप से बौद्धिक हैं। आवेग, आवेश, उत्साह तथा दया सम्भवत: वर्तमान सन्दर्भ में अनावश्यक से हो चले हैं। लोकतन्त्र की आधारशिला तर्क-पद्धति है। भावुकता, फासिज़्म, टोटैलिटेरियनिज़्म, अधिनायकवाद अथवा एकतन्त्रीय राज्य प्रणालियों के अधिक अनुकूल है। **प्रजातन्त्र को मौलिक मान्यताओं**

से विकसित नई कविता को इसीलिए मूलतः बौद्धिक रहना है।'' (हिन्दी नवलेखन, पृ. 80) बौद्धिकता 'गैररोमैंटिक' प्रवृत्ति को विकसित करती है। अज्ञेय में गैररोमैंटिक वृत्ति का निरन्तर विकास लक्षित किया जा सकता है। इस वृत्ति के विकास से चीजों के प्रति रागात्मक तटस्थता का भाव उत्पन्न हुआ जिसके चलते 'अज्ञेय' को इलियट का **निर्वैयक्तिकता** का काव्य-सिद्धान्त मान्य हुआ। गैररोमैंटिकवृत्ति के विकसित होने से ही आज के रचनाकार की समस्याओं का समाधान नहीं हो जाता। इतिहासमोह, परम्परागत धार्मिक विश्वास, ईश्वर आदि से मुक्त न होकर जब आधुनिक मनुष्य ने स्वयं को सारे नैतिक मूल्यों के मौलिक स्रोत के रूप में प्रतिष्ठित किया तो स्वभावतः उसका दायित्वबोध बढ़ गया। वह अपने विषय में गहन चिन्तन में लीन हुआ। आणविक अस्त्रों के खतरे ने भी मनुष्य को अपने अस्तित्व और उसकी सार्थकता के विषय में बुनियादी ढंग से सोचने के लिए विवश किया। फलस्वरूप आधुनिक साहित्य में **स्वचेतनता** की प्रवृत्ति बढ़ी। इस प्रकार **स्वचेतना** और **निर्वैयक्तिकता** के बीच एक प्रकार की टकराहट उत्पन्न हुई। चतुर्वेदी जी के शब्दों में **'आधुनिकयुग में उत्तरोत्तर बढ़ती हुई 'स्वचेतनता' की प्रतिक्रिया में रक्षात्मक कवच के रूप में लेखक ने निर्वैयक्तिकता विकसित की है**—और इन दोनों वृत्तियों का द्वन्द्व आधुनिक कला की शक्ति का मुख्य उत्स है और यह द्वन्द्व ही पूरी रचना में कलात्मक संघटन और तनाव उत्पन्न करता है।'' (अज्ञेय और आधुनिक रचना की समस्या, पृ. 175) यूरोप में **स्वचेतनता** की प्रवृत्ति ने **अस्तित्ववादी** दर्शन को जन्म दिया। **अस्तित्ववाद** 'क्षण' की वास्तविकता को महत्त्व देता है। जीवन को अनुभूति दे सकनेवाले प्रत्येक क्षण का महत्त्व उसे मान्य है। अज्ञेय ने **क्षणवाद** को विशेष महत्त्व दिया है। 'नदी के द्वीप' में रेखा कहती, ''मेरे लिए काल का प्रवाह भी प्रवाह नहीं है, केवल क्षण और क्षण का योगफल है—मानवता की तरह ही काल-प्रवाह भी मेरे निकट युक्तिसत्य है, वास्तविकता क्षण ही की है। क्षण सनातन है।' **अस्तित्ववाद** की दूसरी महत्त्वपूर्ण मान्यता **मृत्यु के सन्त्रास** की है। अज्ञेय इसको स्वीकार नहीं करते। वे नहीं मानते कि मृत्यु का सन्त्रास पूरे जीवन को अनर्थक बना देता है। उनकी मान्यता है कि **नश्वरता का भाव ही जीवन को सर्जनात्मक, रसमय और सार्थक बनाता है**। इस प्रकार अज्ञेय के रचनाकार व्यक्तित्व में पश्चिम और पूर्व का सामंजस्य लक्षित होता है। चतुर्वेदी जी के शब्दों में, ''एक ओर काल की अनन्त असीम भारतीय परिकल्पना को छोड़कर अस्तित्ववादी क्षण को महत्त्व देना है और दूसरी ओर अस्तित्ववादी निरर्थकता के 2. संकट से ऊपर उदू कर नश्वरता को सर्जनात्मकता का प्रेरक

तत्त्व मानते हुए आस्था की भारतीय दृष्टि का आख्यान है, यों अज्ञेय के व्यक्तित्व में पूर्व और पश्चिम बड़े सहज भाव से, पूरे आत्मसम्मान और निष्ठा के साथ सम्पृक्त हुए हैं।'' (अज्ञेय और आधुनिक रचना की समस्या, पृ. 95) चतुर्वेदी जी 'नवलेखन' के सन्दर्भ में बाह्य- प्रभाव की बात स्वीकार नहीं करते। वे कहते हैं—''समस्त नए साहित्य का अध्ययन विदेशी प्रभावों के रूप में न होकर एक अन्तरराष्ट्रीय स्थिति के रूप में होना चाहिए। बीसवीं शती के पूर्वार्द्ध में यूरोप, अमेरिका तथा एशिया के कुछ भागों की समस्या एक सी रही हैं। औद्योगिकता की प्रवृत्ति, महायुद्ध की विभीषिका, एक व्यापक शंका का वातावरण और मानवीय व्यक्तित्व के खतरे, विज्ञान के नए चरण, धार्मिकता का विघटन और आस्थाहीनता, समाजवादी प्रजातन्त्र का उदय तथा एक व्यापक मानववाद में आस्था का पुन: स्थापन—आधुनिक इंडो-यूरोपीय संस्कृति के विकास के पद-चिह्न हैं।'' (हिन्दी नवलेखन, पृ. 212) इसी सांस्कृतिक परिवेश में **संवेदनात्मक सूक्ष्मता, रागात्मक तटस्थता और बौद्धिकता तथा लोक सम्पृक्ति के तत्त्वों का विकास हुआ है। इसलिए ये तत्त्व अन्तरराष्ट्रीय कहे जा सकते हैं।** चतुर्वेदी जी की 'दृष्टि में अंग्रेजी 'न्यूराइटिंग' और 'हिन्दी नवलेखन' दोनों के सन्दर्भ का नहीं हैं। अंग्रेजी 'न्यूराइटिंग' की पृष्ठभूमि में यान्त्रिक और युद्धप्रिय संस्कृति है जबकि, ''हिन्दी नवलेखन' मुख्यत: आर्थिक और सामाजिक विषमता तथा व्यक्तित्व के विघटन का आख्यान है।''

'अज्ञेय' के अतिरिक्त चतुर्वेदी जी ने 'प्रसाद' और 'निराला' का भी विस्तृत मूल्यांकन किया है।'प्रसाद-निराला-अज्ञेय'' (1989 ई.) उनकी चर्चित कृति है। इसी में उन्होंने 'मुक्तिबोध' की प्रसिद्ध रचना **अँधेरे में** की भी समीक्षा की है। इस सन्दर्भ में यह ध्यान देने की बात है कि डॉ. चतुर्वेदी ने 'प्रसाद', 'निराला', 'अज्ञेय' और 'मुक्तिबोध', आधुनिक हिन्दी-साहित्य के इन चारों महान कवियों को एक बिन्दु पर जोड़ने की कोशिश की है। 'निराला' की अप्रतिम रचना **राम की शक्तिपूजा** और 'अज्ञेय' की प्रख्यात रचना **असाध्यवीणा** दोनों के अन्तिम अंश उद्धृत करने के बाद वे कहते हैं, ''आत्मदान के माध्यम से 'शक्तिपूजा' के राम शक्ति-साधन करते हैं और आत्मदान के ही माध्यम से असाध्यवीणा का कलावन्त 'वीणों' को साधता है। यही शक्ति और सृजन के रहस्य का साक्षात्कार है।'' (प्रसाद, निराला अज्ञेय, पृ. 91)

चतुर्वेदी जी कहना चाहते हैं कि 'निराला' के राम शताब्दियों से पराधीन और पिछड़े भारतीयों में पुन: सौन्दर्य, उल्लास और शक्ति की चेतना जागृत करने के लिए शक्ति की आराधना करते हैं और आत्मदान के द्वारा शक्ति को

अपने भीतर जागृत करते हैं। यह शक्ति, सृजन-शक्ति है। कवि को नहीं भारत का सृजन करना है इसीलिए वह शक्ति की दृढ़ आराधना उस सीमा तक करता है जहाँ दोनों का अभेद हो जाता है। 'अज्ञेय' के सामने भी केन्द्रीय प्रश्न सृजन का ही है। **यन्त्र और सर्वसत्तावाद के आतंक में फँसे मानवीय व्यक्तित्व को सर्जनात्मकता की दिशा में गतिशील करना उनका भी लक्ष्य है।** इसके लिए वे भी आत्मदान के द्वारा असाध्यवीणा को साधते हैं। वीणा तभी सधती है **जब वे 'सब कुछ की तथता' से अद्वैत स्थापित कर लेते हैं। वीणा का सधना सर्जनात्मक शक्ति का लब्ध होना ही है।** चतुर्वेदी जी के अनुसार मुक्तिबोध की लम्बी कविता 'अँधेरे में' भी रचना-शक्ति की खोज का आख्यान है। वे कहते हैं—''अँधेरे में' के लम्बे खंडों में कवि की समस्या है **समाज के उत्थान-पतन और आन्दोलनों के बीच अपनी रचना के प्रेरक तत्त्वों का अभिज्ञान और उनकी बनावट की पहचान।**'' (प्रसाद, निराला, अज्ञेय, पृ. 111)

कविता के अन्त में कवि ने जिस '**खोई हुई परम अभिव्यक्ति अनिवार आत्म सम्भवा**' के खोजने की बात कही है **वह उसकी सर्जनात्मक शक्ति है।** 'अँधेरे में' और 'असाध्यवीणा' की तुलना करते हुए चतुर्वेदी जी कहते हैं, ''कवि की अनखोजी रही 'परम अभिव्यक्ति' जिसे कवि गुरु स्थानीय मानता है, 'मैं उसका शिष्य हूँ। वह मेरा गुरु हैं"—शक्ति का वह विराट रूप है जो गुहा से निकलकर भीड़ में मिल जाता है, और जहाँ से कवि की खोज फिर शुरू होती है—ख़ोजता...पठार...पहाड़ समुन्दर। दोनों कविताओं की वस्तु और विधान ही नहीं उनके शीर्षक भी सर्जन-प्रक्रिया के अन्वेषण को संकेतित करते हैं। **अँधेरे में सृजन का आवश्यक परिवेश और सन्दर्भ है।** 'असाध्यवीणा' को साधने के क्रम में कलाकार भी अपने को '**सघननिविड़' में उतारता है।** अन्दर और बाहर की अन्तर- प्रक्रिया इन दोनों लम्बी कविताओं में रचनात्मकता का उत्स है।'' (प्रसाद, निराला, अज्ञेय, 115) 'प्रसाद' के सामने भी मुख्य समस्या सर्जनात्मक शक्ति के विकास की 'है। 'कामायनी' में काम शाप देता है कि मानवीय सृष्टि मरणशील होगी। देव-सृष्टि अजर-अमर थी। मानवीय सृष्टि आरम्भ में ही मृत्यु के लिए अभिशप्त हो गई। 'प्रसाद' के मनु इस चुनौती को स्वीकार करते हैं। वे मनुष्य में प्रेम और सर्जनात्मक शक्ति को विकसित करके मरणशीलता के शाप को वरदान में बदल देते हैं चतुर्वेदी जी के अनुसार, '**बुनियादी तौर पर ये दोनों प्रक्रियाएँ भी एक दूसरे से जुड़ी हुई हैं।** मनुष्य मृत्यु पर विजयी होता है अपने प्रेम से और अपनी रचना में जो स्थूल स्तर पर उसकी सन्तान हैं और सूक्ष्म स्तर पर दर्शन, विज्ञान, साहित्य तथा कलाएँ हैं। यों अभिशाप को काव्य-नियति के

रूप में बदल लिया जाना 'कामायनी' की वस्तु का एक प्रधान तत्त्व है। मनुष्य **अपनी मरणशीलता को सर्जनात्मक शक्ति के प्रेरक-तत्त्व के रूप में स्वीकार करता है।**'' (प्रसाद, निराला, अज्ञेय, पृ. 113)

चतुर्वेदी जी ने '**कविता यात्रा**', **नई कविताएँ एक साक्ष्य, हिन्दी - नवलेखन तथा हिन्दी साहित्य और संवेदना का विकास** आदि कृतियों में अन्य नए कवियों का भी मूल्यांकन किया है। इस मूल्यांकन में उन्होंने नवलेखन के आधारभूत तत्त्वों—**आधुनिकता, स्वचेतनता, मानवीयनियति, बौद्धिकता, भाषिक सर्जनात्मकता** आदि के अतिरिक्त अलग-अलग रचनाकारों की निजी विशेषताओं को भी रेखांकित 'किया है। उदाहरण के लिए, ''जीवन के कटुतम संघर्षों को लेकर उन्हें कविता में एकदम तरल बना सकना **शमशेरबहादुर सिंह** के काव्य-व्यक्तित्व की पहचान है।'' ''इतिहास और संस्कृति की परतों में औसत भारतीय जीवन आज कितना पाखंडी हो गया है, इसको कवि (सर्वेश्वर दयाल सक्सेना) उधार देना चाहता है।'' ''मनुष्य जीवन की नियति को उसके समूचे विस्तार में देखना और प्रासंगिक बनाए रखना **रघुवीर सहाय** के कवि-कर्म का केन्द्रीय तत्त्व है।' मानवीय नियति की सार्थकता का प्रश्न बड़े संगत भाव से **कुँवरनारायण** ने 'आत्मजयी' में उठाया है।'' अन्धायुग बनाम आस्था— पूरी रचना (**भारती** के अन्धायुग) का संघर्ष यही है। अँधेरे की शक्तियों से जूझने का उपक्रम अपने-अपने ढंग से **निराला** में है, **मुक्तिबोध** में है, भारती में है।" ''**केदारनाथ सिंह** काव्य-विकास के अपने हर दौर में वस्तु के स्तर पर जीवन से जुड़े रहे हैं और विधान के स्तर पर 'निम्ब' से।'' ''तीखेपन और व्यंग्य-विद्रूप के रचने की क्षमता **श्रीकान्त वर्मा** की विशेषता है।'', ''मानवीय प्रणय और सामाजिक इतिहास की शक्तियों तथा उनकी अन्तरक्रिया को सूफी सन्तों जैसी सांकेतिक रहस्य-शैली में व्यक्त करना **साही** (विजयदेवनारायण साही) की विशेषता है।'' ''साधारण जन और साधारण प्रकृति का साहचर्य **केदारनाथ अग्रवाल** की काव्य-क्षमता का मुख्य स्रोत है।" चतुर्वेदी जी द्वारा अलग-अलग कवियों का यह वैशिष्ट्य- निदर्शन आचार्य शुक्ल की याद दिलाता है।

परिवर्तन को सहज और **विकास** को प्रयत्न-साध्य तथा **आधुनिकता** को स्वचेतन प्रयत्न माननेवाले चतुर्वेदी जी ने नवलेखन के बाद युवा-लेखन के दौर पर भी विचार किया है। चतुर्वेदी जी के अनुसार 'युवालेखन' में 'नवलेखन' की स्वचेतनता के प्रति विरोधी प्रतिक्रिया हुई है। इस पीढ़ी की रचना के मूल में **विक्षोभ, आक्रोश** और **विद्रोह** का भाव प्रेरक रहा है। यह विद्रोह अपरिभाषित रहा है । युवालेखन की एक धारा अकवितावादियों की रही है। इनका विद्रोह

यौन-जीवन के प्रचलित रूपों के विरुद्ध सीधी-अभिव्यक्ति के रूप में प्रकट हुआ है। इसलिए इसकी परिणति अश्लीलता में हुई है। सीधी अभिव्यक्ति के बाद '**सपाटबयानी** का दौर चला। इसकी शुरुआत **धूमिल** से हुई। **राजकमल चौधरी** ने भी सपाटबयानी को महत्त्व दिया किन्तु वे अकविता-आन्दोलन से जुड़कर यौन-जीवन के चित्रण को महत्त्व देने लगे। **धूमिल** ने बराबर **सामाजिक-यथार्थ** के विविध पक्षों को महत्त्व दिया। उनकी तल्खी और चुस्त मुहावरेदानी ने नई पीढ़ी को प्रभावित किया। धूमिल के साथ **लीलाधर जगूड़ी** का नाम लिया जा सकता है। इनमें भी तल्खी और बेचैनी का वही स्वर मिलता है जो धूमिल में है। सपाटबयानी के साथ युवा-कवियों ने **व्यंग्य** को विशेष महत्त्व दिया। व्यंग्य की प्रवृत्ति नई कविता में भी थी किन्तु वहाँ वह एक उपकरण मात्र थी। नई पीढ़ी ने उसे पूरे विधान के केन्द्र में रख दिया। चतुर्वेदी जी के अनुसार, "**युवापीढ़ी यथार्थ के बहुआयामी और बहुस्तरीय रूप को न समझकर यथार्थ के अतिसरलीकरण पर उतर आई है।**' उनका निष्कर्ष है कि यह सब समकालीन जीवन में राजनीति के बेअनुपात महत्त्वशाली होते जाने की परिणतियाँ हैं।" (हिन्दी साहित्य और संवेदना का विकास, पृ. 319)

कविता की स्वायत्तता को सर्वोपरि माननेवाले चतुर्वेदी जी उसके प्रदूषित होने के खतरे से भी चिन्तित हैं। उनकी दृष्टि में आज कविता को एक ओर **विचारधारा, राजनीति** और **संचार-साधन** के संयुक्त मोर्चे से खतरा है, दूसरी ओर **क्रमशः बढ़ती हुई यान्त्रिकता से**। दोनों ने मिलकर एक तरह के सांस्कृतिक प्रदूषण की प्रक्रिया आरम्भ कर दी है। इस सांस्कृतिक प्रदूषण को दूर करना कविता का दायित्व है। वे कहते हैं— "**संस्कृति का प्रदूषण दूर करना कविता का दायित्व है और कविता की रक्षा करना संस्कृति का।** यह अन्तरक्रिया सांस्कृतिक स्तर का ऋत है और कविता का पक्ष, जिसे आधुनिक मनुष्य को समझना और स्वीकार करना है।" (कविता का पक्ष, पृ. 80)

हिन्दी में गद्य की अपनी कोई निजी सत्ता न माननेवाले डॉ. चतुर्वेदी आधुनिक हिन्दा-साहित्य में **गद्य-विधाओं के विकास से कतई सन्तुष्ट नहीं हैं।** वे चिन्तित हैं कि रचना के क्षेत्र में सूचनात्मक गद्य छाया हुआ है। उन्हें वर्णन और अनुभव की तरलता का सही अनुपात **महादेवी, हजारीप्रसाद द्विवेदी, अज्ञेय** और **शमशेर** के गद्य में ही (एक सीमा तक) दिखाई पड़ता है। कथा-साहित्य में सूक्ष्म और जटिल अनुभव को सम्प्रेषित करने की प्रक्रिया का विकास नहीं हो पा रहा है। कथाकार **यथार्थ को रचने** और **सम्प्रेषित** करने की समस्या से कतराकर **यथार्थ की प्रस्तुति** करने में जुटे हैं। इसलिए पूरा **कथा साहित्य असमय वृद्ध**

हो गया है। उपन्यास के क्षेत्र में **प्रेमचन्द, जैनेन्द्र, अज्ञेय, रेणु, यशपाल, अमृतलाल नागर** और **हजारीप्रसाद द्विवेदी** के बाद कोई नई सम्भावना नहीं दिखाई देती। इनमें भी सूक्ष्म संवेदना के विकास की दृष्टि से हम अज्ञेय तक आकर रुक गए हैं। नाटकों के क्षेत्र में भी **प्रसाद, भुवनेश्वर, जगदीशचन्द्र माथुर, लक्ष्मीनारायण लाल** और **मोहन राकेश** के बाद सर्जनात्मक विकास अवरुद्ध सा हो गया है। चिन्तन के गद्य की स्थिति भी उत्साहवर्धक नहीं है। नए अकाल्पनिक मद्य-वृत्तों— संस्मरण, रेखाचित्र, यात्रावृत्त, डायरी आदि—का विकास इतिवृत्त से अनुभव की ओर अवश्य हुआ है। और इनमें भाषा के हलके सर्जनात्मक संवेदनशील रूप को लक्षित किया जा सकता है किन्तु इनसे गद्य-साहित्य रचना के स्तर पर बहुत समृद्ध हुआ हो, ऐसा नहीं कहा जा सकता। हिन्दी का आलोचनात्मक गद्य भी सूक्ष्म चिन्तन से हटकर वर्गीकरणों की भीड़ में खो गया है। सब मिलाकर **आधुनिक हिन्दी गद्य अपनी निजी पहचान नहीं बना सका** है।

हिन्दी-साहित्य की वर्तमान स्थिति से भी चतुर्वेदी जी सन्तुष्ट नहीं हैं। युवा लेखन न कविता के क्षेत्र में सन्तुष्ट कर सका है, न गद्य-रचना के क्षेत्र में। यह अकारण नहीं है कि 'हिन्दी साहित्य और संवेदना का विकास' का अन्त उन्होंने आचार्य शुक्ल, प्रसाद, तुलसीदास, मैथिलीशरण गुप्त और प्रेमचन्द को याद करते हुए किया है। भाषा और अनुभूति के अद्वैत को सर्जनात्मकता की चरम निष्पत्ति माननेवाले डॉ. चतुर्वेदी अपने विवेचन-क्रम में भाषिक-विश्लेषण की सीमाओं में ही उलझकर नहीं रह जाते। वे काव्य-भाषा के जटिल विकास-क्रम—सन्दर्भ-प्रतीक-भाव-चित्र (बिम्ब)-मितकथन अमूर्तन को निरन्तर ध्यान में रखते हुए भाषिक विश्लेषण द्वारा रचना में निहित केन्द्रीय सन्दर्भ तक पहुँचने की पूरी कोशिश करते हैं। उन्होंने 'निराला', 'प्रसाद', 'अज्ञेय', 'मुक्तिबोध' की समीक्षा करते हुए उनकी **काव्यभाषा** की विशेषताओं को निर्दिष्ट करने के साथ ही उनकी रचनाओं में अन्तर्निहित **समकालीन राष्ट्रीय सन्दर्भों, व्यक्तिगत जीवन- संघर्षों, व्यापक मानवीय मूल्यों एवं सांस्कृतिक टकराहटों तथा सृजन की केन्द्रीय प्रेरक संवेदना को भी स्पष्ट किया है।** यह अवश्य है कि सर्जनात्मक विकास की चरम निष्पत्ति को समीक्षा के केन्द्र में रखने के कारण डॉ. चतुर्वेदी की समीक्षाभूमि कुछ संकुचित हो गई है। समीक्षा -भूमि का यह संकोच गद्य-रचनाओं के मूल्यांकन में साफ लक्षित होता है। चतुर्वेदी जी ने उपन्यास की समीक्षा में काव्यभाषा की तरह कथा-भाषा का प्रश्न उठाया है। वे कहते हैं, **''वर्णन की परिस्थिति स्थूल भाषा और नई कविता की अमूर्त**

और विरूपीकृत भाषा को एक रचना-विधान में कैसे संघटित किया जाए जिससे दोनों के बीच न जोड़ दिखाई दे और न दरार हो, यही आधुनिक उपन्यास की मूल समस्या है।'' (हिन्दी साहित्य और संवेदना का विकास, पृ. 319) इस प्रकार डॉ. चतुर्वेदी ने उपन्यास की समस्या को भाषा की समस्या का पर्याय मान लिया है। और तब वे अनुभव करते हैं कि नए उपन्यासकारों में **डॉ. देवराज, नरेश मेहता, लक्ष्मीकान्त वर्मा, प्रभाकर माचवे, रघुवंश, कृष्ण बलदेव वैद, विपिनकुमार अग्रवाल और गंगाप्रसाद विमल** ने ही वर्णन की स्थूल भाषा से ऊपर उठने का प्रयत्न किया है। कहना न होगा कि डॉ. चतुर्वेदी की कसौटी पर खरे उतरनेवाले उपरोक्त उपन्यासकारों में किसी को भी अन्य समीक्षकों ने श्रेष्ठ उपन्यासकारों की श्रेणी में नहीं रखा है। वस्तुत: **भाषा और अनुभूति का अद्वैत** कविता में भले सध जाए **उपन्यास में उसको साधना कठिन है।** उपन्यास में रचनाकार को अपनी संवेदना का इतना विस्तार करना पड़ता है कि वह पूरे समाज का एक संघटित संश्लिष्ट चित्र अनुभव की भाषा में प्रस्तुत कर सके। वर्णन की स्थूलता का अतिक्रमण 'अज्ञेय' के 'नदी के द्वीप' में भी किया गया है। किन्तु इस अतिक्रमण का या यों कहिए कि भाषा और अनुभूति के अद्वैत को साधने की प्रक्रिया का परिणाम यह हुआ है कि **'नदी के द्वीप' अपनी अद्वितीयता के बावजूद एक प्रणय कथा बनकर रह गया है।** अपनी नवीनतम कृति 'हिन्दी गद्य विन्यास और विकास' में भी चतुर्वेदी जी ने अच्छे गद्य की अपनी पूर्व अवधारणा को और पुष्ट किया है। 'गद्य की निष्पत्ति' को रेखांकित करते हुए वे कहते हैं, ''इस आधुनिक काल की चरम परिणतियों में एक है कविता के क्षेत्र में गद्य का संक्रमण—'गद्य कविता'; ××× यहाँ 'अज्ञेय' की 'आत्मनेपद' उक्ति को एक बार फिर स्मरण कर लेना संगत होगा,'' अच्छा गद्य पढ़ने में मुझे अनिर्वचनीय आनन्द मिलता है, ''यहाँ स्पष्ट ही महत्त्वपूर्ण है गद्य न कि उपन्यास कहानी-नाटक-निबन्ध में बँटे काव्यरूप।" कहना न होगा कि कविता के क्षेत्र में संक्रमित गद्य निश्चय ही कविता के प्रकृत स्वभाव को आत्मसात करेगा। चतुर्वेदी जी ने यह स्वीकारा है कि 'गद्य कविता' में **गद्य के विधान में कविता पूरी तरह बनी रहती है।** कविता को पूरी तरह बनाए रखने अर्थात् सर्जनात्मकता के उच्चतर स्तर के सम्पूर्ण निर्वाह के प्रयत्न में **गद्य-विधान की अन्तर्वस्तु के संकोच का खतरा भी बना रहता है।** शायद इसी कारण 'कुल्लीभाट' और 'बिल्लेसुर बकरिहा' जैसी कृतियों के सर्जक 'निराला' भी चतुर्वेदी जी के यहाँ विशिष्ट गद्यकारों में स्थान नहीं पा सके। यदि रचना जीवन के अर्थ का विस्तार है तो अच्छा गद्य इस अर्थ-विस्तार की संश्लिष्ट अभिव्यक्ति

बनकर ही अपनी सत्ता का अहसास करा सकेगा। कुछ भी हो, **भाषा और अनुभूति के अद्वैत के प्रतिमान** के आधार पर नए साहित्य का मूल्यांकन करके डॉ. चतुर्वेदी ने नई समीक्षा को प्रतिष्ठित करने में महत्त्वपूर्ण योगदान किया है। इसे अस्वीकार नहीं किया जा सकता।

अपनी समीक्षा-यात्रा में डॉ. चतुर्वेदी ने **अस्तित्ववाद, अतियथार्थवाद, प्रयोगवाद, व्यक्तिवाद, नवमानवतावाद, आधुनिकता, लघुमानव, क्षणवाद, निर्वैयक्तिकता, सृजनात्मक रहस्यवाद, संवेदना, संवेदनात्मक संघात, भाषिक सर्जनात्मकता, अनुभव की अद्वितीयता, प्रतीक, अभिप्राय, संश्लिष्टभाव-चित्र, (बिम्ब), अमूर्तन, गद्य कविता** आदि पारिभाषिक शब्दों का प्रयोग किया है। आलोचना की परम्परित शब्दावली का प्रयोग आपने कम किया है। **ध्वनि, रस, सहृदयता, साधारणीकरण, अप्रस्तुत विधान** जैसे शब्दों का प्रयोग करते हुए आपने यह स्पष्ट करना चाहा है कि ये **शब्द अब सन्दर्भच्युत हो गए हैं**। डॉ. चतुर्वेदी के प्रिय पारिभाषिक शब्द हैं—**सर्जनात्मकता, संवेदना, संश्लिष्ट भावचित्र** या **बिम्ब** तथा **विभावन** । इनकी प्रियता का कारण है। आधुनिक अस्तित्ववादी चिन्तन ने जो मृत्यु का आतंक उत्पन्न करके जीवन को अनर्थक बना दिया है उससे बचने के लिए **सर्जनात्मकता** अनिवार्य है। **संवेदन** चित्तवृत्तियों का वह संश्लेष है जो युग परिवर्तन के साथ बदलता रहता है। इसलिए साहित्य के विकास के साथ-साथ संवेदना के विकास को रेखांकित करना साहित्य के इतिहासकार के लिए आवश्यक है। **संश्लिष्ट भावचित्रों** या **बिम्बों** की भाषा ही वास्तविक काव्यभाषा है। काव्यभाषा ही वह आधार है जिसके सहारे कविता के संघटन को समझा जा सकता है। **बिम्ब-विधान** का विश्लेषण भारतीय काव्य शास्त्र में नहीं हुआ है। इसलिए तात्त्विक विश्लेषण और व्यावहारिक मूल्यांकन दोनों स्तरों पर **बिम्बविधान** को महत्त्व देना नए समीक्षक का कर्तव्य है। **विभावन** शब्द अपने आप में अत्यन्त प्राचीन है। इसका अर्थ है—**प्रत्यक्षज्ञान**, निश्चय, विवेक, निर्णय, विचार-विमर्श, गवेषण, प्रत्यय आदि। डॉ. चतुर्वेदी ने इसमें अंग्रेजी के **कान्सेप्ट** का अर्थ सम्पृक्त कर दिया है और इसे नई मर्यादा प्रदान कर दी है। आपके अनुसार **लक्षणा, व्यंजना प्राचीन साहित्यशास्त्र के विभावन हैं**। इसी प्रकार **प्रतीक** तथा **भावचित्र नव्यसमीक्षा के विभावन है**। डॉ. चतुर्वेदी ने 'विभावन' शब्द का खूब प्रयोग किया है। 'लोकमंगल' का 'विभावन', 'संश्लिष्टचित्रण का विभावन', 'गद्य का विभावन', 'राष्ट्रीयता का विभावन' इस प्रकार के अनेक प्रयोग उनकी समीक्षा में देखे जा सकते हैं। डॉ. चतुर्वेदी ने आचार्य शुक्ल द्वारा प्रयुक्त 'लोकमंगल' और

'संश्लिष्टचित्र' इन दो विशिष्ट पारिभाषिक शब्दों में **संश्लिष्टचित्र** को अधिक महत्त्व दिया है। ऐसा लगता है कि उन्होंने हिन्दी नव्य-समीक्षा को आचार्य शुक्ल की परम्परा से जोड़ने के लिए इस आधार सूत्र का विवेक और निष्ठा के साथ प्रयोग किया है। उनके अनुसार आचार्य शुक्ल की आलोचना-प्रक्रिया को समझने के लिए केन्द्रीय शब्दावली है— **संश्लिष्टचित्रण** और **लोकमंगल।** हिन्दी-समीक्षा के इतिहास में 'लोकमंगल' की चर्चा अधिक हुई, 'संश्लिष्टचित्रण' की कम, कदाचित इस कमी को पूरा करने के लिए चतुर्वेदी जी ने **संश्लिष्टचित्रण को संश्लिष्ट मावचित्र** या **बिम्ब-विधान** के रूप में विकसित किया और इसे अपनी समीक्षा के केन्द्र में प्रतिष्ठित किया। सब मिलाकर डॉ. चतुर्वेदी ने अपनी समीक्षा यात्रा में **भाषा और अनुभूति के अद्वैत को पूरी निष्ठा से प्रतिष्ठित किया है** और इस अद्वैत को ही सर्जनात्मकता की चरम निष्पत्ति प्रमाणित किया है।

परिशिष्ट

सहायक ग्रन्थ

भारतेन्दु समग्र : भारतेन्दु हरिश्चन्द्र : प्रथम संस्करण : 1987 ई.

रणधीर प्रेममोहिनी : लाला श्रीनिवासदास : 1878 ई.

हिन्दी गद्य के निर्माता : पं. बालकृष्ण भट्ट : 1958 ई.

प्रतापनारायण मिश्र की हिन्दी गद्य को देन : डॉ. शान्तिप्रकाश वर्मा : 1970 ई.

प्रेमघन सर्वस्व (द्वितीय भाग) : बदरीनारायण चौधरी 'प्रेमघन' : 1950 ई.

हरिश्चन्द्र : शिवनन्दन सहाय : 1975 ई.

गोस्वामी तुलसीदास : शिवनन्दन सहाय : 1961 ई.

हिन्दीनवरत्न : मिश्रबन्धु : 1975 ई.

मिश्रबन्धुविनोद (भाग 2) : मिश्रबन्धु : 1975 ई.

रसज्ञरंजन : महावीरप्रसाद द्विवेदी : आठवा संस्करण : 2006 वि.

देव और बिहारी : कृष्णविहारी मिश्र : चतुर्थ संस्करण : 1949 ई.

मतिराम ग्रन्थावली (भूमिका) : कृष्णबिहारी मिश्र : 1949 ई.

बिहारी और देव : लाला भगवानदीन : 1926 ई.

बिहारी सतसई : पद्मसिंह शर्मा : 1967 ई.

साहित्यलोचन : बाबू श्यामसुन्दरदास : तेरहवाँ संस्करण : 1959 ई.

चिन्तामणि (प्रथम भाग) : आचार्य रामचन्द्र शुक्ल : 1957 ई.

चिन्तामणि (द्वितीय भाग) : आचार्य रामचन्द्र शुक्ल : 1957 ई.

चिन्तामणि (भाग 3) : आचार्य रामचन्द्र शुक्ल : 1983 ई.

रसमीमांसा : आचार्य रामचन्द्र शुक्ल : 1964 ई.

गोस्वामी तुलसीदास : आचार्य रामचन्द्र शुक्ल : 1976 ई.

सूरदास : आचार्य रामचन्द्र शुक्ल : 1973 ई.

हिन्दी साहित्य का इतिहास : आचार्य रामचन्द्र शुक्ल : 1948 ई.

आधुनिक साहित्य : नन्ददुलारे वाजपेयी : पंचम संस्करण : 1974 ई.

नया साहित्य : नए प्रश्न : नन्ददुलारे वाजपेयी : द्वितीय संस्करण : 1959 ई.

महाकवि सूरदास : नन्ददुलारे वाजपेयी : 1976 ई.

हिन्दी साहित्य बीसवीं शताब्दी : नन्ददुलारे वाजपेयी : 1983 ई.

आधुनिक साहित्य : सृजन और समीक्षा : नन्ददुलारे वाजपेयी : प्रथम संस्करण : 1978 ई.

नई कविता : नन्ददुलारे वाजपेयी : 1976 ई.

राष्ट्रीय साहित्य तथा अन्य निबन्ध : नन्ददुलारे वाजपेयी : 1965 ई.

आस्था के चरण : डॉ. नगेन्द्र : द्वितीय संस्करण : 1980 ई.

डॉ. नग्रेन्द्र के श्रेष्ठ निबन्ध : सं. भारतभूषण अग्रवाल : प्रथम संस्करण : 1962 ई.

रस-सिद्धान्त : डॉ. नगेन्द्र : द्वितीय संस्करण : 1969 ई.

अर्ध कथा : डॉ. नगेन्द्र : प्रथम संस्करण : 1988 ई.

नए समीक्षा : नए सन्दर्भ : डॉ. नगेन्द्र : द्वितीय संस्करण : 1974 ई.

शैलीविज्ञान : डॉ. नगेन्द्र : प्रथम संस्करण : 1980 ई.

मिथक और साहित्य : डॉ. नगेन्द्र : प्रथम संस्करण : 1979 ई.

साहित्य का समाजशास्त्र : डॉ. नगेन्द्र : प्रथम संस्करण : 1982 ई.

आधुनिक हिन्दी कविता की मुख प्रवृत्तियाँ : डॉ. नगेन्द्र : पंचम संस्करण : 1999 ई.

सुमित्रानन्दन पन्त : डॉ. नगेन्द्र : 1957 ई.

रीतिकाव्य की भूमिका : डॉ. नगेन्द्र : 1950 ई.

साकेत : एक अध्ययन : डॉ. नगेन्द्र : 1980 ई.

कामायनी के अध्ययन की समस्याएँ : डॉ. नगेन्द्र : 1987 ई.

आधुनिक हिन्दी नाटक : डॉ. नगेन्द्र : 1950 ई.

भारतीय सौन्दर्यशास्त्र की भूमिका : डॉ. नगेन्द्र :

हजारीप्रसाद द्विवेदी ग्रन्थावली तीन : हजारीप्रसाद द्विवेदी : प्रथम संस्करण : 1981 ई.

हजारीप्रसाद द्विवेदी ग्रन्थावली पाँच : हजारीप्रसाद द्विवेदी : 1981 ई.

हजारीप्रसाद द्विवेदी ग्रन्थावली सात : हजारीप्रसाद द्विवेदी : 1981 ई.

हजारीप्रसाद द्विवेदी ग्रन्थावली आठ : हजारीप्रसाद द्विवेदी : 1981 ई.

हजारीप्रसाद द्विवेदी ग्रन्थावली नौ : हजारीप्रसाद द्विवेदी : 1981 ई.

हजारीप्रसाद द्विवेदी ग्रन्थावली दस : हजारीप्रसाद द्विवेदी : 1981 ई.

मध्यकालीन बोध का स्वरूप : हजारीप्रसाद द्विवेदी : प्रथम संस्करण : 1970 ई.

सूरदास : हजारीप्रसाद द्विवेदी : 1970 ई.

कबीर : हजारीप्रसाद द्विवेदी : चतुर्थ संस्करण : 1953 ई.

कालिदास की लालित्य योजना : हजारीप्रसाद द्विवेदी : प्रथम संस्करण : 1965 ई.

भारतेन्दु युग और हिन्दीभाषा की विकास परम्परा : डॉ. रामविलास शर्मा : प्रथम संस्करण : 1975 ई.

महावीरप्रसाद द्विवेदी और हिन्दी नवजागरण : डॉ. रामविलास शर्मा : प्रथम संस्करण : 1977 ई.

मार्क्सवाद और प्रगतिशील साहित्य : डॉ. रामविलास शर्मा : प्रथम संस्करण : 1984 ई.

निराला की साहित्य - साधना प्रथम खंड : डॉ. रामविलास शर्मा : 1969 ई.

निराला की साहित्य-साधना द्वितीय खंड : डॉ. रामविलास शर्मा : 1972 ई.

निराला की साहित्य-साधना तृतीय खंड : डॉ. रामविलास शर्मा : 1976 ई.

विरामचिह्न : डॉ. रामविलास शर्मा : द्वितीय संस्करण : 1985 ई.

नई कविता और अस्तित्ववाद : डॉ. रामविलास शर्मा : प्रथम संस्करण : 1978 ई.

भाषायुगबोध और कविता : डॉ. रामविलास शर्मा : 1981 ई.

प्रेमचन्द : डॉ. रामविलास शर्मा : 1941 ई.

इतिहास दर्शन : डॉ. रामविलास शर्मा : 1995 ई.

मुक्तिबोध रचनावली (भाग 4) : सं. नेमिचन्द्र जैन : 1980 ई.

मुक्तिबोध रचनावली (भाग 5) : सं. नेमिचन्द्र जैन : 1980 ई.

नई समीक्षा : अमृतराय : 1977 ई.

आधुनिक भावबोध की संज्ञा : अमृतराय : 1977 ई.

सहचिन्तन : अमृतराय : द्वितीय संस्करण : 1978 ई.

हिन्दी के विकास में अपभ्रंश का योगदान : डॉ. नामवर सिंह : 1954 ई.

इतिहास और आलोचना : डॉ. नामवर सिंह : तृतीय संस्करण : 1978 ई.

छायावाद : डॉ. नामवर सिंह : तृतीय संस्करण : 1979 ई.

आधुनिक साहित्य की प्रवृत्तियाँ : डॉ. नामवर सिंह : पाँचवाँ संस्करण : 1971 ई.

कविता : नई कहानी : डॉ. नामवर सिंह : तृतीय संस्करण : 1982 ई.

कविता के नए प्रतिमान : डॉ. नामवर सिंह : द्वितीय संस्करण : 1974 ई.

दूसरी परम्परा की खोज : डॉ. नामवर सिंह : प्रथम संस्करण : 19 82 ई.

वाद-विवाद संवाद : डॉ. नामवर सिंह : 1989 ई.

मेरे समय के शब्द : डॉ. केदारनाथ सिंह : प्रथम संस्करण : 1993 ई.

साहित्य का उद्देश्य : प्रेमचन्द : 1969 ई.

आधुनिक हिन्दी साहित्य : अज्ञेय : प्रथम संस्करण : 1940 ई.

तार सप्तक : सं. अज्ञेय : पंचम संस्करण : 1981 ई.

दूसरा सप्तक : सं. अज्ञेय : तृतीय संस्करण : 1981 ई.

तीसरा सप्तक : सं. अज्ञेय : चथुर्थ संस्करण : 1979 ई.

नई कविता स्वरूप और समस्याएँ : डॉ. जगदीश गुप्त : द्वितीय संस्करण : 1971 ई.

नई कविता के प्रतिमान : लक्ष्मीकान्त वर्मा : प्रथम संस्करण : 1957 ई.

साहित्य का नया परिप्रेक्ष्य : डॉ. रघुवंश : द्वितीय संस्करण : 1968 ई.

भाषा और संवेदना : डॉ. रामस्वरूप चतुर्वेदी : तृतीय संस्करण : 1981 ई.

शमशेरबहादुर सिंह की कुछ गद्य रचनाएँ : सं. मलयज : प्रथम संस्करण : 1989 ई.

कुछ और गद्य रचनाएँ : रंजना अरगड़े : 1992 ई.

हिन्दी नवलेखन : डॉ. रामस्वरूप चतुर्वेदी : प्रथम संस्करण : 1960 ई.

सर्जन और भाषिक संरचना : डॉ. रामस्वरूप चतुर्वेदी : 1980 ई.

हिन्दी साहित्य और संवेदना का विकास : डॉ. रामस्वरूप चतुर्वेदी : प्रथम संस्करण : 1986 ई.

अज्ञेय और आधुनिक रचना की समस्या : डॉ. रामस्वरूप चतुर्वेदी : द्वितीय संस्करण : 1972 ई.

प्रसाद-निराला-अज्ञेय : डॉ. रामस्वरूप चतुर्वेदी : प्रथम संस्करण : 1989 ई.

कविता का पक्ष : डॉ. रामस्वरूप चतुर्वेदी : 1994 ई.

हिन्दी गद्य विन्यास और विकास : डॉ. रामस्वरूप चतुर्वेदी : 1996 ई.

हिन्दी आलोचना : बीसवीं शताब्दी : डॉ. निर्मला जैन : प्रथम संस्करण : 1975 ई.

आलोचक और आलोचना : डॉ़ बच्चन सिंह : प्रथम संस्करण : 1970 ई.

शब्द और मनुष्य : डॉ. परमानन्द श्रीवास्तव : प्रथम संस्करण : 1988 ई.

हिन्दी समीक्षा : स्वरूप और सन्दर्भ : डॉ. रामदरश मिश्र : 1974 ई.

छठवाँ दशक : विजयदेवनारायण साही : प्रथम संस्करण : 1987 ई.

आलोचना के नए मान : डॉ. कर्णसिंह चौहान : 1970 ई.

आधुनिकता और हिन्दी साहित्य : डॉ. इन्द्रनाथ मदान : 1973 ई.

काव्यप्रकाश मम्मट : सं. डॉ. नगेन्द्र : प्रथम संस्करण : 2027 वि.

भारत का इतिहास : प्रगति प्रकाशन मास्को : 1984 ई.

आधुनिक भारत का इतिहास : सं. डॉ. आर.एल. शुक्ल : 19 88 ई.

हिन्दी साहित्य कोश (भाग एक) : सं. डॉ. धीरेन्द्र वर्मा : तृतीय संस्करण : 1985 ई.

हिन्दी आलोचना उद्‌भव और विकास : डॉ. भगवतस्वरूप मिश्र : चतुर्थ संस्करण : 1980 ई.

हिन्दी आलोचना : डॉ. विश्वनाथ त्रिपाठी : द्वितीय संस्करण : 1982 ई.

हिन्दी आलोचना का विकास : डॉ. नन्दकिशोर नवल : प्रथम संस्करण : 1981 ई.

अंग्रेजी पुस्तकें

इल्यूजन एंड रियलिटी : क्रिस्टोफर काडवेल : 1956 ई.

पिपुल्स ऑफ लिटरेरी क्रिटिसिज़्म : आई. ए. रिचर्ड्स : 1986 ई.

लिटरेरी क्रिटिसिज़्म : आर. द्विवेदी एंड बी. राय : 1968 ई. :

ट्वॅन्टियेथ सेंचुरी लिटरेरी क्रिटिसिज़्म : डॉ. बी. एन. चतुर्वेदी : 1972 ई.

ए डिक्शनरी ऑफ लिटरेरी टर्म्स : जे. ए. कुडान

दी रीडर्स इनसाइक्लोपीडिया ऑफ अमरीका लिटरेचर : रिवाइज़्ड एडिसन 1980 ई.

पत्र-पत्रिकाएँ :

हिन्दी प्रदीप, इलाहाबाद : श्री बालकृष्ण भट्ट

आलोचना, नई दिल्ली : सं. डॉ. नामवर सिंह

हंस, प्रगति अंक, भाग एक, दो : सं. अमृतराय

समालोचक, सौन्दर्यशास्त्र विशेषांक : सं. रामविलास शर्मा

प्रतीक : सं. अज्ञेय

काव्य रूप : अनिल श्रीवास्तव

पूर्वग्रह : सं. अशोक वाजपेयी

विवेचना (भाग एक) : संयोजक, उमाराव, इलाहाबाद

◆◆